高等学校交通运输专业"十一五"规划系列教材

交通运输企业管理（第2版）

JIAOTONG YUNSHU QIYE GUANLI

主　编　朱艳茹
副主编　卢明银　吴鼎新
主　审　朱金福

东南大学出版社
SOUTHEAST UNIVERSITY PRESS
·南京·

内容简介

《交通运输企业管理》一书以现代企业管理基本理论为框架，汲取了现代管理理论和技术最新研究成果，结合交通运输企业的管理实践，探讨了现代交通运输企业的管理模式和方法。全书分为14章，主要包括运输企业管理的一般原理和方法、运输企业战略管理、运输企业管理基础、运输企业组织机构、运输企业经营管理、运输生产管理、运输企业物资管理、运输企业设备管理、运输质量管理、企业营销管理、运输企业人力资源管理、企业财务管理、企业创新管理、企业文化建设等方面的内容。

本书面向高等院校交通运输类专业，适用于交通运输、物流工程、交通工程、车辆工程、汽车服务工程以及相近专业，也可供企事业单位的管理者阅读。

图书在版编目(CIP)数据

交通运输企业管理/朱艳茹主编. —2版. —南京：东南大学出版社，2012.8(2024.8重印)
高等学校交通运输专业"十一五"规划系列教材
ISBN 978-7-5641-3624-6

Ⅰ.①交… Ⅱ.①朱… Ⅲ.交通运输企业—企业管理—高等学校—教材 Ⅳ.①F506

中国版本图书馆 CIP 数据核字(2012)第146450号

交通运输企业管理（第2版）

主　　编　朱艳茹	选题总策划　李　玉
副主编　卢明银　吴鼎新	文字编辑　新　宁
	责任印制　张文礼
主　　审　朱金福	封面设计　顾晓阳

出版发行　东南大学出版社
地　　址　南京市四牌楼2号　　邮　编　210096
出版人　江建中
经　　销　全国各地新华书店
印　　刷　广东虎彩云印刷有限公司
开　　本　700mm×1000mm　1/16
印　　张　24.75　　　字　数　518千字
版　　次　2012年8月第2版
印　　次　2024年8月第5次印刷
书　　号　ISBN 978-7-5641-3624-6
印　　数　6501—7000册
定　　价　58.00元

(本社图书若有印装质量问题，请直接与营销部联系，电话：025-83791830)

编审委员会名单

主 任 委 员　李旭宏
副主任委员　毛海军　朱金福　鲁植雄
委　　　员　（按姓氏笔画排序）
　　　　　　丁　波　毛海军　朱金福　李仲兴　李旭宏　吴建华
　　　　　　张孝祖　顾正洪　鲁植雄　蔡伟义

编写委员会名单

主 任 委 员　李旭宏
副主任委员　毛海军　李玉
委　　　员　（按姓氏笔画排序）
　　　　　　丁　波　马金麟　王国林　王振军　毛海军　左付山
　　　　　　卢志滨　吕立亚　朱彦东　朱艳茹　刘兆斌　江浩斌
　　　　　　李　玉　李仲兴　李旭宏　何　杰　何民爱　宋　伟
　　　　　　张　永　张　远　张萌萌　陈大伟　陈松岩　陈昆山
　　　　　　杭　文　周凌云　孟祥茹　赵国柱　侯占峰　顾正洪
　　　　　　徐晓美　常玉林　崔书堂　梁　坤　鲁植雄　赖焕俊
　　　　　　鲍香台　薛金陵　魏新军

执 行 主 编　李　玉

编审委员会委员简介

李旭宏	东南大学交通学院	教授、博导
毛海军	东南大学交通学院	教授、博士
朱金福	南京航空航天大学民航学院	教授、博导
鲁植雄	南京农业大学工学院	教授、博导
李仲兴	江苏大学汽车与交通工程学院	教授、博导
顾正洪	中国矿业大学矿业工程学院	副教授、博士
吴建华	淮阴工学院	副院长、教授
蔡伟义	南京林业大学机械电子工程学院	教授、硕导
丁　波	黑龙江工程学院	教授、系副主任

出 版 说 明

作为国民经济的重要基础设施和基础产业,交通运输是社会经济发展的重要物质基础,其基本任务是通过提高整个运输业的能力和工作质量,来改善国家各经济区之间的运输联系,进而安全迅速、经济合理地组织旅客和货物运输,保证最大限度地满足社会和国防建设对运输的需求。

改革开放以来,我国加快了交通基础设施建设,交通运输业成为重点扶持的支柱产业之一,尤其是20世纪90年代以来,我国采取了一系列重大举措,增加投资力度,促进了交通运输业的快速发展。但是,我国目前的主要运输装备及核心技术水平与世界先进水平存在较大差距,运输供给能力不足,综合交通体系建设滞后,各种交通方式缺乏综合协调,交通能源消耗与环境污染问题严峻。

展望21世纪,我国交通运输业将在继续大力推进交通基础设施建设的基础上,依靠科技进步,着力解决好交通运输中存在的诸多关键技术问题,包括来自环境、能源、安全等方面的众多挑战,建立起一个可持续性的新型综合交通运输体系,以满足全面建设小康社会对交通运输提出的更高要求。客运高速化、货运物流化、运营管理智能化将成为本世纪我国交通运输发展最明显的几个特征。

作为国民经济的命脉,交通运输业正面临着重大的战略需求。掌握交通运输技术的人才及其人才的培养自然成为社会各界关注的热点问题。无论是公路运输、铁路运输,还是水路运输、航空运输、管道运输等都需要大量的从事交通运输专业的高级技术与组织管理人才,由他们运用先进的技术来装备交通运输,用科学的方法来组织管理交通运输。

教材建设是培养交通运输人才的基础建设之一,但目前我国对交通运输专业的教材建设却十分滞后,已经很难满足社会经济发展的需要,为此由东南大学出版社策划,东南大学出版社与国家重点学科东南大学载运工具运用工程专家共同组织有关高校,在交通运输专业有多年教学科研经验的教师编写了这套"高等学校交通运输专业'十一五'规划系列教材"。该套教材融入了作者多年的教学实践及相关课题研究成果,注重交通运输实践性强的特点和科学技术不断向交通运输渗透的趋势,在阐述基本理论、基本方法的同时,引入了大量的实际案例,使这套教材有其显著的特点。相信这套教材的出版,将有助于我国交通运输专业人才的培养,有助于交通运输在我国的社会经济与国防建设中发挥出更大的作用。

编写委员会
2007 年 12 月

前 言

　　交通运输业是国民经济的重要组成部分,经济发展,交通先行。随着经济的稳定、健康发展以及人们生活的不断提高,社会对人与物的空间位移的需求日益加大,这都必将促进交通运输企业如雨后春笋般地蓬勃发展,企业间的竞争也日益加剧。同时,随着全球经济一体化时代的到来,交通运输企业服务的对象也更加广泛。这些对运输企业所应提供的服务项目、服务质量和服务水平等各个方面都提出了更高的要求。面对外部经营环境的急剧变化,交通运输企业必须顺应时代的发展,改变原有的经营理念和经营模式,塑造企业形象,提升企业的核心竞争力,加强制度建设,注重人力资源管理,不断提高企业的经济效益,以创造更大的社会效益。

　　新形势下,社会更重视人才的水平和实际能力。构建高级专门人才培养模式、深化教学改革、调整和优化课程体系、实现人才培养目标、满足社会对人才的需求,是高等学校义不容辞的责任。《交通运输企业管理》一书旨在向读者介绍交通运输企业管理的新理念和新知识,借鉴国内外运输企业比较成熟的管理模式和方法,为我国交通运输业健康、可持续发展服务。

本书由朱艳茹任主编,卢明银、吴鼎新任副主编。其中第1、2、4、6、7、9、13章由淮阴工学院朱艳茹编写;第3、5、10章由中国矿业大学卢明银编写;第14章由南京航空航天大学徐月芳编写;第8章由南京农业大学李建编写;第11章由淮阴工学院吴鼎新编写;第12章由淮阴工学院刘贵萍编写,由朱艳茹、吴鼎新在第1版基础上精心统编了新版的案例,新增案例21个。

本书由南京航空航天大学朱金福教授主审。

本书在编写过程中,广泛参考了国内外许多文献资料,借鉴了国内外一些专家学者的学术观点和最新研究成果,同时也参阅了媒体报道资料,在此谨向这些文献资料的作者和出版单位表示我们衷心的谢意和敬意。

由于交通运输企业管理属于边缘性学科,涉及的内容较为广泛,尽管我们已经做出了很大努力,但限于作者水平,书中难免仍有不妥之处和尚待改进的地方,恳请广大读者和同行批评指正。

编者

2012年6月

目 录

1 运输企业管理概述 …………………………………………………… (1)

 开篇案例 …………………………………………………………… (1)
 1.1 运输业的特征 …………………………………………………… (2)
 1.2 运输企业管理的性质和职能 …………………………………… (7)
 1.3 企业管理的一般原理和方法 …………………………………… (10)
 1.4 企业管理的发展 ………………………………………………… (13)
 案　例 ……………………………………………………………… (16)
 复习与思考 ………………………………………………………… (17)

2 企业战略管理 ……………………………………………………… (18)

 开篇案例 …………………………………………………………… (18)
 2.1 企业战略的性质 ………………………………………………… (21)
 2.2 企业战略分析 …………………………………………………… (25)
 2.3 企业战略方案设计 ……………………………………………… (34)
 2.4 企业战略实施 …………………………………………………… (40)
 案　例 ……………………………………………………………… (43)
 复习与思考 ………………………………………………………… (45)

3 企业管理基础 ……………………………………………………… (46)

 开篇案例 …………………………………………………………… (46)
 3.1 企业管理基础工作 ……………………………………………… (47)

  3.2 企业劳动定额 …………………………………………………… (55)
  3.3 现代企业制度 …………………………………………………… (57)
  案 例 ……………………………………………………………………… (63)
  复习与思考 …………………………………………………………………… (67)

4 **运输企业组织机构** ………………………………………………………… (68)
  开篇案例 ……………………………………………………………………… (68)
  4.1 企业组织机构设计的内容及原则 ……………………………… (70)
  4.2 运输企业组织机构主要形式 …………………………………… (72)
  4.3 现代企业家的素质 ……………………………………………… (77)
  案 例 ……………………………………………………………………… (80)
  复习与思考 …………………………………………………………………… (81)

5 **运输企业经营管理** ………………………………………………………… (82)
  开篇案例 ……………………………………………………………………… (82)
  5.1 运输市场调查 …………………………………………………… (83)
  5.2 运输市场预测 …………………………………………………… (88)
  5.3 运输企业经营决策 ……………………………………………… (99)
  5.4 运输企业经营计划 ……………………………………………… (110)
  案 例 ……………………………………………………………………… (114)
  复习与思考 …………………………………………………………………… (115)

6 **运输生产管理** ……………………………………………………………… (117)
  开篇案例 ……………………………………………………………………… (117)
  6.1 运输生产管理的任务和内容 …………………………………… (118)
  6.2 运输生产过程组织 ……………………………………………… (120)
  6.3 组织合理运输 …………………………………………………… (121)
  6.4 运输生产计划的制定 …………………………………………… (126)
  6.5 网络计划技术 …………………………………………………… (131)
  6.6 运输生产现场管理 ……………………………………………… (143)
  案 例 ……………………………………………………………………… (147)
  复习与思考 …………………………………………………………………… (152)

7 **运输企业物资管理** ………………………………………………………… (154)
  开篇案例 ……………………………………………………………………… (154)
  7.1 运输企业物资管理的任务和内容 ……………………………… (155)
  7.2 物资采购管理 …………………………………………………… (158)

7.3　物资的库存控制与管理 ……………………………………………… (162)
　　7.4　物资配送管理 ………………………………………………………… (179)
　　案　例 ……………………………………………………………………… (184)
　　复习与思考 ………………………………………………………………… (185)

8　运输企业设备管理 …………………………………………………………… (186)
　　开篇案例 …………………………………………………………………… (186)
　　8.1　运输设备管理概述 …………………………………………………… (188)
　　8.2　运输设备的选择与评价 ……………………………………………… (189)
　　8.3　设备的使用、维护与修理 …………………………………………… (194)
　　8.4　运输企业的设备改造与更新 ………………………………………… (202)
　　案　例 ……………………………………………………………………… (209)
　　复习与思考 ………………………………………………………………… (210)

9　运输质量管理 ………………………………………………………………… (211)
　　开篇案例 …………………………………………………………………… (211)
　　9.1　质量管理及其发展 …………………………………………………… (212)
　　9.2　运输质量评价指标 …………………………………………………… (219)
　　9.3　全面质量管理 ………………………………………………………… (223)
　　9.4　全面质量管理中常用的统计技术 …………………………………… (218)
　　案　例 ……………………………………………………………………… (235)
　　复习与思考 ………………………………………………………………… (238)

10　企业营销管理 ………………………………………………………………… (239)
　　开篇案例 …………………………………………………………………… (239)
　　10.1　市场营销概述 ………………………………………………………… (240)
　　10.2　市场细分与定位 ……………………………………………………… (243)
　　10.3　营销渠道管理 ………………………………………………………… (250)
　　10.4　市场营销策略 ………………………………………………………… (255)
　　10.5　网络营销 ……………………………………………………………… (266)
　　案　例 ……………………………………………………………………… (270)
　　复习与思考 ………………………………………………………………… (271)

11　运输企业人力资源管理 ……………………………………………………… (272)
　　开篇案例 …………………………………………………………………… (272)
　　11.1　人力资源管理概述 …………………………………………………… (274)
　　11.2　企业人力资源规划与配置 …………………………………………… (277)

11.3　运输企业人力资源的招聘与培训 …………………………………… (283)
　　11.4　运输企业薪酬制度设计与员工激励 ………………………………… (288)
　　11.5　运输企业员工的绩效评估 …………………………………………… (295)
　　案　例 ……………………………………………………………………………… (300)
　　复习与思考 ………………………………………………………………………… (301)

12　企业财务管理 …………………………………………………………………… (302)
　　开篇案例 …………………………………………………………………………… (302)
　　12.1　运输企业财务管理概述 ……………………………………………… (304)
　　12.2　筹资管理 ……………………………………………………………… (305)
　　12.3　投资管理 ……………………………………………………………… (311)
　　12.4　运输成本管理 ………………………………………………………… (321)
　　12.5　营运收入与利润分配 ………………………………………………… (325)
　　12.6　财务分析 ……………………………………………………………… (330)
　　案　例 ……………………………………………………………………………… (336)
　　复习与思考 ………………………………………………………………………… (341)

13　企业创新管理 …………………………………………………………………… (342)
　　开篇案例 …………………………………………………………………………… (342)
　　13.1　企业创新体系 ………………………………………………………… (343)
　　13.2　新产品开发 …………………………………………………………… (345)
　　13.3　技术创新 ……………………………………………………………… (349)
　　13.4　组织创新 ……………………………………………………………… (356)
　　13.5　企业再造 ……………………………………………………………… (358)
　　案　例 ……………………………………………………………………………… (361)
　　复习与思考 ………………………………………………………………………… (363)

14　企业文化建设 …………………………………………………………………… (364)
　　开篇案例 …………………………………………………………………………… (364)
　　14.1　企业文化的概念与特点 ……………………………………………… (366)
　　14.2　企业文化的内容与功能 ……………………………………………… (368)
　　14.3　企业文化的建设 ……………………………………………………… (372)
　　14.4　企业形象策略 ………………………………………………………… (374)
　　案　例 ……………………………………………………………………………… (381)
　　复习与思考 ………………………………………………………………………… (383)

参考文献 ……………………………………………………………………………… (384)

1 运输企业管理概述

【开篇案例】

中小运输企业的管理困境

不断上涨的油价、人工、原料牵动着我国各行各业管理者的神经,公路货运行业由于大量车辆运输的存在,成了重灾区。油价节节攀升、路桥费名目繁多、人工费用增加、行业恶性竞争不断加剧,这些恶劣外部环境的存在给我国货运企业的生存和发展带来了严峻考验,也拉开了我国物流业优胜劣汰的大幕。

运输作为物流的主要环节,需要占据大量的社会资源。据有关资料统计,运输业的成本占整个物流业的50%～60%,因此,按油价上涨换算,运输成本上升约1.5个百分点,物流成本升幅接近1个百分点。特别是我国中小运输企业,普遍存在价值链过短的问题,很多企业仅从事运输业务,油价、人工、原料造成的成本大幅度上升令其举步维艰。

一般来说,大部分行业可以通过涨价来缓解自身成本增长的压力,然而由于恶性竞争,难以形成行业共识,导致客户对涨价不买账,只要运价上调,客户立刻流失。这种结果也导致了很多中小运输企业逆市降低运价,以争夺市场份额的局面。很多企业为维持生存走了下下之策——"超载超限",有的经营不下去只好停业或关门。

表面看来,如果没有油价、人工、原料成本上升这些客观事实,我国运输企业还能风平浪静一段时间,然而自身成本过高这一导致我国物流业大洗牌的决定性因素早就埋下了深深的隐患。据统计,2007年我国物流总费用占GDP的18.4%,相比2006年不降反升,而西方发达国家普遍在10%左右,美国、日本、德国更在8%左右。同时,由于还没有相关的法律法规限制或行业协会的行业自律,且进入运输行业的门槛过低,造成低端运输市场上充斥着各种各样的中小运输企业,进而引发了激烈的价格战,导致本来勉强生存的很多企业在成本巨大提升的压力下纷纷倒闭。

既然现状已然如此,专注于运输的中小企业,就必须主动寻找降低运营成本的方法,而不能在等待中死亡。中小运输企业要生存,必须"苦练内功",提高自身核心竞争力。练"内功"的途径有很多种,信息化管理就属于有效手段之一。自20世纪中叶以来，IT系统的应用为企业运营带来的巨大效益早已受到肯定。随着信息技术的进一步发展，信息化已经成了交通运输行业管理的弄潮儿。通过信息化管理，中小型运输公司可以有效降低对人工操作的依赖，实现精兵简政。通过流程优化、合理安排库存、合理选择车型、减少运输频率、优化运输路径、缩短运输距离、提高车货匹配效率、增加运输工具的实载率，进而降低运营成本，提高附加值。

思考题：运输企业管理除了要提高运输效率、降低运营成本之外，还有哪些管理内容？通过信息化管理，能否解决中小运输企业运营中所面临的所有问题？

1.1 运输业的特征

1.1.1 运输的定义和作用

1）运输的定义

运输一词在日常生活、专业领域等方面，应用十分广泛。《辞海》对运输的解释是："人和物的载运和输送"。即运输是借助于一定运力实现人和物进行空间位移的一种经济活动和社会活动。

运输是人类社会的基本活动之一，它是我们每个人生活中的重要组成部分，同时，也是现代社会经济活动中不可缺少的重要内容。人类社会由散乱走向有序，由落后迈向文明，运输发挥了不可估量的重要作用。运输已经渗透到人类社会生活的各个方面，并且成为最受关注的社会经济活动。

在人类社会发展史中的每一个重要进程或重要事件，几乎都与运输有关。中国古老灿烂的文化与黄河、长江密切相连，水上运输为黄河、长江两岸的经济发展和文化传播奠定了最重要的物质基础。丝绸之路是古老的中国走向世界的一条漫漫长路，它传播了不同国家和地区的商品及文化，成为沟通中国与西方各国的一条重要的纽带。古埃及的强大与尼罗河息息相关，是尼罗河把整个埃及连在一起，为它在商品运输、信息交流、文化传播方面提供了极大方便。世界奇观金字塔的修建，离开了运输是不可想象的。

机械运输业的出现，对经济发展和社会进步产生了更大的影响。

2）运输的作用

（1）运输有利于开拓市场

早期的商品交易往往被选择在人口相对密集、交通比较便利的地方。在依靠人力和畜力进行运输的年代，市场位置的确定在很大程度上受人和货物可及性的影响。一般来说，交通相对便利，人和货物比较容易到达的地方会被视为较好的商品交换场所。久而久之，这个地方就会变成一个相对固定的市场。当市场交换达到一定规模后，人们又会对相关的运输条件进行改进，运输费用将不断降低。运输费用的降低，市场的吸引力范围又将扩大，由此，运输系统的改善既扩大了市场区域范围，也加大了市场本身的交换规模,运输经济学称之为"空间效用"。

运输在开拓市场过程中不仅能创造出明显的"空间效用",同时也具有明显的"时间效用"。高效率的运输能够保证商品在市场需要的时间内适时运到,从而创造出一种"时间效用",以繁荣市场。与运输的"空间效用"一样,运输的"时间效用"同样可以开拓市场。

按照拉德纳定律,潜在的市场范围的扩大为运距或速度扩大倍数的平方。

(2) 运输有利于刺激市场竞争

运输费用是所有商品市场价格的重要组成部分,商品市场价格的高低在很大程度上取决于它所含运输费用的多少。运输系统的改革和运输效率的提高,有利于降低运输费用,从而降低商品价格。运输费用的降低可以使更多的产品生产者进入市场参与竞争,也可以使消费者得到竞争带来的好处。另外,运输与土地运用和土地价格之间存在密切的关系。运输条件的改善可以使运输延伸到的地区的土地价格增值,从而促进该地区的市场繁荣和经济发展。

(3) 运输有利于资源优化配置

根据比较优势原则,运输能够促进生产劳动的地区分工,促使资源在各地区间优化配置。在劳动的地区分工出现后,市场专业化的趋势也会逐渐显露,这就使某一个地区的市场在产品的销售上会更加集中在某一类或某几类产品上。市场专业化将大大减少买卖双方在收集信息、管理等方面的成本支出,减少市场交易费用。

1.1.2 运输业的性质与特征

1) 运输业的性质

运输业是从事旅客和货物运输的物质生产部门,也是公共服务业,属于第三产业。

(1) 物质生产性

运输生产活动是运输生产者使用劳动工具作用于劳动对象,改变劳动对象空间位置的过程。因此,实现劳动对象的空间位移成为运输的基本效用和功能,通过改变劳动对象的空间位置,其价值和使用价值发生了变化。

(2) 公共服务性

运输业尤其是运输基础设施,必须以服务作为前提向全社会提供运输产品,必须公平地为社会所有成员服务,不能单纯或过分突出以最大盈利为根本目标。

(3) 政府干预性

由于运输业公共安全性的特点而导致政府对运输业的运价、运输工具、运输范围等进行高度管制,世界各国大多如此。政府的干预应尽量避免对运输均衡产生干扰,而影响市场机制的作用。

(4) 系统性

在经济、贸易、金融等全球化的今天,交通的全球化首当其冲,而且是一切全球化的载体之一。系统性不仅要求国内的运输网成为一个大系统,而且要求与国际运输网"接轨",统一运作,这使运输业具有"网络型产业"特征。

2) 运输业的特征

(1) 运输业不生产新的实物形态产品

运输产品是运输对象的空间位移,用旅客人公里和货物吨公里计量。运输业劳动对象既可以是物,也可以是人,且劳动对象不必为运输业所有。运输业参与社会总产品的生产和国民收入的创造,但却不增加社会产品实物总量。

(2) 运输产品是劳动对象的位移

运输业的劳动对象是旅客和货物,运输业不改变劳动对象的属性或形态,只改变它的空间位置。运输业提供的是一种运输服务,它对劳动对象只有生产权(运输权),不具有所有权。

(3) 运输是社会生产过程在流通领域内的继续

产品在完成了生产过程后,必然要从生产领域进入消费领域,这就需要运输。运输与流通是紧密相连的,是社会生产过程在流通领域内的继续。

(4) 运输生产和运输消费具有同一性

运输业的产品不能储存,不能调配,生产出来的产品如果不及时消费就会被浪费。生产过程开始,消费过程也就开始;生产过程结束,消费过程也就结束。

(5) 运输业具有"网络型产业"特征

运输业的生产具有网状特征,它的作业场所遍及广阔空间,它的生产方式多种多样。因此运输业的网络性生产特征决定了运输业内部各个环节以及各种运输方式相互间密切协调的重要性。

1.1.3 五种基本运输方式及其特征

1) 铁路运输

铁路运输是使用机车牵引列车在铁路上行驶,来运送旅客和货物的一种运输方式,已有多年的发展历史。

铁路运输的技术经济特征主要表现为:

①适应性强。铁路可以全年、全天候不停止地运输,受地理和气候条件的限制很小,具有较好的连续性。

②运输能力大。铁路是大宗、通用的运输方式,能够负担大量的运输任务。铁路运输能力,一般取决于列车质量和每昼夜线路通过的列车对数。

③安全性好。随着铁路运输广泛采用了电子计算机和自动控制等高新技术,安装了列车自动停车、列车自动操纵、设备故障和道口故障报警、灾害防护报警等装置,有效地防止了列车冲突事件和旅客伤亡事故,大大减轻了行车事故的损害程度。

④列车运行速度较高。常规铁路的列车运行速度一般为 60~80 km/h,提速后,铁路运行速度可高达 200 km/h 以上,磁悬浮列车速度可达 300~400 km/h。

⑤能耗小。铁路单位运量的能耗要比汽车运输少得多。

⑥环境污染程度小。铁路运输对环境和生态平衡的影响程度较小,特别是电气化铁路的影响更小。

⑦运输成本较低。在运输成本中,固定资产折旧费所占比重较大,而且与运输距离长短、运量的大小密切相关。一般来说,铁路的单位运输成本要比公路运输和航空运输要低得多,有的甚至比内河航运还低。

从铁路运输的适用范围看,主要应承担中长距离的旅客运输,长距离大宗货物运输,在联合运输中发挥骨干作用。

2) 道路运输

道路运输是指在公共道路上使用汽车或其他运输工具从事旅客或货物的位移活动。这里的公共道路既包括公路部门管理的公路,也包括城市道路、专用公路和乡村道路。

道路运输的组织形式与其他运输方式不同。汽车运输具有"门到门"运输的灵活特点,随着道路系统的扩展和完善,包括高速公路的不断发展,汽车运输的作用将会愈来愈明显。

(1) 道路运输的技术经济特征

①机动性能好。由于汽车工业不断采用新技术和改进汽车结构,使汽车技术经济水平有很大提高,主要表现在机动性能的提高和燃料消耗的降低。

②安全性、舒适性好。一方面,货物使用汽车运输能保证质量,及时送达。同时,公路等级不断提高,汽车的技术性能与安全装置也大为改善,因此,公路运输的安全性也大为提高。另外,随着高速公路客运的大发展,旅客运输的舒适性也大大改善。

③送达快。由于公路运输灵活方便,可以实现"门到门"的直达运输,一般不需中途倒装,因此,其送达快,有利于保持货物的质量和提高客、货的时间价值,加速流动资金的周转。

④原始投资少,资金周转快,回收期短。汽车购置费低,原始投资回收期短。

⑤单位运输成本较高,且污染环境。公路运输,尤其是长途运输的单位运输成本要比铁路运输和水路运输的成本高,且对环境污染严重。

(2) 在生产组织、经营管理方面的特殊性

①车、路所有权分离。我国公路属于国家所有,机动车辆则属于运输企业或个人所有。公路的建设和养护,通常由汽车运输企业、机动车辆使用者缴纳养路费来承担。

②可实现"门到门"的运输服务。汽车可进出一切有道路的地方,既可承担全程运输任务,也可以辅助其他运输方式,实现"门到门"运输。

综上所述,汽车运输的适用范围主要是:承担中短距离运输,不可替代的集散工具,鲜活易腐货物的运输工具,联运体系衔接工具(集装箱多式联运、大陆桥运输等)。

3) 水路运输

水路运输是指由船舶、航道和港口等组成的交通运输系统。按其航行的区域,可分为远洋运输、沿海运输和内河运输三种类型。远洋运输通常指无限航区的国际间运输;

沿海运输指在国内沿海区域各港口间进行的运输；内河运输则指在江、河、湖泊及人工水道上从事的运输。前两种又统称为海上运输。

水路运输的技术经济特征：

①运输能力大。在运输条件良好的航道，通过能力几乎不受限制。

②运输成本低。尽管水运的站场费用很高，但因其运载量大，运输距离较远，因而单位成本较低。美国沿海运输成本只及铁路的1/8。

③投资省。海上运输航道的开发几乎不需要支付费用，内河虽然有时需要花费一定费用以疏浚河道，但比修筑铁路的费用少得多。而且，航道建设还可结合兴修水利和电站，有明显的综合效益。

④劳动生产率高。由于船舶运载量大，配备船员少，因而其劳动生产率较高。

⑤航速低。由于大型船舶体积大，水流阻力大，因此航速一般较低。

另外，在生产组织、经营管理方面的特殊性，主要表现为便于利用，不受水域阻隔，国际竞争激烈等。

水运是最经济的运输方式，对大宗原料性物资的运输具有明显优势。其适用范围主要有：国际货物运输，长途大宗货物的运输，在综合运输体系中发挥骨干作用。

4）航空运输

在运输市场上，航空公司提供的运输产品最突出的特点就是时间短，速度快。现在，世界范围内多数地点之间的飞行不超过一昼夜，可以说，航空运输把地球变成了一个"村落"。速度快是航空运输的特点，也是它能够获得快速发展的重要原因。

航空运输的技术经济特征：

①高科技性。航空运输的发展水平反映了一个国家科学技术和国民经济的发展水平。

②高速性。高速性是航空运输与其他运输方式相比最明显的特征。现代喷气式飞机的速度一般为 900 km/h 左右，比火车快 5～10 倍，比轮船快 20～25 倍。

③高度的机动灵活性。航空运输不受地形地貌、山川河流的限制。

④安全可靠性和舒适性。随着科学技术的发展和宽体飞机的使用，为旅客创造了舒适的旅行环境，空中交通不如地面交通安全的错误认识正在逐渐消除。

⑤建设周期短、投资少、回收快。一般来说，修建机场比修建铁路和公路的周期短、投资少，若经营好，投资回收也快。

⑥运输成本高。在各种交通运输方式中，航空的运输成本最高。

另外，在生产组织、经营管理方面有特殊性，主要表现为飞机与飞机场分离、适用范围广泛、具有国际性等。

航空运输主要适用于长距离，对时间性要求高的客货以及抢险救灾人员及物资的运输。

5）管道运输

管道运输指运送某些特殊产品如石油、天然气、煤等而建立起来的特殊运输系统，它是一种地下运输方式。通常情况下,公众很少意识到它的存在,所以,管道运输又称为"藏起来的巨人"。管道运输已有100多年的历史。美国1859年发现石油后不久,第一条输油管道就在宾夕法尼亚州兴建,并于1865年成功地投入运行。随着石油的大量开采,管道运输逐渐成为运输体系的重要组成部分。

管道运输的技术经济特征:

①运量大。一条管径为720 mm的管道每年可以运送原油2 000多万吨,一条管径为1 200 mm的原油管道年输油量可达1亿吨。

②占用土地少。管道埋于地下,除泵站、首末站占用一些土地外,总的来说占地很少。

③投资少,自动化水平高,运营费用低。

另外,在生产组织、经营管理方面有特殊性,主要表现为生产运输一体化、生产的高度专业化、作业自动化等。

管道运输主要用于原油、成品油、天然气等特定货物。

1.2 运输企业管理的性质和职能

1.2.1 运输企业基本概念

1) 企业

企业是从事商品生产、流通或提供劳务活动的经济组织。

企业是国民经济的细胞。其主要表现为:在生产领域,企业是生产现场;在流通领域,企业是实现交换的环节;在分配领域,企业起着"劳动者—企业—国家"这个成果分配链条的中间环节作用。

企业是社会生产发展到一定水平的产物。

2) 企业的一般特征

(1) 企业的存在有社会性和经济性两个目的:满足社会需要是企业存在的社会性目的。主要指满足顾客需要,包括满足政府、居民和其他生产经营者的需要等。获取盈利是企业存在的经济性目的。主要指为职工提供日益增长的物质福利和精神福利;为企业的生存和发展提供利润;为国家提供财政收入(税收)等。

(2) 企业应自主经营、自负盈亏:自主经营是实现企业目的和自负盈亏的条件,企业最重要的自主权是经营决策权和投资决策权。自负盈亏是动力,体现了权利和义务是对等的。

(3) 企业具有法人地位:所谓法人是指具有一定的组织机构和独立财产,能以自己的名义享有民事权利和承担民事义务,依照法定程序成立的组织。

法人应具备以下条件:

①必须正式在国家政府有关部门注册备案完成登记手续。

②应有专门的名称、固定工作地点和组织章程。
③应有一定的组织机构和独立的财产,实行独立核算。
④能独立承担民事责任。

(4) 企业是经济组织:企业不是政府部门,不是公益部门。企业是追求经济效益的组织,其存在和发展的前提是能够赚钱,即能够创造利润。盈利及追求利润最大化是企业的动力源泉。

3) 运输企业

运输企业是从事运输生产或提供运输服务活动的经济组织。即运输企业的活动能满足社会对运输的一定需要并获取盈利,进行自主经营,实行独立经济核算,是依法登记,具有法人资格的基本经济组织。

1.2.2 运输企业管理的性质

管理就是对一个组织所拥有的资源进行有效的计划、组织、领导和控制并保持一种良好的环境,使人在群体里高效率地完成既定目标的过程。

1) 运输企业管理

运输企业管理是通过计划、组织、指挥、控制与协调、激励这些职能来发挥作用,协调运输企业内部和外部的关系,以达到充分利用人力、物力、财力,来保证实现运输企业预期目标所进行的各种工作的总称。

运输企业管理就是为运输企业目标服务,是运输企业生产经营过程中各种服务手段的总称。

2) 企业管理的性质

任何社会生产都是在一定生产方式下进行的,由于生产过程具有二重性,既是物质资料的再生产,又是生产关系的再生产。因此,对生产过程的管理也就存在二重性,一种是与合理组织生产力相联系的管理的自然属性;另一种是与维护生产关系相联系的管理的社会属性。

企业管理的自然属性,是指管理要处理人与自然的关系,要合理组织生产力。因为管理是一切共同活动所要求的,是适应社会生产力发展和社会分工发展的要求所产生的,也是社会协作过程本身的要求。任何社会、任何企业,其生产力是否发达,不仅取决于它所拥有的各种资源、各种生产要素是否得到有效的利用,而且取决于从事社会劳动的人的行为是否能协调一致。企业管理的这种性质是不以人的意志为转移的,也不因社会制度和意识形态的不同而改变,这完全是一种客观存在,是管理的共性。

企业管理的社会属性,是指企业管理要处理企业中人与人之间的关系,要受一定生产关系、政治制度和意识形态的影响与制约。企业管理是为了达到预期目的所进行的具有特定职能的活动。谁的预期目的?什么样的预期目的?实质上就是"为谁管理"的问题。作为一种推动生产发展的动力,企业管理不可避免地要反映一定的生产关系,在一定的生产关系中进行,受生产关系的影响和制约,并反映生产资料占有者的利益和要求。

1.2.3 企业管理职能

按照企业管理二重性理论,企业管理具有两种基本职能,即合理组织生产力和维护生产关系。这表现为一系列具体的职能。

1) 计划职能

企业管理的计划职能是最重要的职能。它包括对企业内部条件及外部环境的分析,进行各种科学的预测,提出不同的方案而从中择优作出决策,确定经营目标,制订长期计划、短期计划以及具体实施的步骤,并将计划指标分解落实到各级、各部门以至每个职工,以便实行考核、控制,保证计划的实现。在市场经济条件下,企业的计划管理是决策的基础,应变的堤防,统一经营的保障,有效控制的手段。

2) 组织职能

企业管理的组织职能是把企业的生产经营活动和各个要素、各个环节和各个方面,从劳动的分工和协作上,从纵横交错的相互关系上,从时间和空间的相互联系上,有机地组织起来,保证企业内部按照统一的目标和计划,相互配合,协调发展。

3) 指挥职能

企业管理的指挥职能是指对企业各级各类人员的活动进行部署与调度。它是保证企业的生产经营活动顺利进行不可缺少的条件。企业内部的人、财、物、产、供、销各个方面即使已组织起来,但它不是静止的、不变的,而是在动态发展变化的,没有统一的指挥,任何一个环节的活动发生不协调,都会影响整个生产经营活动的正常进行。因此,企业管理必须具有指挥的职能,即根据经营目标、计划、规章制度以及发生的实际问题进行部署与调度,建立与健全以经理(厂长)为首的有权威的、有效能的全企业统一的生产经营指挥系统,以实现高度集中统一的指挥。

4) 控制职能

企业管理的控制职能是指按照预定目标和计划、标准进行检查、考核实际完成情况同原定计划标准的差异,分析原因,采取措施,及纠止偏差,保证目标和计划的实现。

5) 激励职能

企业管理的激励职能是指调动职工的积极性,充分发挥人员的潜力。职工的积极性是企业活力的源泉,企业管理者必须认识和应用心理过程和行为发展的客观规律,采用思想政治教育工作和物质激励相结合的方法,激发诱导全体职工为企业的生存和发展作出贡献。在实际管理工作中,五项企业管理职能是相互联系、相互渗透的。计划(Planning)、组织(Organizing)、指挥(Leading)、控制(Controling)和激励(Motivation)形成了工业企业管理履行职能的循环(简称 POLCM 循环),企业管理者的职责正是要不断地推动 POLCM 循环向前发展,以促进企业的生产经营活动顺利地运行。

1.3 企业管理的一般原理和方法

1.3.1 企业管理的一般原理和原则

现代企业管理原理是对现代管理的战略思想、组织理论、方法技术等的一般抽象与概括,是现代企业经营管理的一般指导原则,对它的研究因角度和归纳方法的不同而各不相同。下面介绍其中几种原理。

1)系统原理

系统是一个具有特定功能的有机整体,它的各个组成部分是互相作用、互相依存的。系统具有集合性、目的性、相关性、整体性、层次性和适应性等特点。为了使系统的功能达到最佳化,必须进行系统分析,把现代数学和统计学的方法应用于系统分析之中,就称为系统工程。企业管理的系统原理,就是通过充分的系统分析和运用系统工程方法,使系统处于技术上先进、经济上合理、研制周期短、运转很协调的状态,从而达到系统功能最优化。

2)整体规划、明确分工、有效综合原理

高效率的企业管理必须在整体规划下明确分工,在分工的基础上进行有效的综合,这就是整分合原理。这一原理要求解决好集权、分权和协调的相互关系,以便提高企业工作效率。在整体规划、明确分工、有效综合这三个要素中,整体观念是前提,分工是关键,有效综合是提高效率和效益的保证。有效综合就是对分工进行强有力的组织和管理,使企业各方面工作达到协调与同步。

3)反馈原理

反馈就是控制系统把信息输送出去,又把它的作用结果返馈回来,并对信息的再输出产生影响,起到控制作用,达到预定目的。在一定的意义上说,企业管理是否有效,关键并不在于事前把什么都考虑得十分周全,而在于是否能形成一种灵敏的、准确的、有力的反馈机制。这种反馈的灵敏度、准确度和强度是一个企业、一种管理体制是否具有充沛生命力的标志,这就是企业管理的反馈原理。

4)封闭原理

企业管理的封闭原理(或称闭环原理)是指一个系统内的管理手段必须构成一个连续和封闭的回路,才能形成有效的管理运动。这里说的管理手段主要是指管理机构、管理法规和管理者等。对管理机构来说,除指挥机构外,还要有执行机构、监督机构、反馈机构等等,这些机构相互联系、相互制约、构成回路,使管理正常运转,对管理法规来说,除了执行方面的法规外,还要有监督法规、仲裁法规、处置法规等等;对管理者来说,必须有职、有责、有权、有奖有惩,构成回路。

5)能级原理

能是做功的本领,能量大就是从事某项工作的本领大。能量既有大小,就可分成等级,能量分级就是按能量大小建立一定的规范与标准。现代管理的一个任务,就是要建立一个合理的能级,把各项管理工作分配到相应的能级中去,使管理机构和管理者承担力所能及的任务,发挥最佳效能,这就是现代企业管理的能级原理。实施能级原理,要强调以下几点:一是按照管理层次建立稳定的组织结构;二是不同能级应具有不同的权力、利益和荣誉;三是要求才能与能级相对应,做到人尽其才、各尽所能;四是动态地看待人的才能的变化并及时调整所处的能量等级。

6)领导原理

所谓领导,就是运用一定权力进行指挥的过程,或者说,是引导和影响下属组织与个人,在一定条件下实现组织目标的过程。企业管理不仅是一门科学,而且是一门艺术,管理者同被管理者的关系,从一定的意义上讲,也就是领导和被领导的关系,所以,现代经营管理要讲究领导艺术,要掌握领导原理。

7)弹性原理

所谓弹性原理,是指现代管理必须保持充分的弹性,以适应客观事物多种可能的变化,实现有效的动态管理。管理科学研究的对象,它的制约条件,往往都不是单因素的,而是多因素的,而且带有很多的不确定性,作为被管理者的人的思维活动也是在不断变化的,这都要求管理工作不能一成不变,要有弹性,要保持有可以调节的余地。

8)动力原理

现代管理必须有强大的动力。而且必须正确运用动力,才能使管理运动有效地进行下去,这就是现代管理的动力原理。这里说的动力,概念范围较广,它不仅指管理的能源,而且指制约管理的因素,没有这些动力,管理就不能有序地进行。动力原理的实施在很大程度上决定上述诸原理的效能。现代管理认为有三种基本的动力,就是物质动力、精神动力和信息动力,三种动力要综合地、协调地加以运用,运用不当会降低效能,甚至适得其反。

1.3.2 企业管理的方法

运输企业管理的方法是多种多样的,传统的、最常用的、有普遍性的方法可归纳为三类,或者说三大方法,即经济方法、行政方法和法律方法。同时,近年来,各种现代化管理方法在企业管理中得到广泛的推广和运用。所有这些方法,都具有不同特点和作用,它们在企业管理工作中都是必要的、不可缺少的。

1)经济方法

经济方法是运用经济手段,特别是经济杠杆,引导企业经济活动,执行管理职能的一类方法。

经济方法的实质是正确贯彻物质利益原则,从物质利益方面调节各利益主体的经济关系,调动各方面的积极性,使他们从物质利益上主动关心企业的经营成果,提高他们的劳动效率和经济效益。

经济方法不具有行政命令的强制性,而是利用经济杠杆,间接地从物质利益上调节企业经营活动,以符合全社会的整体利益。具体地说,运输企业是自主经营、自负盈亏、自我发展、自我约束、独立的商品实体经营者,具有自身独立的经济利益。运用经济方法,是经济组织的性质所要求的。

2）行政方法

行政方法是依靠领导机构的权威,运用行政命令、指示等手段,采取令行禁止的方式执行管理职能的一类方法。

行政方法是管理企业经营的必要方法。管理活动无论作为社会化大生产和大流通的客观要求,或作为一定生产关系的体现,都具有权威的性质。它的作用是经济方法代替不了的。它是用行政命令强制的,是必须执行的。它的作用是统一目标、统一行动、保证经营目标和任务的完成,运用行政命令,还能保证企业的经营方向以及在紧急情况下迅速排除阻力等。

应该指出,行政方法同脱离实际的"长官意志"的命令主义和瞎指挥是根本不同的。

3）法律方法

法律方法是运用经济立法和经济司法的手段,执行管理职能的一类方法。

我国的企业法律法规是调整企业生产经营活动和生产关系的法律规范,如《企业法》、《会计法》、《统计法》、《公司法》等。运输企业还受商品流通的法规和各项部门法规的制约。运输企业为保证经营活动还须制定企业的规章制度,来调整和规范职工的行为,以保证运输经营活动有秩序地进行。

法律方法管理企业的生产经营活动,可以保证企业的合法权益,禁止违法行为,起到维护经济秩序的作用。

4）现代化管理方法

现代化管理方法是指运用现代社会科学、自然科学与技术科学的理论、方法和手段,以达到管理高效率、高质量的一种管理方法。现代化管理方法包含两个方面的内容：

（1）运用科学管理的方法。包括计划管理、劳动管理、组织管理、经营业务管理、市场与价格管理、科技管理、情报管理等行之有效的方法。

（2）运用管理科学的技术方法。包括以运筹学为基础的预测与决策技术、线性规划、排队论、模拟方法、统筹方法、系统工程、价值工程、投入产出法以及经济责任制、全面计划管理、全面质量管理、目标管理、全面经济核算、量本利分析法等科学技术,并运用于企业管理。

上述各项现代化管理方法都有其特点以及应用的基本原则和范围。它们有单独的作用,可以单独进行运用。这些方法之间也存在组合、互补的关系,可以在运输企业管理中配合使用。现代化管理方法的主要特征是对运输企业的经营业务活动进行定量分析、决策,使运输企业管理达到科学、合理、有效的目的。应该强调的是企业的职工和领导人员,他们既是劳动者,又是管理者,他们是企业的主人。因此,现代管理工作的核心和动力,只能是人和人的积极性。同时,也应看到,运输企业管理要求各级管理者必须具备广博的专业知识,即精通管理业务,熟练掌握管理技能和方法,这是提高运输企业管理水平的重要条件。

1.4　企业管理的发展

企业管理最初产生于资本主义社会,随着商品经济、社会化大生产以及科学技术的飞速发展,企业管理的内容日益丰富。

企业管理的发展,大体可分为以下三个发展阶段。

1) 传统管理阶段

传统管理阶段从 18 世纪末到 20 世纪初,也就是资本主义工厂制度产生起,到资本主义自由竞争阶段结束止,共经历了一百多年的时间,其标志是现代工业代替了工场手工业。传统管理在解决分工协作,减少资本消耗方面起到了一定的作用。传统管理是以个人为中心,即以企业所有者(工厂主)为中心的经验管理。管理的方法是家长式的、专制式的;管理的依据是个人的经验和感觉。工业革命以后,随着机器的广泛应用、工厂制度的普遍推广,这种以经验为主的传统管理不能适应生产力发展的客观要求,一个新的管理阶段来临了,这便是科学管理阶段。

2) 科学管理阶段

这一阶段大体上从 20 世纪初到 20 世纪 40 年代,经历了约半个世纪。所谓科学管理,是指按科学规律进行的管理。在第一次产业革命之后的短短 100 年内,人类所创造的财富比此前所创造的财富之和还要多,面对着迅猛发展的社会生产力,人们认识到"管理"应该同工程技术一样重要,管理应该作为一门专门的学问,从工程技术领域中独立出来,而且需要有专门的职业管理人员,建立各级负责制,来代替企业所有者的个人管理。

(1) 弗雷德里克·温斯洛·泰勒(Frederick Winslow Taylor)

科学管理是利用当时一系列的科学成就,即按科学的方法来分析劳动和生产组织中的各种因素,然后依照"效率技巧"原则,制订最精确的工作方法,实行最完善的计算和监督制。最先提出科学管理理论的代表人物是美国的泰勒(也译泰罗,如图 1.1)。在他的 1911 年发表的《科学管理原理》一书中,阐述了他的"科学管理"理论。他对科学管理总结出如下几点:

① 工作方法的标准化。通过分析研究工人的操作,选用最合适的劳动工具,集中先进合理的操作动作,省去多余的不合理的操作动作,制定出各种工作的标准操作方法。

② 工时的科学利用。通过对工人工时消耗的研究,规定完成合理操作的标准时间,定出劳动时间定额。

图 1.1　泰勒

③ 实行有差别的计件工资制。对于按照标准操作方法在规定时间定额内完成工作的工人,按较高工资率计发工资,反之则按较低工资率计发工资。

④按标准操作方法对工人进行培训,以代替师傅带徒弟的传统办法培训工人。

⑤在工人和管理人员之间,明确划分为计划职能和执行职能,并由计划职能帮助实施执行职能。

泰勒还主张一切管理问题都应当而且可以用科学的方法去研究解决,实行各方面工作的标准化,使个人经验上升为理论,并据此倡导专业管理。这样便开创了科学管理阶段。

(2) 亨利·法约尔

亨利·法约尔(如图1.2)与泰勒处于同一时代,当时泰勒所关注的管理处于组织的最低层次,他采用的是科学方法。法约尔的关注点直接指向全部管理者的活动,他的著作依据的是他的亲身经验,即作为一家大学法国煤矿企业的管理经验。他将管理实践描述为有别于会计、财务、生产、分配和其他典型商业活动的一种活动。他进一步发展了管理组织的理论,在他发表的《一般管理与工业管理》一书中提出的,提出了企业管理职能五要素:"计划、组织、指挥、协调、控制"和实现管理职能的十四条原则。管理职能的十四条原则为:分工、权责相等、纪律、统一指挥、统一领导、个人利益服从整体利益、报酬合理、集权与分权(集中化)、等级链、秩序、公平、人员稳定、首创精神和团结精神。

图 1.2　亨利·法约尔

(3) 马克斯·韦伯

马克斯·韦伯(Max Weber,如图1.3所示)是同泰勒和法约尔同一历史时期,并且对西方古典管理理论的确立做出杰出贡献的德国著名社会学家和哲学家,与卡尔·马克思和爱米尔·杜尔凯姆被并列为现代社会学的三大奠基人。早在20世纪初,他就撰写了大量的文章,发展了权威的结构和关系理论。韦伯并且提出了三种正式的政治支配和权威的形式:魅力型支配(家族和宗教)、传统权威(宗主、父权、封建制度)以及官僚型支配(现代的法律和国家、官僚)。韦伯主张历史上的统治者与被统治者间的关系多少包含了这样的成分。他认为魅力型权威的不稳定性必然导致其被迫转变为"常规的"权威形式,也就是传统或者官僚型支配。

图 1.3　马克斯·韦伯

因此,韦伯倡导一种理想的组织类型,称为"官僚行政组织"(bureaucracy)或行政组织体系,与汉语不同,它并不带有贬义。韦伯的原意是通过职务或职位而不是通过个人或世袭地位来管理。要使行政组织发挥作用,管理应以知识为依据进行控制,管理者应有胜任工作的能力,应该依据客观事实而不是凭主观意志来领导,因而这是一个有关集体活动理性化的社会学概念。

韦伯的理想行政组织结构可分为三层,其中最高领导层相当于组织的高级管理阶层,行政官员相当于中级管理阶层,一般工作人员相当于基层管理阶层。企业无论采用何种组织结构,都具有这三层基本的原始框架。韦伯指出,现代的行政组织存在着一种正式的管辖范围的原则,这种管辖范围一般是由规则(即法律或行政规定)来确定的。这意味着:按行政方式控制的机构目标所要求的日常活动,是作为正式职责来分配的;执行这些职责所需要的权力是按一种稳定的方式来授予的,并且由官员通过宗教的或其他的强制手段来严格地加以限制;对于正常而持续地履行职责和行使相应权利的方法应有所规定,只有按一般规定符合条件的人才会被雇佣。这三项要素在国家范围构成为一个行政组织体系的机关,在经济领域则构成为一个行政组织体系的企业。

韦伯认识到这种理想的官僚行政组织在现实中是不存在的,他的目的是提供一种理论研究的基础,说明在一个大型的群体中工作应该怎么进行。他的理论成为了今天许多大型组织的一种结构设计模型。韦伯的官僚行政组织的特征概况如图1.4所示。

除上述人物外,动作研究的创始人吉尔布勒斯,生产作业计划的线条图的创始人甘特,生产标准化的创始人福特等,都为科学管理作出了重要贡献。

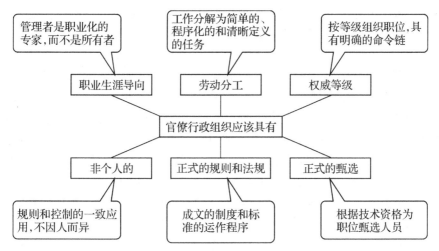

图1.4　韦伯描述的官僚行政组织的特征概况图

3) 现代管理阶段

自20世纪40年代开始,企业管理进入现代管理阶段,特别是第二次世界大战以后,科学技术和工业生产迅猛发展,复杂产品、大型工程相继出现,企业规模不断扩大,市场竞争剧烈,阶级矛盾日益加深,所有这些都对管理提出了新要求,促使企业管理在思想内容、组织方法、手段等方面有着更快的发展,从而形成现代管理。这一时期、各种学派林立,形成了所谓的"管理理论的丛林"。主要的学派有:管理过程学派、经验学派、行为科学学派、社会系统学派、决策学派、数理学派。总体来说,现代管理阶段的特点有:①突出经营决策,面对市场,力求提高盈利水平,提出"管理的重心在经营,经营的重心在决策"的观点。②把开发新产品、提高技术水平作为企业发展的核心问题。③调节人际关系,实行以人为本的管理,尊重职工个性、注意激发与调动职工积极性,注重智力开发,重视教育培训。④广泛运用运筹学、电子计算机等现代科技成果。⑤实行系统管理,把企业管理作为一个开放系统,应用系统工程,从系统的最优观点出发,进行经营管理的战略决策。⑥重视文化对管理的影响,以整个社会文化为背景,研究文化与管理的融合。

案 例

科学管理是一次心理革命

1912年1月25日,泰罗在调查科学管理的众议院特别委员会上作证时,发表了如下的演说:

科学管理不是什么取得效率的手段,也不是一种保证效率的手段,甚至不是一套或一组取得效率的手段。科学管理不是一种核算成本的新制度;甚至不是一种支付工资的新办法;它不是计件工资制;不是奖金制度;不是津贴制度;不是支付工资的规划;不是用马表监视工人并记下他们的行动;它不是工时研究;也不是动作研究;更不是人的活动分析;不是印刷、画线和卸下一、二吨空白表格给一批人,然后对他们说:"这就是你们的制度,拿去使用吧!"科学管理不是划分工长制或职能工长制;不是一般人每当说到科学管理时所想起的任何手段。一般人听到"科学管理"一词时,总认为是指上述一种或几种东西,然而,科学管理并不就是这些手段中的任何一种。我不是在嘲笑成本核算制度、工时研究、职能工长制;也不是轻视任何新的和改进了的工资办法,更不是在轻视任何提高效率的手段,如果它们确实是一些可以取得效率的手段的话。我信任这些手段,但是我要强调指出的是,这些手段无论是整个地或部分地说都不是科学管理;它们是科学管理有用的附属物,同样的,也是其他管理制度有用的附属物。

"于是,就其实质而言,科学管理包含着一次全面的心理革命。在任何特定企业或工业中劳动的人,就他们对于他们的工作、伙伴和雇主的责任而言,这是一次全面的心理革命。在管理这一方面,工长、厂长、企业主、董事会,就他们对于企业中的同事、劳动者以及一切日常事务的责任而言,同样是一次全面的心理革命。如果没有这两方面的心理革命,那么科学管理就不存在"。

"这两方面的人在科学管理条件下心理态度发生的伟大革命表现在,双方的眼光都从把分摊盈余作为一件最重要的事情上转移到共同注意增加盈余的数额,直到盈余额大得没有必要再为如何分摊而争吵为止。他们开始看到,如果他们不再互相倾轧并转而往同一方向并肩前进,由他们共同努力创造出来的盈余的数额就会多得惊人。他们双方都认识到,当他们用友好合作和相互帮助代替彼此敌对和冲突的时候,他们就能够使这盈余比过去有巨额的增长,从而有充裕的余地来大大提高劳动者的工资,同时也同样地大大增加了制造商的利润。先生们,这就是伟大心理革命的开端,它是走向科学管理的第一步。科学管理就是沿着完全改变双方的心理态度的路线;用和平代替战争;用真诚的兄弟般合作代替斗争和冲突;用齐心协力走同一方向代替彼此背离;用相互信任代替猜疑戒备;由敌人渐渐变成朋友。我认为,科学管理必须沿着这条路线得到发展"。

"这种新看法或新观点的替代是科学管理的实质所在。在新观点成为双方的主导思想之前,在用合作和和平的新思想代替倾轧和战争的旧思想之前,任何什么地方都不会出现科学管理"。

"双方对待'盈余'的心理态度的这种变化,只是在科学管理条件下发生的伟大心理革命的一个部分。以后我将要指出这一革命的其他成分。不过,还有一个观点的改变,对于科学管理的存在也是绝对不可缺少的。这就是双方都必须从本质上认识到,老板也好,劳动者也好,都要用严密的科学调查和知识代替老的、个别人的判断或意见去处理有关企业各项工作中的所有事务。这既适用于进行工作所使用的方法,也适用于完成每项具体任务所需要的时间"。

"因此,在管理者和劳动者双方的心理态度都发生这样变化之前,也就是说,在双方都尽他们的责任合作产生尽可能多的盈余,并且都认为有必要用严密的科学知识代替一般意见或老的单凭经验或个人知识办事之前,在任何企业中都不能说有了科学管理"。

"这就是科学管理两个绝对不可少的要素。"

问题:

(1) 在上述证词发表以后的近百年间,美国工业是否已经实现了泰罗所说的全面心理革命?

(2) 谈谈你对管理是一次心理革命的理解。

复习与思考

1.1 简述运输的作用。
1.2 试述运输业的性质和特征。
1.3 简述企业管理的概念。
1.4 简述企业管理的二重性质和职能。
1.5 简述企业管理的主要职能。
1.6 试述企业管理的一般原理。
1.7 简述企业管理的方法。
1.8 试述企业管理的发展历程。

企业战略管理

【开篇案例】

日本大和运输公司竞争战略

日本的大和运输株式会社（Yamato Transportation）成立于1919年，是日本第二古老的货车运输公司，也是日本最大的从事商品运输、配送的专业公司。公司总部位于日本东京中央区的银座。注册资本金500亿日元，资本金1 272亿日元，现有职工142 813人。1999年实现销售额7 439亿日元，经常利益为322亿日元，现有营业所2 311处，此外，还有27家分公司以及15家海外分公司。

1) 配送服务的差别化战略

(1)"宅急便"为配送服务与大和运输公司的转型

1973年日本陷入第一次石油危机的大混乱中，企业委托的货物非常少，这对完全依赖于运送大宗货物的大和运输来说，无疑是一大打击。对此，当时大和运输的社长小仓提出了"小宗化"的经营方向，认为这是提高收益的关键。1976年2月，大和运输开办了"宅急便"业务。他们通过开展新型的配送服务，创造了"宅急便"这样一种物流服务品牌，之后，随着陆运物流服务的不断延伸和扩展，他们将这种陆地配送服务统称为"宅配便"。

1976年，宅急便共受理了170万件货物，同年日本国铁受理包裹为6 740万件，邮局受理小包则达17 880万件。到1988年，宅急便已达34 877万件，超过了邮局小包的23 500万件。该年，在宅配便的业界中，宅急便的市场占有率已达40%，位居日本运输第一位的日本通运的"信天翁便"只占28%。到1995年，宅急便的受理件数多达57 000万，营业额为6 000亿日元。宅急便的员工人数由原先的300人增加到57 797人，拥有车辆由2 000辆增加到25 000辆。在日本，大和运输的宅急便已是无人不知、无人不晓，在马路上到处可见宅急便在来回穿梭。

(2) 大和运输公司的差别化战略

从当时日本的运输配送市场看，面向个体顾客的小件商品配送服务只有邮包送递和铁路小型商品运输这两种公共运输服务，而且这两种服务的市场规模每年不到3亿日元。除了市场规模较为狭小外,面向个体顾客的宅急便服务由于波动性大,何时、何地发生,向什么地方配送等都很难预测,所以鲜有企业愿意从事这种面向个体顾客的物流服务。大和运输公司正是在这种条件下,决定独自开拓其他企业所不予重视的配送服务市场。

大和运输公司确立了一个独特的市场观念,就是一种"彻底追求便利性"的差别化市场观念。大和运输公司的宅急便有几个特点:①商品的长宽高度不超过1米;②包装物可以是箱子,也可以是布袋,不需要特别的包装和捆绑;③可以在任何家庭、任何地方取货,并向任何地方配送;④配送费用根据所划分的不同地带采用不同的费用;⑤配送时间按地区不同大致规定为1~2天。这些特点都是邮包送递和铁路小型商品运输所不能比拟的。

宅急便受理货物的内容种类繁多,包括地方特产、企业文件、各种零件、划拨商品等,凡是各式各样的小货物,都可通过宅急便来运送。旅客乘飞机可以委托将行李在登机前运送到机场;居住在乡下的长者,可以寄送昆虫、金鱼等小动物给住在城市的儿孙辈。有一回长崎发生大水灾,严重影响水源问题,住在远地的亲朋好友就寄送饮用水给生活受困的受灾者。宅急便对礼品市场的扩展,也有相当的贡献。单是每年的情人节、母亲节,宅急便的需求量就呈巅峰状态,即使一盒巧克力,也可以利用宅急便来寄送。特别是在情人节的日子,没有勇气将巧克力亲手交给心中的女孩子时,宅急便就成为可爱的"恋爱之神"。宅急便也对企业活动带来了方便,有许多企业利用宅急便来传递紧急的文件,连百货公司也利用宅急便作为"送货到家"的运送管道。当今非常流行的邮购等通讯销售,若不是宅急便的普及,也就没有如此的快速发展。从利用宅急便运送货的客户来分析,法人占60%,个人占40%,法人利用的比率很高,由此可见宅急便对企业界的魅力。

日本人现在去打高尔夫球时,已经很少有人亲自背着高尔夫球杆去球场。大多数是利用高尔夫宅急便,将球具送到高尔夫球场,自己则空手前往。在打完球回程时,也是由宅急便送回自己家中,做到能够身轻如燕地去游玩。1983年12月,滑雪宅急便开始登场,日本长野是这一季节的滑雪胜地,每年都从其他外县涌入1 100万名滑雪客。只要运送滑雪橇和随身货物,如果平均每人2件的话,往返就会有4 400万件的货源。滑雪宅急便保证做到在滑雪的前一天将货物送达,一开始就得到顾客的好评,特别是深受体力单薄的女性顾客们的喜爱。1987年8月,大和又推出了冷藏宅急便。温度分为5度(冷藏)、零度(冰温)和零下18度(冷冻)3种,货物以蔬菜、水果、鱼、肉等生鲜食品为主。在全体宅急便之中,生鲜食品占40%。冷藏宅急便开发后,这一比例又急速升高,说明在日本生鲜食品的输送需求极其旺盛。此外,大和运输又开拓了书籍服务,读者直接向书籍服务公司订购后,可以利用宅急便的配送网络,尽早地把书籍送到读者手中。

2) 配送先导者战略

(1) 一通电话,翌日送达

大和在运送货物时,在速度、安全、服务这三者之中,优先考虑的是速度。而在速度中,宅急便又特别重视"发货"的速度。宅急便的配送,除去夜间配送以外,基本是一天2回,也即2次循环。凡时间距离在15小时以内的货物,保证在翌日送达。1989年开始一部分的一日3次循环,可以做到时间距离在18小时以内的货物,可以翌日送达。也就是说,可以将截止接受货物的时间,延长到下午3点,从而使翌日送达的达成率,可以达到95%,展现了大和运输更周到的服务。

宅急便的受理店多达20多万家(包括大和本身的近2 000家分店),是以米店、杂货店等地方上分布面广的重要的零售店设立的。1989年后,由于与7—11和罗森等大型便利店的合作,已调整为24小时全天候受理货物。大和对这些受理店,每受理一件货物,支付100日元的受理手续费。如果顾客亲自将货物送到受理店,这位顾客就可以从所应付的运费当中扣除100日元。

(2) 先进的货物追踪系统

大和运输致力于电脑化的推进,成为运输界中最初采用条形码的公司,美国的大型运输公司"UPS"(United Parcel Sevvice)也仿效使用,现今已成为运输业界的世界标准码。大和运输将宅急便的信息系统,通称为"猫系统"。第一代猫系统始于1974年,以路线及货运为中心。在结构上,是采用从设置在大和系统开发总公司的主电脑,以至到各营业所的终端机,全部以专用线缆来导引线路,以集中货物信息的方法进行处理。第二代猫系统始于1980年,此时初次登场的POS终端机,简化了资料输入动作,任何人都可以简单操作,信息的处理速度也快。第三代猫系统始于1985年,重点在于开发了携带型POS,让所有的货车司机都拥有一台。大和将所有附随货物的信息,包括发货店密码、日期、负责集货公司的司机密码、到店密码、货物规格、顾客密码、顾客送来或是集货方式、运费、传票号码,以及滑雪宅急便或高尔夫宅急便的顾客游玩日等,全都输入电脑进行管理。大和在全国1 300所的分店、营业所、基地设置终端机,网络站的终端机数约2 000台,携带型POS突破20 000台。通过这个追踪货物系统,便能完全掌握所发生的各种信息。顾客如果询问邮局:托运的货物现今在何处?邮局必须花费2分钟才能作回答;而宅急便却能在40秒内作出答复(电脑的应答是3~5秒)。由此可以查明:货物现在是在仓库,还是在分拣设施上,还是正在装车,还是已经送到顾客手中。这项优异的追踪系统的存在,进一步提高了顾客对宅急便的依赖度。

现在大和运输与美国UPS合作,建立了国际快递网络。UPS拥有世界175个国家和地区的配送网,大和已将这些国家和地区全部列入自己的服务区域。

思考题:①如何评价大和运输公司的差别化战略?②一个运输企业如何确定和协调市场、服务、技术、管理、竞争等多个因素组成的有机体系?③如何处理运输过程中与联运企业的利益分配及发展关系?④运输企业的核心竞争力应包括哪些?

2.1 企业战略的性质

2.1.1 企业战略的内涵

"战略"一词为 strategy,最早来源于希腊语的 stratagia,原意为"将军指挥军队的艺术",是指导战略全局的谋略。公元 579 年,罗马皇帝毛莱斯用拉丁文写了一本名为《stratajicon》的书,被认为是西方第一本战略著作。在现代,"战略"一词被引申至政治和经济领域,其涵义演变为泛指统领性的、全局性的、决定胜败的谋略、方案和对策。而将战略一词应用到企业管理中,最初是出现在巴纳德(C. I. Bernad)的名著《经理的职能》一书中。此后在 1965 年美国管理学家安索夫(H. I. Ansoff)所著《企业战略》一书问世后开始被广泛应用。

关于战略的定义至今没有明确统一,许多学者从多种角度进行探讨,不同学者与经理赋予企业战略不同的含义。

(1) 安索夫(H. I. Ansoff)的定义:1965 年安索夫在《企业战略》中指出,经过多年的发展,企业战略的含义一般是指"企业为谋求长期生存和发展,在对外部环境和内部资源条件分析研究的基础上,对企业的目标、经营方向、重大经营方针、实施步骤作出总体性的谋划"。

(2) 安德鲁斯(K. Andrews)的定义:1965 年,美国哈佛商学院教授安德鲁斯认为,企业总体战略是一种决策模式,它决定和揭示企业的目的和目标,提出实现目的的重大方针与计划,确定企业应该从事的经营业务,明确企业的经济类型与人文组织类型,以及决定企业应对员工、顾客和社会作出的经济与非经济的贡献。

(3) 迈克尔·波特(Michael Porter)的定义:他认为"战略是公司为之奋斗的一些终点与公司为达到它们而寻求的途径的结合物"。这一定义概括了 20 世纪 60 年代和 70 年代对企业战略的普遍认识。它强调了企业战略的一方面属性——计划性、全局性和整体性。

(4) 明茨伯格(H. Mintzberg)的定义:1989 年,明茨伯格将战略定义为"一系列或整套的决策或行动方式",这套方式包括刻意安排的(或计划性)战略和任何临时出现的(或非计划性)战略。这一定义强调的是企业大部分战略是由事先的计划和突发的应变的组合,即企业战略的另一方面属性——应变性、竞争性和风险性。在这种观点的基础上,明茨伯格借鉴市场营销学中的四要素(4P)的提法,提出了企业战略是由五种规范的定义阐述的,即计划(plan)、计策(ploy)、模式(pattern)、定位(position)和观念(Perspective)构成了企业战略的 5P。

由此可以看出,战略是一种观念的重要实质在于,同价值观、文化和理想等精神内容为组织成员所共有一样,战略的观念要通过组织成员的期望和行为而形成共享。

2.1.2　企业战略的性质和特征

不论管理学派和经理对战略的认识有多大分歧,但是对战略特征的认识基本一致。概括起来,企业战略具有如下性质和特征:

(1) 全局性:企业战略就是企业发展的蓝图,制约着企业经营管理的一切具体活动,它追求企业的总体效果。企业战略是对企业的未来经营方向和目标的纲领性的规划和设计,对企业经营管理的所有方面都具有普遍的、全面的、权威的指导意义。

(2) 长远性:企业战略考虑的是企业未来相当长一段时期内的总体发展问题。经验表明,企业战略通常着眼于未来3~5年乃至更长远的目标。企业战略反对短期化行为,战略的成效也要以长远利益来衡量。

(3) 指导性:企业战略规定了企业在一定时期内基本的发展目标,以及实现这一目标的基本途径,指导和激励着企业全体职工努力工作。

(4) 现实性:企业战略是建立在现有的主观因素和客观条件基础上的,一切从现有起点出发。

(5) 竞争性:企业战略是适应市场的需要而产生的,是为了增强企业的活力和优势而制定的。战略的作用在于通过密切注视市场竞争态势和企业自身的相对竞争地位,抓住机遇,迎接挑战,发挥优势,克服弱点,以求在"商战"中克敌制胜,保障企业的生存和发展。

(6) 风险性:企业战略是对未来发展的规划,然而环境总是处于不确定的和变化莫测的趋势中,任何企业战略都伴随有风险。

(7) 创新性:企业战略的创新性源于企业内外部环境的发展变化,因循守旧的企业战略是无法适应时代发展的。

(8) 相对稳定性:企业战略一经制定后,在较长时期内要保持稳定(不排除局部调整),以利于企业各级单位和部门的贯彻执行。

(9) 企业战略必须与企业管理模式相适应:企业战略不应脱离现实可行的管理模式,管理模式也必须调整以适应企业战略的要求。

(10) 企业战略应与战术、策略、方法、手段相适应:一切好的企业战略如果缺乏实施的力量和技巧,也不会取得好的效果。

2.1.3　企业使命与企业目标

1) 企业使命与企业目标的概念

企业使命(mission)的思想很大程度上是建立在彼得·德鲁克(Peter F. Drucker)在20世纪70年代中期创立的一系列指导思想上的。德鲁克曾说,问"我们的业务是什么?"就等于问:"我们的任务是什么?",以此作为使一个企业区别于其他类似企业的长期适用的对经营目标的叙述。

企业使命是说明企业的根本性质和存在的理由,说明企业的宗旨、哲学、信念、原则,根据企业服务对象的性质揭示企业长远发展的前景,为企业战略目标的确定与战略制定提供依据。

(1) 企业使命陈述

使命陈述(Mission statement)有时也被称为任务陈述、纲领陈述、目的陈述、宗旨陈述、信念陈述、经营原则陈述或对"企业业务定义"的陈述。一个企业并不是由它的名字、章程和公司条例来定义的,而是由它的使命和目标来定义的。一个好的企业使命陈述可以起到集中企业资源、统一企业意志、振奋企业精神的作用,从而引导、激励企业取得出色的业绩。作为战略制定者,首要任务就在于认定和表明企业的使命。

那么什么才是一个成功的使命陈述? 通常一个好的使命陈述应具有以下三个特点:①概括性;②用户导向;③社会责任性。

(2) 使命陈述的要素

一个有效的使命陈述应尽量完整地包括下列要素。

①用户(Customers):企业的用户是谁?

②产品或服务(Products or services):企业的主要产品或服务项目是什么?

③市场(Markets):企业在哪些地域竞争?

④技术(Technology):企业的技术是否是最新的?

⑤对生存、增长和盈利的关切(Concern for survival, growth and profitability):企业是否努力实现业务的增长和良好的财务状况?

⑥观念(Philosophy):公司的基本信念、价值观、志向和道德倾向是什么?

⑦自我认知(Self-concept):公司最独特的能力或最主要的竞争优势是什么?

⑧对公众形象的关切(Concern for public image):公司是否对社会、社区和环境负责?

⑨对雇员的关心(Concern for employees):公司是否视雇员为宝贵的资产?

2) 企业使命与企业目标的作用

明确了企业使命与企业目标的概念后,我们来介绍一下确定企业使命与企业目标对企业战略管理的重要作用,主要有:

(1) 保证整个企业经营目的的一致性。

(2) 为配置企业资源提供基础或标准。

(3) 建立统一的企业风气或环境。

(4) 通过集中的表述,使员工认识企业的目的和发展方向,防止他们在不明白企业目的和方向的情况下参与企业活动。

(5) 有助于将目标转变为工作组织结构,以及向企业内各责任单位分配任务。

(6) 使企业的经营目的具体化,并将这些目的转变为目标,使成本、时间和绩效参数得到评估和控制。

3) 企业使命与企业目标的内容

企业使命的内容就是它的定义,即阐明企业的根本性质和存在的理由,通常包含企业目的,企业宗旨和经营哲学等多个方面。而企业目标作为企业使命的具体化,应该包含一个完整的目标体系,按时间长短,一般可以分为战略目标、长期目标和年度目标。

(1) 战略目标。是指企业在其战略管理过程中所要达到的市场竞争地位和管理绩效的目标,包括在产业中的领先地位、总体规模、竞争能力、技术能力、市场份额、收入和盈利增长率、投资回收率以及企业形象等。

(2) 长期目标。是指企业在一个相对较长的期间内,所力求实现的生产经营的结果。长期目标的计划期一般为3~10年,是公司战略和业务战略的基本出发点,并以市场占有率、投资收益率与股票价格等财务指标来衡量企业战略的最终有效性。

(3) 年度目标。是指企业实施企业战略的年度作业目标,是战略实施中的一种必要手段。它与企业的长期目标有着内在联系,为监督和控制企业的绩效提供具体的、可以衡量的依据,具有较强的可操作性。

为了全面地对企业经营起到战略指导作用,具体的企业目标体系应包含盈利能力、生产效率、市场竞争地位、产品结构、财务状况、企业的建设和发展、企业的技术水平、人力资源的开发、职工福利和社会责任等多个方面的内容。企业可以根据自身的具体情况和需要突出几项作为对未来发展有关键作用的战略目标。

2.1.4 企业战略的层次与内容

对于现代企业来说,它的企业战略可以包括企业总体战略、企业经营战略和企业职能战略三个层次。

(1) 企业总体战略:企业总体战略是企业战略的总纲,是企业的最高管理层指导和控制整个企业的一切行为的最高行动纲领。企业总体战略包括企业战略决策的一系列最基本的因素:企业的宗旨与性质,企业资源的配置,企业的组织结构与组织形式,企业从事的行业或业务,企业的发展速度与发展规模,企业的投资决策,以及其他有关企业命运的重大决策。企业总体战略由一系列重大目标、重大计划、重大行动所构成,是企业战略利益的基础。因此,一个企业的总体战略能够最好地体现这个企业的精神,反映这个企业的需要。

(2) 企业经营战略:企业经营战略是企业内部各部门和所属单位在企业总体战略指导下,经营管理某一个特定的经营单位的战略计划。企业经营战略是经营一级的战略,它的重点是要改进一个经营单位在它所从事的行业中,或某一特定的细分市场中所提供的产品和服务的竞争地位。企业经营战略涉及这个企业在它所从事的某一个行业中如何竞争的问题,涉及企业在自己的这一经营领域中扮演什么角色,以及在经营单位内如何分配资源的问题。

(3) 企业职能战略:企业职能战略是为贯彻、实施和支持企业总体战略与企业经营战略而在企业特定的职能管理领域制定的战略。企业职能战略的重点是提高企业资源的利用效率,使企业资源的利用效率最大化。在企业既定的战略条件之下,企业职能部门根据企业职能战略采取行动,集中各部门的潜能,支持和改进企业战略的实施,保证企业战略目标的实现。与总体战略或经营战略相比较，企业职能战略更为详细、具体。它是由一系列详细的方案和计划构成的，涉及企业经营管理的所有领域，包括财务、生产、销售、研究与开发、公共关系、采购、储运、人事等各个部门。

可见，总体战略、经营战略和职能战略一起构成了企业战略。在一个企业内部，企业战略的各个层次之间相互联系，相互配合，每一个战略层次都构成了其他战略层次的赖以发挥作用的环境。

2.2 企业战略分析

2.2.1 企业战略分析的主要内容

企业战略分析的内容很多，这里主要讲述影响企业战略的外部环境分析、行业分析和企业内部环境分析。

1) 企业战略外部环境分析

对于企业来说，企业的外部环境，即企业的宏观环境，属于不可控因素，它主要包括与企业环境相关联的技术、经济、文化、政治以及自然环境等五个方面的因素。

(1) 政治环境　政治环境是指一个国家或地区的政治制度、体制、政治形式、方针政策、法律法规等方面。

政府的政策广泛地影响着企业的经营行为，即使在市场经济较为发达的国家，政府对市场和企业干预似乎也有增无减，如反垄断、最低工资限制、劳动保护、社会福利等方面。当然政府的很多干预往往是间接的，常运用以税率、利率为杠杆的财政政策、货币政策来实现宏观经济的调控；以及通过干预外汇汇率来调整国际金融与贸易秩序。因此，在制订企业经营战略时，对政府政策的长期性和短期性的判断十分重要。企业战略应对具有长期作用的政府政策做好充分准备，对短期性的政策则可视其有效时间或有效周期而作出不同的反应。

(2) 经济环境　是指企业经营过程中所面临的各种经济条件、经济特征、经济联系等客观因素。一个企业经营的成功与否在很大程度上取决于整个经济运行状况。包括社会经济结构、经济体制、发展状况、宏观经济政策等要素。衡量这些因素的经济指标有国内生产总值、就业水平、物价水平、消费支出分配规模、国际收支状况，以及利率、通货供应量、政府支出、汇率等。涉及的范围从国家、社会、市场一直到企业。与政治法律环境相比，经济环境对企业生产经营的影响更加直接和具体。对于经济环境的分析，关键是要考察以下几点：

①目前国家经济处于何种阶段，宏观经济以及经济周期性的发展变化。

②人均收入，它与消费品市场的购买力有着很大的正相关关系。

③人口因素，一个国家的人口总量往往决定着该国许多行业的市场潜力，特别是在生活必需品和非耐用消费品方面更是如此。

④价格,价格的升降和货币的升值及贬值之间具有密切的关系。

(3) 文化环境　文化环境是指一个国家和地区的民族特征、文化传统、价值观、宗教信仰、教育水平、社会结构、风俗习惯等情况。

每一个社会都有一些核心的价值观,这些价值观和文化传统是通过家庭的繁衍和社会的教育形成的历史沉淀,因此它们通常具有高度的持续性,较为稳定,难以改变。而且,社会成员中的价值观念等文化因素是在长期的社会发展过程中形成的,因而又具有一定的地域性和传统性。而且,每种文化都是由许多亚文化组成,它们是由有着共同的价值观念体系及其共同生活经验或生活环境的群体构成,这些亚文化群体有着共同的社会态度、偏好和行为,从而表现出相同的市场需求和类似的消费行为。

(4) 技术环境　技术环境是指一个国家和地区的技术水平、技术政策、新产品开发能力以及技术发展动向等。技术对企业经营的影响是多方面的,企业的技术进步,将使社会对企业的产品或服务的需求发生变化,从而给企业提供有利的发展机会;然而对于企业战略设计的另一个重要问题是:一项新技术的发明或应用可能又同时意味着"破坏"。因为一种新技术的发明和应用会带动一批新行业的兴起,从而损害甚至破坏另外一些行业,如通信行业的发展,使得个人移动电话、网络通讯业务量猛增,从而使传统的固定电话业务和邮政寄递业务变得衰落,同时还在一定程度上取代了过去需要出行(运输业)才能完成的商务会谈活动。越是技术进步快的行业这种技术变革就越应该作为环境分析的重要因素。

(5) 自然环境　自然环境是指企业所处的自然资源与生态环境,包括土地、森林、河流、海洋、生物、矿产、能源、水源、环境保护、生态平衡等方面的发展变化。在环境污染日益严重的现状下,世界各国政府和人民对于可持续发展的呼声愈发强烈。交通运输企业作为能耗和环境污染大户,在生产经营过程中就必须更加重视对相关自然资源与生态环境的保护,保持稀缺资源的可持续性利用,努力寻找新的能源,改进生产方式以减少对环境的污染等举措都是十分必要的。否则必然会给企业发展带来危机。通过自然环境分析,可以缓解窘迫的现状,积极寻找新的解决途径,在环境保护和企业发展之中寻求一个合理的平衡点。

2) 行业分析

行业,是指具有某种同一属性的企业的集合,又是国民经济以某一标准划分的部分,例如汽车行业、家电行业,它是介于微观经济的细胞(企业)与宏观经济单位(国民经济)之间的一个集合概念。每个企业都属于某一行业,而企业所在的行业或所要进入的行业,是对企业经营影响最直接、作用最大的企业外部环境。行业环境分析就是通过对上述集合概念的分析,以期得到对企业战略有价值的信息,从而更好地指导战略管理过程。

(1) 行业概况分析

①行业所处的发展阶段分析。主要是通过分析来判断企业所在的行业是处于起步和初步发展阶段,还是快速发展或成熟阶段,还是逐步衰退的阶段。

②行业在社会经济中的地位和作用分析。如:

ⓐ分析行业的产值、利税额及吸收劳动力的数量,在工业总产值、财政收入和就业总量中的比重;

ⓑ行业的现状和未来对整个社会经济及其他行业发生影响的程度;

ⓒ行业在国际市场上竞争、创汇的能力。

(2) 行业的基本特征分析:揭示企业所在行业和将进入行业与其他行业的差别,把握企业的行业环境。

(3) 行业发展动力分析:对于行业结构与环境变化影响最大的促进因素主要有以下几种:

①行业长期增长率。行业长期增长率的改变会影响行业内外企业的投资决策,引起企业进入或退出该行业,从而改变整个行业的相对供求关系和竞争强度。

②产品创新。产品创新能够拓宽市场需求、增加各卖主之间产品的差别、吸引其他企业进入该行业,从而对行业中各企业的生产方式、规模经济性、营销渠道、相对成本地位等行业结构因素的变化起着推动作用,进而推动了整个行业的发展。

③政府法规和调控政策。政府法规和调控政策的变化会对企业结构的发展变化产生重要的影响。

④产品的消费者及其消费偏好。产品的消费者及其消费偏好的变化,可能会带来新的市场需求,从而要求企业制定出新的战略与之相适应。

(4) 影响行业与竞争的五种要素:行业环境指企业组织所处的经营领域的环境。行业环境主要包括五种要素及其关系,如图2.1所示。这五种要素共同作用,决定了行业竞争的性质和程度,它们是形成企业在其某一竞争领域内竞争战略的基础。作为管理者,应充分了解这五种要素是怎样影响竞争环境的。由此,就可以明确在该行业中,企业应当处于什么样的战略地位。

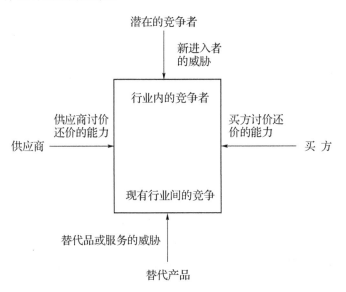

图2.1 行业竞争的五种力量

①买方对行业内的影响。买方对行业的影响主要取决于买方与行业的讨价还价能力。主要包括如下因素：

ⓐ行业内企业的产品的差别化程度；

ⓑ买方对价格的敏感程度；

ⓒ买方拥有行业内企业成本结果信息的程度；

ⓓ买方行业与供应商行业的集中程度；

ⓔ买方的转换成本；

ⓕ购买者后向一体化的可能性。

②供方对行业内企业影响。供方对行业的影响也很大。例如，他们可以通过提价来转嫁他们不断上升的成本，或降低所提供商品或服务的质量来降低成本。

③替代品威胁。替代品给行业产品的价格设置了一个上限。因为当一种产品的相对价格高于替代品的相对价格时，人们就转向购买替代品。例如，公路运输企业不仅同其他公路运输企业竞争，而且还同其他运输方式竞争。因此，管理者必须密切关注那些质量有所改进的或价格有所下降的替代品。放松管制和科技进步为一大批替代品从传统产品那里抢夺市场份额提供了可乘之机。

④新加入者的威胁。来自行业外的第四种影响力量，也是最敏感的影响力量是潜在的入侵者。一般而言，当行业具有较高的投资回报时，就会吸引很多的潜在者加入进来。新加入者的竞争将导致整个行业内平均利润的下降，除非行业市场正处在迅速扩张的时期。

潜在加入者是否会真的采取行动入侵到行业中来，取决于入侵者对行业屏障的认识，包括进入屏障和退出屏障。进入屏障就是企业为进入某一个新行业所要克服的困难（或风险）；退出屏障就是企业要退出某一个行业所要承担的损失。决定进入障碍大小的因素有：

ⓐ规模经济性；

ⓑ资本要求；

ⓒ产品差异壁垒；

ⓓ资源供应；

ⓔ销售渠道；

ⓕ绝对成本优势；

ⓖ政府政策和法律障碍；

ⓗ原有企业的反击；

ⓘ进入壁垒的其他因素。

⑤行业内企业的竞争。行业内的企业并不都是竞争对手。通常的情况是既有竞争又有合作。广告战、价格战、服务战等竞争方式比比皆是，但技术合作、委托制造、合资联盟、甚至各种暗地里的卡特尔，也随处可见。行业内企业的竞争程度取决于很多因素：

ⓐ行业内企业的数量和力量对比；

ⓑ行业市场的增长速度；

ⓒ行业内企业的差别化与转换成本；

ⓓ战略赌注；

ⓔ由于历史的原因，沉淀了各自的行业游戏规则，企业只在游戏规则的范围内竞争；

ⓕ行业的分散与集中程度；

ⓖ投入与退出壁垒。

综上所述，行业中的企业要面对五种力量的影响，它必须识别这五种力量，并选择恰当的行业作为自己的业务领域。总的来说，竞争越强烈，获利性越低。因此，那些进入屏障高、买方与供方只有较低讨价还价力量、替代品威胁较少、行业内企业竞争不甚激烈的行业，才是有吸引力的行业。

3）企业战略的内部因素分析

在企业战略的内部因素中，有的是企业自己可以控制的，有的则是企业在短期内无法控制的。企业战略的内部因素主要有企业结构、企业文化和企业资源。

（1）企业结构：如果企业结构与企业战略相适应，它可以为企业带来力量；如果企业结构与企业战略不相适应，它就会成为企业的弱点，从而不利于企业战略目标的实现。

（2）企业文化：它反映了企业的宗旨，也反映了企业的主导方向。

（3）企业资源：企业资源包括企业的人、财、物、设备、管理、技术、经验、产品、原材料、信息、甚至市场等多种要素，是企业战略要素的总和，是企业战略实力的综合体现。显然，企业的资源实力不同，企业所能够选择的战略也大不相同。

企业资源可概括分三类：

① 有形资源，主要是指企业的物质资产和金融资产。物质资产主要包括企业的厂房、土地、设备等固定资产；金融资产主要指企业的筹资和借款。

② 无形资源，主要是指企业的知识产权、技术诀窍、企业形象、品牌、专利权、商标权、交易秘诀、专用知识、商誉、企业文化等。

③ 人力资源，主要是指能够推动企业发展的全体员工的能力。人力资源与人力资本是两个密切相关的概念，两者有相同之处，又有明显的区别。人力资源主要是管理领域的概念，强调人力作为经济资源的稀有性和有用性，是指经过开发而形成的具有一定体力、智力和技能的生产要素的资源形式，强调人的创造能力。人力资本是经济领域的概念，其分析内容侧重于人的价值研究，即通过投资形成的以一定的人力存量存在于人体中的资本形式，强调以某种代价所获得的能力和技能的价值，投资的代价可以在提高生产力的过程中以更大的收益收回。

（4）企业价值链分析

企业价值链理论是迈克尔·波特教授在1985年提出的，他在对企业各项生产经营活动进行审查、分析和归类后提出：企业的经营可以视为一个由设计、生产、营销、交货以及对产品起辅助作用的各种价值活动的集合，这样的集合就叫做价值链。

虽然同一行业中的企业都有大致相同的价值链,但是仔细分析后会发现,不同企业的价值链在细节上却有很大不同,这是由于不同的企业具有不同的竞争优势,因此造成价值链的差异。价值链分析法的目的就是通过分析企业内部条件,找出对顾客最有价值、企业最有优势的活动,加以改进提高,以达到提高企业竞争力的目的,见图2.2。

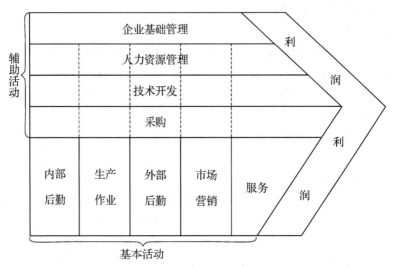

图 2.2　企业价值链

（5）企业核心能力

①企业核心能力的概念

企业核心能力(Core competence)也称核心竞争力,是 C. K. 帕汉拉德和凯瑞哈默 1990 年提出的,他们认为核心能力是指"组织中的积累性学识,特别是关于如何协调不同生产技能和有机结合多种技术流派的学识",而美国麦肯锡咨询公司对企业核心能力下的定义是:企业核心能力是某一组织内部一系列互补的技能和知识的组合,它具有使一项或多项关键业务达到行业一流水平的能力。

通过以上两个定义,我们可以总结出企业核心能力理论的主要观点是:与企业外部环境相比,企业内部环境对于企业的市场竞争优势具有决定性作用;企业内部能力、资源和知识的积累,是企业获得超额收益和保持企业竞争优势的关键。但同时,企业是一个开放的系统,需要有来自外部的多种资源的投入。企业在实现目标和协调配置资源能力方面的重要差异,使一些企业可能通过运用与其他企业差不多的资源获得独特的能力。

核心能力仅是企业竞争力的一个构成部分,是处于企业核心地位的、影响全局的竞争力。核心能力与竞争力不能混为一谈。有核心能力的企业,一般都有较强的竞争力;有竞争力的企业,不一定具有核心能力。因为竞争力是来自于企业某种资本的优势,而核心能力则是以多种资源为基础,在市场竞争中获得的一种资源整合能力,并在长期积累、不断演化中形成的。

企业核心能力包含两个部分:企业技术方面的核心能力和企业管理方面的核心能

力。企业技术方面的核心能力包括企业全体员工的知识和技能水平,企业的技术和科学知识、专有数据、创造性的才能等。企业管理方面的核心能力,包括企业的管理思想、管理理念、企业战略管理、企业各职能部门管理特色、企业文化等。

②企业核心能力的组成要素

企业核心能力的组成要素包括五个方面:

ⓐ全体员工的知识和技能水平;

ⓑ企业技术体系;

ⓒ企业的管理体系;

ⓓ企业文化;

ⓔ整合集成。

核心能力是企业的内在综合能力,是企业在长期的市场竞争中形成的一种独特的智慧和韬略,其形成过程也是复杂的,既受到企业决策者及员工的知识、能力和素质、企业的经济实力、技术力量、管理机制和企业文化等内部条件的制约,又受到外部市场环境等客观因素的影响。

2.2.2 战略分析的意义

做好企业战略环境分析,使其成为企业为适应环境变化而制定各种经营战略的自觉性行为,具有重要的现实意义。

(1) 企业外部环境正在变得越来越复杂,企业所作的各种经营决策的风险也越来越大,尤其是大型企业更是这样。由于外部环境的不断变化,企业内部的各种问题层出不穷,而企业内部环境与外部环境又密切相关,这对制定企业的经营目标乃至企业的经营活动显得格外重要。

(2) 任何一个企业经营者面临的各种考验无不与环境的挑战有关,企业的兴衰和经营者的成败,取决于他们对外部环境中存在着的机会和威胁以及自身具备的优势与弱点的正确认识和反应。没有企业的经营环境分析,便没有企业的经营战略,也就没有整个企业的经营。

制订企业战略的基础是企业内外部环境分析。企业的战略分析着重点在于正确地识别环境所产生的机会和威胁,明确企业的竞争优势,认清企业的弱点,从而在正确提出问题的基础上,寻找出影响企业经营的关键因素,使企业制定的战略能够方向明确、针对性强、行之有效。

2.2.3 SWOT 分析模型

SWOT(Strengths-weaknesses-opportunities-threats matrix)分析是一种综合考虑企业内部条件和外部环境的各种因素,进行系统评价,从而选择最佳经营战略的方法,也是现代企业战略分析中常用方法之一。所谓的 SWOT 是英语中优势因素、劣势因素、机会因素和威胁因素这四个词的第一个字母所构成的缩略语。很明显,对优势与劣势的分析是指向企业内部的；对机会与威胁的分析是指向企业的外部的。进行 SWOT 战略分析，就是以战略评估为起点，对企业已有的内部优势与劣势，以及面临的外部机会与威胁进行全面细致的比较分析，在战略分析的基础上形成战略方案，以确定企业的战略方向与措施。

SWOT 分析方法的基本思路如图 2.3 所示。首先是外部环境分析和企业能力分析，然后将企业的优势和劣势与环境中的机会和风险进行配对分析，形成对环境的战略设想，并进行持久竞争优势检验，最后形成企业战略。该分析法的基本要点就在于企业战略的制定必须使其内部能力分析中的优势和劣势与外部环境分析中的机会和威胁相适应，并且要对企业的综合情况进行客观公正的分析。

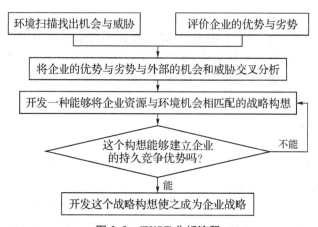

图 2.3　SWOT 分析流程

SWOT 分析的完成应该是在下列一些问题得到解答之后：(1) 在公司现有的内外部环境下，公司如何最优地运用自己的资源，在分配公司资源时哪些机会应该拥有最高优先权。(2) 为了更好地对新出现的行业和竞争环境做出反应，必须对公司的资源采取哪些调整行动。(3) 是否存在需要弥补的资源缺口，公司需要从哪些方面加强其资源。(4) 要建立公司未来的资源必须采取哪些行动。

通常，SWOT 分析是从 SWOT 矩阵中寻找和排列与企业战略有关的要素。

(1) 构造 SWOT 矩阵：构造 SWOT 矩阵的过程包括如下八个步骤：

①列出公司的关键外部机会；

②列出公司的关键外部威胁；

③列出公司的关键内部优势；

④列出公司的关键内部劣势；

⑤将内部优势与外部机会相匹配，把作为结果的 SO 战略填入表格中；

⑥将内部劣势与外部机会相匹配并记录得出的 WO 战略；

⑦将内部优势与外部威胁相匹配并记录 ST 战略；

⑧将内部劣势与外部威胁相匹配并记录 WT 战略。

表 2.1 是对某公司进行 SWOT 分析的一部分。

表 2.1　SWOT 矩阵分析

优势与劣势＼机会与威胁	优势 1. 资金 2. 进入这个市场较早 3. 有比较完整的销售网络 4. 统计技术比较先进 5. 居于市场领先地位 6. 知名度较高	劣势 1. 运输组织技术落后 2. 成本较高 3. 一次性投入大
机会 1. 中国市场化进程向纵深延伸 2. 运输技术不断提高 3. 运输需求也在扩大	SO 战略 应该以市场主导的身份力争扩大市场供给以满足日益增大的市场需求	WO 战略 应该努力降低成本，以更低的价格抢占市场
威胁 1. 由于地方保护主义，致使有些分市场比较难以进入 2. 竞争者的实力相对较强	ST 战略 应该首先进入市场化程度较高的沿海大城市 应该用更快的速度抢占市场有利的位置	WT 战略 应该先用传统的运输组织抢占市场，然后更新设备，改进运输组织流程

（2）在完成环境因素分析和 SWOT 矩阵的构造后，便可以制定出相应的行动计划。制订计划的基本思路是：发挥优势因素，克服劣势因素，利用机会因素，化解威胁因素；考虑过去，立足当前，着眼未来。运用系统分析的综合分析方法，将排列与考虑的各种环境因素相互匹配起来加以组合，得出一系列公司未来发展的可选择的战略。这些战略如图 2.4 所示：

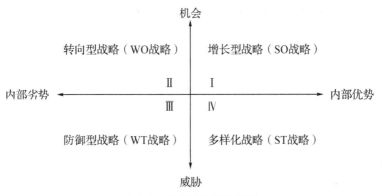

图 2.4　战略地位评估矩阵

第Ⅰ象限的企业，具有很好的内部优势及众多的外部机会，应当采取增长型战略，具体有集中化战略、中心多样化战略、垂直一体化战略等。企业通过严格的成本控制，以价格作为主要竞争手段，在激烈的竞争中进一步发挥企业的市场优势。

第Ⅱ象限的企业，面临巨大的外部机会，却受到内部劣势的限制，应采取转向型战略，在弥补和消除内部劣势的同时，最大限度地利用外部环境带来的机会。

第Ⅲ象限的企业，内部存在劣势，外部面临强大的威胁，应采取防御型战略。这时企业不应该、也没有实力实施扩张战略，因此适合采取比较保守的战略，以避开威胁并逐渐消除劣势。

第Ⅳ象限的企业，具有一定的内部优势，但外部环境存在威胁，应采取多样化经营战略。这样可以利用自己的优势，同时通过多种经营分散环境带来的风险。

通过 SWOT 分析和战略地位评估，企业可以了解内部条件和外部环境的共同作用，明确自身的战略地位，并初步选定企业可能采取的竞争战略类型。

最小与最小对策（WT 对策），即考虑劣势因素和威胁因素，目的是努力使这些因素都趋于最小。

最小与最大对策（WO 对策），即着重考虑劣势因素和机会因素，目的是努力使劣势趋于最小，使机会趋于最大。

最小与最大对策（ST 对策），即着重考虑优势因素和威胁因素，目的是努力使优势因素趋于最大，使威胁因素趋于最小。

最大与最大对策（SO 对策），即着重考虑优势因素和机会因素，目的在于努力使这两种因素都趋于最大。

可见，WT 对策是一种最为悲观的对策，是处在最困难的情况下不得不采取的对策；WO 对策和 ST 对策是一种喜忧参半的对策，是处在一般情况下采取的对策；SO 对策是一种最理想的对策，是企业处在最为顺畅的情况下十分乐于采取的对策。

由于具体情况所包含的各种因素及其分析结果所形成的对策都与时间范畴有着直接的关系，所以在进行 SWOT 分析时，可以先划分一定的时间段分别进行 SWOT 分析，最后对各个阶段的分析结果进行综合汇总，并进行整个时间段的 SWOT 矩阵分析。这样，有助于分析的结果更加精确。

2.3 企业战略方案设计

2.3.1 规定企业使命

无论是对于一个刚刚创立的企业，还是对一个已经确立起来的历史悠久的、有多种业务的企业来说，在制定企业战略之前首先应弄清企业应承担什么样的社会责任，是一个什么性质的企业，它应从事什么业务，即什么是企业的使命。企业使命是企业战略方案设计的始点。

企业使命，就是企业在社会进步和经济发展中所应担当的角色和责任。企业使命不是企业经营活动具体结果的表述，而是为企业提供了一种原则、方向和哲学。过于明确的企业使命会限制企业功能和在战略目标制定过程中的创造性。宽泛的企业使命会给企业管理者留有细节填补及战略调整的余地,从而使企业在适应内外环境变化中有更大的弹性。

马车公司在汽车问世后不久就会被淘汰,但是同样一个公司,如果它明确规定公司的使命是提供交通工具,它就会从马车生产转入汽车生产。一般来说,企业的使命包括两方面的内容,即企业哲学和企业宗旨。

① 企业哲学:企业哲学是指一个企业为其经营活动方式所确定的价值观、态度、信念和行为准则,是企业在社会活动及经营过程中起何种作用或如何起这种作用的一个抽象反映。企业哲学一旦形成,就会对企业活动发挥指导作用。

② 企业宗旨:所谓企业宗旨是指企业现在和将来应从事什么样的业务活动,以及应成为什么性质的企业或组织类型。例如,美国艾维斯汽车租赁公司将其宗旨表述为:我们希望成为汽车租赁业中发展最快、利润最多的公司。这一宗旨规定了艾维斯公司的经营业务,它排除了该公司开设租赁旅馆、航空线路和旅行业务的考虑。

要确定一个企业的宗旨,就得首先要回答两个大问题:一是我们现在的企业是什么,即分析现在的顾客;二是我们的企业将来应该是什么,即要分析和确定潜在的顾客。

2.3.2 确定企业战略目标

企业在规定了使命,进行了外部环境分析和内部条件调研之后,下一步的工作就是确定企业的战略目标。所谓战略目标是指企业在一定时期内,执行其使命时所预期达到的成果,战略目标是企业的长期目标。正确的战略目标对企业的行为具有重大指导作用,它是企业制定战略的基本依据和出发点,表明了企业的行动纲领,它是企业战略控制的评价标准,战略目标必须是具体的和可衡量的,以便对目标是否最终实现进行比较客观的评价考核。

1) 企业战略目标制定的原则

企业在制定战略目标的过程中,应遵循下列基本原则:

(1) 关键性原则:这一原则要求企业确定的战略目标必须突出有关企业经营成败的重要问题,有关企业全局的问题,切不可把次要的战术目标作为企业的战略目标,以免滥用企业资源而因小失大。

(2) 可行性原则:确定的战略目标必须保证能够如期实现。

(3) 定量化原则:要使企业的战略目标明确清晰,就必须使目标定量化,具有可衡量性,以便检查和评价其实现的程度。

(4) 一致性原则:它要求:第一,战略目标组合中的各个分目标之间应相互协调,相互支持,在横向上形成一个系统;第二,总公司的长期战略目标和短期战术目标要与战略经营单位和职能部门的短期战术目标协调一致,形成系统,而不能互相矛盾,互相脱节。

(5) 激励性原则:制定企业的战略目标既要具有可行性,又要考虑到它的先进性。所谓先进性,就是要求制定的目标要经过努力才能实现。只有那些可行而先进的战略目标才具有激励和挑战作用,才能挖掘出人的巨大潜能。

(6) 稳定性原则：企业的战略目标一经制定和落实，就必须保持相对稳定，不可朝令夕改而引起企业战略的变更。当然，如果经营环境发生了变化，战略目标调整后，所有的经营单位及职能部门的短期战术目标也要作出相应的调整。

2) 企业战略目标的内容

企业的战略目标一般包括以下内容：

(1) 赢利能力：可用利润、投资收益率、每股平均收益、销售利润率等来表示。

(2) 市场：可用市场占有率、销售额或销售量来表示。

(3) 生产率：可用投入产出比率或单位产品成本来表示。

(4) 产品：可用产品线或产品的销售额和赢利能力、开发新产品的完成期表示。

(5) 资金：可用资本构成、新增普通股、现金流量、流动资本、回收期等来表示。

(6) 生产：可用工作面积、固定费用或生产量来表示。

(7) 研究与开发：可用花费的货币量或完成的项目来表示。

(8) 组织：可用将实行的变革或将承担的项目来表示。

(9) 人力资源：可用缺勤率、迟到率、人员流动率、培训人数或将实施的培训计划数来表示。

(10) 社会责任：可用活动的类型、服务天数或财政资助来表示。

为了能使长期目标得到贯彻执行，企业还应当规定与之对应的短期目标。短期目标产生于对长期目标的深入评价，根据长期目标的基本要求和轻重缓急决定短期目标执行的先后顺序，确定短期目标。短期目标是长期目标的执行性的目标，一般期限在一年以内。短期目标应当与长期目标相一致，形成一个目标体系。

2.3.3　企业战略的基本类型

企业经营战略从内容体系可分为三个层次，即企业总体战略、分战略和竞争战略（或经营、业务战略）。

1) 企业总体战略

(1) 按战略的攻守型分：企业的总体战略可分为进攻型战略、防御型战略和撤退型战略。

①进攻型战略，又称发展战略。它是指企业处于有利的地位，依靠自身力量或与其他企业联合，促使企业经营不断发展的一种战略。这种战略一般适用于处于有利发展的环境，在产品、技术、市场上具有很大的竞争优势，实力较强的企业。它们不仅能适应外部环境的变化，利用有利的机会，并且通过产品创新、技术创新、管理创新来创造新的需求或扩大潜在需求，使外部环境适应自身的发展。

②防御型战略，又称稳定战略或稳定发展战略、维持战略。它是指企业外部环境比较稳定，为了巩固现有成果，采取安全经营为宗旨，在产品、技术、市场等方面暂时不作重大发展的一种待机而动的战略。这种战略的特点是：继续用基本相同的产品或劳务为顾客服务；满足于已取得的效益；继续追求与过去相同或相似的目标；每年所期望取

得的成就,按大体相同的比率增长。稳定是相对的,它不排除有适当的发展或收缩。

③撤退型战略,又称紧缩战略。它是指企业在原有经营领域中处于不利地位,又无法改变这种状况时,逐渐收缩甚至退出原有经营领域,收回资金,等待或另谋东山再起的一种战略。它的基本目的是力图渡过目前困境,然后转而采用其他战略。一般说,在经济不景气时期,或者竞争处于极不利地位,或该产业领域衰退,产品进入衰退期,财务状况恶化等情况下,往往使用这种战略。

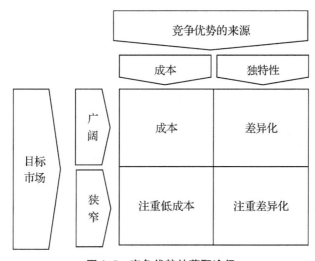

图 2.5 竞争优势的获取途径

(2) 按与竞争对手抗衡的方式分:总体战略可分为成本领先战略、差异化战略和集中化战略,如图 2.5 所示。

①成本领先战略:亦称低成本战略,其核心亦就是在追求规模经济效益的基础上,通过在内部加强成本控制,在研究开发、生产、销售、服务和广告等领域内把成本降低到最低限度,成为行业中的成本领先者,并获得高于行业平均水平利润的一种战略。企业凭借其成本优势,可以在激烈的市场竞争中获得有利的竞争优势。

成本领先战略的理论基石是规模效益和经验效益,它要求企业的产品必须具有较高的市场占有率。规模效益,是指单位产品成本随生产规模增大而下降;经验效益,是指单位产品成本随累积产量增加而下降。

②产品差异化战略:亦称特色经营战略或别具一格战略,是指企业向市场提供与众不同的产品和服务,树立起一些全行业范围中具有独特性的东西,用以满足顾客特殊的需求,从而形成竞争优势的一种战略。

③集中化战略:亦称专门化战略,是指把经营战略的重点放在一个特定的目标市场上,为特定的地区或特定的顾客提供特殊的产品或服务。集中战略是围绕一个特定的目标进行密集型的生产经营活动,要求能够比竞争对手提供更为有效的服务。企业一旦选择了目标市场,便可以通过产品差别化或成本领先的方法,形成集中化战略。

由于三种基本竞争战略的侧重点不同,所以三种战略的实施条件也不同,如表 2.2 所示。

表 2.2 三种基本战略的实施条件

竞争战略类型	需要的资源	组织与控制手段
成本领先战略	1. 持续投资和增加资本 2. 拥有成熟的产品设计与工艺 3. 严格的管理系统 4. 低成本、市场面宽的分销网络	1. 严密的成本控制与监督 2. 详尽及时的成本控制报告 3. 严密的组织结构与责任制 4. 推行目标管理
差别化战略	1. 高效的市场营销能力 2. 具有产品设计的超前能力 3. 具有全能的生产工艺技术 4. 具有高质量、领先技术的声誉 5. 具有良好的销售渠道系统 6. 能引进技术并消化、吸收和创新	1. 在技术开发、产品开发和市场营销中进行有利的协调 2. 用主观测评替代定量化的测评 3. 以舒适的工作环境、丰厚的待遇吸引专家、技术人才和管理人才
集中战略	在特定的战略目标指导下综合使用上述政策	

2) 企业分战略

企业分战略是为了实现企业的总体战略,各个局部或职能部门所采用的战略,大体可分为:

(1) 市场战略:是总体战略的核心,是处于主导地位的分战略,其他分战略都是围绕实现市场战略而相互支持和配合。

(2) 产品战略:是在市场战略确定后,针对目标市场战略的要求,对不同类别的产品发展方向所作出的战略。它是实现市场战略的支柱,离开了产品战略,市场战略就无法实现;产品战略又是其他分战略的制订和实施的依据,其他分战略都是为了产品战略的实现。

(3) 科技发展战略:是根据企业总体战略和产品战略有关新产品开发、改进产品性能、创建产品特色、提高质量以及改进工艺、降低成本等要求,在科技发展和环境分析预测的基础上,对企业的科技发展方向、重点、目标和对策所作的总体谋划。

(4) 投资战略:是一种资源分配战略,是对资金的投向、重点所作的优化配置。

(5) 资源战略:是根据总体战略以及市场、产品、科技发展和投资等战略要求,对所需的战略资源进行开发和筹措的总体谋划,从资源上保证战略的实现。

(6) 联合兼并战略:是在总体战略中采取同心多样化、一体化或复合多样化等战略的情况下,根据市场和产品战略的要求,对有关企业或全部生产经营单位实行联合或兼并的战略,以扩大经营规模,取得规模效益。

(7) 企业文化战略:是指根据企业总体战略与文化环境的要求,对企业文化建设的发展目标、发展方向和建设重点与对策所作的总体谋划。

(8) 国际化经营战略:是按照国际经营特点拟定和实施国际市场战略和产品战略。

2.3.4　企业战略方案设计程序

战略方案的设计过程就是一个重大的决策过程。战略方案的设计一般包括以下过程：

（1）提出决策目标：在这一阶段决策者应该明确回答三个问题：我打算作出什么样的选择？为什么这个方案是必要的？最后采用的应是什么样的方案？

（2）确定方案标准：方案标准是指判断方案可能产生的效果的标准。事前确定这些标准有助于在决策的时候理智地开始分析和选择。

方案标准的确定可以从影响方案可能产生的效果的各种因素出发，通过一一列举影响方案可能产生的效果的各种因素，包括政府的政策、投资风险、资源、商业、交通等各个方面，制定出方案标准。制订方案标准时应明确回答以下问题：

①什么样的方案可以达到这些标准，即什么样的方案可以达到预期目标？

②假如什么样的情况发生这个方案就会失败？

③什么样的情况发生则会使这个方案产生负效应，对企业会产生什么负效应？对社会会产生什么样的负效应？

方案标准不仅是判断方案可能产生的效果的标准，而且是判断一个方案是否可行或满意的标准，假如一个方案不能够对上述问题作出肯定的回答，那么这一方案就不能列为可行方案。

（3）建立、比较和选择备选方案：当备选方案的限定性标准确定之后，就可以根据限定性标准的规定建立备选方案。这一阶段决策者需要详细地调查了解各种可以选择的方案，并且将它们一一列举出来，然后通过与限定性标准的比较从中找出可行性方案；再经过对多个可行性方案的相互比较，给每一个方案的各项限定性标准给出评分，以供决策之用。

当然，实际的决策过程要复杂得多。一般而言，当所有方案都达到规定的合格标准时应选择得分较高的方案；当一个方案虽然得分较高却有某项指标达不到规定要求时，不应作出放弃的简单决定，而应当对方案这一不合规定的指标再进行分析，确定是否能够通过努力使这一指标得到改善，或者重新分析限定性标准，看是否规定的合理，然后再作出决定。

（4）评估风险：评估风险的主要目的是要在决策的时候就将方案可能产生的负面作用都考虑到，在这一阶段决策者要回答以下问题：

①如果我们选择了该方案会产生什么情况？

②如果工期不能按时完成会产生什么结果？

③方案实施以后，如果原材料涨价或地产涨价会产生什么结果？

④方案实施以后，如果政府的相关政策发生变化会产生什么结果？

⑤方案实施以后，如果银行汇率或利率上浮，则基本投资和经营成本要增加多少？

⑥方案实施以后，什么情况发生对方案的影响最大，一旦这一情况发生有什么补救

办法?

⑦方案实施以后,对社会会产生什么样的影响?

⑧方案如果失败,会对社会产生什么样的影响?

⑨方案如果失败,会对企业形象产生什么影响?

⑩方案实施以后,除了上述因素还有哪些因素会导致方案失败?

2.4 企业战略实施

2.4.1 企业战略执行

(1) 战略目标的分解:战略目标分解就是把总目标层层分解为各个部门和不同时间阶段的具体分目标,实施目标管理。

首先要进行空间分解,也就是按照分战略要求逐步分解给各个管理层次,从总部分解到各个事业部,各个经营单位直至车队、车间、班组;按照职能要求分解到各个职能部门,形成一个既有层层分工又相互联系的责任制度。

其次是时间上的分解,即把企业战略的长期目标按不同时段分解为短期目标,使长短目标相互衔接。时段划分可以按年度划分,也可以分前二年后三年,或前三年、后七年等不同时段划分。各个单位和部门都要有与总目标相一致的长期分目标和短期分目标,保证整个企业各项战略协调配合。

目标分解应按照目标管理的基本原理和方法进行,在时间衔接上和在执行过程中可以运用滚动计划法对各时期的目标进行修订和补充。

(2) 制定有关分战略、策略和具体行动计划:总战略同分战略结合一起形成一个总体战略规划。分战略既是企业战略制定,也是总战略的分解、保证和执行。

2.4.2 企业战略资源分配

企业战略资源的分配是指按战略资源配置的原则方案,对企业所属战略资源进行的具体分配。企业在推行战略过程中所需的战略转换往往就是通过资源分配的变化来实现的。由于企业战略资源中,无形资源很难把握,而除人力资源之外的有形资源均可以用价值形态来衡量,因此,企业战略资源的分配一般可分为人力资源和资金分配两种。

(1) 人力资源的分配

人力资源的分配一般有三个内容:

①为各个战略岗位配备管理和技术人才,特别是对关键岗位的关键人物的选择。

②为战略实施建立人才及技能的储备,不断为战略实施输送有效的人才。

③在战略实施过程中,注意整个队伍的综合力量搭配和权衡。

(2) 资金分配

企业中一般采用预算的方法来分配资金资源。而预算是一种通过财务指标或数量指标来显示企业目标、战略的文件。通常采取以下几种现代预算方式：

①零基预算：它不是根据上年度的预算编制，而是将一切经营活动都从彻底的成本——效益分析开始，以防预算无效。

②规划预算：它是按规划项目而非按职能来分配资源。规划预算的期限较长，常与项目规划期同步，以便直接考察一项规划对资源的需求和成效。

③灵活预算：它允许费用随产出指标而变动，有助于克服"预算游戏"并增加预算的灵活性。

④产品生命周期预算：在产品的不同生命周期中有着对资金的不同需求，而且各阶段的资金需求有不同的费用项目。这时产品生命周期预算就根据不同阶段的特征来编制各项资金支出计划与原则。

2.4.3 企业组织的战略调整

企业组织结构是实施战略的一项重要工具，一个好的企业战略需要通过与其相适应的组织结构去完成，方能起作用。实践证明，一个不适时宜的组织结构必将对企业战略产生巨大的损害作用，它会使良好的战略设计变得无济于事。因此，企业组织结构是随着战略而定的，它必须按战略目标的变化而及时调整。在战略运作中，采取何种组织结构，主要取决于企业决策者和执行者对组织结构含义的理解，取决于企业自身的条件和战略类型，也取决于对组织适应战略发展标准的认识和关键性人物的选择。

2.4.4 企业战略控制

（1）战略控制的概念

战略控制是战略实施的保证，它是指监督战略实施进程，及时纠正偏差，确保战略有效实施。是使战略实施结果基本上符合预期的计划的必要手段。就是说，企业根据战略决策的目标标准对战略实施的过程进行控制。

（2）战略控制过程的步骤

战略控制过程可以分为以下四个步骤：

①制定效益标准。战略控制的第一步就是评价计划，制定出效益的标准。企业可以根据预期的目标或计划制定出应当实现的战略效益。这种评价的重点应放在那些可以确保战略实施成功的领域里，如组织机构、企业文化和控制系统等。

②衡量实际效益。管理人员需要收集和处理数据，进行具体的职能控制，并且监测环境变化时所产生的信息。

③评价实际效益。企业要用实际的效益与计划的效益相比较，确定两者之间的差距，并分析形成差距的原因。

④纠正措施和权变计划。在生产经营活动中，一旦企业判断出外部环境的机会或威胁可能造成的结果，则必须采取相应的纠正或补救措施。战略控制过程如图2.6所示。

(3) 战略控制方法

①按控制时间分类:按控制时间分类,企业的战略控制方法可以分为如下三类:

ⓐ事前控制。在战略实施之前,要设计好正确有效的战略计划,该计划要得到企业高层领导人的批准后才能执行,如任命重要的人员、重大合同的签订、购置重大设备等等。

ⓑ事后控制。这种控制方式发生在企业的经营活动之后,才把战略活动的结果与控制标准相比较,由企业职能部门及各事业部定期地将战略实施结果向高层领导汇报,由领导者决定是否有必要采取纠正措施。

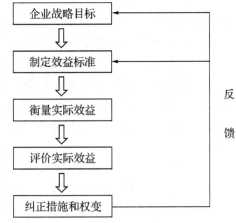

图 2.6 战略控制过程

ⓒ随时控制。即过程控制,企业高层领导者要控制企业战略实施中的关键性的过程或全过程,随时采取控制措施,纠正实施中产生的偏差,引导企业沿着战略的方向运行。

②按控制的业务分类:按控制的业务分类,企业的战略控制可以分为如下五种:

ⓐ财务控制。是用途极广的、非常重要的控制方式,包括预算控制和比率控制。

ⓑ生产控制。如对运输企业运输的服务方式、运输量、运输质量、运输成本、送达时间及服务等方面的控制,可以分为产前控制、过程控制及产后控制等。

ⓒ质量控制。包括对企业工作质量和产品质量的控制。

ⓓ成本控制。通过成本控制使各项费用降低到最低水平,达到提高经济效益的目的。

(4) 控制手段

企业常用的控制手段有以下几种:

①预算:它通过财务部门的收支记录、定期报表等来表明预算的实际收支以及两者的差额,然后报给所涉及的不同层次的负责人进行偏差分析,找出原因,确定纠正行为。

②统计分析:统计分析是指通过收集反映企业活动的各种数据,运用统计技术形成统计资料,显示实际与标准的差别程度,来确定纠正措施。

③专题报告和分析:这是由专门人员对特定问题进行调查研究,并在深入分析的基础上形成文字报告。

④审计:审计是通过客观地获得对经济活动和有关事件进行论断的论据,经过评价弄清所得论断与标准之间的符合程度,并把结论报告给用户或相关负责人,来采取纠正措施。

⑤经营审核:是在弄清经营成果的基础上,深入到企业政策、程序、职权应用、管理质量、管理方法等方面的综合分析研究和专门分析研究,分析它们的效果,做出正确评价,从推动经营管理工作的实际效果来看,人们掌握的技能越熟练,成本费用越有降低

的趋势。控制系统副作用的影响应该引起注意,应尽量在工作中避免。

2.4.5 战略推进和战略转移

(1) 战略推进:战略推进是指在战略实施过程中,按制定的战略规划向战略目标不断逼近的过程。战略推进有以下三种主要方式:

①循序式推进:按照战略规划中分阶段的计划,循序渐进,一步步地实施战略,达到预期目标。这是最常见的一种方式。在环境没有发生突发性的变化,在执行中比较正常时,一般采用这种方式。

②跳跃式推进:在执行中跳过某一阶段,把战略活动推进到一个新阶段。这往往是环境发生了对企业很有利的变化,在战略执行中取得显著效果,企业实力壮大增强的情况下采用这种方式。由于跨越了一个阶段,要实现更高目标,常常需要重新拟订战略的执行计划。

③迂回式推进:根据环境变化情况,在战略执行时,先推进条件成熟的、容易实现的部分,而后再推进难度较高的部分。这种推进方式往往与环境的变异、战略的执行对环境的依赖程度、战略实现的难易程度有关。

(2) 战略转移:战略转移是指战略在实施过程中,为适应内外环境的变化,对原有战略进行局部的、甚至较大的改变,向新战略转移。从战略转移的性质分主要有:

①总体战略转移:如由发展战略转为稳定战略,或由稳定战略在有利情况下转而采用发展战略。

②职能性战略转移:即分战略的转移。如从市场渗透战略转为市场开拓战略,某种产品从投资战略转为削减战略。

案 例

中远集团的逆市豪赌

随着世界经济一体化进程的不断加快,信息化程度的不断加深,新的消费观念、消费方式的产生,促动世界经济模式有新的变革。电子商务作为数字生存的方式,代表未来的贸易方式、消费方式和服务方式,因此国际贸易和国际海运整体环境的搭建也逐渐打破了原有的交通运输业、商业流通业、仓储业、邮政快递业的传统格局。得益于电子商务的发展,海上蓝色经济发展势头迅猛。然而2008年的金融风暴,对海运经济来说,却是一把双刃剑。

2011年8~10月份,中国天津、大连、青岛等八大口岸运营的欧洲、北美、中东三大航线,运费情况都处于下跌趋势,其中跌幅最大的是欧洲航线,八大口岸到安特卫普港的集装箱运价,10月份的运价与8月份相比,平均跌幅高达30.8%。深圳跌幅最大,跌幅达55.6%;其次是上海,跌幅也超过了一半,达53.3%。在此背景下,航运业上上下下都在商谈如何应对金融危机,度过难熬的"冬天"。2011年11月8日~9日,在大连举办了"2008第三届全球海运峰会暨海运物流洽谈对接会"。不少企业都认为,在全球经济低谷时期,航运企业应该蛰伏。

而中远集团总裁魏家福对航运业界进入"冬天"的说法表示不太赞同。中国远洋拥有和控制各类现代化商船近800艘,5 600多万载重吨,年货运量超4亿吨,远洋航线覆盖全球160多个国家和地区的1 600多个港口,船队规模位居中国第一、世界第二。他在接受中国经济时报记者采访时说,这次海运市场急剧下滑,并非是正常海运周期的下滑,也不是供求关系变化而自然发生的问题,而是美国金融海啸引起的投资者、投机者、外贸商人、货主产生一种恐慌的心理。由于大家暂时停止一些投资活动,因此对行业的需求一时显得不足。随着美国救市计划得到世界各国响应,局面就会改变;航运市场下降得快,恢复得也快。这次发生在美国的金融风暴对美国来说是场危机,但对中国是个机遇,并且这场金融危机对航运企业、航运市场只是暂时的危机。"我对未来航运市场充满信心,航运市场潜力巨大,我们完全可以大有作为。"

2008年上半年,中国远洋上市还不满一年,国际航运市场表面上还一片繁荣,就在这一年,中远挣了108个亿。在2008年4月,中国远洋宣布将订购25艘新船,为集团增加10.68万标准箱运力和211.3万载重吨运力,总共耗资达22.961亿美元。

金融危机爆发后,全球进出口贸易就已经陷入衰退,航运公司的运力过剩已经成为定局。而中远则在此时逆市豪赌,打算乘此时机全面扩张,等到经济形势向好以后,在航运市场中拔得头筹。而订购的新船价值在三年后却跌到了低点。2009年,中国远洋尝到了第一枚苦果,亏损75个亿;但是更要命的是,前一年订的船,在金融危机之后,陆续到货。尴尬的场面出现了:需求在下降,运力"被"上升。2012年,远洋还有14艘新船要接收。尽管魏家福大声疾呼,不要再造新船了!但是他自己也承认:控制运力,短期之内难以实现。

尤为严重的是,过去的这么多年,中远集团总是寄希望于市场波动,捕捉租入和租出的差价。虽然在"年景"好的时候,能够取得十分骄人的业绩,但是这一模式却不具备可持续性,且风险控制难度也更为巨大。除了买新船,中远在现货和期货市场都大量买入锁定费用的租船合约,他们看不到未来租金会急跌的风险。由于担心租金上涨,中远签了很多五六年的合同,部分船舶的租金,为8万美金一天。2011年,船租已经跌到了一天1.8万美金,但是中远还得按8万美金的价码付账,跟船东谈判协商降价,却因合同在先,谈判无果。曾有船东这样评价道:中国远洋还是缺乏长期租船的经验,没在合同里做对冲风险的设计。

中国远洋的历史中,很可能2011年是该公司史上最糟糕的一年。在2007年和2008年分别收获190.1亿和108.3亿元的巨额盈利之后,中国远洋在2010年仅获得67亿元的盈利,继2009年亏损75亿元外,2011年以亏损104.9亿元之巨收官。2012年3月,魏家福率众经营新团队发布业绩时,这位"老船长"脸上少了些笑容。中国远洋公布2011年财报,尽管已经有了巨额亏损的预期,但是百亿亏损浮现时,仍令市场一片哗然。不出意外的话,中国远洋将在2011年度"A股亏损王"竞赛中拔得"头筹"。

"2011年是航运业的失望之年!"中国远洋董事长魏家福坦承,在过去这一年中,整个航运业供需失衡、运力过剩、成本高企、行业亏损。身处如此市场,中国远洋实现营业收入689亿元,同比下降14.5%,净利润为−104.5亿元,而2010年同期为人民币67.7亿元。如此黯淡的年报,令其在谈及2012年的业绩时,不敢奢谈盈利,只是声称会尽最大能力减少亏损。

在2011年中,中国集装箱出口运费指数均值只有992点,较2010年的1 131点下降了12.3%,波罗的海散货运费指数更是下降得厉害,全年均值只有1 549点,较上年暴跌了43.8%之多。中远进袋的现金由此萎缩,集装箱航运及相关业务营业收入364.6亿元,较上年同期减少11.8%;干散货航运业务则是量货齐降,完成货运量26 280万吨,同比下降6.18%,货运周转量1.32万亿吨海里,同比下降7.04%,实现营业收入233.7亿元,同比下降28.7%。在整个中国远洋业务中,只有码头业务和物流业务是盈利的,但这两块业务的利润贡献还不是很可观,不足以弥补航运主业的窟窿。

企业的巨亏,看起来是中远旗下子公司的运营出现问题,实质上还是与中远整体的战略布局有密切关系。尤其在干散货市场上,中国远洋非常偏好波段操作。早在2008年危机爆发前,当时正处于全球资产泡沫最癫狂的时刻,航运业在实体经济非理性繁荣之下,更是呈现前所未有的扩张态势。前因种恶果,短短三年,中远大伤元气。现在的巨亏,中远的"赌王"恶名再度被市场坐实。若中远不能成功转型,只怕未来会不断重复这些错误。

复习与思考

2.1 如何理解企业战略?它具有哪些特性?
2.2 企业中存在什么层次的战略?
2.3 反映宏观经济运行状况的指标有哪些?
2.4 试用波特的五种力量模型评价当前的公路运输行业的竞争。
2.5 企业的有形资源、无形资源包括哪些?
2.6 战略控制的方法有哪些?
2.7 战略分析有何意义?
2.8 什么是SWOT分析法?
2.9 企业总体战略如何分类?
2.10 企业竞争战略如何分类?
2.11 简述企业战略设计过程。
2.12 什么是企业的使命?
2.13 企业为什么需要战略控制?
2.14 战略控制过程包括哪些基本步骤?
2.15 简述战略控制的方法和手段。

3 企业管理基础

【开篇案例】

甩挂运输的技术标准

甩挂运输(Drop and Pull Transport)是带有动力的机动车将随车拖带的承载装置,包括半挂车、全挂车甚至货车底盘上的货箱甩留在目的地后,再拖带其他装满货物的装置返回原地,或者驶向新的地点。这种一辆带有动力的主车,连续拖带两个以上承载装置的运输方式被称为甩挂运输。美国、加拿大、西欧等发达的国家,甩挂运输方式占社会运输总量的70%~80%,最高时速达120公里;在新加坡、韩国、巴西等发展中国家,也得到很广泛的应用。如澳大利亚,一车三挂屡见不鲜,列车总长达30~40米,核载质量可达70~80吨。

而在我国,甩挂运输发展滞后,拖挂比低,道路货物运输仍然以普通单体货车或一辆牵引车拖带一辆半挂车为主,与节能减排和发展现代物流的要求不相适应。我国道路货运以普通单体货车为主。2009年,我国共有营运载货汽车907万辆,但牵引车只有29万辆,挂车仅33万辆,分别只占3.2%和3.6%。牵引车和挂车的数量之比仅为1∶1.14。牵引车和挂车数量少,拖挂比低,与发达国家甩挂运输的发展水平相比,差距十分明显。究其原因,甩挂运输的技术基础性工作没有深入开展,是一个重要因素。

甩挂运输要"甩起来",需要牵引车与挂车频繁摘挂组合,这对车辆标准化的要求很高。目前,我国牵引车、挂车的车型纷繁复杂,牵引车与挂车之间的匹配缺乏技术标准规范,一些运输企业反映,经常出现"挂不上、拖不了"的情况,客观上制约着大范围推广甩挂作业。

交通部公路科学研究院汽车运输技术研究中心主任工程师李永福认为,在车辆技术标准方面,美国及欧洲已形成完善的甩挂运输标准,包括对牵引车、挂车单车的要求,以及牵引车和挂车组合的方式,甚至连接部件都有统一的规范。在我国,虽然有牵引车、挂车的生产标准,但牵引车与挂车如何连接组合,却没有具体要求,对牵引车与挂车之间的连接方式、连接部件没有统一的规范。牵引车与挂车不匹配,不能有效提高运行质量和整体效益。这些技术环节的具体问题,制约着甩挂运输快速发展。

为此,交通部等五部委在 2009 年底联合发出的《关于大力促进道路货物甩挂运输发展的通知》中提出,推进甩挂运输车辆装备标准化,应组织制定牵引车、挂车连接的相关技术标准,引导制造企业严格执行国家统一标准生产牵引车和挂车。并选择了国内 10 个省市开展甩挂运输的试点工作,在 2010 年底正式启动。

为配合此次推广甩挂运输试点,交通部启动了甩挂运输车辆技术标准制定工作,进行了《道路甩挂运输标准化导则》、《甩挂运输车辆技术要求》、《厢式挂车技术条件》、《货运挂车系列型谱》4 个标准的制定和修订工作。同时推荐具有标准化程度高、自重轻、承载量大、安全性能好、能耗低等技术优势的甩挂运输车型。

《道路甩挂运输车辆技术条件》(征求意见稿)通过深入开展牵引车与挂车的质量匹配、牵引车与挂车之间的机械连接、电连接和气连接的互换性、牵引车与挂车连接后行驶时回转半径、制动性能等方面的研究,提出牵引车和半挂车的性能与装置方面的要求。

《厢式挂车技术条件》(修订稿)增加了有关甩挂运输的内容,如厢式半挂车使用 50 号牵引销,半挂车和牵引车连接互换性应符合 GB/T 20070 的规定。另外,增加了铆接的通用技术要求。铆接货运厢式半挂车是欧洲及北美等货运发达国家甩挂运输的主要车型,具有轻量化、适合大规模托盘作业的特点。目前,我国半挂车行业还没有铆接货运厢式半挂车方面的通用技术要求,标准修订稿增加了有关这种轻量化、安全、节能、低碳车型的内容,希望成为参与甩挂运输的主要车型之一。

《货运挂车系列型谱》丰富了原货运挂车的系列型谱,在国家标准 GB 1589—2004 的框架下,规范主要货运挂车产品的技术参数,促进货运挂车向标准化、系列化方向发展,有利于推荐的半挂车投入甩挂运输。

思考题:如果不制定上述标准,运输企业的管理工作是否会受到影响?除上述标准外,运输企业运营过程中还需要哪些标准?

3.1 企业管理基础工作

3.1.1 运输企业管理基础工作的涵义与作用

1)运输企业管理基础工作的涵义

运输企业管理基础工作,是运输企业在生产经营活动中,为实现企业的经营目标和管理职能,提供资料依据、共同准则、基本手段和前提条件等性质的管理工作。它是运输企业一切生产经营活动的起点和信息反馈的转折点,它处于企业的基层部分,担负着全面、准确、及时提供各种数据信息和基础资料,具有为有效管理铺平道路的功能,它是运输企业管理的重要组成部分。

2)运输企业管理基础工作的特点

(1)科学性

运输企业管理基础工作体现和反映了运输企业生产经营活动过程的科学性和客观规律性,是实现科学管理和现代化管理的前提和基础。

(2) 先行性

运输企业管理基础工作的本质是服务。它是为各项专业管理和综合管理提供资料、依据、准则、条件和手段的,必须超前于企业的生产经营活动而首先存在。

(3) 全员性

从运输企业管理基础工作各项内容的制订、执行、管理控制和考核评价的全过程来看,它具有量大、面广、具体、经常的特征。运输企业管理基础工作涉及企业的各个层次、各个部门、各个环节乃至各个岗位的职工,因而具有全员性。

(4) 相对稳定性

现代企业的生存与发展要受到多种环境因素的影响,企业在经营管理上会遇到很多新课题。因此,运输企业管理基础工作也要随着市场环境的变化而不断发展变化。但基础工作建立后,一般也要保持相对的稳定,以保证管理工作的系统性。

3) 运输企业管理基础工作的作用

①运输企业管理基础工作是实现运输企业管理职能,建立良好营运秩序的必要前提。

②运输企业管理基础工作是实行科学管理,并向现代化管理发展的基本条件。

③运输企业管理基础工作是提高运输企业素质,使运输企业获得最佳经济效益的重要保证。

④运输企业管理基础工作是为推行经济责任制,提供计算考核的依据。

3.1.2 运输企业管理基础工作的内容

运输企业管理基础工作的主要内容包括以下几个方面:标准化工作、定额工作、信息工作、计量工作、规章制度制定、职工教育和培训、现场管理等。随着科学技术的进步和经营方式的变革,上述基础工作会不断补充新的内容,其结构也会发生变化。

1) 标准化工作

标准化工作,就是对运输企业的各项技术标准和管理标准的制定、执行和管理工作。标准化工作促使运输企业的生产、技术、营销、财务、人事活动和各项管理工作达到合理化、规范化和高效化,是实行科学管理的基础,是建立良好的生产和工作秩序的必要条件。

(1) 技术标准

技术标准是对技术活动中,需要统一协调的事项制定的技术准则,是从事社会化大生产的技术活动必须遵守的技术依据。制定技术标准的对象可以是物质的,例如,材料、设备、服务设施等;也可以是非物质的,例如,安全、方便、迅速等。

技术标准一般包括下列几方面的内容:

①质量标准:是对商品储存、运输等所作的技术规定,现行的部分道路运输质量标

准如表 3.1 所示。

表 3.1 现行的部分道路运输质量标准

标准名称	颁布单位	标准编号
出租汽车服务	国家质监总局/国家标准委员会	GB/T 22485—2008
道路货物运输服务质量评定	国家质监总局/国家标准委员会	GB/T 20924—2007
道路旅客运输企业等级	交通部	JT/T 630—2005
道路货物运输企业等级	交通部	JT/T 631—2005
汽车货物运输质量主要考核指标	交通部	JT/T 619—2005
汽车旅客运输班车客运服务质量标准	交通部	JT 3142—1990
物流企业分类与评估指标	国家质监总局	GB/T 19680—2005

②作业方法标准

是对从事生产技术作业的方法所作的统一的技术规定。包括操作方法、作业与服务的程序和要求等,现行的部分道路运输作业方法标准如表 3.2 所示。

表 3.2 现行的部分道路运输作业方法标准

标准名称	颁布单位	标准编号
汽车快件货物运输操作规程	交通部	JT/T 620—2005
营运货车燃料消耗量限值及测量方法	交通运输部	JT 719—2008
营运客车燃料消耗量限值及测量方法	交通运输部	JT 711—2008
机动车维修服务规范	交通运输部	JT/T 816—2011
企业安全生产标准化基本规范	安全监督总局	AQ/T 9006—2010
汽车旅客运输服务岗位职责及工作标准(试行)	交通部	交运字[91]713 号

③安全卫生和环境保护标准

主要规定商品应达到的安全要求,卫生要求、环保要求,以保护人身安全与健康,现行的部分道路运输安全卫生和环境保护标准如表 3.3 所示。

表 3.3 现行的部分道路运输安全卫生和环境保护标准

标准名称	颁布单位	标准编号
危险货物包装标志	国家质监总局/国家标准委员会	GB 190—2009
公路运输危险货物包装检验安全规范	国家质监总局/国家标准委员会	GB 19269—2009
危险货物大包装检验安全规范	国家质监总局/国家标准委员会	GB 19432—2009
危险货物运输包装通用技术条件	国家质监总局/国家标准委员会	GB 12463—2009
放射性物质安全运输规程	国家质监总局/国家标准委员会	GB 11806—2004
汽车客运站卫生标准	交通部	JT 296—1996
载客汽车运行燃料消耗量	质检总局/国家标准委员会	GB/T 4353—2007
机动车辆允许噪声	国家标准总局	GB 1495—1997

④技术基础标准

包括通用科学技术语言标准、技术文件制作标准等。

(2) 管理标准

管理标准是运输企业为实施管理职能,把一些重复出现的管理业务,按客观要求规定其标准的工作程序和工作方法,用制度把它规定下来,作为行动的准则,并明确有关职能机构、岗位和个人的工作职责、工作要求和相互信息传递关系,使各项管理活动实现规范化和程序化,提高管理工作效率。

实行管理业务标准化一般都可以用管理流程图来表示。一个完整的管理流程图一般包括五个部分:

①反映某项管理业务的总体流程图;

②反映某部门进行某项业务的工作流程图;

③反映某一岗位的业务工作流程图;

④反映信息传递过程的信息流程图;

⑤无法用图表达清楚时,辅以简要的文字说明。

2) 定额工作

定额工作是运输企业各类技术经济定额的制定、执行和管理工作。它是进行科学管理、组织社会化大生产的必要手段;是实行内部计划管理的基础;是开展劳动竞赛,贯彻按劳分配,提高劳动生产率的杠杆;是推行内部经济责任制,开展全面经济核算的工具。

(1) 定额的种类

运输企业为了实现其管理职能和经济目标,需要哪些定额,要根据企业的技术要求、生产组织方式及其他条件而定。一般包括下述内容:

①劳动定额:劳动定额是对在一定的技术、组织条件下,完成一定量的劳务所规定的劳动消耗量标准,是运输企业最为重要的定额之一。

②储备定额:储备定额是为保证经营持续不断地进行所规定的物资储存数量的标准。一般有经常储备、保险储备、季节储备等。

③设备利用定额:设备利用定额是指单位设备生产效率和利用程度的标准,如单位设备的生产定额等。

④资金定额:资金定额是为保证经营正常进行所必需的最低资金占用量,如储备资金定额等。

⑤费用定额:费用定额是运输企业为了加强对管理费、销售费、财务费合理支出的控制,人为地将总费用"切块"落实到有关责任单位和个人,作为控制标准,并加以考核,如办公费、差旅费、招待费、利息支出等。

(2) 定额的制定和修改

定额的制定要尽可能做到准确、及时、全面。定额水平是整个定额工作的中心问题。它是一定时期内,在一定的物质技术、组织条件下的管理水平、生产技术水平和职工思想觉悟水平的综合反映。定额能否起到积极的作用,关键在于定额水平是否先进合理,过高或过低的水平都不能起到积极的作用。

运输企业在制定定额时,一定要从实际出发,把定额定在先进合理的水平上,即一要先进,二要合理。使大多数人通过诚实的工作可以达到或超过,少数人通过努力也可以达到,做到既要科学,又要切实可行。

定额制定后,一般应保持一定时期的稳定。但是当企业技术水平和管理水平提高后,定额应进行合理地修订,以保证定额的先进性。

(3) 定额的贯彻与执行

定额一经制定,必须严格执行与考核。为了搞好定额的贯彻执行,必须做到以下几点:

①凡是应当使用定额的部门和个人,必须使用和严格执行定额。
②采取技术、组织措施,为职工实现和超过定额创造条件。
③进行技术培训与交流,提升完成定额的能力。
④加强职工思想政治工作,鼓励职工团结互助,改革和创新,创造先进的定额水平。
⑤做好定额完成情况的统计与考核工作,搞好核算与奖励,并纳入经济责任制的推行和考核过程中。

3) 信息工作

信息工作是运输企业进行经营活动和进行决策、计划、控制所必需的资料数据的收集、处理、传递、储存等管理工作。

(1) 信息工作的重要性

信息是一种重要资源,没有信息就无法进行管理。管理诸功能的实现无不包含着决策的行为,而正确的决策又不能离开信息的沟通。信息的重要性表现在:

①信息联系的功能是企业达到目标统一、行动一致的重要手段,离开了组织内上下、左右的信息沟通,组织的统一目标与统一行动均无法实现。
②信息的反馈是正确决策赖以进行的基础。正确的决策不能来自臆想、猜测,必须以翔实的信息为依据。
③信息沟通是改变人们行为和调动人们积极性的重要手段。运输企业中存在着上下级及各类人员之间的种种矛盾,这些矛盾的处理一刻也离不开人们的信息沟通。特别是主管与下属的信息沟通是调动职工积极性的重要方面。
④信息沟通是运输企业综合实现各项管理职能的手段。只有通过信息的联系,才能使企业内部同外界的联系沟通,了解到用户、政府、社会对本企业的需求、愿望和技术要求等,企业才能真正成为与环境相互作用的开放系统。
⑤随着竞争的进一步加剧,对迅速变化着的市场反应的快慢成为决定竞争优势的首要因素。运输企业中的信息联系功能必将转化成一个企业竞争优势的核心功能。

(2) 信息源及其存在形式

信息就其来源可分为企业内部信息和外部信息两种。

内部信息是由运输企业内部一切经营活动所产生的信息,包括一切会计、统计和作业核算所用的原始记录、台账和报表,以及有关的记录、文件和语言交流等。

运输企业的外部信息包括范围很广,凡是与本企业生存与发展直接或间接相关的经济、科技、市场、人文、社会、政治、法律、政策等各方面的情报资料,都属运输企业外部信息。

信息就其企业可利用的存在形式,可以表现为三类:原始记录、台账与报表;经济技术情报;经济技术档案。

①原始记录、台账与报表。原始记录,就是对企业的各项经营活动所作的最初直接的记载,是企业进行计划工作、统计工作和经济核算的基础依据。

统计台账和会计账簿。原始记录所提供的原始数据按顺序排列,经过分类整理记载在簿册上形成统计台账和会计账簿。

统计报表和会计报表。统计报表是根据原始记录和统计台账,进行整理汇总,分析计算各项指标而形成的;会计报表是根据会计凭证和分类账、明细账经过整理汇总,分析计算有关财务成本方面的指标而形成的。这两种报表是企业领导和有关部门取得信息的主要渠道和形式。

②经济技术情报。来自企业外部的信息一般是分散的、不系统的,只有按一定的目的进行整理、加工后方可供使用,这就是情报工作。情报一般是为了一定的目的而收集的、比较系统的、经过分析和加工的资料。

③经济技术档案。来自于企业内部和外部信息经过整理、加工后,对于其中具有长远利用价值的资料应进行再整理和归档工作。档案是企业在经营活动中形成的作为历史记录保存起来以备查考的文件材料,是反映内部环境变化状况和历史沿革的轨迹。其重要作用表现在,它可以作为企业领导决策时的参考和依据,有助于管理者熟悉情况、总结经验、制订计划和处理问题。档案工作是一项科学性较强的工作,要在一套科学理论原则指导下,设立专门机构,建立健全归档制度和工作程序,以及科学的保护措施和检索利用手段,既要保证档案的完整与安全,又要有利于利用,充分发挥其作用。

4) 计量工作

计量工作是指计量检定、测试、化验分析等方面的计量技术和管理工作。它是用科学的方法和手段,对经营活动中的质和量的数值进行测定,为运输企业的经营管理提供准确数据。原始记录和统计所获数据的准确性,在很大程度上依赖于计量工作,没有真实的原始记录,标准化和定额工作也搞不好。

计量工作的基本要求是保证量值的统一和准确。具体地说,要做到以下几点:

(1) 根据经营管理的特点和需要,有计划地配齐配好计量检测手段,逐步实现检测手段和计量技术现代化。

(2) 对使用中的计量器具,按照检定周期进行检定,及时进行修理与调整。

(3) 提高工艺过程和商品质量的检测率,如物资进出等。

(4) 建立必要的计量检定制度,完善信息计量传递系统。

5) 规章制度

运输企业规章制度是对生产技术经济活动所制定的各种规则、程序、章程和办法的总称,是企业全体职工在各项活动中共同遵守的规范和准则。建立一套科学、健全的规章制度是组织现代化大生产的客观要求,也贯彻和体现了企业塑造的企业精神和企业文化,因而是运输企业管理的一项极其重要的基础工作。

(1) 规章制度的内容

运输企业的规章,主要包括责任制度和专业管理制度两大类。

①责任制度:它是企业规章的核心。建立健全规章制度就是明确规定企业内部各岗位的工作任务,各级部门、各类人员的工作职责和权限的制度。做到人人有专责,事事有人负责,消除一切无人负责或多头负责的现象。

责任制度中,最主要的是岗位责任制,包括工人岗位责任制和管理人员岗位责任制两类。工人岗位责任制,规定着该岗位干什么,如何干,什么时间干,按什么程序干,干到什么标准,以发挥主观能动行为,避免消极随意行为。管理人员岗位责任制一般包括:ⓐ基本职责;ⓑ考核标准;ⓒ业务流程。

②专业管理制度:它是按照企业经营活动的客观规律,科学地对各项管理工作的范围、内容、程序和方法等所作的规定,是企业领导人和管理者有效组织和指挥各项经营活动,执行各项管理职能的必要手段。专业管理制度繁多,主要有计划、生产、质量、技术、物资、劳动人事、职工教育、成本、安全技术和劳动保护等方面的管理制度。

(2) 规章制度的制订、执行与修订

①制订:规章制度的制订要注意掌握三条原则:

ⓐ科学性,即要符合社会化大生产的客观规律,体现合理的分工与协作。

ⓑ协调性,要从企业的全局出发,注意各项制度之间横向接口与协调,规章制度的草拟工作往往出自各职能业务部门之手。因此在职能业务部门草拟工作完成后,一定要由主管部门与有关部门协调,避免片面性,最后报领导批准后执行。

ⓒ群众性,在规章制度的草拟与讨论过程中,凡是需要群众自觉执行的部分,应广泛征求意见,使之具有良好的群众基础。

②执行与修订:运用规章制度进行管理是控制职能运用的体现,必须辅助监督和激励职能的实施。规章制度的实施不能光靠"管、卡、压"的办法,要结合思想教育和经济责任制一并执行。当企业外部环境、内部条件发生重大变革,或由于企业规模扩大引起企业组织结构模式、企业领导体制发生重大变化时,原有制度中将有许多内容不能适用,就必须对原有规章制度进行修订、补充或重新制订。

6) 职工教育和培训

如果把企业比成一架大机器,那么驾驭和操纵这架机器的就是企业的领导者、管理者和全体员工,他们是这架机器的动力源。现代化的生产和现代化的管理,不仅要有现代的科学技术、现代装备、现代的方法和手段,更需要有能够从事现代化生产和管理的具有现代科学技术和管理知识的人。否则企业这个人—机系统就无法高效率地运转,一切现代的管理技术和管理方法都难以收到应有的效果。高素质的人才,可以到人才市场去招聘,但是真正忠心耿耿为企业服务的适用人才要靠企业自己来培养。

职工教育，一般说来是指企业全体职工都要接受的基础教育，包括职业道德教育、基本技能教育、管理基本知识教育、安全生产教育和思想政治工作教育等。

职工培训，一般是指对企业需要的特殊人才的继续教育，如企业高级管理人才培训，各级各类专业技术岗位培训，特殊生产岗位的培训等。

7）现场管理

现场，一般是指作业场所。现场管理就是运用科学的管理思想、管理方法和管理手段，对现场的各种生产要素进行合理配置和优化组合，通过计划、组织、指挥、控制等管理职能，保证现场处于良好的状态，各项作业按一定的规定正常运行。

现场的生产要素一般包括：人，即现场的操作者、管理者；机，即设置在现场的设备、工具、器具；料，即现场的各项物资；法，即工艺流程和检测方法；环境，即现场的工作环境；资金，即资金配给和成本控制；能源，包括风水电气的供应；信息，即指导、指挥作业现场运转的各种信息和文件。

（1）加强现场管理的必要性

①作业现场是企业生产力的载体之一，是直接从事生产经营活动的场所，是创造使用价值和价值的场所，现场管理水平的高低直接关系到企业效率的高低。

②现场管理水平的高低，还决定着企业对市场的应变能力和竞争能力。

③从管理层次结构上看，现场管理属于基层管理，是运输企业管理的基础。优化现场管理需要以管理的基础工作为依据，离不开标准、定额、计量、信息、原始记录、规章制度和职工教育。基础工作健全与否，直接影响现场管理水平。通过加强现场管理又可以进一步健全基础工作。所以加强现场管理与加强管理基础工作，两者是一致的，不是对立的。从管理的职能上讲，现场管理又是一项综合管理。管理的计划、组织、领导、控制职能都要在现场得到体现和落实。加强现场管理，必须有效地综合运用管理诸职能，实现运输企业管理的整体优化。

（2）现场管理的内容

现场管理是包含多方面内容的综合管理，既包括现场的组织管理工作，又包括落实到现场的各项专业管理和管理基础工作。因此，现场管理的内容可以从不同角度去概括和分析。具体可以包括以下几个方面：

①作业管理。作业管理是运用科学的方法和手段，对现场的各种作业进行分析研究，消除作业中的不合理因素，寻求最经济、最有效的作业程序和作业方法，以提高效率和效益。

②定置管理。定置管理主要是研究人、物、场所三者的关系，通过调整物品的放置位置，处理人与物，人与场所，物与场所的关系，使三者关系处于良好的结合状态。

③现场的质量管理。

④现场的设备管理。

⑤现场的成本控制。

⑥现场劳动组织优化。

⑦岗位责任制。
⑧现场管理诊断。
(3) 开展现场管理工作的方法
①不断提高对优化现场管理的认识。
②综合治理，配套改革。
③选择好突破口。
④不断改善、不断提高。

3.2 企业劳动定额

3.2.1 企业劳动定额

企业劳动定额是指在一定的生产、技术、组织条件下，为生产一定量的合格产品或形成一定量的工作所规定的劳动消耗量的标准。劳动定额是企业用以衡量劳动者干多干少，干好干坏的一个度量尺码，是用以计算劳动生产率的基础。

1) 企业劳动定额的基本表现形式

定额主要有两种基本表现形式：即工时定额和产量定额。

(1) 工时定额。是指生产单位产品所必须消耗的时间。

(2) 产量定额。是指单位时间内必须完成的产品数量。

工时定额和产量定额互成倒数关系。

此外，还有看管定额的形式，看管定额是指一个或一组员工，同时所能看管的机器设备数目，或机器设备上的操作岗位数目。

2) 劳动定额制定的基本要求

(1) 在时间上要求"快"，即能迅速及时制定出定额，以满足生产和管理上的需要；

(2) 在质量上要求"准"，也就是符合先进合理的要求；

(3) 在范围上要求"全"，即凡是能和需要制定定额的工种、项目或岗位，都要制定定额。

3) 影响劳动定额制定的因素

(1) 劳动者。劳动者包括劳动者的技术水平、知识、经验、年龄、性别等。

(2) 劳动手段。劳动手段包括设备、工具的先进程度和完好程度。

(3) 劳动对象。劳动对象主要指符合要求的程度。

(4) 劳动环境。劳动环境指对劳动者能力、体力、精神等的影响程度。

4) 劳动定额制定方法

(1) 经验估工法。经验估工法是由劳动定额员、技术人员和作业者，根据自己的实践经验，并考虑所使用的设备、工具、原材料等其他条件直接估算制定劳动定额的方法。其特点是：简便易行，工作量小，有一定群众基础，便于定额的及时制定和修改。但缺点是:易受估工人员主观因素影响,技术依据不足,容易出现定额偏高现象,因而劳动定额的准确性较差。这种方法比较适合临时性任务的安排。

(2) 统计分析法。统计分析法是根据过去生产相类似的产品(或工作)的实耗工时的统计资料,在整理分析的基础上,结合当前技术,组织等生产条件变化来制定劳动定额的方法。此种方法较之经验估工法有较多统计资料为依据,工作量较小,简便易行,容易被工人接受。但易受统计资料中不真实资料的影响,也受控于企业中统计工作的健全程度的影响。

(3) 技术测定法。技术测定法是根据合理的技术组织条件和工艺技术方法,对组成劳动定额的各部分时间,进行实地观测和分析计算来制定劳动定额的方法。具体又可分为分析研究法、分析计算法两种。

5) 劳动定额的贯彻执行和修改

劳动定额制定以后,必须认真贯彻执行,这样才能发挥劳动定额在生产管理工作中的积极作用。为此,企业必须加强定额管理,及时将劳动定额下达给班组和个人,保证实现定额所需技术措施,加强定额执行情况的统计、检查和分析工作。

在执行过程中,发现定额有不平衡、不合理的地方,要认真分析产生的原因,若确属劳动定额原因,要及时调整和修改。劳动定额的修改同制定定额一样,是一项复杂细致的工作,必须经过调查研究,认真分析,贯彻群众路线,自上而下,自下而上地经过反复讨论、平衡,最后报领导批准后执行。

3.2.2 企业劳动定员

1) 企业劳动定员的含义

企业劳动定员是指企业根据既定的产品方向和生产规模,在一定生产时期和一定的生产、技术、组织条件下,规定企业应该配备的各类劳动人员的数量标准。

2) 企业劳动定员的作用

劳动定员是企业管理的一项重要的基础工作,它的主要作用是企业配备各类劳动人员,编制员工需要量计划,确定工薪的依据;是衡量和监督人力使用时判断节约或浪费的尺度;是组织竞赛、开展技术革新、挖掘企业潜力,提高劳动效率的有效措施;是改善劳动组织、巩固劳动纪律,明确岗位责任制,实行企业内部经济责任制的前提。

3) 企业劳动定员的基本方法

(1) 按劳动效率定员

根据计划期生产任务、工人的劳动效率、出勤率计算定员人数。

$$定员人数 = \frac{计划期生产任务}{工人的劳动效率 \times 出勤率}$$

(2) 按比例定员

按员工总数和某一类人员占员工总数的比例,计算某种人员的定员数。

$$定员人数 = \frac{服务对象人数}{定员标准比例}$$

这种方法,通常适用于计算服务人员的定员人数。但某些生产岗位人员数量也可按这种方法来确定,如乘务岗位的定员。

(3) 按设备定员

根据机器设备的数量,看管定额和设备开动班次来计算定员人数。

$$定员人数 = \frac{为完成生产任务所需设备台数 \times 每台设备开动班次}{看管定额 \times 出勤率}$$

这种方法,主要适用于以机械操作为主的工种,如驾驶岗位的定员。

(4) 按职责范围和业务分工定员

根据组织机构设置情况、职责范围和业务分工(按精简、高效、因事设职和最少职位原则进行定员)。这种方法主要适用于管理岗位、工程技术岗位的定员,如调度岗位的定员。

(5) 按岗位定员

它是根据工作岗位来计算定员人数。这种方法首先要确定需要员工操作的岗位数,然后按各个岗位的工作量、工作效率、开动班次、出勤率等因素来计算定员人数。

$$定员人数 = \frac{每个岗位工作量 \times 操作的岗位数}{员工工作效率 \times 出勤率} \times 工作班次$$

这种方法,通常适用于看管大型联动设备或装置的工种,同时也适用售票、检票岗位的定员。

3.3 现代企业制度

传统企业制度以所有权和经营权的高度统一为基本特征,近代企业制度以两权一定程度的分离为基本特征,而现代企业制度则以两权的彻底分离为基本特征。现代企业制度的基本内容包括三个方面:现代企业产权制度,现代企业组织制度和现代企业管理制度。

3.3.1 现代企业制度的定义及主要特征

1) 现代企业制度的定义

现代企业制度是以公司制度为主体的市场经济体制。这个定义包括两个层次的含义:①现代企业制度是市场经济体制的一个最基本的成分,这是指,现代企业制度是市场经济体制的基本制度;②现代企业制度就是公司制度,即公司制度是现代企业制度的最典型的组织形式。

(1) 现代企业制度是市场经济体制的基础

企业和消费者是市场经济的基本单位,基本单位也称交易者。参与市场经济的基本单位有两类:

①进行消费活动的单位,称为家庭或消费者;

②基本经济单位是从事生产经营活动的单位,称为企业。

消费者和企业构成了市场的买卖双方。消费者是商品的基本买者,同时又是生产要素的基本卖者;企业则是商品的基本卖者和生产要素的基本买者。

(2) 公司制度是现代企业制度的主体

现代企业制度的主体就是公司制度。所谓公司制度,就是指适应社会化大生产和现代市场经济要求的公司法人制度,其表现形式主要是股份有限公司和有限责任公司。

公司制度是现代经济社会中最重要的企业形式,是现代企业制度产权组织形式的发展趋势。在市场经济发达的美国,业主制企业从数量上来说,仍然是主要的,约占企业总数的75%,加上合伙企业,约占84%;公司制企业仅占企业总数的约16%,但公司制企业的资本额却占85%,营业额约占90%。可见,公司企业在现代经济中有着举足轻重的地位。

2) 现代企业制度的主要特征

现代市场经济中的企业制度,具有如下主要特征:

(1) 产权清晰

产权清晰主要指产权关系与责任的清晰。完整意义上的产权关系是多层次的,它表明财产最终归谁所有、由谁实际占有、谁来使用、谁享受收益、归谁处置等财产权中一系列的权利关系。

(2) 权责明确

在两个方面明确权利和责任:一是出资者与企业之间的权利和责任划分。投资主体在企业中行使出资者权利,并以投入企业的资本额为限对企业的债务承担有限责任;企业则拥有包括国有投资主体在内的各类投资者投资及借贷形成的法人财产,对其享有占有、使用、处置和收益的权利。二是在企业内部,通过建立科学的法人治理机构,形成规范的企业领导体制和组织制度;依据《公司法》建立权力机构、决策机构、执行机构和监督机构,并界定各自的权利和责任。

(3) 政企分开

首先是政府的社会经济管理职能与经营性国有资产的所有者职能分开;其次是经营性国有资产的管理、监督职能与经营职能分开。只有实行两个分开,才能为实现政府调控市场,企业自主经营创造基本条件。

(4) 管理科学

管理科学要求企业管理是科学的、有序的、规范的,其内涵随生产力的发展和社会的进步而不断完善和丰富。

现代企业制度的这四个特征有很强的关联性,既互为因果,又互为条件。只有四项特征都充分地体现出来,才能综合地从根本上解决现有企业改革中所面临的深层次问题。

3.3.2 现代企业制度的基本内容

现代企业制度的基本内容包括三个方面：现代企业产权制度，即公司法人产权制度；现代企业组织制度，即公司组织制度；现代企业管理制度，即公司管理制度。

1) 现代企业产权制度

(1) 产权、产权制度及功能

①产权：产权是财产权的简称，是法定主体对财产所拥有的各项权能的总和。产权一般可被分解为所有权、占有权、使用权、收益权和处置权。产权的基础和核心是所有权，它是一种以财产所有权为基础的社会性行为权利。

②产权制度：产权制度是指以产权为依托，对财产关系进行合理有效的组合、调节的制度安排。这个制度安排具体表现为建立在一定的生产资料所有制基础上，对财产占有、支配、使用、收益和处置过程中所形成的各类产权主体的地位、行为权利、责任、相互关系加以规范的法律制度。

③产权制度的功能：产权制度主要有以下功能：

ⓐ财产约束功能：在合理的产权制度下，明晰的产权关系可以使所有者通过产权有效地约束经营者，从而保证资产增值，实现所有者的利益。

ⓑ自主经营和激励机制功能：产权具有排他性和独立性，企业一旦拥有产权，基本生产经营权利即可得到法律保护，进而使经营者在激励机制的作用下，既可以也可能真正做到自主经营、自负盈亏。

ⓒ增进资源配置效益功能：由于产权的各项权能是可以分解、转让的，因此，通过产权转让为基础的企业间的资产联合、兼并等形式，可以促进资产合理流动。

ⓓ规范市场交易行为功能：产权关系的界定具体规定了人们那些与物相关的行为规范；每个人在与他人的相互交往中都必须遵守这些规范，或者必须承担不遵守这些规范的后果。这样，保障受益和受损索赔的原则可以有效抑制不正当交易行为，从而使企业行为合理化。

(2) 公司财产权的分离

财产权的分离是指财产权中所包含的诸项权能（所有权、占有权、支配权、使用权）分属不同的经济主体。财产权分离最常见的方式是所有权与其他三个权能的分离。通常称之为所有权与经营权的分离。

(3) 公司产权制度的基本内容

公司产权制度就是公司的法人财产制度，它是以公司的法人财产为基础，以出资者原始所有权、公司法人财产权与公司经营权相互分离为特征，以股东会、董事会、执行机构作为法人治理结构来确定各自权力、责任和利益的企业财产组织制度。基本内容如下：

①公司是由一个法人治理结构来统治和管理的：所谓治理结构是指为实现资源配置的有效性通过激励和协调运行的经济制度框架。而法人治理结构，就是统治和管理公司的组织结构。因为公司是法人团体，与自然人企业不同，它是集合的主体，是一些人由于共同目的而互相结合组成的团体，具有自己独立的意志，因而要体现这个意志，只能由一个组织，即法人治理结构对公司进行治理。

②公司治理结构：典型的公司治理是由股东会、董事会和高级经理人员三者组成的

一种组织结构。这种三层治理结构的特点是使得原始所有权、公司财产权、经营权各有人格化载体，界定明确，责权利明确划分。由股东会、董事会和经理人员组成的治理结构，具有一定的制衡关系，可以相互制约，从而保证公司资产的完整性和体现公司法人团体的意志。

(4) 公司财产的有限责任制度

有限责任制度是现代企业产权制度的一项重要内容。作为现代企业制度的两种主要形式股份有限公司和有限责任公司，均实行的是有限责任制度。其包含两个内容：

①出资者只以其投入企业的出资额为限，对企业债务承担有限责任。

②公司以全部法人财产对其债务承担有限责任。这两个方面相互补充，是公司财产有限责任制度不可缺少的内容。

2) 现代企业组织制度

采取什么样的组织形式来组织公司，是现代企业组织制度所要解决的问题。现代企业组织制度的基本特征是，所有者、经营者和生产者之间，通过公司的决策机构、执行机构、监督机构，形成各自独立、权责明确、相互制约的关系，并以法律和公司章程加以确立和实现。

现代企业组织制度主要包括两方面内容：公司的组织结构、公司的组织机构。

(1) 公司的组织结构

公司的组织结构就是公司各构成部分以及它们之间的相互关系。其目的在于建立正式的职位体系，为人们进行工作创造良好的条件，使组织中的各类人员能够协调一致地实现公司的组织目标。公司组织结构是否合理，对于公司的发展与生存起着至关重要的作用。对于各层工作人员来说，在一个结构设计良好的公司工作，能保持较高的效率，并且能充分显示其才能；而在一个结构紊乱、职责不明的公司工作，其工作绩效就很难保持在一个较高的状态，结果造成职责不清，无所适从，对公司产生失望乃至不满情绪，公司效率低下，人员纷纷离开。因此，公司管理者必须十分重视公司组织结构的设计。

(2) 公司的组织机构

公司组织机构是指从事公司经营活动的决策、执行和监督的公司最高领导机构。在市场经济的长期发展过程中，各国公司法已经形成公司组织制度方面两个相互联系的原则，即企业所有权与经营权相分离的原则，以及由此派生出来的公司决策权、执行权和监督权三权分立原则。公司的组织机构通常包括股东大会、董事会、监事会及经理人员四大部分，按其职能，分别形成决策机构、监督机构和执行机构，如图3.1所示。

①公司的最高权力机构——股东大会。股东大会也称股东会，仅是公司的意思机构，或者说，仅是公司形式上和法律上的权力机构，因而它对外不代表公司，对内不执行业务，其本身也不是权利义务的主体。股东大会是由全体股东组成的机构，而不是股东代表大

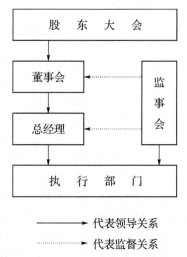

图 3.1 公司的组织机构

会。此外，股东大会也不同于股东会议：股东大会是公司企业的组织机构，而股东会议只是该机构行使其权力的具体形式。

股东大会作为公司的最高权力机构，其主要职责是：选举和罢免董事会和监事会成员，制定和修改公司章程审议和批准公司的财务预决算、投资以及收益分配，决定公司类型变更、分立、合并和解散等等。

②公司的经营决策机构——董事会。董事会是由股东大会选出，由董事所组成，代表全体股东利益，执行公司业务的常设机构。与股东大会不同，董事会是公司实际的权力机构。股东大会选出若干人员组成董事会后，董事会有权决定公司的经营方针、经营范围、规模以及关系公司全局的重大问题。因而董事也就成了公司内最具实际权力的人，他们的素质和行为能力如何对公司的经营绩效关系极大。

③公司的监督机构——监事会。监事会是由股东大会选出的公司监督机构，是与董事会并列的、代表股东大会对董事会和经理行政管理系统独立行使监督权的机构，监事会依法和依照公司章程对董事会和经理行使职权的活动进行监督。

④公司的日常经营管理机构——经理机构。经理机构是受董事会委托，代理公司日常经营管理业务的组织机构。经理人员作为公司实际事务的管理人员，一般指总经理、副总经理、经理、副经理以及与其具有类似职能地位的人，如总经济师、总会计师、总工程师等高级管理人员。由这些人员组成的业务执行机构是公司业务活动的最高指挥中心。

3）现代企业管理制度

(1) 公司管理制度的特征

公司管理制度就是有关约束和调整公司经营管理活动中，各种特定经营管理行为方式和关系的行为规则。这种规则可以是管理行为者在管理实践中逐步形成并一致认可的约定俗成的习惯，也可以是把这种约定俗成正式规定下来，见诸文字的规章、条例等等。公司管理制度的基本特征可以概括为四个方面：

①公司面向顾客。公司经营，既以顾客为起点，又以顾客为终点，是以满足顾客需要为中心而展开全部活动的过程。公司以满足顾客需要为其经营的宗旨和使命，公司面向顾客设置经营职能机构；公司经营绩效的评价标准是面向顾客。面向顾客，是公司经营及其整个管理制度的基本特征。

②公司生产过程与流通过程的结合。这种结合，不仅是公司经营管理制度的充分体现，而且是公司必须面向顾客和市场经营发展的必然要求。公司生产过程与流通过程的结合，集中表现在公司的经营观念、经营职能、经营业务范围和经营组织上。即在经营观念、经营职能、经营业务范围和经营组织诸方面，充分体现生产过程与流通过程的相互衔接、密切结合。从事生产活动的公司，不把经营局限在单纯的买卖交易范围内，而将生产过程纳入流通的范围之内。

③公司外部环境与内部条件的结合。公司经营，一方面表现为对公司外部环境的调查研究与适应；另一方面表现为对公司内部条件的综合运用与协调，是创造性地把内

部条件与外部环境有机结合起来的动态综合平衡过程。这一结合的要求贯穿于公司管理制度中,其内容、程序和方法等是公司管理制度的重要组成部分。

④公司整体战略与具体战术的结合。公司经营,既包含着对公司整体战略的制定,也包含着对具体战术的确定,而且是把整体战略和具体战术结合起来,并统一于公司的经营目标之中,这亦是公司管理制度的重要特征。

(2) 公司管理制度的内容

建立现代企业管理制度,就是要求企业适应现代生产力发展的客观规律,按照市场经营发展的需要,积极应用现代科学技术成果,包括现代经营管理的思想、理论和技术,有效地进行管理,创造最佳经济效益。这就要求企业围绕实现企业的战略目标,按照系统观念和整体优化的要求,在管理人才、管理思想、管理组织、管理方法、管理手段等方面实现现代化,并把这几个方面的现代化内容同各项管理功能(决策、计划、组织、指挥、协调、控制、激励等)有机结合起来,形成完整的现代化企业管理。

现代企业管理制度一般包括以下几个方面内容:

①具有正确的经营思想和能适应企业内外环境变化,推动企业发展的经营战略。

②建立适应现代化生产要求的领导制度。

③拥有熟练地掌握现代管理知识与技能的管理人才,并拥有良好素质的职工队伍。

④有一套符合本企业特点、保证生产经营活动高效率运行的组织机构和管理制度。

⑤在生产经营各个主要环节普遍地、有效地使用现代化管理方法和手段,建立起比较完善的电子计算机管理信息系统,推行计算机集成制造系统等现代化管理。

⑥建设以企业精神、企业形象、企业规范等内容为中心的企业文化,培育良好的企业精神和企业集体意识。

现代企业管理制度是一个由许多子系统的因素构成的多层次、多元化系统。这个系统的优劣和整体效能的高低,取决于它对外部环境的适应以及它自身的一体化的程度;系统中每一项制度的优劣及效能的高低,也不仅仅取决于它自身的特点,而同时取决于它与整个制度体系的有机协调。作为企业的管理者,应从企业整体经营与外部环境的协调着眼,以公司的目的、目标、战略为基础和依据,综合考虑战略结构、职能之间、职能领域之间以及职能内部各管理因素之间的相互关系,将各方面、各层次的制度进行一体化设计,拟定一整套相互协调、整体优化的制度。同时还应注意到,现代企业管理制度并不是一成不变的,而是不断适应企业经营的内外环境及有关因素的变化而在动态的发展着。

案 例

公交公司的劳动定额

湖北十堰公交私营遇困境

湖北十堰,这座位于鄂西北的城市,因清代当地河流上曾筑有堤坝十道而被称为十堰镇。1967年,第二汽车制造厂在此勘测兴建,城市因车而建、因车而兴,故称"车城"。

2003年4月,温州商人张朝荣以每年800万元的价格,买断十堰市22条公交线路18年的特许经营权。十堰成为全国第一个公交事业民营化的城市。大部分原有职工买断工龄后,成为私营企业的新员工。

2008年1月12日早晨,湖北十堰天空飘下寒冬第一场雪。在商场工作的小易先生只能走路上班——他在公交车站等了近半个小时,20路公交车迟迟不来。市民事先没有得到任何通知,冒着风雪在站台上苦苦等待无果,结果城市道路上,四处是顶风冒雪走路的人们。十堰的交通陷入瘫痪。市长热线12345,当日被满腹牢骚的市民打爆。一场大雪中,车城竟无车可乘。

此次停运事件的导火索是公交车司机佟峰(化名)在1月12日早上用公交车堵住车场大门。佟峰是十堰市公交公司的一名普通司机,在这个岗位上工作了4年。他在堵门前的1月11日下午,领到了2007年12月的工资:221.82元。

他每月基本工资是500元,加上公里提成——每公里提成0.1元;还有人次提成——按当班营业收入每元提成3分;要扣掉的钱则包括欠趟费、事故费、超油费、请假管理费等。

但这个月,因为请假照顾生病住院的女儿,他修车又耽搁了两天。他这个月提成是214元,但工资里要扣除100多元的超油费和欠趟费,另外还要扣掉300多元事故费以及210元的事故停车费。算起来,他这个月收入,将是11.8元。他和妻子、女儿生活在一起,妻子每个月工资600元左右。家里每个月要还700元的房贷,另外还有女儿的奶粉钱。上个月他奶奶过世,而女儿住院又花了1 200多元。

1月12日6时10分,他第3个发车,到车场决定采取行动。同一分公司的同事和二公司和三公司的公交司机们,听说这一消息后在当天中午前先后停止了运营。

佟峰的遭遇并非孤例。保洁工刘英萍上月的工资条上,扣掉所有款项后,她工作21天的收入是21.44元。引起职工强烈批评的制度还包括:机修工人一年365天没有休息日,没有加班工资;病假超过七天,每天要向公司交10元的管理费,病假期间无工资;2007年底,新劳动法实施前,要求全体职工重新签订劳动合同,但合同却一片空白等等。

公交停运事件引发了十堰市委、市政府的高度重视,当日即成立专门的工作组进行调查处理。司机们反映的问题大都与工资待遇和规章制度有关:"职工普遍反映工资收入水平过低;据初步了解,一线司机月工资一般在900元~1 000元",而"出事故后,司机承担责任过重。每月扣工资500元,抵事故赔偿,扣完为止"。

2007年底,司机们获知一个好消息:2008年起基本工资上涨50元。但与之伴随的是一个新规定:工资与配件费挂钩,维修配件费超过1 200元,司机承担3%。他们认为,这项支出将抵消甚至超过上涨的50元。

司机们认为,这些制度的出台,根源于五年前十堰公交事业的改制。改制前,司机当时的月收入已在千元左右。但五年后,司机们不分在职长短,工资依然不过如此。苛刻的制度、其他各行业收入增加与物价的飙升。一些司机称,两相对比,难以接受。

1月12日中午,十堰市长陈天会表示,将由财政局对公交公司五年来经营运行情况进行全面检查,同时提到将提高工人工资;另外,征求职工意见,对不合理、不符合劳动法规定的规章制度进行修改和清理。

三个月后的4月15日,十堰公交第四次停运。对此,十堰市建委副主任朱天峰曾对媒体表示:"停运集中暴露了市公交集团公司在营运、管理、职工福利待遇等方面存在的突出问题,特别是后两次,反映的是司乘人员与经营者之间的矛盾已达到难以调解的地步,整个公司的管理和运行基本处于瘫痪状态,已不能履行为广大市民提供公交服务和维护正常公交秩序的职能。"停运之后不久,市委市政府收回公交特许经营权,全面接管公交公司。

针对十堰市政府对公交集团公司"经营不善"的指责,张朝荣十分愤慨。张朝荣认为,自己接手前,公交公司其实是在亏损,2002年亏损760万元。接手后,2003年当年公司实现经营收入6 700多万,利润106万元。2004年收入为7 900多万,赢利119万元。但随后三年分别亏损500多万、900多万和700多万元。

关于2005年以后接连亏损的原因,张朝荣称是"油价暴涨"。张说,公司营运线路22条,营运车辆386辆。每天的油耗就是20多吨,成本很高。在这成本突增的紧急关头,十堰市政府却没有依据国家有关政策进行补贴,导致公交集团公司经营陷入困境,"这与政府补贴缺失有关,不能理解为经营不善。"

张朝荣称,十堰市政府应该补贴的分三方面:低票价、油补和公益性义务。公交公司为了改善十堰市民的出行条件,更新了车辆,完善了服务,还承担了社会福利,包括老年人、残疾人、现役军人免费乘车,学生优惠,仅这方面的免费就达到了7 800万元。但是政府并没有落实"公交优先"的承诺,没有给予相应补贴。

乌鲁木齐:薪酬激励留住公交司机

乌市公交司机流失率很高,各家公司长年累月地在招人。为了稳定现有员工队伍和补上缺口,公交企业想了不少办法。

乌市兴盛巴士有限责任公司做过内部统计,此前的一线驾驶员流失率在30%至40%之间,至今缺口仍在400人左右。该公司办公室主任赵新进说,公司一线驾驶员中以外地人居多,人员流动大。"驾驶员跑车就是为了赚钱,发现赚不到钱自然就走了。"

乌市公交集团公司相关负责人表示,若按满员2人1车配置,公司目前缺员1 800人。若是考虑满足和保障一线驾驶员的休息时间,那么公司人车比的数据应是2.35:

1,司机缺口在2 000人以上。为了应对司机荒,公司也采取了种种宽松政策,比如只要应聘者有从业意愿,哪怕证照不符,公司也会留下他,让他去学习驾驶技术;与现有员工同岗同酬,但效果并不明显。

高流失率背后还反映出对职业认同感的缺失。三大公交企业表示,涨薪之前,司机们对这个职业认同感很低,说起工作抱怨颇多,企业组织的培训活动也基本无人参加,而企业文化对他们来说,更是陌生。

乌市公交集团公司和珍宝巴士公司相关负责人都表示,以前司机每月平均只能拿到两千多元。长期以来,由于公交司机工资待遇低,人员不断流失。对此,乌鲁木齐市委、市政府高度重视。今年上半年,政府实施一季度"严寒补助"和二季度临时增加工资的举措,在一定程度上缓解了驾驶员流失问题,但缺员问题依然严重。2011年8月,乌市公交集团还曾面向社会招聘公交驾驶员,给出月薪4 000元的条件,但报名情况依旧不乐观。

一直困扰公交行业的司机荒问题受到乌鲁木齐市委、市政府高度重视。2011上半年,政府实施一季度"严寒补助"和二季度临时增加工资的举措,在一定程度上缓解了司机流失问题。但进入7月份,公交企业又出现公交车闲置的情况。

消息反馈上去后,乌市市委市政府及国资委相关领导,多次来到乌市3家公交企业详细调研。8月11日,7条优惠政策出台。与此同时,各公交企业从8月初开始驾驶员招聘工作,也在最近几天达到了应聘高峰。赵新进告诉笔者,8月15日至18日,公司已与30多人签订了劳动合同,而以前经常一个月都招不到1个人。乌市公交集团则表示,涨薪后每天平均增加10名驾驶员。

可观的待遇也吸引部分驾驶员回流。由于以前待遇较差,17路驾驶员孙群立在7月底辞职,不久前,以前的同事告诉他,驾驶员的工资已经涨到4 000元以上了,于是他又回来继续驾驶公交车了。

"现在工资翻倍了,任务定额取消了,以后我可以安心跑车了。"17路公交司机艾力·艾合买说。笔者从他的工资条上看到,基本工资800元、岗位工资900元、工龄工资50元、里程奖860元、安全奖700元、服务奖560元、高温费150元、加班费为1 500元、考勤工资210元、延时工资2 023.52元,应发7 753.52元,扣掉五金和所得税,实发6 490.17元。

"他上个月在304路单班(一个人跑全天),所以延时工资和加班费也相对比较高。"经营一部书记古丽说,以前跑单班跑得最好也就拿3 000多。

据了解,在珍宝巴士公司,有33名驾驶员领到1万元以上的应发工资,而应发工资在9 500至10 000元的有31人。

考核重加班多 西安公交司机难寻休息权利

"……我们有家有口,老人和孩子需要关心、照顾,可我们根本做不到,除了上班,还是上班,天天上班,我们真想每周能休息一天!"2006年12月,一位公交司机给陕西华商报寄来的信件讲述了他们身心的疲惫,休息对他们来说成了一种奢求。800余字的行文中透露出无奈和困惑,道出了一个行业工作者不为人知的苦衷。

"我们公交司机的确被剥夺了休息的权利,经常疲劳驾驶,有时倒班后只能休息几小时,天不亮就必须出车,常常身心疲惫……"信中,公交司机的辛苦让人心酸:有的凌晨4点钟就要起床上班,空着肚子一干就是8个多小时;有时即便每天申请干15小时的工作量,仍会受堵车、车辆出故障等客观原因的影响,完不成考核,导致工资受影响;虽然名义上可以休息,但几乎没人敢浪费一个休息日,加班赶点补任务量。

"我没有别的奢求,就是想争取每周哪怕一天的休息权利!"这位司机道出了这样的愿望,他建议,节日人多可以随时加班加点,但平时休息能否采取轮休,既不耽误出勤,又能满足乘客的需要。

华商报记者走访了不少公交司机,提及这个话题时,他们都一脸无奈。"哪能踏实地休息一天?我们几乎全年都以公交车为家,除了睡觉就是上班。"

杨师傅和妻子左女士都是公交司机,同在一个车队上班,合跑一辆车,两口子经常是一个上上午班,一个上下午班。"我凌晨4点就上班了,她晚上10点才回来,累得倒头就睡,没有休息日和节假日,只能每天中午交班的时候说两句,一年半载几乎都是各过各的。"杨师傅说,4岁大的女儿只能长期被托管在幼儿园,"一次,孩子生日时哭着对妈妈说,最大的愿望就是让他们共同接她回家一次,可我咋能办得到"。

董女士40多岁了,干了十多年的公交司机,作为一个母亲,更有难言之隐,"干我们这行,孩子自小都在幼儿园托管,由于工作忙,基本上孩子学习、生病都管不了。"董女士说:"我最大的愿望是能休息一天带孩子上街转转,但考核任务太重,一旦因为堵车、车辆出故障等特殊原因耽误了一圈,就得占用休息日补上,如果每周正常上班仍完成不了考核任务,就得用休息日加班。"

司机姚师傅说,大部分公交司机都是两班倒8小时工作制,但有时为了完成任务,不得不申请十四五个小时的工作量,从5点多开始上路,到晚上9点多才能回家休息。这些司机连吃饭都要盯着表,水更是不敢多喝,因没地方上厕所,驾车时间过长,司机常常疲惫不堪。"曾有一个司机因在方向盘前打盹,导致车冲进了绿化带。"

公交司机的这些压力,作为车队队长并不是不了解。"不是不想为司机减负,而是客观情况实在不允许。"一公交车队的张姓队长透露,这种客观情况存在两方面的失衡。

"近几年公交事业发展,较之1998年时的线路、车辆,不知已经翻了几倍,车辆更新、增加的幅度很大,现在基本上已经普遍看不到像上世纪90年代市民乘车人挤人的场面,几乎每3到5分钟就一趟,供市民选择的路线也更多,这些实实在在的方便确实见证了公交几年来的迅猛发展。"张队长这样说。

但与公交事业蓬勃发展的现状不相称的是公交驾驶员的后备不足。每年驾校毕业的大客车驾驶员跟不上新增车辆的配备,严重缺员。尽管也从社会上招了一些持照司机,但还是远远满足不了需求。张队长举例:"我们有条线路是30辆车,正常按一辆车两人的配备应为60名司机,但目前只配了50名左右,那就有部分车必须由一个司机'一肩挑',或大家轮流分担,劳动强度自然加大了。"

复习与思考

3.1　企业管理的基础工作概念是什么？
3.2　企业管理的基础工作的特点是什么？
3.3　企业基础工作包括哪些内容？
3.4　什么是劳动定额？
3.5　制定企业劳动定员的基本方法有哪些？
3.6　劳动定额制定的基本要求是什么？
3.7　影响制定劳动定额的主要因素有哪些？
3.8　制定劳动定额的主要方法有哪些？
3.9　企业劳动定员的含义是什么？
3.10　简述企业劳动定员的作用。
3.11　制定企业劳动定员的基本方法有哪些？
3.12　简述现代企业制度的概念和特征。
3.13　试述现代企业制度的基本内容。
3.14　如何在交通运输企业建立现代企业制度？
3.15　试述现代交通运输企业法人治理机构的内容。

4 运输企业组织机构

【开篇案例】

中国铁路的运营管理体制

作为全国最大的运输企业(同时也是政府部门),中华人民共和国铁道部担负了国内海量的客货运任务。企业的很多层级(铁道部、铁路局、车辆段、客货运站)都有管理者在从事着管理工作。

路网规模

2011年,全国基本建设全年共投产新线2 167公里,其中高速铁路1 421公里、复线1 889公里、电气化铁路3 398公里。完成新线铺轨3 387公里、复线铺轨2 616公里。

截至2011年底,全国铁路营业里程达到9.3万公里,比上年增加2 071.1公里、增长2.3%,里程长度居世界第二位。路网密度97.1公里/万平方公里,比上年增加2.1公里/万平方公里。其中,复线里程3.9万公里,比上年增加2 012.5公里、增长5.4%,复线率42.4%,比上年提高1.3个百分点;电气化里程4.6万公里,比上年增加3 599.7公里、增长8.5%,电化率49.4%,比上年提高2.8个百分点。

运营收入

2011年,国家铁路完成运输总收入5 035.8亿元,比上年增加545.0亿元、增长12.1%。其中:货物运费收入2 211.1亿元,比上年增加213.4亿元、增长10.7%;旅客票价收入1 607.0亿元,比上年增加262.1亿元、增长19.5%;其他收入533.8亿元,比上年增加39.1亿元、增长7.9%;建设基金683.9亿元,比上年增加30.4亿元、增长4.7%。

旅客运输

2011年,全国铁路旅客发送量完成186 226万人,比上年增加18 617万人、增长11.1%。全国铁路旅客周转量完成9 612.29亿人公里,比上年增加850.12亿人公里、增长9.7%。

货物运输

2011年,全国铁路货运总发送量(含行包运量)完成393 263万吨,比上年增加28 992万吨、增长8.0%。全国铁路货运总周转量(含行包周转量)完成29 465.79亿吨公里,比上年增加1 821.65亿吨公里、增长6.6%。

煤炭运量完成227 026万吨,冶炼物资运量完成87 022万吨,粮食运量完成9 946万吨,石油运量完成13 552万吨,化肥及农药运量完成8 666万吨,集装箱运量完成9 351万吨。全国铁路口岸共完成进出口货物运量4 989.5万吨。

国家铁路运输系统管理体制

国家铁路运输系统实行铁道部、铁路局(公司)、基层站段三级管理体制。国家铁路设有铁路局(公司)18个(图4.1)。另有:大秦铁路股份有限公司、广深铁路有限公司。至2008年底,全路有运输站段625个。其中:直属车站138个、车务段126个、支线公司1个、客运段34个、机务段57个、车辆段51个、工务段110个、桥务段6个、电务段42个、供电段42个、工务机械段18个。全路设立38个铁路办事处,作为铁路局派出机构,主要承担安全检查监督工作,完成铁路局和铁路局党委交办的工作,协调组织落实地方党委、政府布置的任务。同时,为保障各地客运专线的快速建设和发展,在2008年内,又相继成立了一批铁路公司筹备组。

职工队伍

2008年底,全路职工总数205.25万人,干部353 051人,占职工总数的17.20%。司局级以上干部759人,占干部总数的0.21%;处级干部18 138人,占干部总数的5.14%;科级干部122 921人,占干部总数的34.82%;一般干部129 770人,占干部总数的36.76%。专职从事专业技术工作的干部81 463人,占干部总数的23.07%。

专业技术干部152 209人,占干部总数的43.11%。其中,高级技术职务9 866人,占专业技术干部总数的6.48%;中级技术职务51 111人,占专业技术干部总数的33.58%;初级技术职务91 232人,占专业技术干部总数的59.94%。

领导班子1 632个,成员11 462人。其中:局级班子48个、成员546人;党政正职按副局级职务配备的班子65个、成员429人;处级班子1 372个、成员9 902人;其他班子147个、成员585人。

工人165.9万人(女工27.5万人,占16.6%)。其中技术工人137.4万人,占工人总数的82.8%。从事铁道行业特有职业(工种)人数104.4万人,占技术工人总数的76.0%。

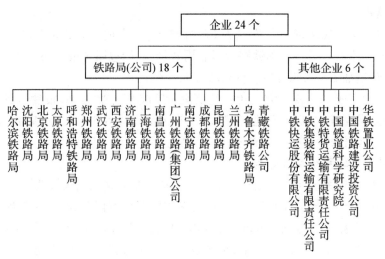

图 4.1 国家铁路组织管理机构

思考题：庞大的铁路运营网络，如何保障 200 万人的组织形成合力，达到令行禁止，完成海量的客货运任务？应构建怎样的组织机构，才能完成铁路管理的路网战略规划、设备采购、提高运营效率、控制成本、提升员工能力等目标？目前的组织机构是否合理？各层级的管理者面临的管理问题相同吗？

4.1 企业组织机构设计的内容及原则

运输企业的生产，具有流动、分散、影响因素多、与社会接触频繁等特点，客观上要求有一个科学合理的组织机构执行管理的各项职能。

4.1.1 企业组织机构设计的基础

（1）劳动分工和专业化

劳动分工和专业化是相同的概念，即把组织的任务分解成若干更小的部分，个人专门从事某一部分的活动而不是全部活动。

（2）管理幅度与管理层次

管理幅度是指一个管理者直接有效指挥和监督的下属的数目。管理层次是指企业的管理纵向管理机构所划分的等级数。管理层次的出现正是在于受管辖人数的限制。在组织规模给定的条件下，管理层次与管理幅度成反比，即每个主管所能直接控制的下属数目越多，所需的管理层次就越少。

（3）直线与参谋

从对组织目标实现的作用来说，直线是指对组织目标的完成直接作出贡献的人或部门；参谋是指帮助直线进行工作的，向直线提供协助服务和咨询活动的人或部门。直线关系是一种指挥和命令的关系，授予直线人员的是决策和行动的权力；参谋关系则是一种服务和协助的关系,授予参谋人员的是思考、筹划和建议的权利。

正确处理直线与参谋的关系,既保证组织中的命令统一,又充分发挥参谋人员和部门的合理作用,是发挥组织中各方面力量的协同作用的一项重要内容。

(4) 集权与分权

权力是指职权,即赋予管理系统中某一职权的权力,其实质就是决策权,它与组织中的管理职位有关,而与职位占有者的个人因素无关。

集权与分权是相对的,集权是指将决策权集中在上级,下级部门和机构只能依据上级的决定和指示行事;分权是指上级将决策权分配给下级部门和机构,使其能够自主解决问题。

(5) 授权

授权就是管理者将其权力的一部分授予下属,使下属在一定的监督之下,拥有相当的行动自主权,以此作为下属完成任务所必需的客观手段。

(6) 部门化

部门化是将组织中的活动按照一定的逻辑安排,划分为若干个管理单位。部门化是形成组织结构的重要环节,常见的部门化类型主要有:职能部门化、用户部门化、产品部门化、地区部门化、过程部门化等。采用何种部门化或若干种部门化的组合往往取决于各种类型利弊的权衡。高层管理部门的经验和判断在这类决定中起很大作用。

4.1.2 企业组织机构设计的内容

组织设计的内容,主要包括:
① 能力分析和职位设计;
② 部门化和部门设计;
③ 管理层次和管理幅度的分析和设计;
④ 决策系统的设计;
⑤ 横向协调和联系的设计;
⑥ 组织行为规范的设计;
⑦ 控制系统(信息、绩效评价、激励制度等)的设计;
⑧ 组织变革和发展的规划。

组织机构的设计在客观上要受到企业环境、企业目标和战略、技术状况、企业规模、企业发展阶段、人员素质等因素的影响。

4.1.3 企业组织机构设计的原则

(1) 任务、目标原则

企业组织设计的根本目的,是为实现企业的战略任务和经营目标服务的。组织机构的全部设计工作都必须以此为出发点和落脚点。衡量组织机构设计的优劣,要以是否有利于实现企业任务和目标作为最终标准。当企业的任务、目标发生重大变化时,组织机构必须作出相应的调整和变革。

(2) 分工、协作原则

现代企业的管理,工作量大、专业性强,分别设置不同的专业部门,有利于提高管理工作的质量与效率。在合理分工的基础上,各专业管理部门又要加强协作与配合,特别要重视组织设计中的横向协调,这样才能保证各项专业管理的顺利开展,达到组织的整体目标。

(3) 统一指挥原则

组织机构的设置必须保证行政命令和生产指挥的集中统一。为此要求企业在机构设置上实行首脑负责制,避免多头领导和无人负责;实行正职领导副职,明确正、副职之间是上下级关系;实行一级管一级,避免越级指挥;实行直线——参谋制,直线指挥人员可向下级发号施令,参谋职能人员仅进行业务指导和监督,避免多头指挥。

(4) 管理幅度和管理层次合理原则

管理幅度是指一个管理者直接有效指挥和监督的下属的数目。在企业内部管理机构的设置中,为了使整个管理系统运行的有效性得到保证,要设计好管理幅度和管理层次,处理好两者的关系。

(5) 责、权、利一致的原则

这一原则要求:①建立岗位责任制,明确规定每一管理层次、部门、岗位的责任与权力,保证管理有序;②赋予管理人员的责任和权力相对应,有多大责任就应有多大的权力;③责任制的落实,还必须和相应的经济利益挂起钩来,使管理人员尽责用权具有必要的动力机制。

(6) 集权与分权相结合的原则

又称为"统一领导、分级管理"的原则。要求企业进行组织设计时,既要有必要的权力集中,又要有必要的权力分散,两者不可偏废。

(7) 稳定性和适应性原则

要求在组织设计时,既要根据企业外部环境和任务目标情况保持相对稳定性,又要在情况发生变化时做出相应变更,使组织保持一定的弹性和适应性。

(8) 执行和监督机制分设的原则

这一原则要求在企业管理系统中的监督性机构如质量、安全、环保、财务等机构应单独设置,不应与执行性机构合并,以保证监督性机构能正常发挥应有作用。

(9) 精干、高效的原则

企业的内部管理机构设置必须讲求精简、干练,必要的机构不可少,可设可不设的机构就应坚决不予设置。配备各管理机构人员时,要准确地计算其工作量,保证负荷饱满,人员精干,有高度的工作效率。

4.2 运输企业组织机构主要形式

企业管理机构形式服从企业生产经营需要,视企业规模、生产经营范围而采用不同的形式。在运输企业中经常采用的形式有直线制、职能制、直线—职能制、矩阵制、模拟分散管理制。

4.2.1 直线制

直线制组织机构是最古老的企业管理组织形式。其特点是组织机构中各种职位均按垂直系统直线排列,结构简单、权力集中、命令统一、决策迅速,管理幅度较大。组织机构中,上下级和同级之间的关系很明确,职权从下到上逐级增高,各级组织的数目由下到上逐渐减少。实行的是没有职能机构的管理,要求各级主管人员必须具有多方面管理业务的知识和技能。由于各项业务工作都由领导者亲自处理,容易使他们陷入繁琐的日常行政事务中,影响思考企业发展的重大战略性问题。但由于这种管理机构具有机构简单、费用低、责权明确、灵活、目标清楚等特点,在一些规模较小、生产技术与工艺过程比较简单、市场范围不大、产品单一的小型企业中仍还在采用。如图 4.2 所示。

图 4.2 直线制组织机构形式

4.2.2 职能制

职能制组织机构形式由被誉为科学管理之父的泰勒首创。其主要内容是对企业按职能实行专业分工管理,在各级行政负责人下设相应的职能机构,并且各职能机构都可以在自己的职权范围内向下级下达命令,直接进行指挥。这种组织机构形式的优点是有助于加强各项专业管理,发挥职能机构的作用,弥补各级行政领导者的管理能力不足。其缺点是容易形成多头领导,造成管理混乱,削弱统一指挥,使下级无所适从。如图 4.3 所示。

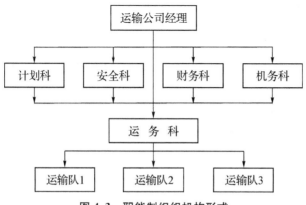

图 4.3 职能制组织机构形式

4.2.3 直线—职能制

直线—职能制组织机构是综合直线制和职能制的优点而发展形成的。以交通运输企业为例,各职能机构(计划统计、运行调度、财务、经营等)由企业经理统一领导,运行生产则在运行调度机构的集中领导下统一指挥,其他职能机构对基层车队只执行业务领导。这种形式既保证了生产过程的集中统一指挥,又发扬了各职能机构的业务专长,有利于现代化生产企业的经营活动。如图 4.4 所示。

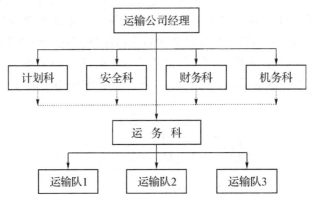

图 4.4 直线—职能制组织机构形式

直线—职能制组织机构具有能够集中领导,统一指挥,便于调配各种资源,职责分明,各主其事,有利于提高效率等特点,而且由于职能部门的参与,整个组织的稳定性也高。但也存在着下级的主动性不易发挥,互通情报少;职能部门同直线部门之间容易产生矛盾;权力过于集中,不易较好授权等特点,因而它主要适应于企业规模不太大,产品品种不太复杂,工艺较稳定,市场销售状况较易掌握的企业。

4.2.4 事业部制

这种组织机构形式首创于美国,一般称为部门化结构,其管理原则是集中决策、分散经营,即在集中指导下进行分权管理。在这种机构中企业按生产特点、地区和经营部门分别成立若干个事业部(分公司、部门),各事业部分别对自己所辖部门的工作负责,实行独立经营,单独核算。企业最高管理机构只保留人事决策、财务控制、规定价格幅度和监督等大权,并通过主要利益指标对各事业部进行控制,如图 4.5 所示。

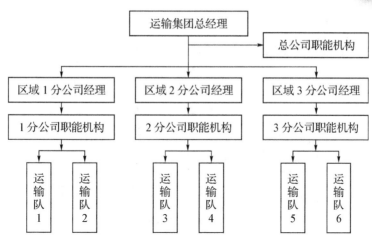

图 4.5 事业部组织机构形式

(1) 事业部组织机构的优点

①在生产上,便于组织专业化生产实现企业内部的协作,便于组织流水生产和自动化生产,提高劳动生产率。

②使最高管理部门可以摆脱日常行政事务,成为强有力的决策机构;同时各事业部自成系统,独立经营,可以较好发挥其灵活性。

③在各事业部之间有比较、有竞争,这有利于企业组织机构的发展。

④便于培养和训练管理人才。

(2) 事业部组织结构的缺点

①由于机构重复,造成管理人员的浪费。

②由于各事业部独立经营,使各部门之间人员的互换困难,相互支持和联系较差。

③生产与销售之间容易产生矛盾。

④各事业部考虑问题往往从本部门出发,忽视整个企业的利益。

事业部制是在组织机构上从集权化向分权化转化的一种改革。它较适用于规模较大、产品品种较多、各产品之间工艺差别较大、技术比较复杂、市场广阔多变的企业。

4.2.5 矩阵制

"矩阵"是借用数学上的概念。矩阵结构是由专门从事某项工作的工作小组形式发展起来的一种组织结构。工作小组是由许多不同专长的人组合而成的,专门完成较为复杂的工作或涉及专业较多的工作的专门小组。如果企业里同时组织多个工作小组,而且这种工作小组长期存在,就为形成矩阵结构提供了可能。以汽车运输任务为例。假设某省在计划期内同时受理三项大型外省重点运输项目(长期承担三家客户的运输任务,而这三家客户的运输地域分布不同,产品对运输的时间,运输的工具等都有不同的要求),公司成立三个专职运输组织,各职能机构均抽调人员分组参加,这些人员横向接受专职运输组织领导,纵向接受原职能科室领导,从而形成横行纵列的矩阵结构,如

图 4.6 所示。

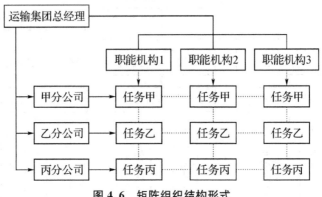

图 4.6　矩阵组织结构形式

　　这种组织形式的特点是：既有按管理职能设置的纵向组织系统，又有按规划目标（产品或项目）划分的横向组织。这种纵横交错的组织机构，打破了传统的一个职工只有一个部门领导的管理原则，使企业组织管理中纵向的联系和横向的联系，集权化和分权化都很好地结合起来，不仅加强了各部门的协作，提高了中层和基层管理的灵活性和责任感，并且可以集中专门知识技能和经验来制定目标、计划，还可以使上层管理集中精力于重大决策。但同时也相应地存在不足：由于项目负责人责任大于权力，当纵横向双方意见分歧时，横向领导难以开展工作，当事者更会觉得无所适从。这种结构适用于创新任务较多、以科技开发为主和生产经营复杂多变的企业。但这种形式对于经常有跨省执行长期、大型独立运输任务的汽车运输企业，仍不失为一种较好的组织形式。

4.2.6　模拟分散管理制

　　这种管理机构并非真正在企业中实行分散管理，而是模拟其独立经营、独立核算性能，从而达到改善经营管理的目的。有些企业，由于规模庞大，不宜采用直线职能制，又由于生产过程的连续性，不宜采用事业部制，还因为创新的活动不是过于频繁，没必要采用矩阵制等。对于这种类型的企业就可以按地区或其他标准把企业组织分成许多个单位，这些"组织单位"被看成是独立的"事业"，有相当的自主权，而每个"组织单位"拥有自己的职能机构，负有"模拟性"的盈亏责任，从而调动他们生产经营的积极性和主动性。目前世界上许多著名的钢铁公司和化学公司都采用这种类型。一些汽车运输企业对车间、车队实行的二级核算等都属于这种形式。运输企业采用这种组织机构形式的目的促使基层单位加强核算意识，明确经济责任。

　　企业组织机构形式是随客观环境变化而发展和完善的，并没有一成不变的类型。设计和选用什么样的组织机构，应坚持从企业自身所处的客观条件出发。既要充分考虑企业内部的条件，包括设备、人员、技术、创新能力、产品品种、材料供应等，又要分析好企业外部的客观环境，包括市场及方向、企业位置、人文及法律的影响，产品的竞争性、国家地区的政策等等。这样才能使企业管理水平得到充分发挥，管理目标得以实现,企业也才有生命力。

4.3 现代企业家的素质

4.3.1 企业家是企业经营风险的承担者

企业家,英文为 entrepreneur,它源于法文,原义就是冒险或承担风险的意思。通常认为,企业家是创建、拥有和管理企业,并承担企业的风险的人。随着近代企业管理的发展,企业的所有权和经营管理权发生了分离,产生了职业化的经理阶层,企业的经营管理权大都由经理承担。在当代,企业家主要是指企业经理,特别是企业的总经理。所以,今天的企业家可以是、也可以不是企业的所有者。但是,作为企业家的经理或总经理所起的作用绝不止是一个日常的管理人员所起的作用。经理作为企业家,他的最大的特点就是承担企业的风险。无论企业是盈利还是亏损,这都是企业家的责任,并将给企业家带来经济和其他方面的后果。美国著名经济学家彼德·德鲁克则认为,"企业家是获取最大利润,并为此承受风险的人"。

4.3.2 企业家的责任与工作特点

作为企业最高管理者的企业家,他的工作具有一系列显著的特点。在一般情况下,行使企业最高管理权力的企业家大都具有总经理或董事长的身份。根据美国管理学家亨利·明茨伯格的研究,企业家承担的责任和扮演的角色明显地区别于企业中其他层次的管理人员。

(1) 企业家的责任

企业家与一般管理人员最大的区别,就在于企业家承担的责任与一般管理人员承担的责任不同。对于职能部门和业务经营单位的管理人员来说,他们主要是对企业内部本单位或本部门这一局部的工作负责。而企业家则承担着整个企业经营成败的责任。在企业内部,企业家要对整个企业,对企业的每一个人负责,而不仅仅是对某一个职能部门、某一项行动或措施负责。在企业外部,企业家要就企业的一切经营活动及其成果向社会负责,而不能将这种责任推卸给任何其他人。

(2) 企业家工作的特点

作为企业最高管理者,他的工作具有一系列显著的特点。

①企业家的工作量大,工作日程紧张。企业经营管理工作本身固有的广泛性和工作结果的不确定性,要求企业家必须始终全神贯注,永不松懈,使企业家的工作与生活始终保持高度紧张的节奏。

②企业家的工作多样而琐碎,活动短暂。其原因也很简单:既然企业家负责企业经营管理的全部工作,而企业的内外部环境因素又是那么复杂而多变,企业家的工作多样而琐碎就并不奇怪了。

③企业家倾向于把现实的活动放在优先地位,把精力和注意力放在现场的、具体

的、明确规定的以及非常规的活动上。市场竞争的压力常常迫使企业家不能从容不迫地制定深思熟虑的战略计划,而是在现场解决具体问题的同时,将收集信息、分析问题和计划决策等战略管理工作结合起来进行。

④口头交流是企业家的主要工作方式。企业家通常运用信函文件、电话、正式和非正式的会谈、现场观察等形式进行工作。企业家的任务,就是指导和推动他人为实现企业战略去工作。所以,企业家要以口头交流为主来进行工作。

⑤企业家特别注重信息沟通。企业家既要与企业外部进行信息沟通,又要与企业内部的下属进行信息沟通。随着市场环境因素对企业的影响越来越重要,企业家与企业外部的信息沟通也日益增多,已超过了企业家内部信息沟通的比重。企业家与企业外部信息沟通的对象包括企业的顾客、企业的供货商、业务上的合作伙伴、银行、政府、新闻界、其他企业的负责人,等等,他们共同构成了一个信息沟通网络。

⑥企业家的权力和责任都很重大,权力和责任紧密地结合在一起。企业家通过自己在工作中对承担责任和行使权力的选择,使企业的经营活动成果符合企业的最高战略利益。

4.3.3 企业家担负的角色

在企业的经营管理工作中,企业家在人际关系、信息沟通、企业决策等三方面分别担负十种角色。

1) 在人际关系方面

①企业家首先充当的是企业代表的角色。在法律上,企业家是企业的法人代表;在公共关系事务中,企业家的形象就是企业的形象。

②企业家要充当领导者的角色。企业家作为企业的最高权威,负责对下级的激励与监督,指引和推动企业的运行。一方面,企业家可以通过招聘、培训、指导、评价、报酬、晋升、奖励、表扬、批评、调动、降级、乃至开除等手段来影响下级的行为。另一方面,企业家还可以通过自己的示范性行为来影响下级的行为。

③企业家在自己的企业与外界环境之间充当联络人的角色。企业家要通过各种正式和非正式的途径来建立和维持企业与外界的联系。一个企业的业务活动越是活跃和广泛,在市场的知名度越高,企业与外界的联系与交往也就越频繁。

2) 在信息沟通方面

①企业家首先是信息的接受者。企业家需要从各种渠道获取企业内外的各种有关信息,并对信息进行加工处理,从中得出有价值的东西。作为信息的接受者,企业家不但要重视来自正规渠道的信息,也不可忽略来自非正规渠道的信息。

②企业家又是一位信息的传播者。企业家需要把外部信息传播给自己的企业,并把内部信息从一位下级传播给另一位下级。向下级传播有关信息,使下级了解情况,引导下级完成各自的日常工作,也就是对下级进行领导。

③企业家还是企业的发言人,负责向外界传播散发企业的内部信息。由于企业家的特殊地位,外界会要求企业家代表自己的企业发言。同时,企业家作为企业的最高管

理者,也拥有这样的权力与信息来讲话。毫无疑问,作为企业的最高权威,企业家代表企业讲的话具有特别的分量和权威性。

3) 在企业决策方面

①企业家首先充当的是创新者的角色。企业家是企业活力的源泉,是企业变革的发起者和设计者,推动企业不断变革。企业家常常是带着一些崭新的设想开创自己的企业的。

②企业家是一位排难者。他必须时刻准备应付危机,处理一切妨碍企业运行的突发事件。实际上,排除故障也是一种变革。

③企业家是资源的分配者。企业家可以决定资源的不同配合,也可以决定在适当的时机使用或保有某些资源。资源是稀缺的、有限的。企业家的任务,是将有限的资源作最佳的分配,以实现最高的效率。

④企业家还扮演着谈判者的角色。在企业的业务经营活动中,需要经常与不同的方面进行各种谈判。凡是重大的谈判,通常都是企业家自己亲自出马。

从以上分析中可以看到,企业家所担任的十种角色实际上是一个相互联系、不可分割的整体。在不同行业、不同规模、不同性质的企业里,各个企业家担负每一种角色的侧重点是不完全一样的。但是总的来看,各个企业家都或多或少地担任着这十种角色。企业的规模越大,经营管理工作越复杂,企业家亲自动手操作的时间就越少,而指挥领导他人操作的时间就越多。

4.3.4　企业家应具备的基本素质

企业所处的不同的时代以及不同的发展阶段,对企业家的素质要求也有所不同。一般而言,当代企业家的素质应包括以下几个基本的方面:

(1) 诚信

信誉是法律的基础,如果没有了信誉,法律同样苍白无力。而市场经济实质上是一种契约经济,而由于合同的不完全性,诚信则是契约得以签订和履行的前提。

(2) 对环境的认知、洞察与适应

企业的发展实质就是对环境的不断适应。对环境的认知、洞察与适应实质是反映企业家经营理念的变革与战略能力的提升,也就是一种学习能力。

(3) 活力充沛

活力充沛包括多方面含义。首先,必须有健康的体魄和勇往直前的奋斗精神;要能够为实现既定目标努力不懈,必须具有完成投资计划规定任务的坚定信念;有能力应付艰苦工作,有驱动力和奋斗热情、首创精神。其次,必须是愿意为实现既定目标而努力不懈的人,并且确有能力实现既定目标。作为一个企业家要耗用大量的自身能量,如果没有强健的体魄和旺盛的斗志,则计划的目标也难于实现。

(4) 创新的能力、敢于冒险的精神与务实的作风

当一种战略或一种生产方式被行业广泛采用时,它本身将不构成任何竞争优势。同样由于每个企业自身资源的不同以及所处的环境差别,盲目模仿成功企业可能引发

毁灭之灾。创新是企业可持续发展的不尽源泉。

(5) 良好的个人品质与杰出的管理才能

无论是外部还是内部,企业都将面临许多不同的利益主体,如果都必须通过完备的契约安排来协调彼此的利益,则企业的成本将无比高昂。因此,凭借企业家良好的个人品质与杰出的管理才能建立起来的个人权威与协调机制至关重要。这也是增强企业凝聚力、激发员工创造热情的重要因素。

(6) 善于学习

在这种一个日新月异、难以把握的时代,企业家要想把工作做好,就必须有好学的精神,善于学习。学习经营管理知识、学习科学技术知识、学习社会学、心理学、经济学等一系列相关学科。同时,还要善于从自己及别人的成功和失败中吸取经验教训。这样,企业家才能跟得上时代的步伐,以系统的思路、全新的观念去把握当今市场经济的脉搏。

(7) 善于进行文化经营

企业文化代表着企业的整体素质,它以价值观、企业精神和企业道德规范为核心和基础,以企业环境、企业组织机构、企业制度为主要特征。从某种意义上讲,企业文化是企业家的理想、信念、价值观念、道德规范性和行为取向等个人素质的综合反映。企业家通过积极地倡导、示范和实践,创造符合时代特点的、有个性和特色的企业文化,并通过企业文化强烈的感召力,来引导员工实行自我管理,充分调动员工的主动性、积极性和创造性。

(8) 具有全球意识和观念,懂得跨国经营

当今的社会经济正向全球一体化经济迈进,企业间在国际范围内进行经济交流与合作日益频繁,竞争也日益加剧。因此,当代企业家,特别是大中型企业的企业家必须要有全球意识和观念,明白技术国际化、人才国际化和跨国经营对社会经济发展的巨大促进作用,并善于运用跨国经营来促进企业的发展。

案 例

通用电气公司——"臃肿"造就的成功

在 20 世纪 60 年代末,通用电气公司(General Electric)在市场上遇到威斯汀豪斯电气公司的激烈竞争,公司财政一直在赤字上摇摆。以波契为首的公司的最高领导为了力挽危机,于 1971 年在企业管理体制上采取了一种新的战略性措施,即在事业部内设立"战略事业单位"(SBU)。这种"战略事业单位"为独立的组织部门,可以在事业部内有选择地对某些产品进行单独管理,以便事业部将人力物力能够机动有效地集中分配使用,对各种产品、销售、设备和组织编制出严密的有预见性的战略计划。这种"战略事业单位"可以和集团组相平;也可以相当于分部的水平,例如医疗系统、装置组成部分和化学与冶金等;还有些是相当于部门的水平,如碳化钨工具和工程用塑料。这次变革给通用电气带来立竿见影的效果:1971 年,该公司在销售额和利润额方面都创出了纪

录。从该公司20世纪60年代到70年代中迅速发展的情况看,这项措施确实也起了不少作用。从1966年到1976年的11年中,通用电气公司的销售额增长了1倍,由71.77亿美元增加到156.97亿美元;纯利润由3.39亿美元增加到9.31亿美元。同时期内的固定资产总额由27.57亿美元上升到69.55亿美元。

20世纪70年代中期,美国经济又出现停滞,通用电气公司于1972年接任为董事长的琼斯担心到80年代可能会出现比较长期的经济不景气,到1977年底他又进一步改组公司的管理体制,从1978年1月实行"执行部制",也就是"超事业部制",这种体制就是在各个事业部上再建立一些"超事业部",来统辖和协调各事业部的活动,也就是在事业部的上面又多了一级管理。这样,一方面使最高领导机构可以减轻日常事务工作,便于集中力量掌握有关企业发展的决策性战略计划;一方面也增强了企业的灵活性,在改组后的体制中,董事长琼斯和两名副董事长组成最高领导机构执行局,专管长期战略计划,负责和政府打交道,以及研究税制等问题。执行局下面设5个"执行部"(即"超事业部"),包括消费类产品服务执行部、工业产品零件执行部、电力设备执行部、国际执行部、技术设备材料执行部),每个执行部由一名副总经理负责。执行部下共设有9个总部(集团),50个事业部,49个战略事业单位。各事业部的日常事务,以至有关市场、产品、技术、顾客等方面的战略决策,以前都必须向公司最高领导机构报告,而现在则分别向各执行部报告就行了。这5个执行部加上其他国际公司,分别由两位副董事长领导。此外,财务、人事和法律3个参谋部门直接由董事长领导。在琼斯领导下的通用电气,其平均收益率高达29.8%,而琼斯自己也以压倒性的票数优势,荣登"最优秀CEO"的宝座。

从通用电气的这两次变革的措施与成效来看,它们是在把通用电气变"臃肿"的过程里获得了成功。

复习与思考

4.1 解释以下基本概念:
    组织 劳动分工和专业化 管理幅度 管理层次 授权 集权与分权
4.2 简述管理幅度与管理层次的关系。
4.3 简述交通运输企业组织机构设计的内容。
4.4 试述交通运输企业组织机构设计应遵循的原则。
4.5 试述交通运输企业组织机构的形式及其特点。
4.6 简述企业家的主要责任。
4.7 简述企业家的主要角色。
4.8 简述企业家工作的主要特点。
4.9 试述当代企业家的基本素质。

5 运输企业经营管理

【开篇案例】

中国民航客运市场及其预测

根据对中国经济发展形势的分析和权威机构对中国经济增长潜力和前景所做的分析和预测,中国GDP在2010~2014年间,年均增长8.4%;2015~2019年间,年均增长7.1%;2020~2024年间,年均增长6.3%;2025~2029年间,年均增长5.5%。整个预测期间,中国国内生产总值的年均增长速度为6.8%。

2009年,国家出台了"关于加快发展旅游业的意见",目标是到2015年,国内旅游人数达33亿人次,年均增长10%;入境过夜游客人数达9 000万人次,年均增长8%;出境旅游人数达8 300万人次,年均增长9%。旅游消费稳步增长,城乡居民年均出游超过2次,旅游消费相当于居民消费总量的10%。社会经济效益更加明显,旅游业总收入年均增长12%以上,旅游业增加值占全国GDP的比重提高到4.5%,占服务业增加值的比重达到12%。每年新增旅游就业50万人。旅游服务质量明显提高,市场秩序明显好转,可持续发展能力明显增强,到2020年我国旅游产业规模、质量、效益基本达到世界旅游强国水平。

我国的人均GDP从2001年的1 000美元提高到2009年的超过3 000美元,我国的经济将会从生产驱动型向消费驱动型转变。我国扩大内需的经济政策将促使国内消费市场的扩大和消费结构的改变,居民收入将会逐步增长,旅行的时间价值将进一步提高,人们出行更注重安全、快捷、舒适,对航空旅行的消费意愿增强。

在上述因素的影响下,2009年,中国的航空运输市场保持快速增长趋势,全行业共完成旅客周转量3 375亿人公里,比上年增长了17.1%,其中国内航线完成2 809亿人公里,同比增长21.8%,国际航线完成566亿人公里,同比下降了1.9%。国内航线的增速明显高于国际航线,也正是迅猛发展的国内市场促进中国民航业迅速恢复。

航空运输在整体交通运输体系中的地位不断提高,2009年民航客运周转量比全社会旅客周转量的增长率高出10.3个百分点,占全社会旅客周转量的比重已从1989年的3.0%提高到13.6%。但是,2009年全国人均乘机次数仍仅为0.17次,远低于美国的人均2.3次,意味着中国的航空运输市场具有较大的发展空间。

近年来，中国民航发展速度一直快于世界平均水平，但2009年中国航空客运周转量仅相当于美国1978年的规模。从美国发展情况来看，1978年后民航业仍然保持了几十年的稳定增长。基于以上考虑，中国民航业在未来相当长的一段时间内仍可能保持较高的发展速度。以人均完成客运周转量这一标准来衡量，中国与欧美发达国家相比，整整差一个数量级，民众实际享受的航空服务水平仍需大幅度提升。

2010年，民航局明确提出了建设民航强国的战略目标，将实施持续安全战略、大众化战略和全球化战略。到2020年，伴随我国全面建成小康社会，民航强国初步成形；到2030年，全面建成安全、高效、优质、绿色的现代化民用航空体系，实现从民航大国到民航强国的历史性转变，成为引领世界民航发展的国家。初步建设的目标是：到2020年，力争满足旅客运输量约7亿人次的市场需求；民航成为大众化的出行方式，基本建设成空中客运快线系统。到2030年，力争满足旅客运输量约15亿人次的市场需求；民航稳定成为大众化的出行方式。

从未来发展趋势看，国内经济和社会环境对中国航空运输市场的发展总的来说是有利的。国民经济持续较快增长、国内旅游业快速发展、国家和地区贸易往来频繁、城市化进程加快等因素是中国航空运输市场发展的主要动力。根据联合国世界旅游组织的预测，到2015年，中国将成为全球第一大入境旅游接待国和第四大出境旅游客源国，这将为我国民航的发展提供庞大的消费群体和广阔的市场空间。

在综合分析各种影响因素的基础上，预计2010～2029年间中国航空运输将保持较快的增长速度，整个预测期间客运周转量（RPK）年均增长率为8.3%，到预测期末客运周转量将达到1.66万亿人公里。

思考题：运输市场的调查过程中需要调查哪些信息？如何才能科学合理地预测客运市场运量？

5.1 运输市场调查

5.1.1 运输市场调查目标及对象

运输市场调查是为了更好地制定运输决策而进行的系统的数据收集、分类和分析。虽然运输市场调查作为制定决策的一个不可少的部分，但是过去许多公司都忽略了。如果能按有组织的方式进行运输市场调查，会极大地改进运输决策。运输市场调查是在运输营销的整个领域中的一个重要元素。运输市场调查要明确所需的信息，设计收集信息的方法，监测和执行数据收集的过程，分析结果，并把调查中发现的问题提供给相关部门。

运输是靠提供顾客满意的服务来获取收益的。运输市场调查不仅包括传统的定量调研、定性调查、媒体和广告调查、用户和供应商调查，更重要的是对顾客满意度调查，满意的客户会给运输企业带来广阔的前景，可以增加收入，降低经营成本。

通过运输市场调查，达到以下目标：

- 了解顾客要求和期望；
- 制定服务标准；
- 衡量满意度；
- 识别发展趋势；
- 与竞争者比较。

运输市场调查的对象是相关区域内的运输公司、制造业、流通企业、社会中介(如银行、咨询公司、媒体等)。

运输市场调查的原则是遵循科学性与客观性。调查人员自始至终均应保持客观的态度去寻求反映事物真实状态的准确信息,去正视事实,接受调查的结果。不允许带有任何个人主观的意愿或偏见,也不应受任何人或管理部门的影响或"压力"去从事调查活动。调查人员的座右铭应该是："寻找事物的本来面目,说出事物的本来面目"。市场调查的客观性还强调了职业道德的重要性。应当采用科学的方法去设计方案、定义问题、采集数据和分析数据,从中提取有效的、相关的、准确的、有代表性的当前的信息资料。

5.1.2 市场调查项目安排的步骤

在总体方案的设计或策划过程中,要制定整个调查工作完成的期限以及各个阶段的进程,即必须有详细的进度计划安排,以便督促或检查各个阶段的工作,保证按时完成调研工作。进度安排一般有如下几个方面：

(1) 总体方案的设计

①定义要调查的客户。

②将逻辑上有可能参与客户满意度调查的客户分类：目前客户、过去客户、潜在客户或这些分类的组合。

③列出客户名单或建立客户的计算机文件。

④检查名单的正确性和完整性。

(2) 抽样方案及调查实施的设计

抽样方案的设计、调查实施的各种具体细节的制定、选择访问方法(电话、邮寄等)、确定样本规模。确定是否需要某一样本或是否应访问每一位客户。

(3) 问卷的设计、测试、问卷的修改和最后定稿。

(4) 问卷的印刷,调查员的挑选和培训。

(5) 调查实施。

(6) 调查数据的计算机录入和统计分析。

(7) 调查报告的撰写。

凡是进行特定目的的调研,都必须写出调查报告。调查报告应包括以下内容：

(1) 封面。写明题目、承办单位和日期。

(2) 序言。主要说明调查目的、过程与方法,以及其他需要说明的问题。

(3) 主体。写出调查经过、情况分析、数据统计,做出适当结论,提出看法或意见。

(4) 附件。主要是说明主体部分引用过的重要数据或资料以及必要的统计图表和参考资料,以便为预测和决策提供详细的情报来源。

5.1.3 确定收集调查的信息

1) 信息调查的分类

(1) 按资料类型分,可分为原始资料和二手资料

原始资料是那些企业自己收集的,或者为企业收集的未经处理的资料。虽然搜集原始资料的成本较高,并且需要花费很长的时间,但是它可能是最合理的选择。

二手资料是那些别人已经收集并且经过处理的或出版的资料。调查二手资料人员的主要任务是查找资料,并且评价这些资料是否适用于目前的决策过程。二手资料主要有两个优点:成本低、可以迅速获得。

(2) 按资料来源渠道可分为正式渠道来源资料和非正式渠道来源资料

正式渠道来源资料主要来自公司年报、政府部门、杂志、报纸,如《中国交通统计年鉴》、《中国交通报》、《综合运输》刊物等提供的经济方面的信息。

非正式渠道来源资料主要来自营销代表定期与用户的沟通。由于这样得到的信息包含了某种偏好,部分信息可能价值不高,但却能有效地证实来自其他渠道的信息可靠性。与客户的关系越好,信息的数量就越多,质量就越高。

2) 信息调查的内容

信息调查可分为四个方面:宏观经济、商品特点、供应商、内部信息。

(1) 宏观经济

可以通过下面的标准来衡量:

①国家的经济政策和相关的交通运输法规;

②生产者和客户期望的水平;

③金融状况。

同时,不要忽视整个社会中经济、技术、文化和政府因素的相互作用。其中一个方面发生变化,无疑会在某种程度上影响其他几个方面。

(2) 需求特点

运输市场调查有助于对未来的运输业务做出预测。完整的运输市场调查应为下面的每一个问题提供数据与答案。

①现在及未来的状况:包括对需求预测、需求者、价格、期限、运费及运输成本、运输方式、运输要求及现有合同。

②需求:包括公司现在及未来的需求。

(3) 运输需求者

运输管理者最应了解的是有关运输需求者的要求。当建立具体的运输需求者资料库时,每一个运输管理者都应掌握四个方面的基本内容:

①运输需求者的生产能力和规模。了解运输需求者的整体生产能力有多大,产能利用率有多高,运输量是多少;旅客的收入水平,消费要求。

②生产能力。了解运输需求者现有的生产能力可以提高现有需求,了解运输需求者潜在的生产能力可以预测未来的需求。

③价格。了解运输市场的价格走势,如每吨公里的运费等。

④业务流程。在很多情况下,还应了解运输需求者的业务流程,如订货程序、库存水平、配送流程等。

(4) 内部信息

运输管理者必须熟悉自身公司的一切情况,要熟悉自身产品或服务,哪些是成长较快的,市场情况如何?

5.1.4 运输市场调查方法

市场调查的方法很多,最常用的调查方法有以下两方面:

1) 现场调查方法

(1) 询问调查法

这是以询问的方式搜集所需要的信息。具体可分为座谈会调查法、电话询问法、信函调查法等,其中信函调查最常用。询问调查法,须事先设计询问调查表格。其主要优点是调查范围广、调查费用低,被调查者有充分的时间考虑;其缺点是回收率较低,回收时间长,难以得到被调查者的配合。目前盛行的有奖搜集信息的做法,在一定程度上克服了上述不足。

(2) 现场观察法

这种方法是调查人员在现场直接观察被调查者的行为、态度、反应等的一种调查方法。这种方法的特点在于被调查者是在没有意识、觉察不到的情况下被观察的,因此表现自然,收集到的资料比较客观、准确。其局限性主要表现在难以观察到决定这些外部反应的内在因素。

(3) 实验法

它是从影响调查问题的若干因素中,选择一两个关键因素,在小范围内进行实验,观察能否得到积极的结果,然后决定是否值得大规模推广的一种方法。

2) 调查对象的选择方法

确定调查对象的方法通常有两种:一种是全面调查,一种是抽样调查。

(1) 全面调查(或称普查)

是对需要调查的对象逐个调查,这种调查能够收集全面、广泛、可靠的资料,但调查费用较高,时间延续较长,实践中较少采用。

(2) 抽样调查

抽样调查是在被调查对象的总体中,抽取若干个体作为样本进行调查,然后根据对样本的调查结果来推论总体的一般特征。这种调查方法把对象集中于少量样本,通常所需成本和时间较少,比较经济。但是,采用这种方法,要使调查结论以及据此推论的总体特征与总体的实际特征尽可能相吻合,必须解决两个问题:一是要确定合理的样本容量;二是要选择具有代表性的样本。

5.1.5　设计合理的调查表

（1）一份良好的问卷，应具备三项条件：

①能达到市场调查目的，即将调查目的、询问方式的内容和要求具体地编入问卷。

②能促使被访问者愿意合作，提供正确信息，协助达成调查目的。

③能正确表达访问者与被访问者的相互关系。

（2）一份理想的问卷，在结构上，按照顺序应包括四个部分：

①开场白。在问候后，表达主持调查机构及访查员的身份，说明调查目的及为什么访问受访者，并提示回答方法，确定受访者是否了解，必要时重复说明，并交代访问结果将如何处理。如果当时不方便进行访问，预约适当的访问时间。

②示范答复例子。由访问员示范一个与访问主题无关的中性例子，将极有助于双方的沟通。

③访问主题。

④受访者个人资料。通常有：电话号码、年龄、性别、教育程度等，依调查目的而定。

（3）问卷设计共有九个步骤，依次重点述说如下：

①确定所要搜集的信息。

②决定问卷调查方式。因问卷调查方式的不同，问卷内容的繁简以及问卷设计方式会有所不同。

③决定问题内容。在决定问题内容时，应考虑下述问题：

ⓐ所拟问题必须是被调查者能够答复的。

ⓑ所拟问题应是必要的，无关的问题不要列入。

ⓒ所拟问题应注意询问语句的措辞和语气，避免一般性提问、含混的词句或带有暗示性的问题。

④决定问题用语。询问用语对调查结果有绝对的影响，以下是值得注意的几个项目。

ⓐ询问的着眼点要明确、明朗。

ⓑ主观问句胜于客观问句。

ⓒ用平易的语句，使被询问人易于回答。

ⓓ避免有诱导性作用的问题，使答案和事实产生误差。

ⓔ避免过于涉及个人隐私。

⑤决定问题先后顺序

ⓐ第一个问题必须有趣且容易答复。

ⓑ重要问题放在重要地方。

ⓒ容易的在前面,慢慢引入比较难答的问题。

ⓓ问题要一气呵成,且应注意问题前后的连贯性,不要让答询人的情感或思绪产生中断。

ⓔ私人问题和易引起对方困扰的问题,应最后提出。

ⓕ避免被访者太劳累。

⑥决定检验可靠性问题。为了解被访问者的答题可靠与否,在访问结束时不妨将重要的问题再重新抽问。

⑦决定问卷版面布局。问卷形式及体裁的设计,对搜集资料成效关系很大,故应力求:

ⓐ纸质及印刷精美,留出填充空白处便于填写。

ⓑ日后处理作业方便。

⑧试查。在实地市场调查设计基本完成之际,有必要根据计划举行小规模试验检查,以得知:

ⓐ问卷格式是否适合,并做必要改进。

ⓑ调查员调查方式是否正确,并做必要改进。

ⓒ求证抽样设计是否适当,加以改良。

ⓓ调查编组是否合理,做必要的人员调整。

ⓔ调查成本的搜集,为成本控制提供参考。

ⓕ对未来资料整理统计的有效性作预测。这种事前测验的样本20个就够了,若是被询问对象回应熟练者,更可以要求提供有关建议。

⑨修订及定稿。将必要调查的问卷付之于印刷,编辑成册,以供相关人员参考。

5.2 运输市场预测

5.2.1 市场预测的概念

所谓市场预测,就是根据调查得到的有关市场经济活动的各种信息,运用一定的方法和数学模型,预测在一定时期内市场对产品或服务的需求量及变化趋势,为企业研究制订计划目标和经营决策提供客观依据的活动。

市场预测在企业生产经营活动中起着重要作用。首先,市场预测是企业进行经营决策的重要前提条件,企业要做出经营决策,事先必须掌握和了解市场环境及发展变化趋势,这是企业正确决策的首要条件。其次,市场预测是企业制定经营计划的重要依据。最后,市场预测可使企业更好地满足市场要求,提高企业的竞争能力。

市场的购买力、爱好、需求结构是经常变化的,企业必须对市场做出正确的预测,通过预测来掌握市场的变化规律,以适应市场需求来组织生产和改变经营方向。

总之,企业可以通过市场预测,揭示和描述市场变化趋势,从而为企业经营提供可靠依据,保证企业在经营中提高自觉性和克服盲目性,使企业增强竞争能力、应变能力,取得更好的经济效益。

5.2.2 市场预测的要素

市场预测的要素主要包括四大要素:预测人、预测依据、预测方法和预测结果的判定准则。

人是预测活动的主体,没有人也就谈不上什么预测;预测依据是指人的经验、知识以及所收集到的信息,它们与预测质量密切相关;预测方法是进行预测的手段,方法本身是否科学,选择是否恰当,都直接影响到预测的准确度;对预测结果的评判是至关重要的,进行实质性的分析依据科学、合理的判定准则,作出客观的结论,才有可能达到预测最终的目的。

5.2.3 市场预测的过程

预测的全过程是一个闭环回路,如图 5.1 所示。一般可分为以下几个步骤:

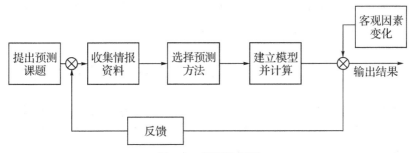

图 5.1 预测流程图

(1) 提出预测课题,规定目标、任务,这是预测的起点。

(2) 收集和分析同预测课题有关的信息,对众多、庞杂的信息进行过滤、筛选,并对信息的准确性进行必要的验证。

(3) 根据现有资料选择预测方法,运用人的主观判断,进行最合理的选择。

(4) 轮廓性的初步预测。建立模型,进行各种预测计算。

(5) 将初步结果征询专家意见,根据他们的看法对原结果加以修正补充,即集思广益进行立体式的集体判断。

(6) 正式确定预测结果,并在适当时机公布或送交决策机构。

(7) 随客观环境、情况变化及时检验预测结果,充分利用反馈信息加以修正。

5.2.4 市场预测方法

1) 定性预测方法

定性预测方法是根据个人的知识、经验和主观判断,对环境的未来发展趋势做出估计。这种方法的特点是时间短、费用省、简便易行,能综合多种因素。其预测局限性是预测结果在很大程度上取决于人们的经验,不易提供准确的数据。由于在影响市场环境变化的因素中,有许多是定性的难以量化处理的,所以定性方法在市场预测中仍有用武之地。综合判断法、专家调查法、用户期望法便属于这种类型。

（1）综合判断法

这种方法是组织若干了解环境情况的人员,要求他们根据对客观情况的分析和自己的经验,对市场的未来状况做出各自的估计,然后将每个人的预测值进行综合,得出预测结果。这种方法的优点是能综合不同个人的知识,充分吸收他们的意见,得出的预测结果比较全面,其缺点是受到预测者所了解情况的限制。

（2）用户期望法

有些企业,如某危险品货物运输企业,其服务对象范围有限,运输需求规模较大,所以客户的数量不多。这时,只要根据这些客户对企业未来的服务需要就可以预测企业未来活动的合理规模。

（3）专家调查法

专家调查法,亦称德尔菲法,是将所需预测的问题征询专家的意见,经过多次信息交换,逐步取得比较一致的预测结果的一种方法。

①应用这种方法进行预测的具体步骤

ⓐ拟定调查表。组织者确定需要预测的课题,据此设计调查表,并准备可供专家参考使用的背景资料。

ⓑ选择专家。选择与预测课题有关的在年龄、地区、专业知识、工作经验、预见分析能力以及学术观点上有代表性的专家参与预测。参加预测的专家数量应适当,至于究竟要到何种规模,则需根据预测课题的特点而定。

ⓒ调查。将调查表和背景资料交给选定的专家,要求他们在规定的时间填好返回给调查的组织者。第一轮的调查表全部收回后,组织者要进行综合整理,分析出几种不同的预测意见,然后将这种初步结果再反馈给每位专家,要求他们修改完善自己的意见,再次预测。这样经过反复几个来回后,便可逐步取得基本一致的预测结果。

ⓓ预测结果的处理。在预测过程的每一阶段,对收集到的专家意见都要利用科学的方法进行整理、辨析、归纳、分类等工作,以求对下一轮的预测提供有用的参考资料,或取得准确的最终预测结果。

②专家调查法具有下述优势

ⓐ由于采用通信调查的方式,因此参加预测的专家数量可以多一些,具有较强的代表性。

ⓑ由于经过反复几个来回,而且从第二轮预测开始,每次预测时专家都从背景资料上了解别人的观点,这时继续坚持自己的观点,还是修正自己的预测意见,需要每个专家进行认真的思考。在思考过程中,专家必然要大量地调动头脑中库存的知识来说服自己

或"反驳"别人的观点。在此基础上得出的预测结果,其科学成分、准确程度必然较高。

ⓒ由于这种方法具有匿名性质,参加预测的专家完全根据自己的知识或经验提出意见,因此预测结果受权威的影响较小。

ⓓ由于最终的预测结果综合了全体专家的意见,集中了全体预测者的智慧,因此具有较高可靠性和权威性。

2) 定量预测方法

定量预测方法是通过分析市场调查收集的资料,用数学模型来描述影响市场环境变化的多种因素之间的关系,并据此预测市场环境发展趋势。这类方法一般是利用已知的历史和现状方面的资料来预测未来。它的优点是比较客观,得出的结论比较精确,缺点是难以考虑非定量因素的影响,同时对资料的完整性、可靠性和精确性的要求也比较高。

定量预测方法又可分为时间序列预测和因果关系分析两种。时间序列预测包括移动平均、加权移动平均、指数平滑法等;因果关系分析的常用方法有回归分析、基数叠加等。

(1) 时间序列预测法

时间序列预测法是分析反映事物在历史上各个时期状况的资料,研究事物是如何从昨天演变到今天的,找出事物随时间而变化的规律,然后据此预测事物的未来发展趋势。这种方法有一个基本的假设,即事物在过去是如何随时间而变化的,在今后亦会依照同样的方式而变化。其具体预测方法有如下几种:

① 移动平均法。这种方法是通过不断引进新数据来修改平均值,以消除变动的偶然因素影响,得出事物发展的主导趋势。该方法实质上是对时间序列的修匀。其数学模型为

$$M_t = (D_{t-1} + D_{t-2} + \cdots + D_{t-n})/n \qquad (5.1)$$

式中:t——信息的时间单位(年、季、月、周),$t \geq n$;

M_t——预测值;

D——实际值;

n——预测资料期(移动平均的时段长)。

关于 n 值的选择,主要取决于预测的目的和实际数据的特点。如果要求预测值比较精确,n 应取得小一些,可在 3～5 之间;反之,如果想得到事物变化的大致趋势,n 可取得大一点,可在 10～30 之间。如果实际数据上下波动不大,n 的值也可取得大一些。

② 加权移动平均法。所谓加权移动平均法,就是在计算平均值时,对实际值不予同等对待,根据实际值距预测期的远近,分别赋予它们一个不同的权数。近期数据对预测值的影响较大,其权数可以大些,反之,远期数据的影响相对较小,其权数可以小一些。数学模型为

$$M_t = W_{t-1} D_{t-1} + W_{t-2} D_{t-2} + \cdots + W_{t-n} D_{t-n} \qquad (5.2)$$

式中:W——资料各期的权数,$W_{t-1}>W_{t-2}>\cdots>W_{t-n}$,$\sum W=1$,$0\leqslant W\leqslant 1$;
　　　D——实际值。

这种预测方法对权数的选择很重要,一般规律是,对近期数据赋予的权数较大,远期数据赋予的权数较小。至于大到什么程度以及小到什么程度合适,完全取决于预测者对时间序列的全面了解和分析。因此,权数的确定常常带有经验性,一般采用计算几个不同权数的方法加以比较,择优选定。

③指数平滑法。指数平滑法是在移动平均法的基础上发展起来的一种时间序列预测方法。其特点是以前期的实际值和前期的预测值为根据,经过修匀得出本期的预测值。指数平滑法实质上是一种加权平均法,只不过它的权数是由实际值与预测值的误差来确定,而且它在整个时间序列中是有规律排列的。数学模型为

$$M_t = aD_i + (1-a)M_{t-1} \tag{5.3}$$

式中:M_t——第 t 期的预测值;
　　　D_i——第 t 期的实际值;
　　　M_{t-1}——第 $t-1$ 期的预测值;
　　　a——平滑系数($0\leqslant a\leqslant 1$)。

在实际中,用 M_t 代替第 $t+1$ 期预测值,即 $M_{t+1}=M_t$ 当前期预测值与实际值误差较大时,则 a 要大一些;当误差较小时,说明前期预测值比较准确,则 a 可小一些。a 的作用就是修正误差,使预测值更接近实际值。例如,当 $a=0.3$ 时,表示 30% 的误差需要修正;当 $a=0.9$ 时,表示 90% 的误差需要修正。用指数平滑法搞预测,a 的取值将直接影响预测的精确度。合理地选取 a 值,可根据以下情况进行选择:当时间序列的前期数据对近期发展影响不大,或者时间序列的波动较大,不具备长期的稳定趋势时,应取对近期数据依赖程度较大的 a 值,一般取 $0.3\sim0.5$ 或更大些;当时间序列变动缓慢,或虽有不规则的起伏,但长期趋势较稳定时,可取较小的 a 值,一般取 $0.05\sim0.3$。在估计 a 值时,最好能通过试算来决定。

(2) 回归分析法

回归分析法是利用因果关系来预测的方法,通过研究已知数据,找出变化规律。若只涉及两个变量用一元回归,涉及两个以上变量则用多元回归。

在自然界和人类社会中,有许多事物和过程存在着因果关系。例如,随着消费者工资水平的提高,购买力也将提高,某些商品的销售量也会有所增加。回归分析就是通过对历史资料的统计和分析,寻求变量之间相互依存关系规律的一种数理统计方法。

①一元线性回归分析法。一元线性回归的基本公式为

$$Y = a + bX \tag{5.4}$$

式中:Y——因变量;
　　　X——自变量;
　　　a——截距;

b——斜率。

a 与 b 可通过下式求得

$$a = \bar{y} - b\bar{x} \tag{5.5}$$

$$b = \frac{\sum_{i=1}^{n} x_i y_i - \bar{y}\sum_{i=1}^{n} x_i}{\bar{y}\sum_{i=1}^{n} x_i^2 - \bar{x}\sum_{i=1}^{n} x_i} \tag{5.6}$$

例 5.1 某运输公司 2003—2011 年 9 间年完成的周转量如表 5.1 所示,预测 2012 年的周转量。

表 5.1 周转量

年份	序号 x_i	周转量 y_i/万吨公里	$x_i y_i$	x_i^2
2003	1	350	350	1
2004	2	400	800	4
2005	3	440	1 320	9
2006	4	475	1 900	16
2007	5	510	2 550	25
2008	6	550	3 300	36
2009	7	568	3 970	49
2010	8	590	4 720	64
2011	9	640	5 760	81
总计	$\sum x_i = 45$	$\sum y_i = 4\,523$	$\sum x_i y_i = 24\,676$	$\sum x_i^2 = 285$

$b = 34.35$

$a = 330.80$。

回归方程为 $y = 330.80 + 34.35x$。求 2012 年的周转量,回归方程中 x_i 的编号应为 10,将 $x_i = 10$ 代入回归方程,得 $y = 330.80 + 34.35 \times 10 = 674.3$ 万吨公里

以上例题是一元回归预测技术的一般计算方法。当自变量为时间时,以上公式可以简化,即设法使 $\sum x_i = 0$,这样,就可得到以下简单公式:

$$b = \frac{\sum_{i=1}^{n} x_i y_i}{\sum_{i=1}^{n} x_i^2} \tag{5.7}$$

$$a = \frac{\sum_{i=1}^{n} y_i}{n} \tag{5.8}$$

怎样使 $\sum x_i = 0$ 呢?我们在给自变量 x_i 编号时可以这样处理:

若 n 为奇数,取 x_i 的间隔期为 1,将 $x=0$ 置于资料期的中央;若 n 为偶数,取 x_i 的间隔期为 2,将 $x=-1$、$x=1$ 置于资料期中央的上、下两期。下面用简化算法计算上例。

解:本题 $n=9$(奇数),可用第一种方法简化计算。列表整理资料,见表 5.2。

表 5.2 周转量

年份	序号 x_i	周转量 y_i/万吨公里	$x_i y_i$	x_i^2
2003	-4	350	-1 400	16
2004	-3	400	-1 200	9
2005	-2	440	-880	4
2006	-1	475	-475	1
2007	0	510	0	0
2008	1	550	550	1
2009	2	568	1 136	4
2010	3	590	1 770	9
2011	4	640	2 560	16
总计	$\sum x_i = 0$	$\sum y_i = 4523$	$\sum x_i y_i = 2061$	$\sum x_i^2 = 60$

回归方程为 $y=502.56+34.35x$。2012 年 x_i 编号为 5,将 $x_i=5$ 代入回归方程:$y=502.56+34.35 \times 5=674.31$ 万吨公里

这个结果与用一般公式计算的结果完全一样,但要注意回归方程却不同。

②二元线性回归法。二元线性回归法是指有两个影响因素影响预测结果时所采用的预测方法,其具体计算步骤如下:

第一步,收集预测目标 y 与影响因素 x_1、x_2 的数据。第二步,建立回归分析表。第三步,求 $\bar{x}_1$、$\bar{x}_2$ 和 $\bar{y}$。第四步,用过渡系数 Q、R、S、T、W 求解系数 a_1、a_2 和 b。过渡系数与 a_1、a_2 的关系式为

$$\begin{cases} Qa_1 + Ra_2 = S \\ Ra_1 + Ta_2 = W \end{cases} \quad (5.9)$$

式中:$Q = \sum X_1^2 - \bar{x}\sum x_1$;$R = \sum x_1 x_2 - \bar{x}_1 \sum x_2$;$S = \sum x_1 y - \bar{x}_1 \sum y$;
$T = \sum X_2^2 - \bar{x}_2 \sum x_2$;$W = x_2 y - \bar{x}_2 \sum y$。

求得:$b = \bar{y} - a_1 \bar{x}_1 - a_2 \bar{x}_2$ (5.10)

得回归方程:$y = a_1 x_1 + a_2 x_2 + b$ (5.11)

例 5.2 查得一组数据如表 5.3 所示,求解数学模型。

表 5.3 汽车及运输量数据表

汽车拥有量(X_1)/千辆	8	10	12	15	18
汽车吨位(X_2)/吨	3	4	6	8	10
汽车运输量/(10万吨)	1.15	1.27	1.42	1.6	1.86

解:1) 根据表5.3列出回归分析表,如表5.4所示。

表5.4 二元回归分析表

序号	x_1	x_2	y	X_1^2	X_2^2	y_2	$x_1 x_2$	$x_1 y$	$x_2 y$
1	8	3	1.15	64	9	1.32	24	9.2	3.45
2	10	4	1.27	100	16	1.61	40	12.7	5.08
3	12	6	1.42	144	36	2.02	72	17.04	8.52
4	15	8	1.6	225	64	2.56	120	24	12.8
5	18	10	1.86	324	100	3.46	180	33.48	18.6
∑	63	31	7.3	857	225	10.97	436	96.42	48.45

2) 计算$\bar{x}_1$、$\bar{x}_2$和$\bar{y}$的值;

$$\bar{x}_1 = \frac{63}{5} = 12.6, \bar{x}_2 = \frac{31}{6} = 6.2, \bar{y} = \frac{7.3}{5} = 1.46$$

3) 根据公式,求得$Q=63.2, R=45.4, S=4.44, T=32.8, W=3.19$。再求得$a_1 = 0.068, a_2 = 0.0027$。

4) $b = \bar{y} - a_1 \bar{x}_1 - a_2 \bar{x}_2 = 0.59$,故其数学模型为:

$$y = 0.68x_1 + 0.0027x_2 + 0.59$$

(3) 季节变动法

对于时令性很强的产品,如运输产品,应采用季节变动预测法,计算的方法是先要查出前3年(或前几年)的运量数据,算出各季度的指数,再以当前已知运量(或计划运量)和季节指数为依据进行计划来预测其他各季度运量。

预测步骤:

第一步:将前3年每年第一季度的数据之和除以年数3,算出每年第一季度的周期平均值,如(春1+春2+春3)÷3;

第二步:算出前3年中每一年各季度平均值,如(春1+夏1+秋1+冬1)÷4;

第三步:算出总平均值,可将各季度平均值相加除以年数,也可将周期平均值相加后,除以季数;

第四步:求出季节指数,即周期平均值除以总平均值。

第五步:在已知预测年的预测总运量或预测年第一季度运量时,根据各季度季节指数之比例推算出各季度运量。

例5.3 已知某运输公司2009年、2010年、2011年各季度完成的运量如表5.5所示,2012 年春季运量为 3 000 万吨,预测这一年的夏、秋、冬季运量约为多少。

表 5.5 某运输公司 2009,2010,2011 年各季度完成的运量   (单位:万吨)

年度\季节	春 1	夏 2	秋 3	冬 4
2009	2 434	1 810	3 568	801
2010	2 656	2 002	3 885	961
2011	2 886	2 300	4 002	1 054

夏季预测值的算法是:夏季季节指数与春季季节指数之比与春季运量相乘。其他季节预测的运量以此类推。计算过程见表 5.6。

表 5.6 计算过程

年度\季节	春 1	夏 2	秋 3	冬 4	各季度平均	总平均
2009	2 434	1 810	3 568	801	2 153.5	
2010	2 656	2 002	3 885	961	2 376.5	2 364.25
2011	2 886	2 300	4 002	1 054	2 562.75	
周期平均	2 659	2 040	3 818.3	939	—	—
平均季节指数	1.12	0.86	1.62	0.41	—	—
2012 年预测	3 000	2 304	4 339	1 017	—	—

也可根据预测 2012 年总运量为 11 000 万吨,则可以根据各季度季节指数之比例:(1.12∶0.86∶1.62∶0.41),推算出各季度运量。

(4)马尔可夫分析法

A. AMarbor 是俄国的数学家。他在 1907 年经过多次实验,发现了第 n 次试验的结果决定于其第 $(n-1)$ 次试验的结果,第 $(n-1)$ 试验的结果又取决于 $(n-2)$ 试验的结果,依此类推。

假设: $S^{(0)} = (a_1 \quad a_2 \quad a_3 \quad a_4 \cdots a_n)$

$\{a_n\} \in [0,1]$

转移矩阵:

$$P = \begin{pmatrix} P_{11} & P_{12} & P_{13} & \cdots & P_{1n} \\ P_{21} & P_{22} & P_{23} & \cdots & P_{2n} \\ \vdots & \vdots & \vdots & \cdots & \vdots \\ P_{n1} & P_{n2} & P_{n3} & \cdots & P_{nn} \end{pmatrix}$$

$$0 \leq p_{ij} \leq 1, 且 \sum_{j=1}^{n} p_{ij} = 1$$

$$S^{(1)} = S^{(0)}P = \begin{pmatrix} a_1 & a_2 & a_3 & a_4 & \cdots & a_n \end{pmatrix} \begin{pmatrix} P_{11} & P_{12} & P_{13} & \cdots & P_{1n} \\ P_{21} & P_{22} & P_{23} & \cdots & P_{2n} \\ \vdots & \vdots & \vdots & \cdots & \vdots \\ P_{n1} & P_{n2} & P_{n3} & & P_{m} \end{pmatrix}$$

$$S^{(2)} = S^{(0)}P^2 = S^{(1)}P$$

$$\cdots\cdots$$

$$S^{(n)} = S^{(0)}P^n = S^{(n-1)}P$$

例 5.4 假设某地区运输市场上有四家汽车运输公司 A、B、C、D，货主在 A、B、C、D 间可自由选择托运，若该地区共有 1 000 家货主，对各家货主向各运输单位的托运情况在 5 月底做了一次市场调查，一个月后即 6 月底又做了一次市场调查，两次调查对比结果如表 5.7 所示。

表 5.7 调查对比结果

汽车运输公司名称	5月底调查时拥有的货主户数	新增	失去	6月底调整时拥有的货主户数
A	220	50	45	225
B	300	60	70	290
C	230	25	25	230
D	250	40	35	255
合计	1 000	175	175	1 000

其流动情况如表 5.8 所示。

表 5.8 流动情况

汽车运输单位名称	5月底货主户数	新增				失去				6月底货主户数
		自A	自B	自C	自D	至A	至B	至C	至D	
A	220	0	40	0	10	0	20	10	15	225
B	300	20	0	25	15	40	0	5	25	290
C	230	10	5	0	10	0	25	0	0	230
D	250	15	25	0	0	10	15	10	0	255

5月底~6月底转移矩阵

$$\begin{array}{c} A \\ B \\ C \\ D \end{array} \begin{pmatrix} 175 & 20 & 10 & 15 \\ 40 & 230 & 5 & 25 \\ 0 & 25 & 205 & 0 \\ 10 & 15 & 10 & 215 \end{pmatrix}$$

转移概率矩阵

$$P = \begin{pmatrix} \dfrac{175}{220} & \dfrac{20}{220} & \dfrac{10}{220} & \dfrac{15}{220} \\ \dfrac{40}{300} & \dfrac{230}{300} & \dfrac{50}{300} & \dfrac{25}{300} \\ \dfrac{0}{230} & \dfrac{25}{230} & \dfrac{205}{230} & \dfrac{0}{230} \\ \dfrac{10}{250} & \dfrac{15}{250} & \dfrac{10}{250} & \dfrac{215}{250} \end{pmatrix}$$

$$P = \begin{pmatrix} 0.746 & 0.091 & 0.046 & 0.067 \\ 0.133 & 0.767 & 0.017 & 0.083 \\ 0 & 0.109 & 0.891 & 0 \\ 0.040 & 0.060 & 0.040 & 0.860 \end{pmatrix}$$

$$S^{(0)} = \left(\dfrac{220}{1\,000} \quad \dfrac{300}{1\,000} \quad \dfrac{230}{1\,000} \quad \dfrac{250}{1\,000} \right)$$

$$= (\,0.22 \quad 0.30 \quad 0.23 \quad 0.25\,)$$

则6月底的各公司市场占有率

$$S^{(1)} = S^{(0)} P$$

$$= (\,0.22 \quad 0.30 \quad 0.23 \quad 0.25\,) \begin{pmatrix} 0.746 & 0.091 & 0.046 & 0.067 \\ 0.133 & 0.767 & 0.017 & 0.083 \\ 0 & 0.109 & 0.891 & 0 \\ 0.040 & 0.060 & 0.040 & 0.860 \end{pmatrix}$$

$$= (0.22 \quad 0.29 \quad 0.23 \quad 0.26)$$

7月底的各公司市场占有率

$$S^{(2)} = S^{(0)} P^2 = S^{(1)} P$$

$$= (0.22 \quad 0.29 \quad 0.23 \quad 0.26) \begin{pmatrix} 0.746 & 0.091 & 0.046 & 0.067 \\ 0.133 & 0.767 & 0.017 & 0.083 \\ 0 & 0.109 & 0.891 & 0 \\ 0.040 & 0.060 & 0.040 & 0.860 \end{pmatrix}$$

$$= (0.21 \quad 0.29 \quad 0.24 \quad 0.26)$$

从中可以看出,A和B公司的市场占有率有下降的趋势,C和D公司的市场占有率有上升的趋势。

5.3 运输企业经营决策

运输企业管理的重点在于经营,经营的关键在于决策。经营决策的正确与否,直接影响到工作效率和经济效益。总之,决策是管理的核心,决策分析是各级经营管理人员的基本职能。决策正确可使企业沿着正确的方向前进,提高企业竞争能力和适应市场环境变化的能力,取得良好的经济效益;反之,若决策失误,将给企业带来巨大损失,甚至导致破产。所以,要做出一项正确的经营决策,首先应树立正确的经营思想和市场观念,并掌握现代化的管理理论、方法和手段。

5.3.1 经营决策的基本概念

1) 决策

所谓决策是指人们为实现某一目标,从若干可以相互替代的可行方案中选择一个最合理方案并采取行动的过程。这一定义包含以下四个要点:

(1) 决策都是为了实现某种预定的目标。没有目标,也就不存在决策的问题。所以,目标是决策的前提。

(2) 决策都是要付诸实践的。在某项活动开展前,总是围绕活动的目标,根据客观条件提出很多可行的方案或对策。决策意味着要对其中某个方案加以实施,即决策具有实践性。

(3) 决策与优选的概念是并存的,这是由于方案的互斥性所决定的。从诸多可行方案中选择一个令人满意的方案,这就是决策,也是择优,所以决策具有择优性。

(4) 决策应顾及实践中将出现的各种可预测或不可预测的变化,但往往由于对这些变化的判断错误造成失策,带来不良后果。所以决策也具有很大的风险性。

2) 运输企业经营决策

运输企业经营决策是运输企业在对经营形势进行客观分析和估计的基础上,就企业总体活动以及重要经营活动的方针、目标、战略和策略所做的选择工作。

5.3.2 经营决策的类型

企业经营决策包括的内容很多,我们根据经营决策所处的地位、所用的方法、决策的条件和管理层次的不同,可以划分为各种不同的类型。

1) 按决策在企业经营中所处的地位划分,决策可分为战略决策和战术决策

(1) 战略决策,即确定企业发展的经营目标、产品或服务开发、投资方向和生产规模等方面的决策,其重点是解决企业与外部环境的关系问题,属长期决策。

(2) 战术决策,即针对如何实现战略决策所做的具体决策。如生产控制、服务网络、质量和成本控制等方面的决策。其重点是解决企业内部的经营管理问题,属短期性

决策。

2) 按决策者所处的管理层次划分，决策可分为高层决策、中层决策和基层决策

（1）高层决策，即企业最高领导层的决策。重点是解决经营战略性问题，即经营决策。

（2）中层决策，即企业中层领导的决策。重点是解决经营策略性问题，属执行性决策。

（3）基层决策，即企业基层的业务性决策。重点是解决生产、销售过程中常出现的技术性较强、时间紧迫、亟待解决的一些具体问题。

3) 按问题出现的重复程度划分，决策可分为程序性决策和非程序性决策

（1）程序性决策，即指对经常出现的问题，已有了处理的经验、方法和程序，可按已有的规定和办法来解决的决策。这类决策可由专门机构和人员进行。

（2）非程序性决策，即指不常出现的问题或新问题，还无处理经验，需靠决策者的判断和信念来解决的决策。

4) 按决策目标与所用的方法划分，决策可分为计量决策和非计量决策

（1）计量决策，即决策目标有准确的数量描述，易采取数学方法做出的决策。

（2）非计量决策，即决策目标难于用准确数量值来表示，主要依靠决策者的分析判断能力来进行的决策。

5) 按决策问题所处的条件划分，决策可分为确定型决策、风险型决策和非确定型决策

（1）确定型决策，即在肯定性条件下做出的一种决策。应用的条件是对几种选择方案的未来情况有比较肯定的了解，基本没有不确定的因素。

（2）风险型决策，即在不稳定的条件下，不论选择哪个方案，都有一定风险性的决策。这类决策存在不可控因素，一种方案会出现几种不同的结果，其结果出现的概率可以计算出来。

（3）非确定型决策，即在非肯定性条件下做出的一种决策。决策时对其中有的条件或未来变动因素尚不能确定，对各方案的结果所出现的概率无法测量和计算，决策人员只能根据各种情况下发生的利弊和得失的大小进行决策。

5.3.3 经营决策的方法

确定了活动方向和目标以后，还应对可以朝着同一方向迈进的不同活动方案进行选择。选择是以比较为前提的。比较不同方案的一个重要标准是它们能够带来的经济效果。由于任何方案都需在未来实施，而人们对未来的认识程度不尽相同，因此方案在对未来实施的经济效果的确定程度方面、评价这些经济效果的方法也不尽相同。根据这种情况，可以把决策方法分为确定型、风险型、非确定型三类。

1) 确定型决策方法

运用这种方法评价不同方案的经济效果时，人们对未来的认识比较充分，了解未来市场可能呈现的状况，能够比较准确地估计未来的市场需求情况，从而可以比较有把握

地计算各方案在未来的经济效果,并据此做出决策。

未来确定条件下的决策方法也很多,下面主要介绍盈亏平衡分析的基本方法。

(1) 盈亏平衡分析的概念与意义

盈亏平衡分析是经营决策的重要工具之一。盈亏平衡分析也称"产量、成本、利润分析",是指通过盈亏平衡图或计算公式,对产品或服务的变动成本和固定成本情况进行的分析,确定生产经营收入和支出相等时的销售收入额(或称销售数量)。这一销售收入额(或销售数量)亦称盈亏平衡点或保本点。销售收入大于这一点,就有利润;销售收入小于这一点就出现亏损。企业要增加利润,就应该增加销售收入或降低生产费用。

企业进行盈亏平衡分析,掌握盈亏界限有十分重要的意义。在制订生产计划时,可以根据盈亏平衡分析,预先确定保本的销售收入额(或销售数量)以及为达到利润目标的销售收入额(或销售数量)。通过盈亏平衡分析,也可知固定成本或边际收益变化对盈亏的影响。根据盈亏平衡点确定的销售收入数额,与预测的销售收入相对比,能预先判断生产是否能达到盈利,如果不能达到盈利就应分析原因,采取相应的改进措施。如果盈亏平衡点年年上升,而销售收入增加速度比较缓慢,这标志着企业经营水平的下降,应该引起企业领导人的注意。

(2) 生产总费用分析

企业盈利或亏损的原因,可用下列关系式表示:

$$利润 = 销售收入 - 生产总费用$$

如果销售收入大于生产总费用,说明企业有盈利;销售收入小于生产总费用,表明企业发生亏损。为了增加利润,应设法提高销售收入,降低生产总费用的支出。

生产总费用是由固定成本与变动成本构成,即

$$生产总费用 = 固定成本 + 变动成本$$

所谓固定成本,指在一定产量范围内,不随产量增减而变化的成本。如企业管理费、车间经费(即厂房、设备折旧费)等。不管企业产品数量多少,这些费用支出都是一定的。但是,分摊到单位产品成本中的固定成本却是随着产量的增加而减少。

变动成本是指在一定产量范围内,随着企业产品数量变化而变化的费用。如原材料费、燃料动力费、废品损失费等。变动成本是生产的直接费用,变动成本随产量变化而变化,但分摊到单位产品,一般是不变的。如原材料费,产量越多,支出越大,但单位产品的原材料费却是一个固定值。

(3) 盈亏平衡点计算方法

求盈亏平衡点有两种方法:一是图表法;二是公式计算法。

①盈亏平衡图法

盈亏平衡图法是用图表来展示销售收入、成本与利润之间的关系。其中销售收入线与成本线的交点即盈亏平衡点。这点表示销售收入与生产总费用相等,是保本点。销售量超过保本点,表明企业有盈利;低于保本点,表明企业出现亏损。下面举例说明

盈亏平衡图的作法。

例 5.5 某公司年运输周转量 300 万吨公里,平均每万吨公里的单价是 6 000 元,变动成本每万吨公里是 2 000 元,固定成本 100 万元,作盈亏平衡图。

具体作法是:先画出坐标的横轴和纵轴,横轴表示销售数量或周转量,纵轴表示收入或成本金额;然后根据已知条件画出固定成本线、生产总费用线和收入线。固定成本线 AD 平行于横轴的一条直线。作总费用线,当不销售时,消耗固定成本 100 万元,即 A 点;当周转量是 300 万吨公里时,消耗总费用 $100+300\times 0.2=160$ 万元,即 C 点,连接 AC 即是总费用线。作收入线,当不销售时,收入为零,即 O 点;当周转量为 300 万吨公里时,收入为 $300\times 0.6=180$,即 B 点,连接 OB 即是总收入线。总费用线 AC 和收入线 OB 的交点 E 就是盈亏平衡点,即保本点,见图 5.2。

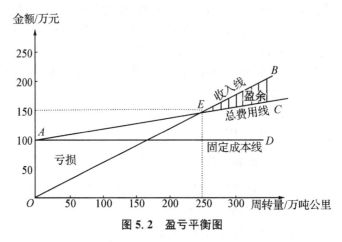

图 5.2 盈亏平衡图

② 公式计算法

公式计算法是利用公式来计算保本产量和保本销售收入。

根据上面分析的量本利之间的关系,我们知道

$$销售收入=产量\times 单价$$
$$生产成本=固定成本+变动成本$$
$$=固定成本+产量\times 单位变动成本$$

用相应的符号来表示,盈亏平衡时有下式

$$Q_0\times P=F+Q_0\times Cv \qquad (5.12)$$

式中:Q_0——产量;
　　　P——单价;
　　　F——固定成本;
　　　Cv——单位变动成本。

整理上式,可得

$$Q_0 = \frac{F}{P-C_v} \tag{5.13}$$

此式即为盈亏平衡点的基本公式。由于保本收入等于保本产量与销售价格的乘积,因此,式(5.13)的两边同乘以 P,即可得到计算保本收入的基本公式

$$S_0 = Q_0 \times P = \frac{F}{P-C_v} \times P \tag{5.14}$$

整理上式,可得

$$S_0 = \frac{F}{1-\dfrac{C_v}{P}} \tag{5.15}$$

由公式可以看出:

ⓐ固定成本如果增加,盈亏平衡点的销售额也要增加。
ⓑ变动成本如果增加,销售收入不变,盈亏平衡点的销售额也要增加。
ⓒ如果销售收入增加,固定成本与变动成本不变,盈亏平衡点的销售额就要降低。

对前例用上式计算盈亏平衡点营业收入,即

$$S_0 = \frac{F}{1-\dfrac{C_v}{P}} = \frac{100}{1-\dfrac{0.2}{0.6}} = 150(万元)$$

式(5.13)中的 $P-C_v$ 表示单位产品得到的销售收入在扣除变动费用后的剩余,叫做边际贡献;式(5.15)中的 $1-C_v/P$ 表示单位销售收入可以帮助企业吸收固定费用或实现企业利润的系数,叫做边际贡献率。如果边际贡献率大于零,则表示企业生产这种产品除可收回变动成本外,还有一部分收入可用以补偿已经支付的固定成本。因此,产品单位即使低于成本,但只要大于变动成本,企业生产该产品还是有意义的。

例 5.6 春秋航空是国内唯一一家低成本航空公司,该公司 2005 年首飞(上海—烟台)特价票仅为 199 元。如此低的票价,春秋航空是否还有盈利空间呢?

以空中客车 A320 为例,人均百公里油耗 3.1 升。"上海—烟台"的航程 800 公里,人均油耗 24 升。油价设为 7 元/升。

$$C_v = 24 \times 7 = 168 \text{ 元}$$
$$P - C_v = 199 - 168 = 31 \text{ 元}$$
$$1 - \frac{C_v}{P} = 1 - \frac{168}{199} = 0.16$$

上式计算说明,春秋航空公司提供该运输产品时可收回油料(变动),同时还可以收回部分固定成本。该公司依靠低价、薄利多销,公司平均客座率 95%。2011 年该公司净利润逾 4.7 亿元,成为当前国内最成功的廉价航空公司。

2) 风险型决策方法

风险型决策方法主要用于人们对未来有一定程度认识,但又不能肯定的情况。这时,实施方案在未来可能会遇到好几种不同的情况(自然状态)。每种自然状态均有出现的可能,人们目前无法确知,但是可以根据以前的资料来推断各种自然状态出现的概率。在这些条件下,人们计算的各个方案在未来的经济效果只能是考虑到各个自然状态出现的概率的期望收益,与未来的实际收益不会完全相等。因此,据此制定的经营决策具有一定的风险。

一个完整的风险型决策必须具备以下几个要素:

决策者欲达到的明确目标;

有两个以上可供选择的行动方案;

可估计、测算出每个方案的收益和损失情况;

能够预测出影响决策者决策而又无法控制的各种因素以及它们发生的可能性(概率)。

风险型决策的评价方法也很多,下面主要介绍期望值准则和决策树法。

(1) 期望值准则

①期望值准则的指导思想

这种准则是以支付矩阵为依据,分别计算可行方案的期望值(期望收益值或期望损失值),选择其中期望值最优(期望收益值最大或期望损失值最小)的方案为最佳方案。

②期望值的概念

所谓期望值就是用概率加权计算的平均值。应用期望值准则决策的结果并不能代表某事件的实际结果。

③决策步骤

下面举例说明决策的步骤:

例 5.7 某运输公司下属配送中心根据合同运送某种物资。由于道路条件较差,运价较低,用小型运输工具无论天气好坏都将发生亏损,如用大型运输工具,当天气好时可保持盈亏平衡,当天气坏时将发生亏损,且亏损额度较高。通过向气象部门了解,未来天气好坏出现的概率可以估算出来。现要求企业根据表 5.9 的有关资料做出决策使损失最小。

表 5.9 期望收益值表 (单位:万元)

自然状态 概率 方案	天气情况		损益期望值 $E(A_i)$
	好	坏	
	0.6	0.4	
使用小型运输工具(A_1)	−5	−10	−7
使用大型运输工具(A_2)	0	−25	−10

解： $E(A1)=(-5)\times 0.6+(-10)\times 0.4=-7$ 万元

$E(A2)=(0)\times 0.6+(-25)\times 元 0.4=-10$ 万元

通过对两个方案的比较，A1 方案损益期望值较大，即使用小型运输工具，可能使企业损失较小。因此，选择 A1 方案为最优方案。

例 5.8 某运输公司准备成立配送中心，欲购置一部分汽车。据测算每部车平均日出车纯收入 80 元，车辆呆滞平均每日每辆损失 48 元，问该公司应购置多少辆汽车为宜？

要求采用期望值准则，对方案进行分析。

解：依据期望值准则，求最大收益值。根据资料列期望收益表如表 5.10。

表 5.10 期望收益表

自然状态 概率 方案	需求量/辆				损益期望值 $E(Ai)$
	100	110	120	130	
	0.2	0.4	0.3	0.1	
A1 购 100 辆汽车	8 000	8 000	8 000	8 000	8 000
A2 购 110 辆汽车	7 520	8 800	8 800	8 800	8 544
A3 购 120 辆汽车	7 040	8 320	9 600	9 600	8 576
A4 购 130 辆汽车	6 560	7 840	9 120	10 400	8 224

收益值的计算方法以 A3 方案为例，在需求量为 100 辆情况下：

$$收益值=80\times 100-48\times 20=7\,040(元)$$

这说明当需求量为 100 辆以上其纯收入为 $80\times 100=8\,000$ 元，但 A3 方案是购汽车 120 辆，因此余下 20 辆汽车呆滞就会出现损失则有 $48\times 20=960$ 元，收益值累计为 7 040元。

同理，在需求量为 110 辆情况下：收益值$=80\times 110-48\times 10=8\,320$ 元

在需求量为 120 辆情况下：收益值$=80\times 120=9\,600$ 元

在需求量为 130 辆情况下：收益值$=80\times 120=9\,600$ 元

$E(A3)=7\,040\times 0.2+8\,320\times 0.4+9\,600\times 0.3+9\,600\times 0.1=8\,576$ 元

以此类推。

比较期望值准则的收益期望值 A3 购 120 辆汽车方案时收益期望值最大，为 8 576元，该方案最优。现在来看另一种计算方法，求最小损失值。

损失包括两部分：一是由于所购汽车数量过少而失去盈利的机会损失。另一种由于所购汽车数量过多而造成呆滞损失。根据资料列期望损失值表见表 5.11。

表 5.11 期望损失值表

自然状态 概率 方案	需求量/辆				损益期望值 $E(Ai)$
	100	110	120	130	
	0.2	0.4	0.3	0.1	
A1 购 100 辆汽车	0	8 000	1 600	2 400	1 040
A2 购 110 辆汽车	480	0	800	1 600	496
A3 购 120 辆汽车	960	480	0	800	464
A4 购 130 辆汽车	1 400	960	480	0	816

表内数字的计算是每列内的最大收益值减去列内其他各个数字之差。

根据表 5.10 计算各方案的损失期望值。算式如下：

$E(A1)$方案：$800\times0.4+1\,600\times0.3+2\,400\times0.1=1\,040$ 元

$E(A2)$方案：$480\times0.2+800\times0.3+1\,600\times0.1=496$ 元

$E(A3)$方案：$960\times0.2+480\times0.4+800\times0.1=464$ 元

$E(A4)$方案：$1\,440\times0.2-+-960\times0.4+480\times0.3=816$ 元

$E(A3)$方案为 464 元，最小，该方案最优。

表 5.11 内 0 的对角线右上方为机会损失；左下方为车辆呆滞损失。

从以上各例的决策过程可以看出，期望值准则是利用了概率，通过期望值的比较来进行决策的，而概率是说明未来事件发生的可能性的大小的，但概率大的事件并不是说明必定会发生，所以它属于风险型决策。

(2) 决策树法

对于可行方案较多或未来周期较长的复杂风险型决策问题，决策树是一种应用较广的决策分析工具。

决策树是把影响各方案的有关因素(自然状态、概率、收益值等)画成一张树状图，通过计算，在图上继续决策。决策树的特点是，对于用期望值准则无法表示的多阶段决策问题非常简单、有效。各阶段的情况一步步展开，它逻辑思路清晰，便于集体讨论研究。

① 决策树的结构

决策树是因其形状而得名，它的形状如图 5.3

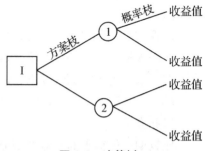

图 5.3 决策树

所示。它可以简单明了地将各个方案在不同阶段明显展示出来，非常便于决策机构或决策者作出决策。

决策树是以决策结点(□)为出发点，从决策结点引出若干个方案枝，每个方案枝代表一个方案。在每个方案枝的末端有一个状态结点(○)，从状态结点引出若干概率枝，

每个概率枝代表一种自然状态(包括概率)。在概率枝的最末梢,注明每个自然状态的收益(或损失)。

表 5.10 也可以用决策树来表示,如图 5.4 所示。

②决策步骤

ⓐ画决策树。决策树是决策者对某个决策问题未来发生情况的可能性和可能结果所做预测在图上的反映。据此,画决策树的过程就是对未来可能发生情况的周密思考,一步一步深入分析的过程。画决策树的方法一般是从左向右,从树根向树梢方向进行。

ⓑ计算各结点的期望值。期望值的计算方法与期望值准则介绍的方法相同,

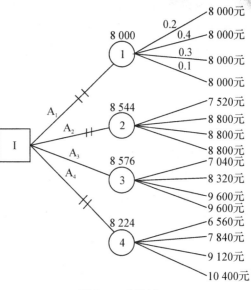

图 5.4 决策树

就是将每种自然状态的收益值分别乘以各自概率枝上的概率,最后将这些值相加。计算期望值应从决策树的右边向左逆向进行。

ⓒ修枝做出决策。对比各个方案期望值的大小,进行修枝选优。在方案枝上将期望值小的方案画≠符号予以舍弃,保留期望值最大的一个方案枝,这个方案就是最优方案。如果决策问题属多阶段的,则应从右向左逐步修枝。

例 5.9 某运输公司对现有市场进行了广泛的调查和预测,预计在未来 10 年客运行业呈增长趋势,决定建一个客运站,投资决策期 10 年,有关资料如表 5.12 所示。

表 5.12 某公司有关资料表   （单位:万元）

自然状态 概率 损益值	增长趋势高 0.3 损益值	增长趋势次高 0.5 损益值	增长趋势略高 0.2 损益值	投资额
新选地点建大型客运站	50	20	−5	140
新选地点建中型客运站	30	15	0	80
新选地点建小型客运站	10	10	10	30

解:绘制决策树如图 5.5 所示。

结点①的期望收益值[0.3×50+0.5×20+0.2×(−5)]×10−140=100 万元
结点②的期望收益值[0.3×30+0.5×15+0.2×0]×10−80=85 万元
结点③的期望收益值[0.3×10+0.5×10+0.2×10]×10−30=70 万元
由上可知,应选择在新地点建大物流中心的方案。

多级决策（序列决策）是指面临的决策问题比较复杂非一次决策所能解决，而需进行一系列的决策过程，才能选出满意的决策。

下面举一个简单的多级决策树的例子。

例5.10 某运输企业考虑向某公司提出一揽子运输服务计划。为提出此计划需进行一些初步的研究工作，需花费2万元。根据运输公司的经验及其对客户公司和产品及竞争者的估计，计划提出后，估计有60%的可能可以得到合同，40%的得不到。如果得不到合同则2万元的费用就无法补偿。

运输服务计划有两种实施方式，老方式要花费28万元，成功概率为80%，新方法只需花费18万元，但成功率仅为50%。

如果得到合同并实施成功，客户公司将付给运输企业70万元的服务费，如果实施失败，按合同规定运输企业则需付客户公司赔偿费15万元。

运输企业是否应当提出研制实施建议？现需做出决策。

解：这是一个两级决策问题，决策树如图5.6所示。

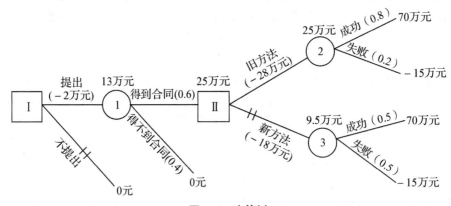

图5.6 决策树

结点③的期望收益值 $0.5 \times 70 + 0.5 \times (-15) - 18 = 9.5$ 万元

结点②的期望收益值 $0.8 \times 70 + 0.2 \times (-15) - 28 = 25$ 万元

结点①的期望收益值 $0.6 \times 25 + 0.4 \times 0 - 2 = 13$ 万元

结论：应提出计划，如得到合同应按老方式实施。

5.3.4 不确定型决策分析方法

这种评价方法适用于人们对未来的认识程度低于上述两种情况时。如果人们只知道未来可能呈现出多种自然状态,但对其出现的概率,人们全然不知,那么在比较不同方案的经济效果时,就只能根据主观选择的一些原则来进行。

下面就例 5.10 所给资料介绍四种较为常用的决策方法。

例 5.11 某运输公司与某建设单位签订合同,包运甲地至乙地的物资若干吨,承包期二年。车辆由乙地返回甲地的货运量缺乏可靠的投资测算。大致估计往返行程利用率可能有四种情况,即 80%、70%、60%、50%。四种情况可能出现的概率无法测算出来。该企业现有营运车辆任务已经饱和,承运这批物资必须增加车辆。增加车辆有四个方案:A_1:购置新车;A_2:购置旧车;A_3:以利润分成方式包用其他运输单位的车辆;A_4:以定额租金的形式租用车辆。四个方案两年的损益值如表 5.13 所示。

表 5.13　损益值表　　　　　　　　　　（单位:万元）

自然状态 概率 方案	行程利用率			
	80%	70%	60%	50%
A_1	60	40	-15	-35
A_2	80	35	-30	-70
A_3	35	22	5	-10
A_4	40	25	9	-5

1) 悲观法(小中取大准则)

悲观法也叫瓦尔德(Wald)决策准则。它的特点是从不利的情况出发,找出最坏的可能,然后在不利的情况下选择最好的方案。

选择过程是:首先从每一个方案中选择一个最小的收益值,然后再从这些最小的收益值所代表的方案中选择一个收益值最大的方案为备选方案,即小中取大。这是比较保守的决策方法。

根据资料,各方案的最小收益值分别是:$A_1(-35)$、$A_2(-70)$、$A_3(-10)$、$A_4(-5)$。

因为 A_4 是最小收益值中最大者,所以应采用方案 A_4。

2) 乐观法(大中取大准则)

这种决策的原则正好与上述悲观法决策相反,它是从各种自然状态下各方案的最大收益中,选取最大收益中的最大值所相应的方案为决策方案。这种方案也称"大中取大"法。

上例中,各方案的最大收益值分别是:$A_1(60)$、$A_2(80)$、$A_3(35)$、$A_4(40)$。

因为 A_2 是最大收益值中的最大者,所以应采用方案 A_2。

3) 折中法(乐观系数准则)

折中法也称 Hudrwicz 决策法。它的特点不像悲观法那样保守,也不像乐观法那样冒险,而是从中找出一个折中的标准。

折中法的决策过程是:先要求决策者根据历史数据的分析和经验判断的方法确定一个乐观系数,用 a 表示。$a=0$ 时为悲观的准则,$a=1$ 时为乐观的准则。这里取

$0 \leqslant a \leqslant 1$。

计算公式：

$$折中收益值 = a(最大收益值) + (1-a)(最小收益值)$$

本例设 $a=0.7$，则有

$E(A1)=0.7\times600+(1-0.7)\times(-35)=31.5$ 万元

$E(A2)=0.7\times800+(1-0.7)\times(-70)=35.0$ 万元

$E(A3)=0.7\times350+(1-0.7)\times(-10)=21.5$ 万元

$E(A4)=0.7\times400+(1-0.7)\times(-5)=26.5$ 万元

比较各方案的期望收益值，选择期望收益值最大的 A2 为决策方案。

4) 最小遗憾值法（大中取小准则）

遗憾法也称沙万奇(Savage)决策方法。它的特点是当某一种自然状态出现时，决策者选择的准则很明确，应选择收益值最大的方案为最优方案。如果决策者当初并未采取这方案，这时就会感到"后悔"，遗憾当初未选择最大值的方案。为了避免将来遗憾，因此采用大中取小的方法。

现仍以上例，说明应用这个准则的步骤。

(1) 先确定各自然状态下的最大收益值，然后用各自然状态下的最大收益值减去每列的值得到遗憾值，列出遗憾矩阵表如表 5.14 所示。

表 5.14 遗憾矩阵表 （单位：万元）

后悔值 方案	自然状态	行程利用率				最大遗憾值
		80%	70%	60%	50%	
A1		200	0	240	300	300
A2		0	50	390	650	650
A3		450	180	40	50	450
A4		400	150	0	0	400

(2) 从遗憾矩阵表中选出每一方案的最大遗憾值（即每行中最大值），并从四个最大遗憾值中选一个最小的。所以选方案 A1。

以上四种准则作为不确定型决策优选方案的依据。实践证明，对于同一决策问题，由于方案的评选标准的不同，会得出不同的结论。因此，在实际工作中，究竟应采取哪种方法进行不确定型决策，要依决策者的判断力而定，它带有相当程度的主观随意性。

5.4 运输企业经营计划

运输企业经营计划是按照经营决策所确定的方案，对企业生产经营活动及其所需各种资源，从时间和空间上做出具体统筹安排的工作。企业经营计划的重要性可归结为决策的基础、应变的提防、经营的保障、控制的手段。因此,企业对一切工作的管理都必须始于计划和终于计划。

5.4.1 经营计划的种类和内容

企业经营计划基础已由生产为导向转为以市场为导向。所以,企业各部门制订计划的程序始于销售预测以及销售目标,而后制订生产计划、营销策略与营销方案及研究发展计划、人事计划,最后编制财务计划。

1) 经营计划的种类

企业经营计划的指导思想是为了实现经营,适应外界环境变化,指出企业应采取的步骤,而建立的工作体系和工作手段。由于经济发展包括面较广,因而企业经营计划的种类有多种多样。

(1) 按经营活动的阶层分类

①经营目的,企业为什么要存在、发展;

②经营方针,企业用什么办法存在、发展;

③经营目标,企业如何获得发展、盈利;

④管理计划,有企业的、部门的、专门项目的三种。

其中,①~③项属于领导层编制的计划。

(2) 按计划形态分类

①综合计划

②部门计划,它又分为:

ⓐ单项计划,如开发新产品或服务、引进技术等。

ⓑ职能计划,按职能部门编计划,如直接职能部门编制新产品或服务开发、生产、财务、销售计划;辅助职能部门编制人力资源计划、培训计划;综合职能部门编制经营计划。

(3) 按计划的质量角度分类

①从企业结构的变化来看,有变化的编制战略计划和无变化的编制业务实行计划。

②从对象来区分,有适应外部环境变化的计划和增强企业经营能力的计划。

2) 经营计划的内容

企业的经营计划是对企业未来经营发展过程的统筹设计。按企业状况、面临问题的复杂程度,既可用数字表示,也可用文字表明。现将内容分述如下:

(1) 长期计划

一般也称长期规划。其内容如下:

①决定企业总体战略目标的要求,体现企业发展方向和企业基本政策、策略,以及今后获取、使用分配资源的准则。

②其计划内容范围,可遍及企业各方面的活动。如利润、资金应用、组织、定价、员工关系、生产、营销、财务、公共关系、广告、研究发展、管理人员招聘、培训等。

③其特点属于重点及目标性质的规划,只含较粗略的大目标数字。

④其计划时间长度,应取决于计划内容复杂程度及性质。

(2) 中期计划

一般称发展计划。中期计划由长期计划衍生而来,是企业所设定未来3～5年内,各职能部门努力发展的目标及战略。其内容如下:

ⓐ其时间,通常为3～5年;

ⓑ此计划亦有目标政策及策略,不过它们衍生于长期计划,是长期计划的分解和具体化;

ⓒ其特点有别于长期计划,中期计划的特点有详细的计划内容,具有综合性以及协调平衡作用;

ⓓ中期计划内容是依据企业各职能部门所制定的详细计划,着重于各计划之间的配合协调,使原松弛的策略计划获得严密的内容;

ⓔ中期计划,依据长期计划要求,各年分别制订计划来适应内外环境条件的变化,一般应用滚动计划法编制。

(3) 年度计划

一般称执行计划。年度计划是将长期计划、中期计划的目标及战略,分解成年度的经营目标。年度计划不仅是企业的执行计划,而且也可指产、销等各部门的半年、每季、每月,甚至是每周的计划。这种计划不仅仅含有数字,最重要的是应含有工作目标、方法、进度、负责人、经费等实质内容。其内容如下:

①年度计划时间以一个预算年度为准,故为1年;

②中期计划内容,虽相当详细,但在时间上及预算、程序各方面尚不能适应实施的需要,而有待年度计划予以更进一步的设计、统筹,故年度计划纯属一种作业性计划;

③年度计划包括更具体的绩效目标,如营业计划、生产计划、采购计划、研究发展计划、人力发展计划、合作经营计划、财务计划。

5.4.2 经营计划的编制与控制

长期计划在我国部分大型企业中编制,这类计划只含较粗略的大目标数字,而无细节措施。一般企业是以中期计划为中心,以年度计划为执行计划。目前,国内广泛实施目标管理制度的企业,大多编制年度计划。

1) 经营计划编制的要求

(1) 要认真贯彻国家有关方针政策。

(2) 通过市场调查和预测,充分考虑企业的优势,发展有特色、有竞争力的产品或服务,若有条件,应当积极地进入国际市场。

(3) 衔接长期、中期计划对年度计划提出的任务。

(4) 分析企业内外各种数据资料,以及它们对企业产生的影响。

2) 经营计划编制程序

由企业根据具体情况来确定,其编制程序由于企业的性质特点不同而不完全相同。

一般企业编制程序。一个具有规模的企业可以根据需要来设定：
(1) 总公司计划，包括营销生产、采购、研究、人力、公关、财务计划等部分。
(2) 分公司计划，其内容应与总公司计划一致。
(3) 利润成本中心分别为事业部制订计划。
(4) 职能部门分别制订计划。
(5) 地区分别制订计划。
(6) 对产品或服务分别制订计划。

以上计划，均以企业内部管理为着眼点，如果是股份制企业，除总公司计划应提呈董事会核准外，其他计划皆供总经理以下负实际盈亏责任者使用，不必经董事会或股东会核准。因为其投入及产出数字都已反映于总公司计划及预算，所以董事会或股东大会不必过问，以免给经理部门带来不必要的工作障碍。

3) 经营计划的执行和控制

要保证年度计划的实现，必须组织计划的执行与控制。

(1) 经营计划的执行

组织计划的执行，最重要的有两项工作：

①把经营计划总目标层层落实下去，做到层层有对应计划；

②经常对计划执行情况进行修订和调整，一般采用以下两种方法：

ⓐ滚动式计划法，也叫预测、计划、实际、差异循环法。也就是说，制订计划时采取近细远粗的方法，逐年逐期往前推进，连续编制，并根据执行情况逐年对计划进行修订，使计划既保持严肃性，又具有适应性和现实性。这样，有利于保持前后期工作的衔接协调，也可以使经营计划能够适应市场的变化，增强适应外部环境的能力。

ⓑ应变计划法。是指当客观情况发生重大变化，原有计划失去作用时，企业为适应外部环境变化而采用备用计划的方法。一般企业在编制年度经营计划时都制定备用计划，以便在内部调整计划时比较主动，从而减少损失。

(2) 经营计划的控制

要保证计划的实施，必须在计划执行过程中加以控制，也就是按预定的目标、标准来控制和检查计划的执行情况，及时发现偏差，迅速予以解决。控制包括事前控制和事后控制。

为此，首先要制定各种科学的标准，如定额、限额、技术标准和计划指标等；其次要健全企业的信息反馈系统，加强信息管理。

案 例

台湾大荣货运的经营理念

大荣货运公司的前身是大荣汽车货运行,成立于1953年6月1日,创办人是王水河先生。当时只有新台币17万元的资本额和10辆货车。1959年6月,因为业务量的急速增长,公司增资改组成立了"大荣汽车货运股份有限公司",资本额由原先的新台币17万元扩增至150万元,货车14辆,员工220人。1986年12月,该公司营业额达到新台币12亿元,并正式公开发行股票。1994年11月,大荣货运成为台湾第一家荣获ISO 9000国际质量体系认证的货运者,1995年11月,速递部通过ISO 9002国际质量体系认证。

大荣公司的经营理念是:

(1) 亲切正确

大荣公司强调的亲切,是指对所有客户都要抱着亲切的心情去对待,并且要将客户的问题视为自己的问题,因为只有能够去体会客户的问题,才有可能拉近彼此的距离,而且亲切的行为是发自于每一位员工的内心,并不是虚伪造作的。

正确的含义,是指每位员工要先熟悉自己工作岗位的专业技术,对于每一项动作都能做到"零误差"。

对于亲切正确这一整句话的解释,是要每一位员工抱着一颗以对待自己亲人的心,去面对所有员工(同仁)及客户,并且对于自身的工作能专精而不出错。

(2) 安全迅速

安全,是指人、车、货都平平安安。该公司表示,每一位员工都是大荣最大的财富,也只有确实做到员工的安全,公司才能持续成长,所以,强调人的安全是非常重要的。至于车及货物的安全,该公司订有一套完整的作业规范要员工们执行。例如,所有车辆都必须经过工务部所设的车辆课及机料课检测,并且通过检测合格才能上路行驶。所以,只有先做好了人、车辆的安全,才可能做到货物的安全。

迅速、准时是对客户的保证,安全、迅速地将客户所需的货物送达,是大荣公司一贯的精神。

(3) 顾客至上

大荣公司表示,现在是消费者导向的时代,不能迎合顾客需要的企业是很难生存下去的,而顾客至上的经营宗旨现在是如此,未来也是如此。尤其是服务业,有许多业绩是要靠客户支持和宣传,因为客户对客户的宣传力量,远比公司的宣传有效。顾客至上的精神体现的就是主动、积极和热忱。

(4) 服务第一

既然身为服务业,对所有的客户一定要有服务第一的精神才行。大荣公司表示,服务第一,不是公司哪一个部门或哪一个人的责任,而是每一个人及每一个部门都要去遵循的理念。服务第一是全年无休,每天24小时,而且不能分彼此的。服务第一,不是口号,而是一种行动。而这一个行动也必须是依赖于每一个员工及部门密切配合完成的,是环环相扣的。服务第一是用行动去表现的而不是光靠喊口号来实现的。

复习与思考

5.1 什么是市场调查？市场调查的内容有哪些？
5.2 试述市场调查的一般步骤与方法。
5.3 简述市场预测的概念，市场预测的作用
5.4 市场预测的内容有哪些？
5.5 如何用德尔菲法进行市场预测？
5.6 试述市场预测的一般步骤与方法。

表 5.15 某运输公司的运输周转量

月 份	周转量/千吨公里
1	127
2	134
3	176
4	165
5	159
6	179
7	215
8	232
9	238
10	322
11	389
12	368

5.7 某企业 1~6 月份的营运收入如表 5.16 所示，用加权移动平均法预测各月的营运收入 $W_1=0.5, W_2=0.25, W_3=0.25$。

表 5.16 某企业 1~6 月份的营运收入

i 月份	1	2	3	4	5	6
营运收入/万元	44	50	45	60	55	70

5.8 已知某运输企业 1~5 月份的运输周转量如表 5.17 所示。用指数平滑法预测 6 月份的周转量。

表 5.17 某运输企业 1~5 月份的运输周转量

月 份	1	2	3	4	5
周转量/千吨公里	100	90	110	125	140

5.9 某运输公司前五年的营运收入额分别为 480 万元、530 万元、570 万元、540 万元、580 万元。用回归预测技术预测第六年的销售额。

5.10 战略决策与战术决策有何区别？
5.11 确定型决策、风险型决策、非确定型决策有何区别？
5.12 简述盈亏平衡分析的概念与意义。

5.13 某区域有运输公司 A、运输公司 B 及运输公司 C,同时供应该区域运输的需求。市场调查表明:A 公司上月的货主有 40%,本月仍向 A 托运,各有 30% 分别转向 B、C 托运。B 公司上月的货主有 50%,本月仍向 B 托运,有 30% 转向 A 托运,20% 转向 C 托运。C 公司上月的货主有 40%,本月仍向 C 托运,各有 30% 分别转向 A、B 托运。又设上月 A、B、C 三家公司的运输市场占有率分别为 30%、40%、30%,试求本月份和下月份 A、B、C 三家运输公司的市场占有率。

5.14 某公司年固定成本 816 000 元,该单位总成本为 3 216 000 元,平均运输单价为每千吨公里为 400 元,当年完成运输周转量任务 12 000 千吨公里,求盈亏平衡点的周转量和运输营运收入为多少元?当年完成的运输周转量 12 000 千吨公里应获多少利润?

5.15 某工程项目部要决定下月是否开工,试用决策树决策。与开工有关的气象资料如表 5.18。

表 5.18　工程项目收益与开工有关的气象资料　　　　　　（单位:元）

自然状态	自然状态的概率	方案	
		开工	不开工
天气好	0.2	50 000	−1 000
天气坏	0.2	−10 000	−1 000

5.16 预测收益矩阵如表 5.19。分别用悲观原则、乐观原则、折中原则及最小遗憾原则做出决策(乐观系数 $a=0.8$)。

表 5.19　收益矩阵　　　　　　（单位:万元）

方案＼自然状态	S1	S2	S3	S4
A1	5	6	7	8
A2	4	6	9	10
A3	7	3	5	6
A4	2	6	8	9

5.17 某运输公司计划建设一个货运中心,方案如下:

(1) 若建大货运中心,需投资 300 万元,使用 10 年。据估计,在趋势好的情况下每年可获利润 100 万元;在趋势差的情况下每年将损失 20 万元。

(2) 若建小货运中心,需投资 140 万元,使用 10 年。在趋势好的情况下每年可获利润 40 万元;在趋势差的情况下每年仍可收益 30 万元。若先建小货运中心,趋势好,3 年后将考虑是否扩建。如果扩建,又需投资 200 万元,使用 7 年,每年获利润 95 万元。由市场预测知,趋势好的概率为 0.7,趋势差的概率为 0.3。试用决策树决策。

6 运输生产管理

【开篇案例】

道路交通运输事故频发暴露管理漏洞

长(沙)常(德)高速公路交警的一项统计数据显示,2007年1月至2008年8月,在长常高速公路辖区共查获客运车辆超速违法37 939起,超速记录排在前三位的是汉寿车队共943起、澧县车队共855起、安化车队共631起,超速记录最多的客运车辆是湘西自治州旅游公司的湘U00982号和湘U01068号大客车,超速次数分别高达136起和119起。长常高速查获的客运车辆超员违法行为共计3001起,最严重的运输企业有常德欣运集团的安乡车队、汉寿车队和益阳湘运集团的沅江车队。其中常德欣运集团的湘J08026和湘J08880号大客车被查获的交通违法分别为68起和36起,其中超员的违法行为均有7起。为此,长常高速公路交警大队在2008年8月组织70余家客运车队的驾驶员参加教育学习,并组织考试,测试成绩在90分以上的可酌情免除交通违法记分。这一措施将在全省高速公路逐步推行,以达到教育驾驶员的目的。

据统计,2010年,全国共接报道路交通事故3 906 164起,同比上升35.9%。其中,涉及人员伤亡的道路交通事故219 521起,造成65 225人死亡、254 075人受伤,直接财产损失9.3亿。发生一次死亡3人以上道路交通事故1 244起,发生一次死亡5人以上道路交通事故269起,发生一次死亡10人以上特大道路交通事故34起。事故高发的态势仍没有较大改观。其中,特大交通事故中,道路运输企业占相当大的比例。

2012年1月4日18时30分左右,贵州境内贵定县到福泉市路段,都匀市往贵阳市方向,一辆从浙江义乌开往四川泸州的大客车由于当地降大雪,路面结冰,冲出护栏,侧翻至高速公路桥下,跌入高约8.8米的路坎下水沟。事故造成16人死亡,40人受伤。经初步查明,是由于驾驶员疲劳驾驶、超速行驶,加之受雨雪天气影响所致。

2012年2月25日上午,一辆河南牌照的省内旅游大巴载着一群"驴友"行至山西晋城境内时,翻下深沟致15死19伤。当时,他们所在的是一段长12公里的双向坡路车道,高差在500~600米。道路边的交通标志显示"限速20公里""前方沟深落石,10公里减速慢行"。9时25分,该车刚超过一辆普桑小轿车后,在下坡时的一个急拐弯处撞飞了路边的防撞墩,翻下深沟。公路测速系统保留着该车的最后一个数据是在 9 时左右,时速为 37.04 公里。山西交警部门初步确认,事故主要原因是司机违规操作。山西省公安厅交管局局长边智慧说:"初步勘查就是驾驶员违规操作,在山区道路和急转弯道路上超车、超速,驾驶不当,造成了这起严重事故。"

其实,为解决管理运输安全生产管理,全国绝大部分地区公路营运的旅游客车、三类以上班线客车、载运危险化学品车辆、校车、土方车、出租车都已经安装使用行驶记录仪(GPS 系统)。但超速、疲劳驾驶、擅自变更线路等违规行为仍然频现,事故仍未杜绝,部分企业管理人员对运输生产安全责任置若罔闻。2011 年 6 月,重庆市对道路交通等安全生产情况进行督察,发现潼南县公路客运有限公司对 GPS 管理不力,没有及时更新超速限制,致使近一个月 GPS 系统超速报警 1 000 次,均没受到处罚。面对市政府督查,有的企业拒绝整改。

思考题:运输企业生产过程中需要对哪些方面进行管理?如何确保运输生产过程的安全、有序、高效?

6.1 运输生产管理的任务和内容

6.1.1 运输生产管理的内容

运输企业生产管理,就是从运输生产过程的组织管理入手,按照企业预定的生产经营目标和计划,充分利用人力、物力、财力资源,对运输生产的各要素、各环节进行合理安排、优化组合,从运输产品的时间、质量、数量和成本等要求出发,为社会提供符合需要和顾客满意的运输服务全过程进行计划、组织、协调与控制。

运输生产管理的主要内容包括:

①组织。指的是运输生产过程组织与劳动过程组织的统一。这种组织应是动态的,随着运输企业经营方针、经营目标、经营计划的变化而变化。为了提高运输效率及经济效益,运输企业应不断提高其运输生产组织形式及劳动组织形式的应变能力。

②计划。主要指的是运输生产计划与运输生产作业计划。即运输企业生产的品种计划、产量(值)计划、质量计划及生产进度计划,以及保证实现计划的技术组织措施。

③控制。主要指的是对运输生产全过程进行的控制。从内容来看,包括运输生产进度的控制、运输质量的控制、物质消耗的控制及运输生产费用的控制等。从范围来看,主要包括运输生产组织、运输生产过程等各个方面。

6.1.2 生产管理的任务

生产管理的基本任务是:运用组织、计划、控制与协调职能,使投入运输生产过程的人、财、物等要素有效地结合起来,优化资源配置,不断降低成本,提高生产对市场需求的变化作出敏捷而灵活的快速的应变能力,增加企业营运收入,取得最佳经济效益,实现企业的目标。

6.1.3 生产管理的原则

（1）坚持市场导向的原则

根据社会需要、市场需求来安排和组织生产，把市场看成是出发点和落脚点，这是企业生存之本。

坚持市场导向原则，要建立强烈的市场意识、竞争意识，通过对经济发展水平和状况的调查，掌握市场容量、市场潜力、服务对象、质量要求、竞争对手等，努力按市场需求加紧产品开发，改变劳动生产组织，不断适应市场经济的需要。

（2）坚持经济效益的原则

合理配置和利用资源，以最少的劳动消耗和资金占用，生产出尽可能多的适销对路的产品。

讲究经济效益是企业管理的基本观念，也必然是生产管理的基本原则。生产管理中讲求经济效益，应侧重于在产品品种确定的条件下，通过加强生产管理，做到生产产品质量好，数量有保证，交货及时，减少浪费，精打细算，统筹兼顾，最终收到良好的综合效益。

（3）坚持科学管理的原则

在进行生产管理过程中，实行符合现代化大生产要求的制度和方法。建立强有力的、统一的、协调的生产指挥组织。认真制订和执行各项规章制度，加强基础工作。现代化大工业生产分工愈来愈细和复杂，靠严密的组织，执行严格的标准，实行严明的纪律，及时传递和沟通信息，使生产过程的每个环节始终都处于受控状态。

积极地把现代科学技术包括自然科学和社会科学所取得的成果，运用到管理中来。要大力推广现代化的管理方法，如用电子计算机辅助管理等，来促进管理水平的提高，把建立灵活、敏捷的市场反应机制和提高生产技术组织管理水平有机结合起来。

（4）坚持均衡生产的原则

生产过程要有计划、按比例地进行，克服前松后紧等现象。对于企业来讲，就要认真地在生产方式的选择和确定上下工夫。不同的生产方式，适用于不同的企业，会产生不同的效益。在适宜的生产方式的指导下，企业要对人力、物力、财力、时间等进行统筹考虑，具体地安排，要把计划做得切实可行，要认真执行计划，随时注意生产动向，结合实际加以调整，不打乱仗。

生产管理是企业管理大系统中的一个子系统，作为子系统一定要服从于大系统，还要注意同其他子系统的协调、配合，从而发挥总体效益。在生产管理系统内部，还必须调整好各种关系，运用系统的观点去处理好内部的各种问题，使生产管理在高效、稳定的状态下进行。

6.2 运输生产过程组织

6.2.1 运输生产过程组织

运输企业的生产过程是指从准备运送旅客和货物开始,到将旅客和货物送达目的地为止的全部过程。由于旅客或货物通过运输工具的运输实现位移,要经过许多环节和作业过程,根据其对客货实现位移所起的作用不同,运输企业进行运输生产的全过程可划分为运输准备过程、基本运输过程、辅助运输过程和运输服务过程。

运输生产过程组织,就是对运输生产的各个阶段、环节、工序进行合理安排,以最佳的方式将各种生产要素结合起来,使其形成一个协调的系统,做到消耗低、产量高,满足社会对运输的需求。

6.2.2 运输生产过程的构成

(1) 运输生产准备过程

运输准备过程是指企业在运送客货之前所进行的一系列物质、技术和组织上的准备工作。在这些工作中,有些需要在运输之前作较长时间的准备,如运输经济的调查与预测、营运线路的开辟与确定、站点设置、运力配置、班期安排等;有些则是经常性、不间断进行的工作,如客源和货源的组织与落实,运输设备和装卸工具的准备工作,装卸工艺的设计以及运行作业计划的制订等。

(2) 基本运输过程

基本运输过程是指货物或旅客从起运地至到达地实现空间位移的全过程。它可分为货物、行包、邮件验货装车船(旅客检票上车船),车船按规定线路、站点行驶,货物卸车船交接(旅客到站下车船检票出站)三个主要环节。运输生产基本过程是构成运输过程的主体,也是核心过程。

(3) 辅助运输过程

辅助运输过程是指为保证基本运输过程正常进行所必需的各种辅助生产活动。如检查与维修营运设备,配备与调整行车生产人员站务工作等。辅助运输过程贯穿于运输准备、基本运输及运行结束工作的全过程。

(4) 运输服务过程

运输服务过程是指为基本运输过程和辅助运输过程服务的各种运输服务活动。如运输设备用燃料、润料、随车船工具、维修用的原材料及工具设备等的供应和保管工作。

构成运输过程的各个组成部分是相对的,它们之间既有区别,又有联系,共同完成客、货运输任务。其中基本运输过程在整个运输过程中处于主导地位,是运输企业生产过程中的核心部分,而其他过程都是为基本运输过程服务的。

6.2.3 组织运输生产过程的要求

合理组织运输生产过程，其目的是妥善安排运输过程中各个阶段、环节、工序和各项作业，组织好它们之间的衔接和配合，以充分利用企业的人力、物力和财力，保证运输生产效率高，质量好，消耗少，成本低。

为了使运输的组织既能体现运输生产的特殊性，又能保证运输过程各环节能互相衔接，协调配合，对组织运输生产过程提出了如下要求：

①连续性。连续性是指运输生产过程的各个环节、各项作业之间，在时间上能够紧密地衔接和连续地进行，不发生任何不合理的中断现象，提高运输设备、机械设备的利用效率和旅客及货物的运送速度。

②平行性。平行性是指运输过程的各个环节、各项作业在时间上尽可能平行地进行。平行性是运输过程连续性的必然要求。如车辆的准备和售票、行包托运与商务作业的平行进行等。对于可以平行进行的生产环节和作业，如未能同时进行，就会影响运输过程的连续性。因此，保持运输过程的平行性，能保证在同一时间内更有效地进行生产活动，从而提高旅客和货物的运送速度，加速运输设备周转，为运输过程的连续性创造条件。

③协调性。协调性又称比例性，只有按比例才能保持协调。它是指运输过程的各个生产环节、各项作业之间，在生产能力上应保持适当的比例关系。即人力的调配、资金供应、物资供应、营运设备及其吨（座）位、机械设备的生产能力，必须互相协调、配套平衡、互不脱节。这是现代化大生产的客观要求。运输过程的协调性可以使企业的人、财、物得到充分利用，从而保证运输过程的连续性。

④均衡性。均衡性又叫节奏性，它是指运输过程的各个生产环节、各项作业之间，在相同的单位时间内完成大致相等的工作量或稳步递增，使企业的运输队、车间、车站、维修厂（场）等的工作量能保持相对平衡，不出现时紧时松、前松后紧、你松我紧的不正常现象。运输过程的均衡性，有利于企业保持正常的生产秩序，有利于充分利用车辆、机械设备和站场的生产能力。

当然，我们要求的均衡性并不是绝对的，在个别时期、个别环节和作业工序进行临时性的突击是难免的，但从整个运输过程的组织工作出发，我们应力求达到生产的均衡性。

6.3 组织合理运输

6.3.1 合理运输的概念

合理运输是指按照人的出行规律或商品流通规律、交通运输条件、人或货物的流向、运输市场供需情况，走最少的里程，经最少的环节，用最少的运力，花最少的费用，以最短的时间,把人或货物从起运地运到目的地。也就是用最少的劳动消耗,满足社会对运输的需求,取得最佳的经济效益。因为,在运输生产活动中,需要一定的劳动消耗(活劳动和物化劳动)。衡量运输的合理与否,是从技术经济角度,核算消耗在运输上的社会劳动量,来评价运输的经济效益。

6.3.2 组织合理运输的意义

组织合理运输,对于国民经济发展和改善物流工作,都有重大意义。体现在以下五个方面:

(1) 可加快运送时间,有利于国民经济的发展,特别是促进工农业生产的发展,积极扩大社会再生产。

(2) 有利于扩大商品流通,繁荣城乡市场,发展商品经济,及时供应生产和人民生活需要的商品。

(3) 能改善运输企业的经营管理,减少货物在途资金的占压,加速资金周转。

(4) 可降低运输成本,减少运输中的损失、损耗,提高运输质量,节约运输费用,提高经济效益。

(5) 可提高车船装载量,合理使用运输工具,充分发挥运输工具的效率,节约运输力和社会劳动力。

6.3.3 合理运输的组成要素

组织合理运输工作,涉及面广而复杂,影响它的因素也很多。要实现运输合理化,起决定作用的主要有以下五个因素。

1) 运输距离

运输既然是商品在空间的移动,或称"位移",那么,这个移动的距离,即运输里程的长短,是决定其合理与否诸因素中一个最基本的因素。因此,运输企业在组织运输时,首先,要考虑运输距离,应尽可能实行就近运输,尽可能避免舍近求远,要尽量避免过远运输与迂回运输。

2) 运输时间

对运输业来说,为了更好地为顾客服务,及时满足顾客的需要,时间是一个决定性的因素。对货物运输来说,运输不及时,容易失去销售机会,造成货物脱销或积压。尤其在市场变化很大的情况下,时间问题更为突出。人们常说"时间就是金钱,速度就是效益",运输工作也不例外。所以,在运输过程中,必须特别强调运输时间,要想方设法加快运输,缩短运送时间,实现"货畅其流、人便于行"。

3) 运输费用

运输费用是衡量运输经济效益的一项重要指标,也是组织合理运输的主要目的之一。货物运输费用的高低,不仅关系到运输部门的经济核算,而且也影响商品销售成本。如果组织不当,使有些商品的运输费用超过了商品价格本身(如煤炭),这是不合理的。旅客运输费用的高低,短期内会抑制人们的出行,影响"人便于行"的目标实现。因此,在组织合理运输工作中,积极节约运输费用,是运输企业的一项重要任务。

4) 运输方式

在交通运输日益发展,各种运输工具并存的情况下,必须注意选择有利的运输方式(工具)和运输路线,合理使用运力。要综合考虑方便、运价、时间等因素,选择铁路、水运或汽车运输,并确定最佳的运输路径。

5) 运输环节

围绕着运输业务活动,还要进行装(上)、卸(下)、货物(行李)搬运等工作,多一道环节,需多花费很多劳动,所以,运输部门在组织运输生产时,要对所运人或货物的去向、到站及数量等作明细分类,尽可能组织直达、直拨运输,越过一切不必要的中间环节,由起运地直运到最终目的地,减少二次运输。

上述这些因素,它们既互相联系,又互有影响,有时甚至是矛盾的。如运输费用省了,而时间却慢了;而有时,运输距离虽然稍远,但由于路段通过能力的影响,运输时间反而短了。这就要求进行综合比较分析,制订最佳运输方案。在一般情况下,运输时间短、运输费用省,仍然是考虑合理运输的两个主要因素,它集中地体现了在运输过程中的运输经济效益。

6.3.4 多式联运

多式联运是在集装箱运输的基础上发展起来的新型的运输方式。联合国为了适应并促进国际贸易和运输的顺利发展,于 1980 年制定了《联合国国际货物多式联运公约》,其中对国际多式联运作了如下的定义,即"国际多式联运是按照多式联运合同,以至少两种不同的运输方式,由多式联运经营人将货物从一国境内接受货物的地点运至另一国境内指定交付货物的地点。"

多式联运是货物运输的一种较高组织形式,它集中了各种运输方式的特点,扬长避短,融会一体,组成连贯运输,达到简化货运环节,加速货运周转、减少货损货差、降低运输成本、实现合理运输的目的,它比传统单一运输方式具有无可比拟的优越性。

1) 铁路集装箱运输系统

利用铁路平车装载集装箱以担当陆上较长运距的集装箱运输服务,是一种所谓"背载运输"的作业方式。根据集装箱的装载情况不同,它又可分为下列两种方法(如图 6.1 所示):

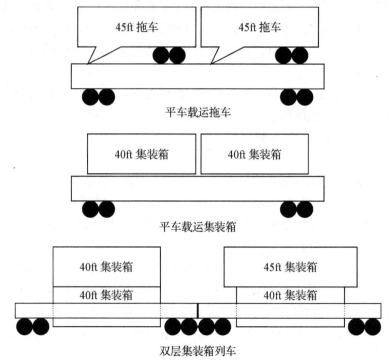

图 6.1 铁路集装箱运输图

(1) 平车载运拖车将集装箱同载运拖车一起固定于铁路平车上,作长距离运送服务,到达目的站以后,则可以拖车将集装箱直接送往收货人处。

(2) 平车载运集装箱利用机具将集装箱直接固定于铁路平车上,待运抵目的站后,再以机具将集装箱卸放拖车的车架上送抵收货人货仓,这种运输方式是较为常见的。近年来,又有双层集装箱列车的出现,使得铁路集装箱运输的经济效益又有了进一步的提高。

2) 公路集装箱运输系统

在铁路无法到达或运程较短的运输中,公路集装箱运输正可以发挥其可及性高的优点,以完成集装箱运输系统的末梢运输任务。一般而言,运送方法有下列四种(如图 6.2 所示):

(1) 汽车货运方式是以一般货车来运送集装箱,集装箱对于货车而言,只是一件较为庞大的货物而已,货车除了可用于装运集装箱外,还可适用于其他货物。

(2) 全拖车方式是从货车运送方式上演变而来,除了以一般货车装载集装箱外,再与货车尾端以一拖杆牵带一辆车架运送另一集装箱。

(3) 半拖车方式是以一辆拖车后拖一车架以装运集装箱,拖车可脱离车架而灵活调度使用,以增加使用率。

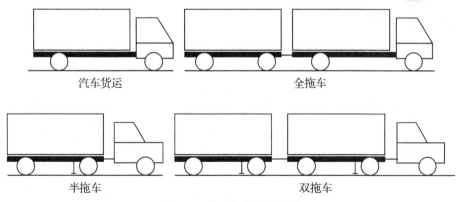

图 6.2 公路集装箱运输图

（4）双拖车合并方式是在半拖车之后以一台引车衔接另一车架用以装运第二个集装箱。

扩展公路集装箱运输是航运公司的提高竞争力的重要措施，因为航运企业若是在目的港拥有公路集装箱运输权，则可将集装箱直接运往收货人处所，亦可利用公路集装箱运输企业扩大揽货业务，以对抗新兴起的无船公共承运人的竞争，并可节省运送成本进而建立公司的商誉。

3）联运方式

传统的联运方式是海陆联运，也是国际多式联运的主要组织形式。主要在远东——欧洲方向进行。它主要以航运公司为主体，签发联运提单，与航线两端的内陆运输部门开展联运业务，与大陆桥运输展开竞争。

所谓陆桥运输是指采用集装箱专用列车或卡车，把横贯大陆的铁路或公路作为中间"桥梁"，使大陆两端的集装箱海运航线与专用列车或卡车连接起来的一种连贯运输方式。它是远东——欧洲国际多式联运的主要形式。

近年来，随着国内内河航运的发展，内河、公路、铁路、海运的接驳联运也越来越多，水铁、水公、河海、江海联运方式层出不穷。如上海洋山深水港开港后，建立了包括公路、铁路和水运三位一体的集装箱集疏运体系。渝申 300 TEU 江型集装箱船，主要是满足重庆与上海港外高桥码头间的集装箱运输；汉洋 300 TEU 江海型集装箱船，主要满足从武汉直达洋山深水港；中转联运型 400 TEU 集装箱船，满足重庆集装箱到武汉或南京中转后，将集装箱从两港运往洋山的运输过程。而武汉的阳逻港，则完成了中国内河集装箱铁水联运的第一对接，成为中西部地区的出海口。实现铁水联运后，阳逻港服务半径从 200 公里扩展到 1 000 公里，可以更多地吸引四川、重庆、陕西、河南、湖南等中西部省市的外贸集装箱，通过阳逻港中转出口海外。江苏的扬州、太仓则构建了一条连通运河、长江与大海的集装箱联运服务体系。

6.3.5 危货运输

随着化学危险货物运输量逐年增多,化学危险货物运输经营业户、运输车辆和从业人员逐年增加。国务院有关部门为了保证危险货物安全运输和人民生命财产安全做了大量的工作,逐步建立了危险货物运输的管理体制和有关规章。仅道路运输方面就制定了《汽车危险货物运输规则》、《汽车运输危险货物品名表》、《道路危险货物运输管理规定》等多项规章。在危货运输过程中,应详细了解与安全运输密切相关的每个品名的货物特性。包括其形态和化学、物理性。同时,为了便于使用,还增加了包装方法、包装标志、灭火方法及现场急救等内容。包装和标志,车辆和设备,托运和单证,承运和交接,运输和装卸,保管和消防,劳动防护和医疗急救时严格按照有关规章制度执行。同时,应加强对危险货物道路运输从业人员资格管理,也就是要加强对其的培训、考核、发证工作。

6.3.6 鲜活运输

凡在运输中需要采取特殊措施(冷藏、保温、加温等),以防止腐烂变质或病残死亡的货物,均属鲜活货物。鲜活货物分为易腐货物和活动物两大类,其中占比例最大的是易腐货物。易腐货物是指在一般条件下保管和运输时,极易受到外界气温及湿度的影响而腐败变质的货物。易腐货物主要包括:肉、鱼、蛋、水果、蔬菜、冰鲜活植物等。活动物包括:禽、畜、兽、蜜蜂、活鱼、鱼苗等。鲜活货物品类多,运距长,组织工作复杂;季节性强,运量波动大,运输时间紧迫,易受外界气温、湿度和卫生条件的影响。

鲜活货物的组织工作与普通货物相比要复杂得多,鲜活性质能否保持与运输时间的长短密切相关。在运输鲜活货物时,需要使用特种车辆,采取特殊措施,尽量不影响鲜活货物原来的质量。如果用冷藏来保存和运输易腐货物,必须连续冷藏。如果保管和运输中某个环节不能保持连续冷藏的条件,那么食品就可能在这个环节中迅速腐败。

6.4 运输生产计划的制定

运输生产计划是运输企业生产经营计划的重要组成部分。它为编制资金计划、物资计划、劳动用工计划等计划提供了依据。在编制和实施生产计划时,应突出体现坚持市场导向,满足市场需求;充分利用生产资源,合理配置,优质、低耗、及时地提供所需服务。

6.4.1 运输生产计划的分类及其编制原则

运输生产计划,是指运输企业在一定时期内,运输产品的品种、数量、质量、进度等项指标,它是运输企业生产管理的重要依据。

1)运输生产计划的种类

(1)按运输方式分有:①铁路运输生产计划;②公路运输生产计划;③水路运输生

产计划;④航空运输生产计划;⑤联运运输生产计划;⑥集装箱运输生产计划。

(2) 按编制时间分有:①年度运输生产计划;②月度运输生产计划;③旬度运输生产计划。

(3) 按运输对象分有:①旅客运输生产计划;②货物运输生产计划。

2) 编制运输生产计划的原则

(1) 要保证重点,统筹安排

编制运输生产计划,必须有全局观点,正确处理全局与局部、重点与一般的关系。按着轻重缓急来安排运输计划的先后次序。一般应先中央,后地方;先外运,后国内;先省外,后省内;先老、少、边、穷地区,后一般地区。对保证国家重点项目建设,抢险救灾和节日供应市场急需的货物运输计划,应予优先安排。

(2) 要组织均衡运输

"均衡运输"与市场对运输密集性、季节性需求常常是相互矛盾的。作为运输设备,在均衡使用的条件下,效率最高,但作为运输企业,要满足市场需求的前提下,才有效益,所以"组织均衡运输"是指在组织货源,编制运输计划时,要寻找市场特点与规律,统筹兼顾,按照产销季节的要求,尽量组织均衡运输,以充分利用运输能力。

(3) 做好运量预测

做好运量预测是准确编制运输生产计划的前提。要了解旅客出行和货物流动规律性,同时,还要掌握旅客或各类主要货物运输的历史资料,作为编制运输生产计划的依据。

(4) 加强统计分析

统计作为对社会经济现象进行分析的一种科学方法,是认识社会经济活动的一个重要基础工作。运输统计为编制运输生产计划提供历史资料,也是对运输生产计划执行情况进行检查监督的重要手段。通过统计进行分析,才能找出运输生产计划中存在的问题和信息反馈,从而提高计划的准确性。运输统计的基本要求是及时、准确和全面。

6.4.2 运输生产计划指标和编制计划工作

1) 运输生产计划指标

(1) 运输工作量指标

运输工作量指标是反应运输设备营运活动的运输任务或成绩的指标,它包括运输设备的运输的货物数量(以吨计)、运输设备运输的旅客数量(以人计)和用所运输的货运量乘以相应运输距离的积表示的货运周转量(以吨公里计),用所运输的旅客的客运量乘以相应运输距离的积表示的客运周转量(以人公里计)。

在统计计算运量和运输距离时,应以货运单据记载实际货物重量与运距或客票记载的人数与运距为依据。为了综合反映运输工作量情况,在运输中还采用换算周转量指标。换算周转量等于货运周转量与旅客换算吨周转量之和。

(2) 载运工具利用率指标

①载运工具时间利用指标

ⓐ载运工具营运时间:是从时间上反映载运工具所处的状态和运营情况的指标,以吨位(客位)天为计算单位。载运工具营运时间是指载运工具总时间中性能完好,可以从事客货运输工作的时间。它包括运输时间、待运时间和其他工作时间。

ⓑ完好率:是指统计期内载运工具营运时间与总时间之比,用百分率表示。

ⓒ工作率:是指统计期内载运工具工作时间与总时间之比,用百分率表示。

②载运工具速度利用指标

ⓐ营运速度:是指载运工具在工作时间内平均每小时行驶的里程。它用来表示载运工具在工作时间内运转的快慢。

ⓑ载运工具平均日行程:是指统计期内平均每个工作日载运工具行驶的里程。

③载运工具行程利用指标

载运工具行程利用率是指统计期内载运工具的载运里程与总行程之比的比值,用百分率表示,它用来表示载运工具总行程的有效利用程度。

④载运工具载重(客)量利用指标

ⓐ载运工具负载率:是指载运工具在运输时载货(客)量与载运工具额定吨位(客位)之比的比值,用百分率表示。它用来表示载运工具吨位(客位)在运输时的利用情况。

ⓑ载运工具载重(客)量利用率:是指统计期内载运工具的运输周转量与载运工具行驶吨位(客位)公里之比的比值,用百分率表示。

⑤载运工具运输能力利用指标

ⓐ载运工具运输能力:指一定时期内,根据一定的营运经济条件,一定的运输设备条件和一定的生产组织方式,载运工具所能完成的最大客货运输量和周转量。

ⓑ载运工具生产率:是指载运工具在营运期内平均每吨位(客位)在一昼夜内完成的周转量,所以又称为营运期载运工具吨位(客位)天生产量。

2) 运输生产计划的编制方法

运输生产计划的编制必须遵循一定的计划程序。通常分为以下四个步骤:

(1) 分析内外环境

运输企业为了要在社会经济系统中生存和发展,必须对其所处的外部环境和内部条件有充分的了解。为此,必须广泛收集各种信息,加以综合分析,作为编制运输生产计划的依据。编制运输生产计划所需信息很多,可以归纳为运输需求分析、资源分析、运输能力分析三类。

①运输需求分析。通过运输市场需求预测和运输企业在计划期内可能的运输生产量,作为编制运输生产计划的依据。

②资源分析。社会对运输产品的需求,并不等于企业现实的运输生产计划。运输企业能否生产出满足社会需要的产品,取决于运输企业能否从外部取得必要的资源以及本身有没有把资源转化为产品的能力。

资源分析主要分析燃油料、电力、设备、工具等的供应情况,以及企业从外部获得资金的可能性和条件。

企业外部的资源条件,在很大程度上取决于宏观经济形势和政府各个时期的经济政策以及企业所处地区的经济发展状况和生产力的组织水平。因此,企业在分析资源条件时,不能仅看到企业受宏观经济制约的一面。

③运输能力分析。主要分析运输企业有没有把外部所获得的资源转化为产品的生产能力,以及企业的销售能力。需要着重分析的因素有:工程技术人员和技术工人的水平、结构和数量;设备的性能、比例构成及数量;生产技术准备工作状况;各种物资的储备情况;企业管理水平、企业领导班子和中层领导的素质,以及全体职工的士气等等。

显然,运输企业的生产能力既包含着物的因素,也包含着人的因素。在某种意义上讲,人的因素有更重要的作用。

(2) 拟定和优化计划方案

运输生产计划方案主要是指运输产品生产指标的方案。在同样的内外条件下,存在着许多不同的生产方案。运输计划编制工作在这一阶段的任务就是要制订出多种不同方案,并从中选择一个比较满意的方案。

(3) 综合平衡,编制计划草案

以运输企业的年度生产为例,进行综合平衡的目的,在于进一步分析和测算运输企业现有生产技术条件和各种资源条件,正确协调和处理生产经营活动中各种比例关系,做到合理利用运输企业的人、财、物,克服薄弱环节,挖掘生产潜力,取得最大的经济效益。年度生产计划综合平衡的主要内容如下:

①年度生产任务与生产能力的平衡。制定年度运输生产计划,必须核算运输生产能力对完成运输生产任务的保证程度,检查运输设备和生产负荷平衡,加强定额管理,完善组织工作。

②年度生产任务和物资平衡。测算物资对生产任务的保证程度。物资供应要保证生产,对缺口物资要采取措施落实。只有在物资确实不可能满足生产需要的情况下,才能考虑调整生产计划。

实际平衡时,要编制物资综合平衡表,定期分析各个时期物资收、支、存的动态及其发展规律,做到物资供应切实保证生产。

③年度生产任务与劳动力的平衡。通过对各部门、各生产环节劳动力的需要量进行全面测算,检查劳动力对完成计划的保证程度。关键问题是要提高劳动生产率,使企业生产能力增长速度大于劳动力增长速度。平衡方法,就是要测算计划需要的定额工时与劳动力可供工时,进行比较,并采取措施达到平衡。

④年度生产任务与成本财务的平衡。为了保证实现利润目标,并为保证生产计划的完成核算资金需要量。首先,根据企业经营目标规定成本控制目标,把各种费用进行分解,并采取措施降低成本费用,确定可比产品成本降低率和降低额。然后,根据成本编制企业资金计划、销售收入计划和财务支出计划,并采取增收节支措施,组织财务收支平衡,提高企业经济效益。

财务平衡的核心是资金的平衡。运输企业生产所需的资金,包括流动资金和固定资金,要分类进行测算和核定。要提高资金的使用经济效果,加速资金周转速度,减少利息支出,尽量减少资金占用,以尽量少的资金保证生产任务的顺利完成,提高运输企业生产经营的经济效果。

综合平衡的内容十分广泛,运输企业要根据实际需要和可能,进一步组织其他方面的平衡,如生产与生产技术准备、生产与销售、前方与后方、数量与质量等等方面的平衡。

(4) 组织实施

根据综合平衡的结果,即可编制年度计划草案。计划草案经有关部门组织讨论后,作必要的修正,经部门负责人或上级主管部门批准,就可组织实施。

6.4.3 运输生产作业计划

运输生产作业计划是运输生产计划的具体执行计划。它是建立正常生产秩序,实现运输企业均衡生产,完成生产任务,指导企业日常生产活动的重要工具,也是不断提高运输企业管理水平,取得良好经济效益的重要手段。

运输生产作业计划与运输生产计划比较,在计划期、计划内容、计划单位等方面存在区别。

从计划期看,运输生产计划一般规定到季度或月份为最低时限,而运输生产作业计划要规定到月度以内的旬、日、轮班、小时,甚至到分钟。显然,从计划期看,运输生产作业计划比运输生产计划要短。

从计划内容看,运输生产计划一般编制到车间,而运输生产作业计划则要把生产任务细分到各个车队、车间、班组甚至到个人,明确规定每个生产环节之间在生产活动上的联系和衔接。显然,从内容上看运输生产作业计划比运输生产计划要具体。

1) 运输生产作业计划的作用和要求

(1) 运输生产作业计划的作用如下:

①运输生产作业计划是实现运输生产计划的基本保证。

②运输生产作业计划确定了运输企业职工具体生产工作内容,明确了生产奋斗目标,以组织和调动职工积极性,完成总体生产任务。

③运输生产作业计划的认真执行,是运输企业建立正常生产秩序、管理秩序,提高经济效益的重要手段。

④运输生产作业计划的编制和实施也是企业整个计划管理工作中的一个重要环节,起着基础性的作用。

(2) 运输生产作业计划的要求

为保证运输生产计划的顺利实施,对运输生产作业计划有一系列的要求,主要有:

①严肃性。即编制运输生产作业计划要严肃,不是可编可不编的问题,而是必须编。执行运输生产作业计划要严肃,不是可执行可不执行的问题,而是必须执行。如果

编制不严肃,就会使计划本身存在缺陷,执行起来,缺乏有效性,就会失去作用。如果执行不严肃,就会有章不循,生产过程成为一盘散沙。

②科学性。编制运输生产作业计划要有科学的依据,编制所需要的基础资料、信息等必须真实、可靠。同时,编制运输生产作业计划的方法要科学。这就要求运输企业各级在编制运输生产作业计划之前,要详尽地收集有关资料,加以筛选,选择合适的方法来加以编制。

③预见性。运输生产作业计划既然是计划,从时间上必然具有超前性,所以存在着预见性问题,要充分估计到即将开始的未来所存在的优势及困难,努力发挥有利因素的效用,克服不利因素带来的困难,早发现问题,早提出措施意见,以保证计划的完成。

④群众性。在编制运输生产作业计划时要深入生产第一线、深入运输生产过程,吸取第一线职工的意见和建议,因为在执行运输生产作业计划时,要依靠职工去操作,所以要发动大家出主意,想办法去完成计划。第一线职工群众最了解运输生产,最熟悉运输生产过程和要求,最有发言权,而任务又要他们去执行,充分依靠和发动他们,发挥他们的聪明才智是理所当然的。

2) 运输生产作业计划的编制

(1) 运输生产准备工作

①确定计划期运输任务和各项载运工具利用指标。

②确定计划期载运工具运行动态、技术状况和维修作业计划。

③掌握有关站点分布、基础设施、交通情况和现场作业能力。

④确定载运工具运行的各项技术参数和工作定额,如平均技术速度、技术作业时间、业务作业时间等。

(2) 运输生产计划编制

①根据计划期的客货源汇总表,计算出实际需要的运力,使运力、运量相平衡。

②结合计划期载运设备运用计划,提出初步运输方案。

③根据实际情况调整初步运输方案,得到最优运输方案。

④根据运输计划编制运输设备运行计划总表。

⑤编制分日运送计划表。

⑥编制单车运行计划表。

6.5 网络计划技术

6.5.1 网络计划技术概述

网络计划技术是一种计划方法,特别适用于大型项目计划编制。大型项目一般规模大、环节多,涉及大量的人力、物力和财力,建设周期长,如何合理地安排各方面的资源,使它在时间上紧密衔接,并合理调配人力、物力,在有限的资源条件下,用最短的时间,最省的费用按质完成项目,是人们追求的目标。网络计划技术能够帮助人们在众多的项目环节中,找到影响项目工期的关键作业和关键路线,抓住其中的主要矛盾,确保项目在最短时间内按期完工。另外,网络计划技术还提供了相应的优化技术,在现有的资源条件下优化整合,以最佳的资源配置在最短的时间内完成项目。

网络计划技术是在关键路径法(Critical Path Method,CPM)和计划评审技术(Program Evaluation and Review Technique,PERT)两种技术的基础上发展起来的。

CPM和PERT是独立发展的计划技术,两者之间有一些局部的不同,例如,CPM假定工序的时间是确定的,PERT则认为工序的时间是不确定的,应该用概率方法估算;CPM不仅注意时间因素,也重视时间和费用的平衡,PERT则更多地考虑时间因素等等。CPM和PERT虽然有一些差别,但其基本原理是一致的,都是通过网络图的形式对项目在时间进度、费用资源上进行分析控制,故人们将它们合称为网络计划技术。

6.5.2 网络图的构成及画法

网络图是用来表示一个项目中各个工作环节的前后时间顺序关系的图形,主要由圆圈和箭线组成,形成网状图,故称网络图。

1)网络图的构成

网络图主要由以下内容构成:

(1)事项

事项表示某个工序的开始或结束。在网络图中用○表示。○是两条或两条以上箭线的交接点,故又称为"结点"。结点不消耗资源,也不占用时间,是表示某个工序开始或结束的符号。网络图中第一个事项(即第一个圆圈)叫网络的始点事项,它表示项目的开始;最后一个事项(即最后一个圆圈)叫网络的终点事项,它表示项目的结束;介于始点事项与终点事项之间的事项叫中间事项,所有中间事项代表双重意义,它既表示前一个工序的结束,又表示后一个工序的开始。为了方便区别,在圆圈内写上编号。一个工序可用两个结点编号表示,如工序②——③。

(2)工序

工序是指一个需要消耗人力、物质和时间的生产过程。但也有一种既无人力、又无物质消耗,也不占用时间的特殊工序,称为"虚工序"。虚工序表明一个工序与另一些工序之间的逻辑关系,指明工序的前进方向。利用虚工序可以消除网络图中可能产生的模棱两可、含糊不清的现象。在网络图中,工序用一根实箭线来表示,虚工序则用一根虚箭线表示。箭线所指的方向代表工序前进的方向。箭线的下方则标明完成该工序的时间,虚工序的工序时间为零。

工序可根据它们之间的相互关系,分为紧前工序和紧后工序。连接在某个工序之前的工序称为该工序的紧前工序;连接在某个工序之后的工序称为该工序的紧后工序。

(3)线路

线路是指从始点事项开始,顺着箭线所指方向,连续不断地到达重点事项的一条道路。在一条线路上各工序时间之和,就是该线路所需要的时间周期。在一张网络图上,完成一个项目或任务可以有许多同时进行的线路,其中时间周期最长的线路称为关键线路。关键线路的时间直接影响整个项目的完成期限,所以也称为主要矛盾线。关键线路一般用粗线或红线表示,见图 6.3。

① 上图中共有八条线路:
ⓐ①→②→④→⑥
ⓑ①→②→③→④→⑥
ⓒ①→②→③→④→⑤→⑥
ⓓ①→②→③→⑤→⑥
ⓔ①→③→④→⑥
ⓕ①→③→④→⑤→⑥
ⓖ①→③→⑤→⑥
ⓗ①→②→④→⑤→⑥

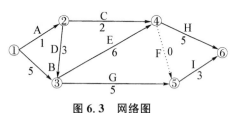

图 6.3　网络图

② 八条线路的时间周期分别为
ⓐ 1+2+5=8 天
ⓑ 1+3+6+5=15 天
ⓒ 1+3+6+0+3=13 天
ⓓ 1+3+5+3=12 天
ⓔ 5+6+5=16 天
ⓕ 5+6+0+3=14 天
ⓖ 5+5+3=13 天
ⓗ 1+2+0+3=6 天

比较八条线路的时间周期,最长的线路是第 5 条(16 天),这条线路就是网络图的关键线路。

2) 网络图的画法
(1) 绘制网络图的规则
① 两个事项之间只能有一个工序。在网络图中,如果同时存在几个工序并联作业,不允许直接连箭线,必须设置新的事项,并使用虚工序。如图 6.4(a)是错误的,图 6.4(b)是正确的。

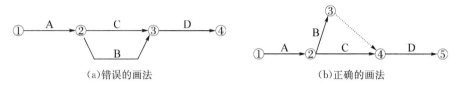

图 6.4　绘制网络图

② 网络图必须是非循环的。在网络图中,不允许出现返回到已走过的事项上去的工序,即不能形成回路。网络图中的箭线应从左至右排列,如图 6.5 所示。

图 6.5　网络图

③网络图只能有一个始点事项和一个终点事项。这是为便于计算各种参数设定的,如图 6.6 所示。

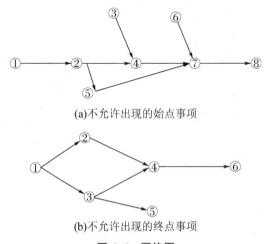

图 6.6　网络图

④代表工序的每一条箭线必须连接两个结点,不能从一条箭线的中间引出另一条箭线,如图 6.7 所示。

图 6.7　网络图

(2) 绘制网络图

绘制网络图的一般步骤是先对项目进行分析,然后根据项目的内在逻辑关系和要求绘出初步的网络图,最后绘出正式的网络图。

① 任务分析

ⓐ 划分工序,列出全部工序明细表。即根据实际情况,将任务分解成许多具体工序。任务的分解应依对象不同区别对待,如对领导机关来说,需纵观全局,掌握关键,因此工序可分解得粗一点;对基层生产单位来说,为有效地组织和指挥生产,工序应分解得细一点。任务经分解后,要列出全部工序的明细表,并要注明每个工序的名称(或代号)及工序时间。

⑥确定工序之间的关系,列工序分析表(见表6.1)。确定工序之间的关系时,应对下列问题进行具体分析。首先,该工序开始前,有哪些工序必须完成(紧前工序)。其次,该工序进行中,哪些工序可与之平行或交叉进行。再次,该工序完成后,哪些工序应接着开始(即紧后工序)。然后将分析的结果反映到工序分析表上。

②绘制网络图。网络图的绘制方法就是根据工序分析表的内容,由始点事项开始,逐项绘图,直至终点事项(也可以由终点事项开始,逆向绘图)。

例6.1 将表6.1下面的任务绘制成网络图。

表6.1 工序分析表

工序	紧前工序	工序时间/天	工序	紧前工序	工序时间/天
A	—	5	G	C	3
B	A	4	I	G	5
C	—	6	H	D、E、F	2
D	B、C	2	K	H、I	5
E	B、C	2	J	G	4
F	B、C	4	L	K、J	4

解:根据工序分析表,绘制网络图,如图6.8所示。

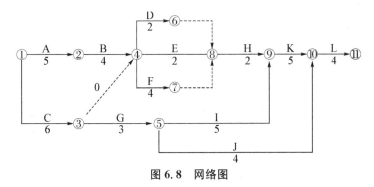

图6.8 网络图

6.5.3 网络时间参数计算

网络时间参数主要包括工序时间、事项时间参数和工序时间参数,根据这些数据,我们可以确定关键路线。

1) 工序时间的计算

工序时间是组成网络的各项工序所需要的作业时间,相当于各项工序的工时定额,它的确定一般有以下几种方法。

(1) 单一时间估计法

这种方法就是在估计各项工序作业时间时,只确定一个时间值。在进行时间估计时,可以参考过去积累的有关统计资料或同类型作业和工程项目的时间值,进行对比、分析和类推。这种方法适用于不可控因素较少的情况下，并有同类作业或类似产品或服务的时间作参考。

(2) 三种时间估计法

这种方法就是对工序的作业时间，预计三个时间值，然后求出可能完成的时间值。这种方法适用于新产品或服务开发或新建项目的时间值估计。因为没有过去的资料作参考，很难获得各项作业所需的准确时间。通常先估计三个时间：

①最乐观时间(Optimistic Time)。指在最有利的条件下顺利完成一项作业所需要的时间，常用 a 表示。

②最可能时间(Most Likely Time)。指在正常情况下，往常一项作业所需要的时间，以 m 表示。

③最保守时间(Pessimistic Time)。指在最不利的条件下完成一项作业所需要的时间，以 b 表示。

显然，这些时间出现的机会不是相等的，因此，在求平均值时不能简单平均，而是加权平均的方法。其计算公式为

$$t = \frac{(a+4m+b)}{6}$$

2) 事项时间参数的计算

事项本身不占用时间，它表示工序应在某一个时刻开始或结束。事项的时间参数有最早开始时间和最迟结束时间。

(1) 事项最早开始时间的计算

事项最早开始时间是指从该事项开始的各工序最早可能开始工作的时刻，在此时刻之前不能开工。事项最早开始时间以 $T_E(j)$ 表示。计算事项最早开始时间是从网络的始点事项开始，自左向右，顺箭线所指方向逐个计算，直至终点事项，终点事项因无后续工序，所以，它的开始时间也就是结束时间。始点事项的最早开始时间一般为零，即 $T_E(1)=0$。

计算事项最早开始时间一般有两种情况：

①当一支箭线指向箭头事项时，即 $(i) \longrightarrow (j)$，则箭头事项的最早开始时间＝箭尾事项的最早开始时间＋工序时间，即

$$T_E(j) = T_E(i) + T(i,j) \quad j=2,3,\cdots,n$$

②当多支箭线指向箭头事项时，即

则箭头事项的最早开始时间＝选择多个｛箭尾事项的最早开始时间＋工序时间｝中最大值，即

$$T_E(j) = \max\{T_E(i) + T(i,j)\} \quad j=2,3,\cdots,n$$

(2) 事项最迟结束时间的计算

事项最迟结束时间是指以该事项为结束的各工序最迟必须完工的时刻,在此刻若不完工,就会影响后续工序的按时开工。事项最迟结束时间以 $T_L(i)$ 表示。计算事项最迟结束时间,应从网络图的终点事项开始,自右向左,逆箭线所指方向逐个计算,直至始点事项。终点事项的最迟结束时间一般是它的最早开始时间,如果有特定的时间要求,应以规定时间作为终点事项的最迟结束时间。

计算事项最迟结束时间有两种情况:

①当一个事项引出一支箭线时,即 $(i) \longrightarrow (j)$,则

箭尾事项的最迟结束时间=箭头事项的最迟结束－工序时间,即

$$T_L(i) = T_L(j) - T(i,j), \quad i = n-1, n-2, \cdots, 1$$

②当一个事项引出多支箭线时,如

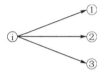

箭尾事项的最迟结束时间=选择多个{箭头事项的最迟结束－工序时间}中最小值,即

$$T_L(i) = \min\{T_L(j) - T(i,j)\}, \quad i = n-1, n-2, \cdots, 1$$

现计算出例 6.1 的事项时间参数如图 6.9 所示。

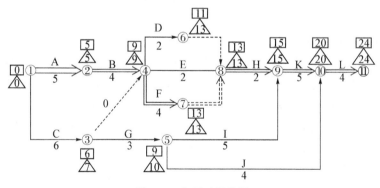

图 6.9　事项时间参数

图中,以□里的数字为事项的最早开始时间,以△里的数字为事项的最迟结束时间。

3) 工序时间参数的计算

工序时间参数是从工序的角度来研究网络图的计算。工序时间参数有:最早开始时间、最迟开始时间、最早结束时间、最迟结束时间。学过事项时间参数的计算后,工序时间参数的计算就很简单了。

(1) 工序最早开始时间的计算

工序最早开始时间是指工序具备了条件,工序最早允许开始的时刻,用 $E_S(i,j)$ 表示。计算工序最早开始时间应由网络图的始点事项开始,顺箭线所指方向,由左向右逐个计算,直至终点事项。

计算工序最早开始时间的方法是:工序最早开始时间就是箭尾事项的最早开始时间,用 $T_E(i)$ 表示,即

$$E_S(i,j)=T_E(i)$$

(2) 工序最早结束时间的计算

工序最早结束时间用 $E_F(i,j)$ 表示,就是工序最早开始时间加上工序时间,用 $T(i,j)$ 表示,即

$$E_F(i,j)=E_S(i,j)+T(i,j)$$

(3) 工序最迟结束时间的计算

工序最迟结束时间用 $L_F(i,j)$ 表示,就是其箭头事项的最迟结束时间,用 $T_L(j)$ 表示,即

$$L_F(i,j)=T_L(j)$$

(4) 工序最迟开始时间的计算

工序最迟开始时间就是在不影响整个任务按期完成的条件下,最迟允许开始的时刻,用 $L_S(i,j)$ 表示。各工序最迟开始时间就是这个工序最迟结束时间减去它的工序时间,即

$$L_S(i,j)=L_F(i,j)-T(i,j)$$

4) 时差和关键线路

计算事项或工序的时间参数是为了分析各工序在时间配合上是否合理,有无潜力可挖。在项目或任务中,经常出现有些工序的开始或结束的时间或提前或延后,在一定条件下,对后续工序和整个生产周期没有影响。也就是说,这些工序在时间安排上存在机动时间。而有些工序则是环环相扣,衔接紧密,没有机动的余地。为了判定这些不同情况,就要计算时差。计算和利用时差,是网络计划技术中一个重要内容。它为计划进度的安排提供了选择的可能性。

(1) 事项时差

是指在不影响任务完工期的条件下,各事项最迟结束时间与最早开始时间之间可以推迟的最大延迟时间。事项时差以 $S(i)$ 表示。计算公式为

$$S(i)=T_L(i)-T_E(i)$$

时差大,说明机动时间多,改进的潜力大;反之,时差小,说明机动时间少,改进的潜力小。显然,只有关键事项才没有机动时间。

(2) 工序总时差和工序单时差

①工序总时差。是指在不影响整个任务完工期的条件下,各工序最早开始与最迟开始(或最早结束与最迟结束)时间之间可以推迟的最大延迟时间。工序总时差以 $T_F(i,j)$ 表示。计算公式为

$$T_F(i,j)=L_S(i,j)-E_S(i,j)$$

或

$$T_F=L_F(i,j)-E_F(i,j)$$

利用工序总时差可以提前或推迟开工,也可以减少投入的人力、设备,调整工序时间,还可以将一部分或全部机动时间转让给其他工序使用。

②工序单时差。是指在不影响紧后工序最早开始时间的条件下,本工序可以推迟的最大延迟时间。工序单时差以 $F_F(i,j)$ 表示,计算公式为

$$F_F(i,j)=E_S(j,k)-E_F(i,j)$$

例如,有一网络图如图 6.10 所示。
$(i) \longrightarrow (j)$,工序的单时差为

$$F_F(i,j)=9-6=3$$

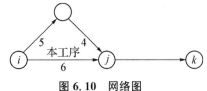

图 6.10 网络图

单时差只能在本工序加以利用,不能转让给其他工序利用。本工序若要利用时差,首先应利用单时差这部分,不足时再考虑利用总时差中的其他部分。

(3) 关键线路

①关键线路的确定。计算时差的目的是为了确定关键线路。在网络计划中,确定关键线路有两种方法,一种方法是利用事项时差,将时差等于零的事项连接起来,得到的线路就是关键线路;另一种方法是利用工序总时差,总时差等于零的工序为关键工序,由各关键工序连接起来的线路就是关键线路。工序总时差等于零,就是说该工序的最早开始时间与最迟开始时间(或最早结束时间与最迟结束时间)完全一样,中间没有机动时间;而结束时间与开始时间之差正好等于该工序的作业时间。

②关键线路的特点。第一,关键线路是由始点事项到终点事项的所有线路中,工序总时间最长的线路。关键线路上的任何一个工序和任何一个事项如果不抓紧,整个任务就要贻误。如果其中有一个工序比预计完成周期拖长了一段时间,那么整个任务的完工期就必定要推迟同样长的一段时间。反之,如果在这条关键线路上的每个工序(包括事项)都紧急动员起来,千方百计提前完成,整个任务也就能提前完成。所以,关键线路上的每个工序和事项都是事关全局的。因此,在计划执行中,必须保证在关键线路上的人力、物力、财力等应得到及时优先供应。同时对关键线路要密切注意,如果发生问题,应设法补救,以免影响进度。第二,在一般情况下,一项任务只有一条关键线路,有时也可以存在多条关键线路。有些线路虽然不是关键线路,但如果时差极小,也可以把它视为关键线路。第三,次最长线路称为次关键线路。当关键线路上的工序一旦提前完成,次关键线路便有可能转化为最长线路,于是,出现了新的关键线路。因此,在抓紧

关键线路的同时,还要以一定的注意力照顾好次关键线路、第三关键线路以便在矛盾转化时,不失时机地一环扣一环地抓下去,使任务提前完成。

现计算例 6.1 的工序时间参数、工序总时差及关键线路,见表 6.2。

表 6.2　工序时间参数、总时差和关键线路

工序 $i-j$	工序时间 $T(i,j)$	工序最早开始时间 $Es(i,J)$	工序最早结束时间 $EF(i,j)$	工序最迟开始时间 $Ls(i,j)$	工序最迟结束时间 $LF(i,j)$	总时差 $TF(i,j)$	关键线路
1	2	5	0	5	0	5	0	√
1	3	6	0	6	1	7	1	
2	4	4	5	9	5	9	0	√
3	4	0	7	7	9	9	2	
3	5	3	6	9	4	7	2	
4	6	2	9	11	11	13	2	
4	7	4	9	13	9	13	0	√
4	8	2	9	11	11	13	2	
6	8	0	11	11	13	13	2	
7	8	0	13	13	13	13	0	√
8	9	2	13	15	13	15	0	√
5	9	5	9	14	10	15	1	
9	10	5	15	20	15	20	0	√
5	10	4	9	13	16	20	7	
10	11	4	20	24	20	24	0	√

6.5.4　网络计划的优化

通过有关的参数计算,找到了关键线路,确定了一个初始计划,但这计划不一定是最佳方案,因为它仅仅考虑了时间因素,而项目的进行还需要人力、财力、设备等其他资源,故必须根据特定的需要,在现有的资源条件下,进行一系列分析、调整,使方案不断优化。

网络优化的内容有很多,这里只重点介绍一种:时间—费用优化。

时间—费用优化,就是综合考虑工期与成本二者的相互关系,用最低的总成本获得最短的工期。一项任务的总成本去除生产耗用的材料费、人工费等直接成本外,还包括企业管理费、仓库保管费等间接成本。直接成本、间接成本与工期的关系,可由图 6.11 表示。

总成本是直接成本与间接成本的和。缩短工期(或增加产量)会引起直接成本的增加

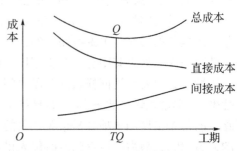

图 6.11　直接成本、间接成本与工期的关系

和间接成本的减少;延长工期(或减少产量)会引起直接成本的减少和间接成本的增加。时间—费用的优化,目的在于使总成本最低,且工期最短。也就是说,要找到图 6.11 中

曲线上总成本最低(Q)时的最优工期(TQ)。

间接成本与各工序没有直接关系,只与工序长短有关。网络计划着重分析直接成本与工期的关系。

直接成本是与生产过程中各工序的延续时间(或产量)有关。要缩短工期,就要相应增加直接成本。图 6.11 中直接成本曲线表示了随着工期的缩短(或延长),直接成本增加(或减少)的关系,可见,它们是呈反比关系。曲线的斜率是根据缩短单位时间直接成本的增值大小而定,称为直接费用增长率。其计算公式为

直接费用增长率=(赶工费用-正常费用)/(正常时间-赶工时间)

上式中的赶工时间是指某工序时间从正常状态慢慢缩短到无法再小为止的时间。在这段赶工时间里,工序所耗费用为赶工费用,见图 6.12。

进行时间—费用优化,寻求工程费用最经济最合理的最优工期,就要逐次缩短费用增长率较小的关键工序的持续时间(以不超过赶工时间为限),使直接费用的增加量最小。

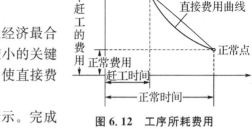

图 6.12 工序所耗费用

例 6.2 某工程的网络图如图 6.13 所示。完成各工序的正常时间、赶工时间及直接费用增长率见表 6.3。试问此工程的工期能缩短多少天?需增加费用多少元?

解:根据已知数据,这个工程按正常工序时间计算需要 16 天才能完成(关键线路为 16 天),所耗费用为 1 320 元。

若缩短计划工期,首先应组织关键工序 A、D、G 中的费用增长率最低的工序进行赶工。由表 6.3 可知,D 工序的费用增长率最低(80 元),因此,要先考虑缩短它的工序时间。

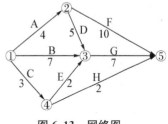

图 6.13 网络图

下面根据表 6.3 的数据,进行费用比较和分析。

若 15 天完成计划,即缩短工期 1 天时间,费用又增加 80 元,计划费用是:1 400+80=1 480 元。

很明显,缩短工期 2 天以后,线路①→②→⑤,①→②→③→⑤,①→③→⑤都变成了关键线路,完工期均为 14 天。

若 13 天完成计划,即把 A、G 工序各缩短 1 天,就会增加费用总计 240 元。然而,可以延长 D 工序 1 天时间,可得回 80 元。结果只增加费用 160 元,这时计划费用是:1 480+160=1 640 元。

若 12 天完成计划,即缩短 F、G 工序的时间各 1 天,会增加费用总计 200 元,这时计划费用是:1 640+200=1 840 元。

表 6.3 费用比较分析

工序	耗时/天 正常	耗时/天 赶工	工作费用/元 正常	工作费用/元 赶工	直接费用增长率	可供缩短天数
A	4	3	100	200	100	1
B	7	5	280	520	120	2
C	3	2	50	100	50	1
D	5	3	200	360	80	2
E	2	2	160	160	—	0
F	10	8	230	350	60	2
G	7	5	200	480	140	2
H	2	1	100	200	100	1
合计			1 320			

若 11 天完成计划,即缩短 B、D、F 工序各 1 天,会增加费用合计 260 元,这时计划费用是:1840+260=2 100 元。

这个工程的计划期限要求不能少于 11 天。把以上五个工期和费用列入表 6.4。

表 6.4 五个工期费用

工序		A	B	C	D	E	F	G	H	费用增加/元	直接费用/元	总工期/天
费用增长率		100	120	50	80		60	140	100			
可缩短天数		1	2	1	2		2	2	1			
各次修改方案缩减天数	1				−1					80	1 400	15
	2				−1					160	1 480	14
	3				+1					160	1 640	13
	4		−1					−1	−1	200	1 840	12
	5		−1	−1	−1		−1	−1		260	2 100	11

将直接费用和间接费用列表,见表 6.5,可知此项工程的工期缩短 2 天为最优工期,工序时间是 14 天,总费用是 2 880 元。

表 6.5 直接费用和间接费用

天数	16	15	14	13	12	11
直接成本	1 320	1 400	1 480	1 640	1 840	2 100
间接成本	1 600	1 500	1 400	1 300	1 200	1 100
总成本	2 920	2 900	2 880*	2 940	3 040	3 200

注:带 * 号的表示总费用最低。

6.6 运输生产现场管理

6.6.1 运输企业生产现场管理

现场一般指作业场所。生产现场就是从事产品生产制造或提供生产服务的场所，即劳动者运用劳动手段，作用于劳动对象，完成一定生产作业任务的场所。运输企业生产现场是提供运输生产和服务的场所，它既包括各运输线路、货物的装卸点、旅客的上下车站点的基本作业场所，又包括各辅助生产部门的作业场所，如售票房、候车(船、机)室、维修车间等。运输生产现场管理，就是针对运输生产现场的各种生产要素及其关系所进行的决策、计划、组织、指挥、控制、激励等一系列职能活动。由于运输基本生产过程的流动性，大量的基础工作和服务工作集中在站点，所以，运输生产现场管理的重点是站点管理。

6.6.2 运输生产现场管理的任务

运输现场管理的任务主要是合理地组织运输现场的各种生产要素，使之有效地结合起来形成一个有机的生产系统，并经常处于良好的运行状态，按整体优化的思想，积极推行精益生产等现代管理方法和手段，以工作性质定岗，以工作量定员，把多余人员从岗位上撤下来，大力降低旅客或货物的滞留，实现优质服务。运输生产现场管理的具体任务是：

(1) 以市场需求为导向，满足社会对运输的需求，全面完成生产计划规定的任务，包括运输组织方式、质量、产量、成本、安全等生产经济技术指标。

(2) 控制生产成本，消除生产现场浪费现象，科学组织运输生产，采用新工艺、新技术，开展技术革新和合理化建议活动，实现运输生产的高效率和高效益。

(3) 优化劳动组织，搞好班组建设和民主管理，不断提高运输现场人员的思想与技术业务素质。

(4) 加强定额管理，不断降低各种消耗，如降低物料和能源消耗，减少运输生产储备和资金占用。

(5) 优化专业管理，建立质量、设备、计划、调度、财务、安全等专业管理保证体系，使它们在生产现场协调配合，发挥综合管理效应，有效地控制运输生产现场的投入与产出。

(6) 组织均衡生产，实行标准化管理，严格执行技术标准、管理标准、工作标准。

(7) 加强管理基础工作，做到人流、物流运转有序，信息及时、准确，出现异常现象能及时发现和及时解决，使运输生产现场始终处于正常、有序、可控的状态。

(8) 治理现场环境，改变生产现场"脏、乱、差"的状况，确保安全生产和文明生产。

6.6.3 运输生产现场管理的内容

运输生产现场管理的内容，涵盖了运输企业管理的各项工作，既包括现场生产组织管理工作，又包括落实到现场的各项专业管理和管理基础工作。从优化现场的质量、设备等主要专业管理系统这一角度来概括和分析现场管理内容，具体包括：现场组织管理、现场主体管理、现场群体管理、现场作业管理、现场环境管理、现场物流管理、现场控制管理、现场定置管理、现场设备管理、现场质量管理、现场定额管理、现场定员管理、现场标准管理、现场安全管理、现场职责管理、现场成本管理、现场评估管理等。

6.6.4 运输企业生产现场管理的特点

（1）基础性

企业管理一般可分三个层次，即最高领导层的决策性管理，中间管理层的执行性与协调性管理和作业层的控制性现场管理。现场管理属于基层管理，是企业管理的基础。基础扎实，现场管理水平高，可以增强运输企业的内功，提高对外部环境的承受能力和应变能力；可以使运输企业的生产经营目标，以及各项计划、指令和各项专业管理要求，顺利地在基层得到贯彻与落实。现场管理需要以管理的基础工作为依据，离不开标准、定额、计量、信息、原始记录、规章制度与基础教育。基础工作健全与否，直接影响现场管理的水平。通过加强现场管理，又可以进一步健全基础工作。所以，加强现场管理要从抓基层建设、基本功训练、基本素质提高来开展。

（2）整体性

运输现场管理是从属于运输企业管理这个大系统中的一个子系统。运输现场管理作为一个系统，也具有整体性、相关性、目的性和环境适应性。这个系统管理的是人、机、料、法、环、资、能、信等生产要素，通过生产现场有机的转换过程，向市场输出各种合格的运输劳务。同时，反馈转换中的各种信息，以促进各方面工作的改善。生产现场管理系统的性质是综合的、开放的、有序的、动态的和可控的。

整体性这个特点是要求运输生产现场必须实行统一指挥，不允许各部门、各环节、各工序违背统一指挥而各行其是。各项专业管理员自成系统，但在运输生产现场必须协调配合，服从现场整体优化的要求。

（3）群众性

现场管理的核心是人。人与人、人与物的组合是现场生产要素最基本的组合，不能见物不见人。现场的一切生产活动，各项管理工作都要现场的人去掌握、去操作、去完成。优化现场管理仅靠少数专业人员是不够的，必须依靠现场所有职工的积极性和创造性，动员广大工人群众参与管理。让广大的运输生产人员在岗位工作过程中，按照统一标准和规定的要求，自觉地实行自我管理、自我控制，并进行岗位工作之间相互监督。

（4）规范性

现场管理是要求运输生产人员严格执行操作规程，遵守劳动纪律及各种行为规范。

现场的各种制度的执行、各类信息的收集、传递和分析利用都需要标准化,要做到规范齐全并提示醒目,尽量让现场人员能看得见、摸得着、人人心中有数。例如,将计划指标和指标完成情况,汇制成图表,定期公布于众,让现场人员都知道自己应干什么和干得怎么样。与现场生产密切相关的规章制度,如安全守则、岗位责任制等亦可张贴出来,以便现场人员共同遵守执行。

(5) 动态性

现场各种生产要素的组合,是在投入与产出转换的运动过程中实现的。优化现场管理是从低级到高级不断发展、不断提高的动态过程。在一定的条件下,现场生产要素的优化组织,具有相对的稳定性。生产技术条件稳定,有利于生产现场提高质量和经济效益。然而市场环境的变化,企业产品结构的调整,以及新产品、新工艺、新技术的采用,原有的生产要素组合和生产技术条件不能适应了,必须进行相应的变革。稳定是相对的,有条件的变化是绝对的。"求稳怕变"或"只变不定"都不符合市场经济与现场动态管理的要求。

6.6.5 企业生产现场管理的原则

(1) 经济效益原则

现场管理要克服只抓产量、产值而不计成本,只求进度和速度而不管效率与效益的单纯生产观点,应树立以提高经济效益为中心的指导思想。

(2) 科学性原则

生产现场的各项管理工作都要按科学规律办事,实行科学管理。现场管理的思想、制度、方法和手段都要从小作坊方式的管理上升为科学管理,以符合现代大生产的客观要求。以泰罗为代表的科学管理学派,就是从研究现场即一线管理开始的。

(3) 弹性原则

现场管理必须适应市场需求和满足用户的要求,具体体现在增加运输服务项目、提高质量、降低成本、按期送达等方面。这是运输企业在激烈的市场竞争中力求生存和发展所必须遵守的原则。但是从现场的生产和组织管理来看,又希望少品种、大批量、生产条件稳定,不仅可以采用专用的生产设备和工艺装备,提高生产效率,也便于生产管理。所以,要解决这对矛盾,现场就要把外部环境要求的"变"同现场生产要求的"定"有机地统一起来,采取有效措施,增强适应性和灵活性。例如,货物运输实行弹性工作时间制度等,使生产组织与生产过程适应多变的市场环境。

(4) 标准化原则

标准化管理是现代化大生产的要求。现代化大生产是由许多人共同进行的协作劳动,为了协调地进行运输生产活动、确保运输质量和安全生产,劳动者必须服从生产中的统一意志,严格地按照规定的作业流程、技术方法、质量标准和规章制度办事,克服主观随意性。如果不服从大生产的权威,不遵守劳动纪律,自由散漫,不仅生产搞不好,就是人身安全也难以保证。

6.6.6 生产现场管理方法

(1) 规范制约

职能管理很大程度上是通过规范制约来实现的,它包括严格执行管理标准及其操作规程、劳动纪律等等。通过严格执行制度规范,把违章作业、放任操作、有章不循、管理失控的现象消除在萌芽状态。如果制度不健全,执行不认真,处理不严肃,就会危害生产过程,产生管理的负效应。

(2) 以法管理

宣传法律及规章制度,对职工进行法律及规章制度的教育,是现场管理人员的责任和义务,各种责任和义务表现在管理上就是以法管理。现场管理人员必须结合各自的职能对职工进行标准化法、计量法、经济合同法、环境保护法等等的教育,增强职工的法制观念,提高职工遵守法律的自觉性,用法律来调整人们之间的关系,在生产经营过程中约束职工的行为。

(3) 知识启迪

知识启迪就是充分利用管理人员与职工之间的知识"落差"开展管理。管理人员相对现场生产工人来讲,他们有较高的文化素养,掌握一定的专业技术知识,具有一定的知识优势。管理人员要利用这种优势进行现场一线管理。在职工教育、专业培训、岗位练兵、技术表演中,通过言传身教、寓教于管、启迪心灵、提高技能,达到强化管理的目的。

(4) 榜样示范

榜样示范就是指现场管理人员的自身模范行为与影响感染,渗透到管理过程中去,使职工自觉地仿效。"喊破嗓子",不如做出样子","给我上",不如"跟我来"。作为各个专业行家里手的现场管理人员不论在业务上,还是在思想上,都要为人表率。这样,被管理者才会服从。

(5) 评价激励

现场管理人员可利用现场综合考核测评的手段激发职工的工作热情。通过日常与定期的工作考核,把考核结果与工资奖金挂钩,既可对生产现场工作起督促作用,又可不断增强现场管理效果。这样经过准确记载考核结果,通过台账或计算机将评价信息储存起来,以供查考。

(6) 政策调动

正确地贯彻党和国家的方针政策及企业的规章制度、标准条例,能够引发职工心理和行为上的积极响应。现场管理人员的工作过程是贯彻政策法规的过程。如工资调整、奖金计算、成本列支、工程预审、劳保发放、费用核销等都有明确的政策规定。正确地贯彻执行政策,在某种意义上比做若干次报告和讲话的作用还要大。

(7) 评比竞赛

职能管理人员要把各专业管理与评比竞赛结合起来,把专业管理活动变为各班组、工序、工种之间的竞赛活动。如开展"一流班组"、"标兵岗位"、"无事故车队"、"工种能手"等竞赛及评比活动,就能够进一步提高管理水平。

(8) 协调关系

协调是企业管理的主要职能,在一线现场主要体现在协调关系上,它包括专业协调与思想协调,包括现场管理人员之间、现场管理人员与班组之间及工序之间、职工之间的关系协调。通过现场管理人员的工作,在生产管理过程中经常进行思想交流,消除误解,加强团结,增进友谊,使生产现场的人际关系保持在最佳状态。

(9) 热心服务

管理就是服务,管理职能蕴含着服务职能,现场管理人员为生产经营服务、为职工生活服务的意识要强,在生产经营过程中,要热心为职工办事,为职工的工作和生活排忧解难,以热情周到的服务来实现激励效应。

(10) 与人为善

现场管理人员直接与班组的职工打交道,应该关怀、信任、尊重职工,从工作、学习及完成生产任务各方面关心职工,用心帮助职工解决技术问题,对职工不冷淡、嘲弄、斥责,决不可以"要员"自居,冷落职工,要克服"话难听,脸难看,事难办"的作风。

案 例

(1) 根据表6.6所示的一组货运作务,编制一个平衡表(或称作业表)(见表6.7),同时再做一个与此相应的里程表(见表6.8)(或运价表)。

第一步,编制平衡表。

表6.6 货运任务

货 名	发货点	收货点	运距(公里)	运量(吨)
肥料	A	D	70	40
煤炭	C	F	18	100
酒	B	E	47	35
酒	B	F	23	10
酒	B	G	60	14

表6.7 平衡表

发车点 收车点	D	E	F	G	运量(吨)
A					40
B					59
C					100
发量(吨)	40	35	110	14	199

第二步,作出初始方案。

求得初始方案的方法有好几种,在此介绍"最小元素法"。最小元素法就是根据收、发空车点之间距离最小原则,在相应的平衡表上得到了初始方案(见表6.9)。

表 6.8　里程表

发车点＼收车点	D	E	F	G
A	70	23	41	44
B	46	47	23	60
C	77	48	18	19

表 6.9　平衡表

发车点＼收车点	D	E	F	G	收量（吨）
A		35		5	40
B	40		10	9	59
C			100		100
发量（吨）	40	35	110	14	199

第三步，检查。

采用位势法时可先列一表，凡与初始方案（见表 6.9）相对应的格子内，都填入里程表中所相应的距离数，再在该表的右边和下边分别增添一列和一行，并填上适当的数字。这些数字应能使表中任何一个数字，正好是它所在增添那行、列中两个数字之和，这样便得到了一个位势表（见表 6.10）。

表 6.10　位势表

发车点＼收车点	D	E	F	G	
A	30	㉓	7	㊹	－16
B	㊻	39	㉓	60	0
C	41	34	⑱	55	－5
发量（吨）	46	39	23	60	

表 6.11　检验数表

发车点＼收车点	D	E	F	G
A	40	0	34	0
B	0	8	0	9
C	36	14	0	－36

将里程表中各数减去表 6.10 中与之相应的各数，便可得到检验数表（见表 6.11）。

初始方案判别的原则是，凡检验数为正数（包括"0"在内），表明初始方案最优；如果检验数中出现负数，不论其绝对值是多少，表明初始方案不是最优方案，应进行调整。在本例中，表 6.11 中有一个负数（即－36），此方案不是最优方案，还须进行调整。

第四步，调整流向。

进行调整时，可在表 6.11 所列各检验数中找出一个最小的数（如图表中有若干负数时，即取它们中绝对值最大者），然后在初始方案中找到相应的位置（肯定是一个空格），采用闭回路方法进行调整。

闭回路法就是从选出的空格位置开始，沿水平或垂直方向画箭头，当遇有数字的方格位置时即转弯前进。这样，经过几个转弯之后，又回到了起始的空格位置。这些箭头构成了一个以空格为起、终点的封闭回路。对这样一个封闭回路开始的空格称为第一个拐点，凡第一、三、五等拐点称为单拐点，凡第二、四、六等拐点位置上加上此数，调整工作即行完毕。

根据上述的调整方法，可在初始方案上作出它的闭回路，得到表 6.12。由于该表上双拐点的最小数字为"9"，将各单拐点均加上此数，各双拐点均减去此数，便得第二方案。

表 6.12 闭回路表

发车点／收车点	D	E	F	G	收量（吨）
A		35		5	40
B	40		10	9	59
C			100		100
发量（吨）	40	35	110	14	199

第二方案肯定比初始方案好,但是否就是最优方案仍需通过上述方法反复进行检查,直到检验表中不出现负数为止,才得到最优方案(见表 6.13)。

表 6.13 最优方案

发车点／收车点	D	E	F	G	收量（吨）
A		35	5		40
B	40		19		59
C			86	14	100
发量（吨）	40	35	110	14	199

第五步,比较。

初始方案运力消耗

$40\times46+35\times23+10\times23+100\times18+5\times44+9\times60=5,435$(吨位公里)

$40\times46+35\times23+5\times41+19\times23+36\times18+14\times19=5,101$(吨位公里)

(2) 基本循环线路与发收车点的确定

①基本循环线路

空车调运方案的确定,只是保证了在完成既定货运任务前提下消耗最小限度的运力,如何利用空车调运方案完成运输任务,尚需进一步组成车辆运行线路。

根据空车调运最优方案并结合具体货运任务,可编制重空车流表和若干条基本循环线路,如以第 5 章案例为对象,则可得如表 6.14 所示的重空车流表和五组基本循环线路。

表 6.14 重空车流表

收车点＼发车点	D	E	F	G	收量（吨）
A	40	35	5		40
B	40	35	10 19	14	59
C			100 86	14	100
发量	40	35	110	14	199

注：实箭线表示重车，虚箭线表示空车，箭线表示起运点至到达点，箭线上方表示运量，下方表示运距。

ⓐ $B\xrightarrow[23KM]{10T}F\xrightarrow{3KM}B$；

ⓑ $C\xrightarrow[23]{86}F\xrightarrow{23}C$；

ⓒ $A\xrightarrow[30]{35}D\xrightarrow[40]{35}B\xrightarrow[39]{35}E\xrightarrow[23]{35}A$；

ⓓ $A\xrightarrow[30]{5}D\xrightarrow[40]{5}B\xrightarrow[60]{5}G\xrightarrow[35]{5}C\xrightarrow[18]{5}F\xrightarrow[7]{5}A$；

ⓔ $C\xrightarrow[18]{9}F\xrightarrow[23]{9}B\xrightarrow[60]{9}G\xrightarrow[35]{9}C$

② 制定运输生产计划

各种计划表见表 6.15、表 6.16、表 6.17。

表 6.15 货车运行计划总表

队别_____   年   月   日

车队动态（本期前一天驻地）	车号	运行任务驾驶	日期 1	2	3	4	5	—	合计 运量	周转量	车公里
B	001	甲	1	4	1	4					
C	002	乙	2	2	2	2					
A	003	丙	3	5	3	5	3				
	⋮										
总计											

表 6.16　货物分日运行计划表

年　　月　　日

线别	托运单号	计划内外	发货单位	货名	起运点	到达点	运距	收货单位	托运吨数	分日运送计划							剩余物资	
										日	日	日	日	日	日	日	吨数	处理意见
合　　计																		

表 6.17　单车运行作业计划

年　　月　　日至　　日　编号：

车属单位			吨位	主车								
车　号												
驾驶员				挂车								
日期	托运单号	装货		卸货		货物名称	吨数	运距	工作时间		车·公里	吨·公里	附注	执行情况检查
		发货单位	装货地点	卸货单位	卸货地点				出库	回库				
项　目	完好车日		工作车日		车·公里		运量		周转量		实载率	
本期计划												
本期实际												

　　基本循环线路的组成可能会有不同的方式，由于重车流量、流向是按照给定的货运任务确定的，空车流量、流向又都是依据空车调运最优方案确定的，所以不同的基本循环线路其总里程利用率是相同的。

　　基本循环线路并没有考虑车场的因素，它不能作为车辆运行线路；由于每条基本循环线运行距离不一，作业点多少不同，车辆运行周期会有较大差别。因此，对基本循环线路应作适当调速，无论是使之分解还是合并，均不应违反合理的空车流向；调整后各条循环线路的运行周期也应尽可能接近，并应符合企业规定的作息时间。

　　车场所在位置以及选择发车点不同，对运输效率会有不同程度的影响，不合理收车点的选择，常会导致车辆里程利用率的下降。"就近发车与收车"可作为确定第一个发车点和最后一个收车点的原则，它在不少情况下是可行的，但有时也会发生这样的情况，即从某一局部看似乎是合理的，从整体看就未必如此了。

　　③发、收车点确定

发、收车点的选择,不能违反最优空车调运方案,并且应充分利用空车流向线来确定发、收车点:当空车流向线经过车场时,可沿空车流向线选择发、收车点;当空车流向线不经过车场时,可先找出最近空车流向线,再沿此空车流向线选择发、收车点。

在一定条件下,不可依据线性规划的原理来确定发、收车点。单线往复式行驶线路的两个作业点和一点装和一点卸,此时只有唯一的发、收车点;如两点均有装卸作业,并且装卸量相等,则可遵循"就近"原则确定发、收车点;装卸量不等时,则应选择作业量较大的点作为发车点。

"一点装,多点卸"的行驶线路,当各卸车点到车场的距离,分别减去该卸点到装点的距离为最小的点,则可作为最后回场的收车点。

"多点装,一点卸"的行驶线路,当各装车点到车场的距离,分别减去该装点到卸点的距离为最小的点,则可作为第一个发车点。

多个装卸点的行驶线路,车辆应向"调车里程"最小的装卸点发、收车,调车里程计算公式为:

调车里程=出场空驶距离+回场空驶距离—第一个装点至最后一个卸点的距离(公里)

由上可见,"一点装,多点卸"的行驶线路实际上是多个装卸点行驶线路的一种特殊形式。

经过调整后的基本循环线路与发收车点组合后,便构成了车辆运行线路,它是确定车辆运行周期表的基础,也是进一步编制车辆运行作业计划的依据。

复习与思考

6.1 简述基本概念:运输生产作业计划、运输企业生产现场、合理运输。

6.2 简述生产管理的主要内容。

6.3 简述生产管理的基本任务。

6.4 简述运输生产过程的构成。

6.5 试述组织运输生产过程的基本要求。

6.6 组织合理运输的意义是什么?

6.7 合理运输的构成要素是什么?

6.8 组织合理运输的主要形式是什么?

6.9 编制运输生产计划应遵循什么原则?

6.10 运输工作量指标是什么?

6.11 试述生产计划的编制步骤。

6.12 现场管理有何特点?

6.13 简述现场管理的原则。

6.14 现场管理的方法有哪些?

6.15 已知某运输公司有两辆货车,一辆额定装载质量为 12 t,另一辆为 10 t。该公司在 A、B、C、D、E、F 等 6 个客户企业装载货物,然后运回货场 O。货场与 6 个客户企业之间的距离以及 A、B、C、D、E、F 等 6 个客户企业需要装载量均列在表 6.18 中,问如何安排车辆及运输线路比较合理?

表 6.18　点间距离及各点载货需求量

间距	O	A	B	C	D	E	F
O	0	3	4	2	6	3	5
A	2	0	3	1	4	5	3
B	3	9	0	5	2	6	8
C	4	3	4	0	6	3	4
D	2	6	5	3	0	4	2
E	3	5	3	4	2	0	4
F	5	7	2	6	3	1	0
载货需求		6	5	8	5	6	7

6.16　某企业在 A、B、C、D 等 4 个不同区域设有生产企业生产同一新产品,每月产量分别为 40 t、30 t、45 t、20 t,按计划调运到 E、F、G 的 3 个配送中心,分别为 50 t、55 t、30 t。已知各产地到各销地的单位产品运费如表 6.19,请作出调运计划并使调运费用最少。

表 6.19　各产地到各销地的单位产品运费

产地＼销地	E	F	G
A	17	16	14
B	11	14	13
C	15	11	14
D	12	11	10

7 运输企业物资管理

【开篇案例】

航空公司的航材管理

在激烈的航空运输市场竞争中,降低成本已是至关重要的大事。高昂的运营成本和维护费用一直为航空公司重点关注。航材成本是航空运输企业飞机运营成本的主要构成部分,航材储备约占航空公司75%的库存资产和25%的流动资金,被公认为最有潜力的成本控制点。

目前国内航空公司的飞机维修成本约占其总成本的10%~20%,每年用于维修保养和航材方面的费用高达人民币百亿元。作为保障飞行安全与运营的物质基础,确保供应适航性与经济性的航材,最大限度地降低成本,已经成为航材部门的首要管理目标。某航空公司2009年流动资产总额为110亿元人民币,而航材消耗高达17.6亿元,仅次于飞机航空油料费用23.1亿元。

当前国内航空公司的航材管理呈现如下特点:第一,机队规模偏小,机型复杂,没有形成规模优势,显现出零而散。根据民航局截止到2009年4月份的数据,国内26家航空公司共有各型飞机1 299架,飞机品种几乎涵盖了当今世界所有知名飞机制造企业。这些增大了航材管理成本,为航材的保障带来难度。第二,绝大部分航材必须从国外进口,税费负担沉重,占器材金额的30%左右,而且由于采购和修理周期长,造成库存量加大。例如,由于国内附件维修水平低,很多部件需要送到国外修理,航材部门不得不多备几个库存来周转,相比之下,国外许多维修能力较强的航空公司,这些部件根本没有或很少库存,如发生故障,机械师随时拆下排除故障,两者效率之比,让人咂舌。第三,航材管理水平低下,无法享受到国际信息和网络管理优势。国内航空公司缺乏高效的沟通方式,基本上是各自为战,甚至互相保密库存等信息,使大量航材难以流通,积压沉淀,直至报废。而且航材进口环节复杂,国家政策法规限制较多,在一定程度上影响航材的到货周期与单位成本。

降低经营成本、提高生产效率是企业具有竞争优势的重要标准,只有掌握并运用先进的管理技术,通过建立全方位的责任成本管理体系,才能持续降低成本、提高企业品质。作为航空企业的航材部门,保障航班安全与正常永远排在首要位置。航材库存量不可能无限提高。一般来说,航材正常储备发付率是92%,假设要杜绝AOG缺件(airplane on ground,原意是指当某架飞机停场大修时,所需要的航材没有现货,只能从厂家紧急订货),就要超过92%。有数据统计,每提高1%的发付率,航材储备资金就要再增加100%,这显然是世界上任何一家航空公司也无法接受的。

与某种商业飞机的服役期一样,该机型的航材的订货量和库存量也有周期变化。尤其近年来国内航空公司发展速度很快,飞机的更新速度高于世界平均水平。控制库存资金,科学掌握消耗规律更显重要。因此,需要向管理要效益,减少航材工作中的隐性成本。

思考题:运输企业的物资管理有哪些内容?如何提高管理效率?

7.1 运输企业物资管理的任务和内容

7.1.1 物资管理的任务

物资是科学合理地组织经营活动的前提和基本条件,是提高运输企业劳动生产率的物质基础,也是提高经济效益的重要因素。物资管理是运输企业经营过程中各种物资的计划采购、合理储备、科学保管等一系列管理工作的总称。

运输企业物资管理的任务就是根据经营的需要,在物资管理工作中做到供应及时、周转快、消耗低、费用省,从而取得良好的经济效益。具体内容包括以下几个方面:

(1) 开展调查研究,充分掌握物资的供需信息

一方面要掌握运输企业生产经营中需要什么物资,需要多少,什么时候需要;另一方面要掌握消费品市场、生产资料市场、技术市场等物资供应的数量、质量、价格和品种,以及供应来源和供应渠道等信息。只有全面、及时、准确地掌握物资供需的信息及其变化规律,才能在物资管理工作中提高自觉性,掌握主动性。

(2) 保证供应,全心全意为运输生产和企业建设服务

运输企业的物资供应部门,要以最佳的服务水平,保质、保量、按品种、按时间,成套齐备,经济合理地满足企业生产经营中所需的各种物资,保证生产经营活动顺利地进行。

(3) 合理使用和节约物资

企业应在保证生产质量的前提下,尽量选用资源充足、价格低廉的物资和代用品,有效地利用物资和降低产品成本。同时要制订先进合理的物资消耗定额,实行集中下料和限额发料,搞好物资的综合利用和修旧利废,并要督促一切物资使用部门,努力降低物资消耗。

(4) 经济合理地确定物资储备

企业在进行库存决策中,应根据物资的供需情况和运输条件,全面地分析哪些物资

要库存,哪些物资不要库存。对于需要库存的物资,要运用科学的方法,制订先进合理的储备定额。

(5) 缩短物资流通时间,加速流动资金周转

物资流通的时间,主要由产需衔接时间和运输时间所决定。流通时间越短,占用资金就越少,从而物资作为生产资料的功能也越大。因此,企业应根据就地就近原则,避免远距离运输,千方百计地缩短流通时间,以利于加速物资周转,节约流动资金。

(6) 制订物资管理的岗位责任规章制度

物资的选购、搬运、保管储存、发放和使用等,都要制订标准和工作岗位责任制。并根据工作标准的成绩与失误程度,确定奖罚等级标准,以调动职工的积极性。

7.1.2 物资管理的内容

物资管理的内容主要包括物资供应计划的编制、物资的订购与采购、物资消耗定额的制定与管理、物资储备定额的制定与库存控制、仓库管理、物资的节约与综合利用等工作。

(1) 做好物资的采购工作

物资采购、供应工作是一个关键的管理环节。为了对物资的计划管理,必须对物资消耗定额的研究、制订和修改工作加强管理,物资采购工作是物资管理的基础工作。

(2) 做好物资储备定额的研究、制订和修改工作

物资储备定额是进行仓储作业和库存控制的重要参数。要排除仓储过程中的不利因素,使库存保持在科学合理的限额水平内,需要不断研究影响物资储备定额的原因,制订有效措施,以改进物资仓储与库存控制工作,加速物资周转。

(3) 做好物资信息管理工作

做好仓储工作,必须以健全的信息工作为基础,因此,加强物资周转过程的凭证管理,对搜集、积累、整理和分析物资的有关信息、数据有重要的作用。

(4) 做好清仓查库工作,及时处理有关问题

要制订有关规章制度,及时检查、分析、处理由于仓储作业、库存控制、物资采购等各环节失误造成的物资消耗、物资变质、物资积压等问题,以免造成更大的损失。

(5) 运用计算机网络,提高物资管理水平

将物资信息、库存控制等管理工作的程序、内容标准化,实施计算机网络化管理,从而使物资管理手段现代化,简化人工操作,提高工作效率。

7.1.3 物资定额管理

1) 物资消耗定额的作用

物资消耗定额,是指在一定的生产技术、组织条件下,制造单位产品或完成单位生产任务所必需消耗的物资数量。先进合理的物资消耗定额,具有以下重要作用:

(1) 编制物资供应计划的重要依据

只有确定了先进合理的物资消耗定额,才能正确计算物资需要用量、储备量、采购量,才能编制出准确的物资供应计划。

(2) 物资发放工作的重要依据

根据生产进度,按照物资消耗定额发放物资,就能保证企业生产正常、均衡地进行。

(3) 监督和促进企业内部合理使用与节约物资的有力工具

有了先进合理的物资消耗定额,并采用必要的考核和奖励办法,就能促使职工更合理地使用物资、节约物资。

(4) 促进企业提高生产技术、经营管理和工人操作水平的重要手段

先进合理的物资消耗定额,是建立在先进的技术水平和管理水平基础上的。随着定额的贯彻执行和不断完善,促使企业不断改进设计和工艺,改善生产组织和劳动组织,提高工人的操作水平。

2) 物资消耗定额的构成

正确制定物资消耗定额,必须分析物资消耗的构成。物资消耗的构成,是从取得物资直到制成成品为止的整个过程中物资消耗的各个组成部分。

(1) 构成产品(零件)净重的消耗

是构成产品(零件)实体的重量,这部分原材料的消耗属有效消耗部分。

(2) 工艺性损耗

是指产品在加工或准备加工过程中,由于工艺技术上的原因,需改变物资物理、化学成分所产生的物资消耗。

(3) 非工艺性损耗

它是指供应材料不适合生产需求、运输或保管不善造成损失以及生产的废品等所形成的损耗。这部分损耗是由于管理不善造成的,并非产品制造中所必需的,应力求避免或减少到最低限度。

3) 物资消耗定额的制定

运输企业物资消耗定额的制定,有技术计算、统计分析和经验估计三种基本方法。

(1) 技术计算法

技术计算法是根据生产计划和工艺文件计算物资的有效消耗和工艺性损耗,从而确定合理的消耗定额,这种方法科学、准确,但工作量大。

(2) 统计分析法

统计分析法是根据过去的物资消耗统计资料,并考虑到现在和未来生产技术、组织条件的变化而制定出物资消耗定额的方法。这种方法简便且有依据,但必须具有全面可靠的统计资料。

(3) 经验估计法

经验估计法是根据产品实物与技术文件,凭技术人员、管理人员和工人的经验判断来确定物资消耗定额的方法。这种方法简便易行,但不够准确。在实际工作中,往往把上述方法结合起来运用。

物资消耗定额,是按主要原材料、辅助材料、燃料、动力和工具等分别制定的。

4) 物资消耗定额的管理

在企业里,凡需用的物资,一般均要求制定消耗定额并实施定额管理。不同的物资消耗定额,由物资管理部门分别会同各有关部门负责制定。

定额制定以后,应该加以整理、汇总,形成必要的定额文件,作为施行定额管理的依据。物资消耗定额一经批准,就应严格管理。应建立完善的责任制度,使每一项物资消耗定额,都有专门单位和专人负责管理。一般说来,生产部门要按定额领料和用料,在生产任务完成后,要结合经济活动分析,进行物资消耗分析。工艺技术部门要编制各种产品的下料卡片和制定节约物资的技术组织措施。物资部门要按定额采购和供应物资,并配合财务部门检查分析定额执行情况的准确程度和物资利用率等。财务部门要按定额编制产品成本计划,分析财务活动,并从经济上促进定额的严格执行。为了贯彻执行定额,还必须建立和健全物资损耗的原始记录和统计工作制度。要随着技术、组织条件的变化,或者产品的设计和原料配方的改变,适时地修改定额,使定额经常保持先进合理的水平。

7.2 物资采购管理

采购是企业频繁的一种日常经济活动。采购是指通过商品交换和物流手段从资源市场取得资源的过程。

7.2.1 采购管理

1) 采购管理职能

采购管理就是以实现采购经济效益的最大化为目标,对采购过程进行计划、组织、指挥、协调、控制等一系列活动。

2) 采购管理目标

采购管理的目标主要包括在以下几方面:

(1) 保障供应,保障企业正常生产,降低缺货风险;

(2) 保证所采购供应的物资质量;

(3) 尽量降低物资采购的成本;

(4) 利用"采购"这个与资源市场的关系和信息接口,与供应商建立一种相互支持、相互配合的良好供应关系。

采购的最终目的在于使企业自身具有竞争力的同时也使供应商增加价值,强调的是外部资源如何转化为具有竞争力的供应链协作关系,因此现代采购决策的本质是采购竞争力。

3) 采购管理的职能

根据采购概念,采购职能有以下内容:

(1) 确定需要购买的商品和服务的规格(按照要求的质量和数量);
(2) 选择最合适的供应商;
(3) 为签订协议做准备,与供应商谈判;
(4) 将订单发给优先级供应商;
(5) 对订单的实施进行监督、控制支出、评估。

7.2.2 采购的模式

传统的采购模式是由采购管理部门把各个单位的采购申请计划汇总,形成一个统一的采购计划。这种采购,以各个单位的采购申请计划为依据,以填充库存为目的,管理比较简单,但容易产生库存量大、资金积压多、库存风险大等问题。

采购模式还有订货点采购模式、MRP 采购模式、JIT 采购模式、VMI 采购模式、电子采购模式。

1) 订货点采购模式

订货点采购,是由采购人员根据各个品种需求量和订货提前期的大小,确定每个品种的订货点、订货批量或订货周期、最高库存水准等。

订货点采购包括两大类采购方法:一类是定量订货法采购;另一类是定期订货法采购。

定量订货法采购,是预先确定一个订货点和一个订货批量,然后随时检查库存,当库存下降到订货点时,就发出订货,订货批量的大小每次都相同。

定期订货法采购,是预先确定一个订货周期和一个最高库存水准,然后以规定的订货周期为周期,周期性地检查库存,发出订货,订货批量的大小每次都不一定相同,订货量的大小都等于当时的实际库存量与规定的最高库存水准的差额。

订货点采购模式都是以需求分析为依据,以填充库存为目的,采用一些科学方法,兼顾满足需求和库存成本控制,原理比较科学,操作比较简单。

2) MRP 采购模式

MRP(Material Requirement Planning,物料需求计划)采购,主要应用于生产企业。它是由企业采购人员采用 MRP 应用软件,制订采购计划而进行采购的。

MRP 采购,也是以需求分析为依据,以满足库存为目的。

3) JIT 采购模式

JIT(Just In Time)采购,又称准时化采购,是一种完全以满足需求为依据的采购方法。需求方根据自己的需要,对供应商下达订货指令,要求供应商在指定的时间,将指定的品种、指定的数量送到指定的地点。

JIT 采购的特点主要表现在以下几个方面:

(1) 与传统采购面向库存不同,准时化采购是一种直接面向需求的采购模式。
(2) 准时化采购的送货是直接送达需求点上的。
(3) 需要什么品种、质量,需要多少,什么时候需要,送到什么地点等都要符合需求方需求。

JIT采购做到了灵敏地响应需求，满足需求方的需求，又使得需求方的库存量最小。

4）VMI采购模式

VMI(Vendor Managed Inventory，供应商掌握用户库存)，采购不再由采购者操作，而是由供应商操作。

它也是一种科学的、理想的采购模式。VMI采购，最大的受益者是客户，它已经摆脱了烦琐的采购事务。供应商能够及时掌握市场需求信息、灵敏地响应市场需求变化、客户减少了库存风险、提高了经济效益。

5）电子采购模式

电子采购即网上采购，是在电子商务环境下的采购模式。网上采购扩大了采购市场的范围，缩短了供需距离，简化了采购手续，减少了采购时间，减少了采购成本，提高了工作效率，是一种很有前途的采购模式。

7.2.3 采购的方式

采购方式是采购主体获取资源或物品、工程、服务的途径、形式与方法。运输采购方式的选择主要取决于运输企业制度、资源状况、环境优劣、专业水准、资金情况、储运水平等。

1）集中采购与分散采购

（1）集中采购

集中采购是指运输企业在核心管理层建立专门的采购机构，统一组织企业所需物品的采购进货业务。

集中采购的意义在于四个方面：

①有利于获得采购规模效益，降低进货成本和物流成本，争取经营主动权。

②有利于发挥业务职能特长，提高采购工作效率和采购主动权。

③有利于稳定企业与供应商之间的关系，得到供应商在技术开发、货款结算、售后服务等诸多方面的支持与合作。

④通常采取公开招标、集体决策的方式，可以有效制止腐败。其特点在于：量大，过程长，手续多；集中度高，决策层次高；支付条件宽松，优惠条件增多；专业性强，责任加大。

（2）分散采购

分散采购是集中采购的完善和补充，有利于采购环节与存货、供应等环节的协调配合，有利于增强基层工作责任心，使基层工作富有弹性或成效。其特点在于：批量小或单件，且价值低，开支小；过程短、手续简、决策层次低；问题反馈快，针对性强，方便灵活；占用资金少，库存空间小，保管简单、方便。

2）现货采购与远期合同采购

从生产企业或其他经济组织对物品的交割时间来划分，采购这一经济活动又可划分为现货采购与远期合同采购。

(1) 现货采购

现货采购指采购方与物资持有者协商后,即时交割的采购方式。

现货采购的特点在于:

①即时交割;

②灵活、方便、手续简单,易于组织管理;

③无信誉风险;

④对现货市场的依赖性大(市场的资源充足,随行就市,价格波动)。

(2) 远期合同采购

这是供需双方为稳定供需关系,实现物品均衡供应,而签订远期合同的采购方式。它通过合同约定,实现物品的供应和资金的结算,并通过法律和供需双方信誉与能力来保证约定交割的实现。这一方式只有在具有良好的经济关系、法律保障和企业具有一定的信誉和能力的情况下才能得以实施。

远期合同采购其特点在于时效长(一般可保证一年以内的交割,有的远期合同有效期可达数十年);价格稳定;交易成本及物流成本相对较低;交易过程透明有序,易于把握,便于民主科学决策和管理。

3) 直接采购与间接采购

(1) 直接采购

这种方式是指采购主体自己直接向物品制造厂家采购的方式。目前,绝大多数企业均使用此类采购方式,来满足自身生产需要。

直接采购环节少,时间短,手续简便,意图表达准确,信息反馈快,易于供需双方交流、支持、合作及售后服务与改进。

(2) 间接采购

间接采购是指通过中间商实施采购行为的方式,也称委托采购或中介采购,主要包括委托流通企业采购、调拨采购等。

企业闲置物品交换,或资源交换,也可算作间接采购方式。

间接采购可充分发挥工商企业各自的核心能力;减少流动资金占用,增加资金周转率;分散采购风险,减少物品非正常损失;减少交易费用和时间,从而降低采购成本。

4) 招标采购

招标采购指采购方作为招标方,事先提出采购的条件和要求,邀请众多企业参加投标,然后由采购方按照规定的程序和标准一次性地从中择优选择交易对象,并与提出最有利条件的投标方签订协议等过程。整个过程要求公开、公平、公正和择优。

5) 网上采购

网上采购是指以计算机技术、网络技术为基础,电子商务软件为依据,电子商务支付工具及电子商务安全系统为保障的即时信息交换与在线交易的采购活动。

相对于传统的采购方式,其优势主要体现在以下几个方面:

①提高了通信速度;

②加强了信息交流;

③降低了成本;

④改善供应商与客户的关系;

⑤服务时间延长,提供每年365天,每天24小时的全天候服务;

⑥增强了企业的竞争力,任何企业,无论大小,在网站上都是一个页面,面对相同的市场,都处于平等的竞争条件下。

7.2.4 采购进货方式

采购进货是将采购订货成交的物资由供应商仓库运输转移到采购者仓库之中的过程。进货过程关系到这次采购成果价值的最终实现。

通常,采购进货有三种方式:一是自提进货;二是供应商送货;三是委托运输。三种进货方式不一样,管理环节也不一样。

1) 自提进货

自提进货,就是在供应商的仓库里交货,交货以后的进货过程全由采购者独家负责管理。

2) 供应商送货

供应商送货,就是采购方把整个进货管理的任务以及进货途中的风险都转移给了供应商,即除入库验收外,进货过程全由供应商负责管理。

3) 委托和外包进货

委托外包,就是把进货管理的任务和进货途中的风险都转移给第三方物流公司。

7.3 物资的库存控制与管理

7.3.1 运输企业库存的作用与弊端

1) 运输企业库存的作用

主要表现在以下几个方面:

(1) 维持生产的稳定。在运输生产需要时,物资管理部门能按需要量及时供应物资。

(2) 平衡企业物资。在企业的采购、供应和生产各物资环节中,库存起着重要的平衡作用。

(3) 平衡企业流动资金的占用。库存材料是运输企业流动资金的主要占用部分。

2) 运输企业库存的弊端

库存的弊端主要表现在以下几个方面。

(1) 占用企业大量资金。通常情况下,库存占企业总资产的比重大约为20%~

40%,库存管理不当会形成大量流动资金的沉淀。

(2) 增加了企业的商品成本与管理成本。库存材料的成本增加直接增加了商品的成本,而相关库存设备、管理人员的增加也加大了企业的管理成本。

(3) 掩盖了企业众多管理问题,如计划不周、采购不力、生产不均衡、服务质量不稳定等情况。

7.3.2 库存控制的重要性

(1) 库存控制是物资管理的核心内容。在库存领域存在如何降低成本的研究课题。

(2) 库存控制是提高顾客服务水平的需要。必须通过有效的库存控制,在满足运输服务需求的情况下,保持适当的库存量。

(3) 库存控制是回避风险的需要。市场竞争日益激烈,商品的花色品种越来越多,这给库存管理带来一定难度,也使库存的风险加大。

7.3.3 库存控制的任务

(1) 降低费用。通过维持适当的库存量,使企业的资金得到合理的利用,从而实现盈利目标。

(2) 减少不良库存。许多企业都存在库存过剩、库存闲置、积压商品、报废商品、呆滞品等不良库存问题。

7.3.4 库存控制技术

1) ABC 分类法

ABC 分类法最初来源于人口管理理论。意大利经济学家帕累托在研究人口理论时发现,占人口总数极少比例的人口却拥有占财富总数极大比例的财富,而占人口极大比例的人口却只占有财富总数极少比例的财富。即所谓"关键的少数与次要的多数"理论。后来发现这个理论在其他事物当中也存在,于是人们就把这个理论逐渐推广使用开来。

例如,在库存管理中,一个仓库里,存放的物资品种成千上万。但是,这些品种中,只有少数品种价值高、占用资金高,构成仓库资金占用成本的主要部分。而大多数品种价值低、资金占用低,只能构成仓库资金占用成本的极小部分。于是,仓库管理人员就将仓库资金占用成本高的那一部分少数品种,划作 A 类,实行重点管理;而将仓库资金占用成本低的大部分品种划为 C 类,实行一般管理;剩余的一部分为 B 类,根据情况可以实行重点管理,也可以实行一般管理,如表 7.1 所示。

表 7.1　ABC 分类表

类别	物质特点	品种占用额(%)	资金占用额(%)	管理类别
A	价值高,品种少	10	70	重点管理
B	价值中,品种中	20	20	可重点,也可一般
C	价值低,品种多	70	10	一般管理

其中,各类品种所占的比率,都是主观确定的。一般分别取 10%、20% 和 70%,但是这个数字也没有一个绝对的标准,多一点、少一点都是可以的,只要符合"多数"、"少数"的概念就可以了,在实际生活中可以根据具体情况灵活确定。

在物资按重点分类以后,就可以进行重点管理了,即对 A 类物资实行重点管理,对 C 类物资实行一般管理,对 B 类物资可以重点管理,也可以一般管理。

这里所谓重点管理 A 类,包括对其库存量严密监视,保证供应,不使其缺货。一般采用定期订货法订货。并且加强维护保管,保证物资质量。对这些物资的保管和管理,要下大力气,不惜花费人力、物力和财力。由于这类物资品种比较少,所以即使我们人力物力财力有限,则也必须精心管理这些少数品种。因为少数品种的效益占总效益的绝大部分,所以精心管理好它们,就保证了绝大部分效益,在效益上看也是有益的。

所谓一般管理的 C 类,是指对品种库存数量实行一般监控,在数量上不要求那么严格。在订货上一般采取定量订货法,联合订购,以节省费用。在保管上也是一种基本的一般的保管措施。由于这一类品种多、价钱低,资金不那么高。所以我们采取一般管理,既是必要的,也是可能的。

对于除 A 类、C 类以外,剩下的一类为 B 类,我们根据情况可以实行重点管理,也可以实行一般管理。这一类品种数量不是太多,效益也不是太少,都处于中间。所以我们可以根据自己的能力情况确定对这类品种管理的程度。如果人力物力财力够,就重点管理,不够就一般管理。

ABC 分类在采购管理中的应用,主要是在面临众多采购物资、且人力物力财力有限、需保证重点物资时,可以用 ABC 分类法确定重点管理的采购物资对象。

ABC 分类步骤如下:

第一,为确定 ABC 分类,先要进行统计分析,要选定一个合适的统计期。选定统计期的基本原则是:

比较靠近计划期;运行比较正常(处于正常情况)。通常情况取过去一个月或几个月。

第二,分别统计出所有各种物资在该统计期中的采购量及单价,并对每种物资制作一张 ABC 分析卡,填上品名、采购数量、金额,如表 7.2 所示。

表 7.2 ABC 分析卡

物资名称		物料编号	
单价	采购数量		金额

第三，将 ABC 分析卡按销售额由大到小的顺序排队，并按此顺序号将各物资填上物料编号。

第四，把所有 ABC 分析卡依次填写到 ABC 分类表中，并进行累计统计。从第一号品种(即单件采购价最高端)开始，首先把前面品种累计为 10% 左右、金额累计为 70% 左右的划分为 A 类；接着依次累计，把品种累计为 20% 左右、金额累计为 20% 左右的划分为 B 类；最后把剩下的品种累计为 70% 左右、金额累计为 10% 左右的划分为 C 类，这样就得到 ABC 分类表，如表 7.3、表 7.4 所示。

然后也可以根据 ABC 分析表得出 ABC 分类图，如图 7.1 所示。

表 7.3 ABC 分类表

物料编号	品种(%)	累计品种(%)	单价	采购量	金额	资金累计	资金累计(%)	分类
1		2.22	480	3 280	1 833 600	1 833 600		
2	2.22	4.44	470	1 680	789 600	2 623 200	66.8	A
3		6.70	200	1 060	212 000	2 835 200		
4		8.90	8	23 750	190 000	2 025 200		
5		11.1	29	6 000	174 000	3 199 200		
6	2.22	13.3	45	3 820	171 900	3 371 100	88.6	B
13		28.9	1.5	400 000	60 000	4 012 365		
14		31.1	10.2	4 880	49 776			
15	2.22	33.3	11.25	37	41 575	4 103 816	100	C
44		97.8	1.2	1 838	1 606	4 529 213		
45		100	1.0	1 060	1 606			

表 7.4 ABC 分类表

	品种数(%)	资金占用数(%)
A	8.8	66.8
B	20.0	21.8
C	71.1	11.4

上面是根据采购额的大小为依据进行 ABC 分类的例子。

（1）ABC 分类法的应用。ABC 分类法的应用首先是本身的直接应用，即根据某种重要性将物资分成 A、B、C 三类，每类之间差别很大，分别进行不同程度的重点管理。其次，除了其本身的直接运用之外，也可以根据它的原理来确定各种不同物资的相对重要性，按它们相对重要性的大小，确定顺序序列进行重视程度顺序管理（这时实际上可以看成是把物资分成了许多个类别，每个类别只有一种物资，它们之间重要性有差别，但差别不大）。管理重视的程度与它们的重要性顺序序列相同。

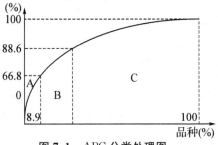

图 7.1　ABC 分类处理图

在采购管理中，可以根据具体情况，运用各种办法来确定采购品种的重要性类别。根据品种的重要性类别来确定品种采购的优先程度。

（2）需求分析。确定需求的性质、规律和数量。把过去一段时间（一年、或几个月）内这个品种的库存消耗量，按日或周为时间单位求出单位时间的消耗量，就是这个品种的单位时间需求量。把这个单位时间需求量按先后顺序形成一个数列，对这个数列进行深入分析，看它是均匀稳定的确定性需求、还是随机变化的随机性需求。是逐渐增加的、还是逐渐减少的。如果是随机型需求，是服从正态分布、还是非正态分布。如果是确定型需求，其平均值是多少。如果是正态分布，其平均值、标准偏差是多少。如果是非正态分布，其分布率是多少。

（3）经营分析。确定经营方式、经营费用需求，如果是确定型需求，就要确定采用是不允许缺货、还是允许缺货、还是补货经营方式？进货采用瞬时进货、还是持时进货？如果是随机型库存，就确定是基于服务水平、还是基于缺货费用、还是基于补货费用？在各种经营方式下，发生哪些费用，一次订货费用是多少？单位物资单位时间的保管费用是多少？缺货费用、补货费用是多少？

（4）确定库存模型。根据第一步的分析，确定合适的库存模型。例如，对于确定型需求，我们可以根据情况选用不允许缺货瞬时到货模型、允许缺货瞬时到货模型、实行补货的瞬时到货模型；对于随机型需求，我们可以选用基于服务率的库存模型、基于缺货的库存模型、基于补货的库存模型。

（5）确定订货点。根据不同的库存模型确定各自合适的订货点，确定方法前面已经介绍过了。

（6）确定订货批量。

（7）采用定量订货法运行。在制定了订货点、订货量两个参数之后，就可以实施定量订货法运行了。在具体运行实施时，保管员要随时检查库存，每天都求出库存量的余额，当库存量下降到给定的订货点，就发出订货信息，每次订货都订一个已经给定的订货批量。

2) 定量订货法库存控制

定量订货法是一种基于物资数量的订货法,它主要靠控制订货点和订货批量两个参数来控制订货进货,达到既满足客户需求、又使经营总费用最低的目的。

(1) 定量订货法库存控制的原理

定量库存控制也称订购点控制,是指库存量下降到一定水平(订购点)时,按固定的订购数量进行订购的方式。该方式的关键在于计算出订购点的库存量和订购批量,对于某种商品来说,当订购点和订购批量确定后,就可以利用永续盘点法实现库存自动管理。

① 订购点的确定

订购点,即仓库进行补货时的库存量,订购点的确定取决于交货期或订购提前期的需要量,即订购点＝平均需求速度×交货期＋安全库存量。

数学表达式为
$$ROL = (R_d \times L) + S$$

式中：ROL——订购点；

R_d——需求或使用速度(数量/(月/周/天/时))；

L——交货期(月/周/天/时)；

S——安全库存量。

例7.1 当需求或使用速度为每周100件,交货期为3周,安全库存为200件时,求ROL。

$$ROL = (100 \times 3) + 200 = 500 (件)$$

图7.2表明了基本的再订货水平模型。它显示了一种理想的情况,即库存以不变的速度被减少,而下一次到货正好发生于安全库存水平。

② 订货量的确定

在前面,关于库存量的确定问题,已经给出了一个基本的思路,即以总成本最低作为依据,订货量也是一样,到底订货量是多少,才能使总成本最低。下面将讨论订货批量问题。

库存总成本最小的订购量称为经济订购批量,简称订货量。经济订购批量如图7.2所示,图中Q为订购量。这里描述了三个库存周期,每一周期都以1个单位为开始,它是固定订购批量。刚收到订购时,库存水准为1个单位,物品按斜率为负值的斜线表示的某一固定需求率R_d出库。当库存量降至再订货点时,就按单位发出一批新的订购信息,经过一固定的交货期后,商品便到达入库。这是一个经济订购批量模型在确定性条件下应用的例子。

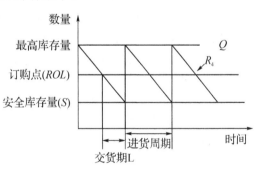

图7.2 定购点库存控制模型

简单模型的基本假设如下：

ⓐ需求量确定并已知，整个周期内的需求是均衡的；

ⓑ供货周期固定并已知；

ⓒ集中到货，而不是陆续入库；

ⓓ不允许缺货，能满足所有需求；

ⓔ购买价格或运输费率等是固定的，并与订购的数量、时间无关；

ⓕ没有在途库存；

ⓖ只有一项商品库存，或虽有多种库存，但各不相关；

ⓗ资金可用性无限制。

前四条假设密切相关，是确定性条件成立的基本前提。在每一相关时间间隔（每天、每周或每月）需求是已知的并与时间呈线性关系。库存消耗的速率是固定的，补充库存所需时间长度是已知的，换句话说，订购与收货之间的提前时间是固定的，这表明在原有库存用完之前所订商品刚好到达，因此不需考虑缺货情况及缺货损失。对于价格固定的假设表明没有价格折扣，而且价格相对稳定。无在途库存假设表明商品以买方工厂交货价为基础购买（购买价格包含运费）并以卖方工厂交货价（买方负责运输）出售，即企业在购货时，直到收到所买商品才拥有所有权；在销货时，商品所有权在商品离开工厂或装运点就转移了。如果作出这种假设，企业就不用负责在途商品，即没有在途存货储存成本。企业库存都有多种商品，单项物品的假设并没有脱离现实，可以对每一项重要的库存商品单独作决策。但由于没有考虑各种商品之间的相互作用，所以和现实会有一定的差距。资金的可用性在一些情况下是非常重要的，如果对库存的资金有某些限制，可作为批量模型一个约束条件。

在以上假设前提下，简单模型只考虑两类成本，即库存持有成本与订购成本。订购成本和库存持有成本随着订购次数或订购规模的变化，互呈反向变化，起初随着订购批量的增加，订购成本的下降比库存持有成本的增加要快，即订购成本的边际节约额比库存持有成本的边际增加额要多，使得总成本下降。当订购批量增加到某一点时，订购成本的边际节约额与库存持有成本的边际增加额相等，这时总成本最小。此后，随着订购批量的不断增加，订购成本的边际节约额比库存持有成本的边际增加额要小，导致总成本不断增加。总之，随着订购规模（或生产数量）的增加，持有成本增加，而订购成本降低，总成本线呈 U 形。其关系如图 7.3 所示。

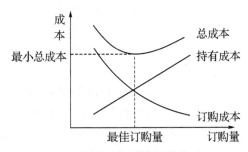

图 7.3　总成本与订购量的关系

如果只考虑库存持有成本，则订购批量越小越好。而总订购成本随订购批量的增加而减少，如果只考虑订购成本，则订购批量越大越好。因此，应权衡考虑两种成本，使总成本达到最小的订购批量即为最优订购批量。

(2)库存持有成本

库存持有成本是指为保持库存而发生的成本,它可以分为固定成本和变动成本,固定成本与库存数量的多少无关,如仓库折旧、仓库职工的固定月工资等;变动成本与库存数量的多少有关,如库存占用资金的应计利息、破损和变质损失、安全费用等。变动成本主要包括以下四项成本:资金占用成本、储存空间成本、库存服务成本和库存风险成本。

①资金占用成本。资金占用成本有时也称为利息成本或机会成本,是库存资本的隐含价值。资金占用成本反映失去了盈利能力。如果资金投入其他方面,就会要求取得投资回报,因此资金占用成本就是这种尚未获得的回报的费用。

一般来说,资金占用成本是库存持有成本的一个最大组成部分,通常用持有库存的货币价值的百分率来表示。

②储存空间成本。这项成本包括与商品运入、运出仓库有关的搬运成本以及储存中发生的成本,如租赁、取暖、照明等有关。

存储空间成本仅随库存水平的提高或降低而增加或减少。如果利用公共仓库,有关搬运及存储的所有成本将直接随库存的数量而变化。

③库存服务成本。这项成本主要指安全及税金。根据商品的价值和类型,商品丢失或损坏的风险高,就需要较高的风险金。另外,许多国家将库存列入应纳税的财产,高水平库存导致高税费。安全及税金将随商品不同而有很大变化,但在计算存货储存成本时,必须要考虑它们。

④库存风险成本。库存风险成本反映了一种非常真实的可能性,即由于企业无法控制的原因,造成的库存贬值。

由于库存持有成本中的固定成本是相对固定的,与库存数量无直接关系,它不影响库存控制的决策,所以可以通过以下步骤计算(单一品种库存)库存持有成本:

第一步,确定这种库存的价值,其中先进先出法、后进先出法或平均成本法是常用的方法。因为库存水平与固定成本无关,而与库存价值的变动成本相关,所以,与库存决策最相关的商品价值是商品的购买价。

第二步,估算每一项库存持有成本占全部商品价值的百分比,然后将各百分比数相加,得到库存持有总成本占商品价值的比例,这样库存持有成本就用库存价值百分比来表示,如表7.5所示。

表7.5 库存持有成本的确定

成本类别	成本占库存价值的百分比(%)
仓库租金、折旧、作业成本	6(3～10)
设备租金、折旧、能源、作业成本	3(1～3.5)
进行额外处理的劳动力成本	3(3～5)
借贷成本、税收、库存安全	11(6～24)
被偷窃、积压和废旧库存	3(2～5)
库存持有成本合计	26%

最后一步,用库存持有成本合计乘以商品价值,这样就估算出保管一定数量库存的年成本。

(3) 订购成本

订购成本是指企业向外部的供应商发出采购订单的成本,是企业为实现一次订购而竞选的各种活动费用的总和,订购成本中有一部分与订购次数无关,如常设采购机构的基本开支等,称为订购的固定成本;另一部分与订购的次数有关,如差旅费、邮资等,称为订购的变动成本。具体来讲,订购成本包括与下列活动相关的费用:

①检查存货水平;
②编制并提出订购申请;
③对多个供应商进行调查比较,选择最合适的供货商;
④填写并发出订购单;
⑤填写、核对收货单;
⑥验收发来的商品;
⑦筹备资金并进行付款。

这些成本很容易被忽视,但在考虑涉及订购、收货的全部活动时,这些成本很重要。

已知上述假设,年总成本可由下面公式表示:

$$TC = DP + \frac{DC}{Q} + \frac{DK}{2}$$

式中:TC——年总成本;
D——年需求量;
P——采购物品单价;
C——每次订购成本;
Q——每次订购量;
K——单件持有成本,或单件库存费用。

为了获得使总成本达到最小的 Q,即经济订购批量,将 TC 函数对 Q 微分:

$$EOQ = \sqrt{\frac{2CD}{K}} \text{ 或 } EOQ = \sqrt{\frac{2CD}{PF}}$$

式中:EOQ——经济订购批量;
F——年保管费率(平均库存价值百分比%)。

其他变量与前面公式相同。

(4) 取消一些假设的 EOQ 模型

在实际订货过程中,会涉及很复杂的情况,这样假设条件也会越来越少,如在订货的过程中会有一定的价格折扣,补货的速度会有一定的变化等,对于不同的企业和不同的商品都会有一定的差别。下面将讨论价格折扣和补货速度的变化对经济订货批量的影响。

①库存被逐渐补充时的 EOQ

在某些情况中,所订货物不是在某一特定时间一次到货,而是在一定时期中分批到货。此时,库存的补充是通过多次到货,而不是一次到货而逐渐实现的。供应商得到的合同是在某一时期中连续有效的(如一季或两季)。在这一期间,它们从零售商的销售点(POS)系统或条码扫描器直接得到库存变化信息。当库存下降时,供应商按合约规定直接向零售点送货以保持其拥有最低库存量。类似的合约可应用于向生产企业供应原料及部件。连续补充库存系统将供应商直接与买方的持续需求联系了起来,进而排除掉了中间库。这加快了库存补充速度和周转,并减少了库存及相应成本。

库存一方面被逐渐地补充,一方面又在逐渐地被提取,以满足企业生产需求。只要库存供应速度(R_s)(例如以每周供货单位度量)高于内部及外部用的需求速度(R_d),库存的数量便会增加。然而,一旦供应停止,库存便会连续减少,直至新一批订货的到来。

$$EOQ=\sqrt{\frac{2CD}{PF(1-\frac{R_d}{R_s})}}$$

式中:R_d——需求速度;
  　R_s——合约约定供货速度。
其他变量与前面公式相同。这种补货方式一般适用的产业,为汽车制造业或消费品生产产业。

②价格折扣对经济订货批量的影响

在某些场合,供应商对不同批量的订货实行不同的价格,往往是随着订货量的增大而提供更大的价格折扣。由于上述原因,我们不能假设既定的价格会总是适用于 EOQ 公式。在这种场合,有必要确定在各种减价水平的持有成本和订货成本。如某公司的补货数量与价格的关系出现变化,如表 7.6 所示。

表 7.6　价格对订货批量的影响

	补货批量	价格	订货次数/年	平均库存量	年成本(采购9 000个)			
					采购	订货	持有	总计
EOQ	200	90	45	100	810 000	2 700	2 700	815 400
	270	89	33	135	801 000	1 980	3 605	806 585

以上计算表明,某公司利用价格折扣,尽管会由于增加订货批量而导致更高的库存量和持有成本,但可以使总成本下降。

定量控制中固定的订购批量就是周转库存需要量,也就是两次进货间隔期间内的合理库存量。安全库存量则是为了应对备运时间内的相关变动而建立的,包括不能按时到货、实际备运时间超过平均备运时间而增加的库存需要,也包括备运时间内实际的一日需要量超过计划需要量而增加的需求量。

例 7.2 某公司为了降低库存成本,采用订购点法控制库存。某产品的年需求量为 1 000 单位,订购成本为每次 10 美元,每年每单位商品的持有成本为 0.5 美元,根据以上数据,可以计算出该公司每次订购的最佳数量,200 单位。如果安全库存为 3 天,订购备运时间为 4 天,那么该公司的订购点为 20 单位。根据公式计算得

$$EOQ=\sqrt{\frac{2CD}{K}}=\sqrt{\frac{2\times1\,000\times10}{0.5}}=200(单位)$$

$$安全库存=\frac{1\,000}{360}\times3=9$$

订购点 = 日平均需求量 × 备运时间 + 安全库存量

$$=\frac{1\,000}{360}\times4+9=20(单位)$$

定量库存控制方法的简化形式为双堆法,也称为分存控制法。这种方法是将订购点数量从库存量中分出,并单独存放或画出明显标志,如图 7.4 所示。当库存只剩下订购点一堆(或一箱)时即提出订购请求,每次

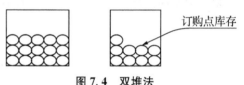

图 7.4 双堆法

订购固定数量的商品。还可以将安全库存再从订购点一堆中分出,称为三堆法,如图 7.5 所示。双堆法和三堆法简便易行,无须经常盘点,没有持续的库存记录,可以直观地识别订购点以便及时组织订购。这种方法比较适合于价值低、备运时间短、供应充足的商品。

图 7.5 三堆法

(5) 定量订货法库存控制的优缺点和适用范围
① 订购点法的优点
ⓐ 管理简便,订购时间和订购量不受人为判断的影响,保证库存管理的准确性;
ⓑ 由于订购量一定,便于安排库内的作业活动,节约理货费用;
ⓒ 便于按经济订购批量订购,节约库存总成本。
② 订购点法的缺点
ⓐ 不便于对库存进行严格的管理;
ⓑ 订购之前的各项计划比较复杂。
③ 订购点法的适用范围
ⓐ 单价比较便宜,而且不便于少量订购的物品,如螺栓、螺母等 C 类物资;
ⓑ 需求预测比较困难的物品;

ⓒ品种数量多,库存管理事务量大的物品;

ⓓ消费量计算复杂的物品以及通用性强、需求总量比较稳定的物品等。

3) 定期订货法库存控制原理

(1) 定期订货法库存控制原理

定期订货法库存控制也称为固定订购周期法,这种方法的特点是按固定的时间周期来订购(一个月或一周等),而订购数量是变化的。一般都是事先依据对商品需求量的预测,确定一个比较恰当的最高库存额,在每个周期将要结束时,对库存进行盘点,决定订购量,商品到达后的库存量刚好到达原定的最高库存额。

与定量库存控制方法相比,这种方法不必严格跟踪库存水平,减少了库存登记费用和盘点次数。价值较低的商品可以大批量购买,也不必关心日常的库存量,只要定期补充就可以了。道路运输企业的轮胎和发动机就经常使用这种方法,可能每月或每季度才进一次货。

如果需求和订购提前期是确定的,并且可以提前知道,那么使用固定订购周期法时,每周期的订购量是一样的。如果需求和订购提前期都不确定,那么每周期的订购量就会有所不同。定期检查方法如图7.6所示。

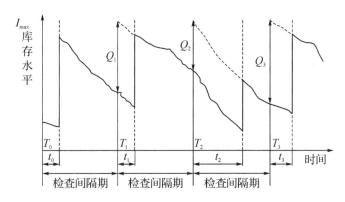

图7.6　定期订货法库存模型

各次订货(T_0、T_1、T_2和T_3)之间的间隔相同。在T_1查库存水平并计算出足以将库存量增加至某预定最人库存水平(I_{max})的订货批量。但是,数量为Q_1的订货在交货期期间(t_1)结束之前不会到货。在此期间,库存在继续减少。同以前一样,需求和交货期一般都是不确定的。数量为Q_1的订货一旦到货,库存便被增加到低于I_{max}的某水平。之后,需求将继续减少库存,直至T_2(第二次检查)。此时,再次进行数量为Q_2的订货。同Q_1一样,该订货批量为T_2时的当前库存水平与I_{max}之差。这一新的订货在第二个交货期(t_2)(比前一个更长一些)过去之后到货。在这一交货期期间,需求使库存下降得更多。因此,在T_1时刻订货的数量必须能够满足检查间隔期加上第二次订货的交货期期间的需求。

这种方法的关键在于确定订购周期和最大库存量。订购周期是指提出订购、发出订购通知,直至收到订购的时间间隔。最大库存量是满足订货周期和订货提前期的库存以及安全库存的要求。

①订货周期的确定

例7.3 某产品的需求量(D)为每年2 000个单位,价格为每单位2.5美元,每次订货的订货成本(C)为25美元,年持有成本率F为20%,求各次订货之间的最优检查间隔期t_r。

$$t_r = \frac{EOQ}{D} = \frac{447}{2\ 000} = 0.223\ 5(年)$$
$$= 2.7(月)$$

②确定最大库存水平

定期检查系统所需要考虑的第二个关键问题是计算出最大库存水平(即I_{max})。这一水平决定安全库存水平,并且是自动确定每次订货批量的基础。

最大库存量应该满足三个方面的要求,订货周期的要求,交货期或订货提前期的要求和安全库存。计算公式:

$$I_{max} = R_d(T+L) + S$$

式中:I_{max}——最大库存量;
  L——平均订购时间;
  R_d——需求速度;
  T——订购间隔时间;
  S——安全库存量。

采用这种库存管理的方法进行订购时,每次的订货量Q的计算公式:

$$I_{max} = R_d(T+L) + S - Q_0 - Q_1 + Q_2$$

式中:Q_0——现有库存量;
  Q_1——在途库存量;
  Q_2——已经售出尚未提货的库存量。

其他变量同上。

(2) 定期库存控制的适用范围

定期库存控制法适用以下商品的库存控制:

①消费金额高,需要实施严密管理的重要物品;
②根据市场的状况和经营方针,需要经常调整生产或采购数量的物品;
③需求量变动幅度大,而且变动具有周期性,可以正确判断的物品;
④建筑工程、出口等可以确定的物品;
⑤设计变更风险大的物品;
⑥多种商品采购可以节省费用的情况;

⑦同一品种物品分散保管,同一品种物品向多家供货商订购,批量订购分期入库等订购、保管、入库不规则的物品;

⑧需要定期制造的物品等。

(3) 安全库存控制

许多企业都会考虑保持一定数量的安全库存,以防需求或提前期方面的不确定性,从而造成的缺货或失销或过剩。但是困难在于确定什么时候,需要保持多少安全库存。安全库存太多造成库存过剩,而安全库存不足则意味着缺货或失销。

安全库存每一追加的增量都会造成效益的递减。但安全库存量增加,缺货概率就会减少。在某一安全存货水平,储存额外数量的成本加期望缺货成本会有一个最小值,这个水平就是最优水平。高于或低于这个水平,都将产生净损失。

① 缺货成本计算

缺货成本是由于外部和内部中断供应所产生的。当企业的客户得不到全部订购时,叫做外部短缺;而当企业内部某个部门得不到全部订购时,叫做内部短缺。

为了确定需要保持多少库存,有必要确定如果发生缺货所造成的损失。

第一步,分析发生缺货可能产生的后果,包括:延期交货、失销和失去客户。

第二步,计算与可能结果相关的成本,即利润损失。

最后,计算一次缺货的损失。

如果增加库存的成本少于一次缺货的损失,那么就应增加库存以避免缺货。

例如发生内部短缺,则可能导致生产损失(人员和机器的闲置)和完工期的延误。或者由于某项物品短缺而引起整个生产线停工,这时的缺货成本可能非常高。尤其对于实施JIT管理的企业来说更是这样。

② 定量订货法安全库存量的计算

对于安全库存量的计算,可以根据顾客需求量变化、提前期固定,提前期变化、顾客需求量固定或者两者同时变化三种情况分别计算。

ⓐ需求量变化,提前期固定。假设需求的变化服从正态分布,由于提前期是固定的数值,因而可以根据正态分布图,直接求出在提前期内的需求分布均值和标准差,或通过直接的期望预测,以过去提前期内的需求情况为依据,确定需求的期望值。在这种情况下,安全库存量的计算公式为

$$S = zD_d\sqrt{L}$$

式中: D_d ——期内的需求量的标准差;

L ——提前期的时间;

z ——一定客户服务水平下需求量变化的安全系数,它可以根据预定的服务水平,由正态分布表查出。客户服务水平与安全系数对应关系的常用数据,见表7.7。

表 7.7　客户服务水平与安全系数对应关系的常用数据

服务水平	0.999 8	0.99	0.98	0.95	0.90	0.80	0.70
安全系数	3.5	2.33	2.05	1.65	1.29	0.84	0.53

例 7.4　某运输公司的某种配件平均日需求量为 1 000 件,并且该配件需求情况服从标准差为 20 件/天的正态分布,如果提前期是固定常数 5 天,如客户服务水平不低于 95%,那么可以计算出该配件全库存量约为 74 件,计算过程如下:

已知 $Q_d=20$ 件/天,$L=5$ 天,$F(z)=95\%$,查表知 $z=1.65$,代入公式

$$S=zD_d\sqrt{L}=1.56\times20\times\sqrt{5}=74(件)$$

⑥需求量固定,提前期变化。当提前期内的客户需求情况固定不变,而提前期的长短随机变化时,安全库存量的计算公式如下:

$$S=zR_dQ_l$$

式中:Q_l——提前期的标准差。
其他变量同上。

例 7.5　某超市的某种商品的日需求量为 1 000 瓶,提前期随机变化且均值为 5 天,标准差为 1 天的正态分布,如果客户服务水平要达到 95%,那么该种材料的安全库存量不能低于多少?

已知 $Q_l=1$ 天,$R_d=1 000$ 瓶,$F(z)=95\%$,查表知 $z=1.65$,代入公式

$$S=zR_dQ_l=1.65\times1 000\times1=1 650(瓶)$$

③需求量和提前期都随机变化。多数情况下需求量和提前期都是随机变化的,如果可以假设需求量和提前期是相互独立的,那么安全库存量的计算公式如下:

$$S=\sqrt{Q_d^2\overline{L}+R_d^2Q_l^2}$$

式中:$\overline{R}_d$——提前期内平均日需求量;
　　　$\overline{L}$——平均提前期。
式中其他变量同上。

例 7.6　如果上述例题中该材料的需求量和提前期都是随机变化的并服从正态分布,且需求量和提前期相互独立,日需求量 1 000 瓶,标准方差为 20 瓶/天,平均提前期为 5 天,标准方差为 1 天,那么为了保证生产供应的服务水平达到 90%,那么该种材料的安全库存量不能低于多少?

已知 $Q_l=20$ 瓶/天,$Q_t=1$ 天,$\overline{R}_d=1 000$ 瓶/天,$F(z)=95\%$,查表知 $z=1.65$,$\overline{L}=5$ 天,代入公式:

$$S=z\sqrt{Q_d^2\overline{L}+R_d^2Q_l^2}=1.65\times\sqrt{20^2\times5+1 000^2\times1^2}=1 625(瓶)$$

④定期订货法安全库存量的计算

定期订货法的安全库存量的计算方法与定量订货法安全库存量的计算方法类似。

$$S = z\sqrt{Q_d^2(\overline{L}+T) + R_d^2 Q_1^2}$$

式中：T——订货周期。

公式中其他变量同上。

这种方法计算安全库存量与定量订货法不同的是需要在订货周期内备有一定的安全库存。

7.3.5 仓库管理

仓库是物资供应工作的一个重要组织机构，物资供应工作的各个环节都与仓库有直接或间接的关系。做好仓库管理工作，对保证物资及时供应生产需要、合理储备、节约使用，以及加速资金周转、降低产品成本有着重要的作用。

仓库管理工作内容，概括起来就是做好物资收、管、发等三方面工作。

1) 物资的验收

验收是指对到库物资在入库前按照一定的程序和手续进行数量和质量上的检验，它是做好物资保管工作的基础。物资验收工作，要做到"四不收"：凭证不全不收、手续不齐不收、数量不符不收、质量不合格不收。

物资验收首先要核对凭证，包括订货合同或协议书、供货单位的质量证明书、装箱单、磅码单、发货明细表、运输部门的运单或损坏记录，然后检验物资的数量。检验数量一般采取与供货单位一致的计量方法进行检数。最后，进行质量检验，可应用数理统计的方法检验。在验收过程中，要及时处理发现的问题，对于违反合同规定的供货，要做好检验记录，对不合格物资另行堆放，做好标识，妥善保管。

2) 物资的保管维护

物资的保管维护工作，主要是通过合理存放，妥善维护，加强账、卡、物管理，达到物资入库和领用方便、保持物资完整、减少自然损耗、杜绝积压浪费、降低仓库费用的目的。对物资的保管维护的具体要求：要达到"三清"，即数量清、材质清、规格清；"两齐"，即库容整齐，堆码整齐；"三一致"，即账、卡、物一致。物资保管主要做三项工作：

(1) 合理存放

将物资按类别、按系列存放在库场的固定区内，并采用"四号定位法"或"五五"摆放法，达到标记鲜明，材质不混，整齐有序。

"四号定位"法，就是用四个号码表示物资在库房的位置。这四个号码是：

①库内货区号；

②货架、货柜号；

③货架或货柜层次号；

④每层的货位号。这些号码应明显地标识在货区、货架柜、层次及货位的规定位置，并在料账上标明每种物资的编号，以便查找。

例如,某项物资在料账上的编号是2.12.3.14,即知该物资存放在第2货区,第12号货架,第3层,第14号货位。应用"四号定位法",可以便于发放,便于盘点,便于其他人员代替发放,便于新保管人员迅速掌握业务。

"五五"摆放法,就是将物资以"五"为基本计算单位摆放,可以五五成堆,五五成行,五五成排,五五成箱等。这样摆放不仅便于盘点,而且可以充分利用库房容积。

(2) 科学的管理

仓库的物资成千上万,为了计数方便,达到过目知数,准确无误,可采用以下方法:

①单件计量,层层累计。即先将每件物资的重量标记在每件物资上,然后将每层的总重量或总数量累计标出。物资出库时,自上而下放平,即可随时看到发放后的结存数量。

②建立随物卡。即在存放的架柜上,挂有随物卡,用来随时记录物资的收入、发出、结存情况。

③动态盘点,日清月结。动态盘点是对每天数量发生变动的物资(入库或出库)进行清点,并在物资发生变动后及时登账,一般要求对当天发生了的入库项目,当天进行登账,月底进行结账。这样。发现问题可以及时追查纠正,保证库存物的账物相符,降低盘点亏损率。

(3) 妥善的维护

物资变质主要有三方面的因素影响:

①物资本身的物理、化学性能。如粮食吸湿性强,易受外界温湿度影响,吸湿后呼吸作用增强,容易发热、生霉和生虫,关键是控制含水量;漂白的棉制品的氧化速度比其他棉制品快得多,保管时间长久,易造成发脆损坏;橡胶是一种高分子化合物,受到空气中氧气的作用,结构逐渐破坏,分子由大变小,使橡胶性能降低而逐渐失去使用价值。

②物资储存的环境。自然因素如温度、湿度、空气、日光、尘土及虫害等,对具有不同的物理性能、化学性能的物资,产生各种不同程度的不良影响,以致损坏。

③物资储存期。对不同的物资有不同的保质期的要求,一般超过了保质期,就会引起变质,不能使用。

了解影响物资变质的因素,就可以针对物资的特性和不同的要求,采取不同的保管维护措施,进行定期的检查维护工作。

3) 物资的发放

这是保证生产正常进行和节约使用物资的重要环节。仓库管理人员应做好以下工作:

(1) 建立定额供料制。即根据不同工种、不同工作的需要,规定领用物资的发料数额,仓库按限额发放物资。这是一种科学的发放制度。它有利于有计划、有准备地供应生产用料,有利于贯彻物资消耗定额和节约利用物资。

(2) 出库单据和手续必须符合要求。根据限额发料单、提货单、经核对无误,才予以发货,对非正式凭证一律不发货。

(3) 发出的物资都应当面点交清楚。物资发出后,及时记账记卡,统计有关基础数据。

4）修旧利废和清仓利库

（1）修旧利废。组织专人回收废旧物资，修复废旧物资，以及综合利用边角料，做到"边回收，边修复，边利用"，充分挖掘物资潜力，以降低成本、提高经济效益。

（2）清仓利库。"清仓"就是清理仓库；"利库"就是利用库存资源，把库存积压物资予以处理。清查库存、核定周转、处理积压是清仓利库工作的三个主要环节。清查库存、核定周转是手段，其目的是处理积压，加速流动资金周转；处理积压物资的出路是立足自用，在立足自用的前提下，采用广开门路、内外调剂、门市展销、委托代销、上门推销等办法处理。

7.4 物资配送管理

7.4.1 配货作业方法

配货是配送工作的第一步，根据运输企业各个生产单位的需求情况，首先确定需要配送货物的种类和数量，然后在仓库将所需货物挑选出来，即所谓的分拣。分拣工作可采用自动化的分拣设备，也可采用手工方法，这主要取决于仓库的规模及其现代化的程度。配货作业有两种基本形式：分货方式和拣选方式。配货时大多是按照入库日期的"先进先出"原则进行。

1）摘取方式（又叫拣选方式）

摘取式方式是在企业物资仓库分别为每个生产部门拣选其所需货物，此方法的特点是仓库的每种货物的位置是固定的，对于货物类型多、数量少的情况，这种配货方式便于管理和实现现代化。

摘取式的优点是：以出货单为单位，一人负责一张单据，出错的机会较少，而且易于追查。有些企业的物资配货以摘取式进行配货，甚至省略了出货验放的工作，而是由拣货员兼任出货验放的工作。

摘取式的缺点是：作业重复太多，尤其是消耗量大，几乎每张出货单都要走一趟仓库，容易在这个地区造成进出交通拥堵、补货不及时等现象。

2）播种方式（又叫分货方式）

播种方式是将需配送的同一种货物，从企业物资储存地集中搬运到发货场地，然后再根据各生产部门对该种货物的需求量进行二次分配，就像播种一样。这种方式适用货物易于集中移动且对同一种货物需求量较大的情况。

摘取方式和播种方式的比较：

如果出货单数量不多，摘取方式和播种方式的效率与效果都没有什么差别。但是如果在同样是大量出货的情况下比较，播种式配货法在误差上占了明显的优势，而且在大多数情况中，处理时间也比摘取式节省。如果转换成人力成本来计算，应可节省

17%～25%的费用或是相当的工时。

摘取式配货法在某些情况下,例如出货数量少、频率少的商品但识别条件多,体积小而单价高的品种;牵涉到批号管制且每批数量不一定的品种等时,仍然有它的适用性。

7.4.2 配送车辆的配装

1) 车辆配装的概念

由于配送作业本身的特点,配送工作所需车辆一般为汽车。由于需配送的货物的比重、体积以及包装形式各异,在装车时,既要考虑车辆的载重,又要考虑车辆的容积,使车辆的载重和容积都能得到有效利用,配送车辆配装技术要解决的主要问题就是在充分保证货物质量和数量完好的前提下,尽可能提高车辆在容积和载货两方面的装载量,以提高车辆利用率,节省运力,降低配送费用。

2) 车辆配装的原则

具体车辆配装要根据需配送货物的具体情况以及车辆情况,主要是依靠经验或简单的计算来选择最优的装车方案。

凭经验配装时,应遵循如下原则:

①为了减少或避免差错,应尽量把外观相近、容易混淆的货物分开装载;

②重不压轻,大不压小,轻货应放在重货上面,包装强度差的应放在包装强度好的上面;

③尽量做到"后送先装",由于配送车辆大多是后开门的厢式货车,所以先卸车的货物应装在车厢后部,靠近车厢门,后卸车的货物装在前部;

④货物与货物之间、货物与车辆之间应留有空隙并适当衬垫,防止货损;

⑤不将散发臭味的货物与具有吸臭性的食品混装;

⑥尽量不将散发粉尘的货物与清洁货物混装;

⑦切勿将渗水货物与易受潮货物一同存放;

⑧包装不同的货物应分开装载,如板条箱货物不要与纸箱、袋装货物堆放在一起;

⑨具有尖角或其他突出物的货物应和其他货物分开装载或用木板隔离,以免损伤其他货物;

⑩装载易滚动的卷状、桶状货物,要垂直摆放;

⑪装货完毕,应在门端处采取适当的稳固措施,以防开门卸货时,货物倾倒造成货损或人身伤亡。

解决车辆配装量问题,当数据量小时还能用手工计算,但数据量大时,依靠手工计算将变得非常困难,需用数学方法来求解。现在已开发出车辆配装的软件,将配送货物的相关数据输入计算机,即可由计算机自动输出配装方案。在进行配装时,我们可以充分利用此类软件进行自动安排。

7.4.3 配送路线的优化

1) 配送路线的确定原则

配送路线是指各送货车辆向各个生产部门送货时所要经过的线路。配送路线合理与否对配送速度、车辆的合理利用以及配送费用都有直接影响，因此配送路线的优化问题是配送工作的主要问题之一。采用科学的、合理的方法来确定配送路线，是配送活动中非常重要的一项工作。

(1) 确定配送路线目标

目标的选择是根据配送的具体要求、物资供应部门的实力及客观条件来确定的。配送路线规划的目标可以有多种选择：

①以效益最高为目标，指以利润最大化为目标。

②以成本最低为目标，实际上也是选择了以效益为目标。

③以路程最短为目标，如果成本与路程相关性较强，而和其他因素的相关性较小时，可以选它作为目标。

④以吨公里数最小为目标，在"节约里程法"的计算中，采用这一目标。

⑤以准确性最高为目标。它是配送中心中重要的服务指标。

当然还可以选择运力利用最合理、劳动消耗最低作为目标。

(2) 确定配送路线的约束条件

一般配送的约束条件有以下几项：

①满足所有部门对货物品种、规格、数量的要求；

②满足各部门对货物送达时间范围的要求；

③在允许通行的时间段内进行配送；

④各配送路线的货物量不得超过车辆容量和载重量的限制；

⑤在物资供应部门现有运力允许的范围内。

2) 配送路线优化的方法

随着配送的复杂化，配送路线的优化一般要结合数学方法及计算机求解的方法来制定合理的配送方案，下面主要介绍确定优化配送方案的一个较成熟的方法——节约法，也叫节约里程法。

1964年克拉克(Clarke)、怀特(Wright)发表了制定配送计划的节约法的论文，提出了如何从许多条可供选择的路径中，选出最佳配送路径的方法。

(1) 节约法的基本思想

节约法的基本思想是为达到高效率的配送，使配送的时间最小、距离最短、成本最低，而寻找的最佳配送路线。

(2) 节约里程法的基本原理

这种方法的基本原理是几何学中三角形一边之长必定小于另外两边之和。见图7.7。

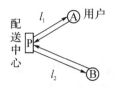 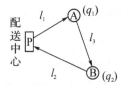

图 7.7　往返发货与巡回发货车辆行走距离

由配送中心 P 向两个用户 A、B 送货,P 至 A、B 的最短距离分别为 l_1 和 l_2,A、B 间的最短距离为 l_3。用户 A、B 对货物的需求量分别为 q_1 和 q_2。

若用两辆汽车分别对 A、B 两个用户所需货物各自往返送货时,汽车直行总里程为:

$$l = 2(l_1 + l_2)$$

如果改为由一辆汽车向 A、B 两个用户巡回送货(设 $q_1 + q_2 <$ 汽车载重量),则汽车走行里程为:

$$l = l_1 + l_2 + l_3$$

后一种送货方案比前一种送货方案节约的汽车走行里程为:

$$\Delta l = [2(l_1 + l_2)] - (l_1 + l_2 + l_3) = l_1 + l_2 - l_3$$

如果从图形上看,它等于三角形的两个邻边之和减去对边的差。

如果在配送中心 P 的供货范围内还存在着第 3,4,5,…个用户,在汽车载重量允许的情况下,可将它们按节约量的大小依次连入巡回路线,直至汽车满载为止。余下的用户用同样的方法确定巡回路线,另外派车。

(3) 节约里程法应用案例

如图 7.8 所示,由配送中心 P 向 A~I 等 9 个用户配送货物。图中连线上的数字表示公路里程(km)。图中靠近各用户括号内的数字,表示各用户对货物的需求量(t)。配送中心备有 2 t 和 4 t 载重量的汽车,且汽车一次巡回走行里程不能超过 35 km,设送到时间均符合用户要求,求该配送中心的最优送货方案。

现利用渐近解题法求解,其步骤如下:

① 首先计算配送中心至各用户以及各用户之间的最短距离,并列表(见表 7.8)。

② 由上述最短距离表,利用节约法计算出各用户之间的节约里程,并编制成表 7.9。

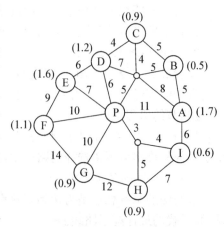

图 7.8　某配送中心配送网络图

表 7.8 最短距离表

	P	A	B	C	D	E	F	G	H	I
P		11	10	9	6	7	10	10	8	7
A			5	10	14	18	21	21	13	6
B				5	9	15	20	20	18	11
C					4	10	19	19	17	16
D						6	15	16	14	13
E							9	17	15	14
F								14	18	17
G									12	17
H										7
I										

表 7.9 节约里程表

	A	B	C	D	E	F	G	H	I
A		16	10	3	0	0	0	6	12
B			14	7	2	0	0	0	6
C				11	6	0	0	0	0
D					7	0	0	0	0
E						8	0	0	0
F							6	0	0
G								6	0
H									8
I									

计算结果有正有负，节约里程为负数时，无实际意义，在表内写 0。

③根据节约里程表中节约里程多少的顺序，由大到小排列，编制节约里程顺序表，见表 7.10。以便尽量使节约里程最多的点组合装车配送。

表 7.10 节约里程排序表

顺位号	里程	节约里程	顺位号	里程	节约里程	顺位号	里程	节约里程
1	A—B	16	6	H—I	8	10	F—G	6
2	B—C	14	8	B—D	7	10	G—H	6
3	A—I	12	8	D—E	7	15	A—D	3
4	C—D	11	10	A—H	6	16	B—E	2
5	A—C	10	10	B—I	6	17	D—F	1
6	E—F	8	10	C—E	6			

④根据节约里程排序表和配车(车辆的载重与容积,本例忽略容积因素)、车辆行驶里程等约束条件,渐近绘出如图 7.9 所示的配送路径。

注:路径 A:4 t 车,走行 32 km,载重量 3.7 t;

路径 B:4 t 车,走行 31 km,载重量 3.9 t;

路径 C:2 t 车,走行 30 km,载重量 1.8 t。

总共走行里程 93 km,共节约里程 63 km。

从图中可看出,依次确定的 A、B、C 三条路径均符合配送中心的约束条件。需要 2 t 汽车 1 辆、4 t 汽车 2 辆,总走行里程为 93 km。若简单地每个用户派一辆汽车送货,需要 2 t 汽车 9 辆,走行总里程 156 km。通过比较可以看出,利用节约法制定配送方案确定送货路径,具有明显的效果。当配送点(用户)很多时,编制程序可由电子计算机来完成。

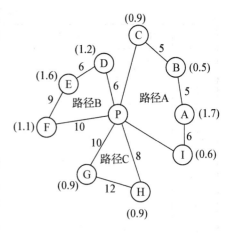

图 7.9　确定的配送路径、汽车运距与载重量示意图

案　例

丹麦 DFDS 运输公司提供"门到门"的服务和第三方物流解决方案让客户得多项好处

DFDS 运输公司是丹麦的 J. Lanritzen 组织分化的结果。DFDS 运输公司已经从传统的航运公司发展成为一个综合运输公司,它提供"门到门"的服务,并向欧洲的主要国际客户提供第三方物流解决方案。该公司集中精力致力于两个主要市场:计算机市场和汽车零部件市场。他们的客户包括:Digital Equipment,IBM,ICL,Olivetti,Apple Computers,Ford Motor Co.,General Motors 和 Toyota 等。

DFDS 运输公司为计算机行业的客户开发了一种北欧的物流解决方案,运用在哥本哈根的配送中心,为在丹麦、芬兰、挪威和瑞典的顾客直接配送。这种方式使有相同服务要求的顾客能分享配送中心的设施、信息系统和运输能力。与单个客户依靠自己所提供的物流解决方案相比,DFDS 运输公司有较高的服务成效和较低的总成本。DFDS 运输也为计算机行业提供了另一种增值服务,如按顾客的要求安装计算机、检查装备和在客户所在地安装计算机等。

1994 年春天,意大利的一家名叫 Olivetti 的计算机公司同北欧的 DFDS 运输公司开始了第三方物流的合作关系。在此之前,Olivetti 在每个北欧国家都有一个全国仓库,以服务于全国的顾客。备用零件的服务和维修也同样地分权给各国的销售机构。在此之后,Olivetti 关闭了在芬兰、挪威和瑞典等国家的仓库,而把它们转移到丹麦。这个新的斯堪的纳维亚的仓库是 Olivetti 自己的仓库和 DFDS 在哥本哈根的配送中心的结合体。个人计算机贮存在 Olivetti,办公用品贮存在 DFDS 的配送中心。服务的要求是发送时间短、可信度高。发往大部分丹麦、挪威客户的货物,运达时间为 24 小时,而发往芬兰及其他较远的北欧国家的运达时间则为 48 小时。

DFDS 运输也提供增值服务,如为 Olivetti 检测和组装计算机,对 Olivetti 的好处有几个方面:一个好处是仓库的减少可以腾出资金并且压缩操作成本;存货成本已经减少 30%,存取成本至少降低 10%,总的物流成本也减少了 10% 以上。另外一个好处是,可以将从非欧盟国家进口的货物贮存在自由贸易区,从而推迟海关关税、增值税的交纳,直至产品出售为止。

复习与思考

7.1 物资管理的任务是什么?
7.2 物资管理的内容是什么?
7.3 采购管理的职能是什么?
7.4 采购管理的目标是什么?
7.5 采购的主要模式及其适用条件是什么?
7.6 采购的主要方式是什么?
7.7 采购的主要进货方式是什么?
7.8 库存的作用与弊端是什么?
7.9 库存的必要性是什么?
7.10 库存控制的任务是什么?
7.11 配货的作业方法有哪些?
7.12 车辆配装应遵循的主要原则是什么?
7.13 在配送过程中如何进行配送线路的优化?
7.14 某单运输企业每月需要某一产品 200 件,每批订购费 20 元。若每次货物到达后先存入仓库,每月每件要付出 0.8 元的储存费。试计算其经济订购批量。

8 运输企业设备管理

【开篇案例】

案例：出租车应何时更新

2006年，广州市对出租车实行50万公里必须报废的新规，使得出租车的报废年限缩短到4年左右，这一措施将使出租车企业经营成本增加。广州市交委有关人士表示，出租车加快更新换代，不以提升出租车票价为目的。由于出租车以往规定的报废期为8年，不少采用供车模式的司机都寄希望于在三四年内还完供车款后，可以真正为自己赚钱。但是，新规一旦实施，报废期缩短了一半，一辆出租车营运四年左右就该报废了。一位司机在接受《南方日报》采访时说："我的出租车是2003年购进的，用了30多万元买了8年的经营期。现在只跑了两年多，还有一年多就到50万公里了。如果政府强制报废，我不是亏大了吗？"对于这些已经在供车的司机，政府是否对那些未到半年、但已经达到50万公里的车辆进行强制报废呢？

一旦以行驶里程作为报废标准，政府是否能严格监控真实的行驶里程？有出租车司机认为，出租车里程数很难监控。一位李姓司机认为："报废期限是很难作假，但是里程数却是可以调整的。如果司机不愿意提早报废，就把里程数调低就可以了。其实，出租车司机平时注重车辆的保养，比这些硬指标要实际。出租车的车质车况太差，乘客也不愿意坐。司机的收入就减少了，车辆自然而然就要被淘汰了。"

业内人士表示，一旦实行新规，压力最大的是出租车企业。"这要求企业必须做大做强。三五年更新一批新车，现代索纳塔、红旗、桑塔纳3000等，与原来的捷达相比，一辆车的购车成本高三万元左右。新车的车费连牌照等要14万元左右，全市推行清洁能源等等，都导致企业的成本增大。"该名业内人士说："与供车制相比，承包制对管理的要求更大。要求企业增加出租车的管理人员，导致管理成本增大。这与政府部门要求企业将管理成本降低的要求，又是矛盾的。最为重要的是，企业要建立自己的品牌效应，吸引更多的优良司机加盟。"

有专家表示，一旦实施新规，"供车模式"将会退出市场。据介绍，目前，出租车公司普遍采用两种模式，一种是供车制；另一种是承包车制。承包制，即出租车产权属公司，司机先给公司缴纳押金,每月给公司缴纳承包金;供车制,如同供楼,司机向公司先预付首期,然后逐月付缴余款和管理费,司机付清供车款,车辆产权就可归属司机,公司每月只收取管理费。8年期满后,产权交回出租车公司。实行新规,选择供车制的出租车司机无钱可赚,供车期满后,司机就不再供车,出租车的牌照就会回到出租车公司的手里。出租车公司再把出租车承包给其他的司机经营。久而久之,"供车模式"有望退出市场。越来越多的司机会选择承包车制,每个月给出租车企业"打工",而不会选择自己供车。他们将成为"打工仔",每天上班开车,交完承包金,剩余的钱归自己。

出租车司机对于公司收取管理费和承包金的数额一直意见较大。不少市民认为,出租车企业靠着拥有出租车经营权,坐收承包费,而的哥辛苦一天,大部分收入要交给公司,公司对司机却没有多大贡献。2011年7月,广州市政协委员到白云集团出租车公司调研,向企业领导发问:"企业除了收租,还尽了什么责任?"白云集团董事长叶坚解释说:白云集团绝不是仅仅在收租。如果企业仅仅是收租,只需请一个会计、一个出纳就足够了。事实上,白云集团还设有维修、管理、后勤保障等各方面的人员,员工人数超过1 000人。公司有维修厂三家、多层停车场三个,"如果只是收租,维修厂和停车场岂不是成了摆设?除此之外,公司还设立了很多管理制度,还建设了GPS系统,对全公司近3 500辆出租车进行管理。"

叶坚表示,如果按照物价部门制订的承包费标准,企业怎么也做不到一辆出租车一年赚10万元。"根据物价部门的监审报告,广州出租车企业利润为682.18元/车·月,利润率约为8.69%。白云集团由于是国营老企业,背着沉重的包袱,仅离退休人员就有1 000多人,所以我们的利润还比不上平均数",叶坚称,白云集团近几年的利润约5%。叶坚还说,集团除出租车司机以外职工的平均月收入是4 500元,与广州市公布的平均工资基本持平。"如果是暴利,员工收入远不止这个数。"

一同调研的广州市出租车协会秘书长吴宏钢则表示,出租车行业单车月平均税前利润是1 000~2 000元,税后月利润按照物价部门的监审报告是682.18元,"我认为,广州出租车承包费已无下降空间"。吴宏钢认为,根据市物价局对出租车企业2007—2009成本监审报告,出租车企业承担的月均单车营运成本平均为6 314.47元/月;此外,由于广州市出租车型在亚运会前全部实现由低档车到中档以上车转变、车辆投保额增加、职工平均工资逐年增长等因素影响,所以,当前的成本比2007—2009年平均值增加853.16元/月,实际成本为7 167.63元/月。据测算,企业的平均利润率约为8.69%,不存在暴利经营情况。

思考题:出租车在营运期内的盈利空间有多大?车辆应该何时更新更为合适?出租车企业对车辆的维修、后勤作业有哪些内容,与普通车辆的维护相比有何不同之处?

8.1 运输设备管理概述

8.1.1 运输企业设备的概念及其分类

1) 运输企业设备的概念

运输企业设备,是指运输企业在进行运输作业活动、实现运输功能过程中所使用的各种装备的总称。它是现代运输企业实现经营目标和生产计划的技术保障和物质基础。

运输企业的设备状况不仅直接影响企业为运输需求者提供的运输量、运输服务质量及作业效率,而且影响运输企业的运输成本、运送速度、安全生产及运输作业的生产秩序。因此,设备状况的好坏,对运输企业的生存与发展都有着重大影响。搞好运输企业的设备管理,对提高运输企业的管理水平和经济效益也有着十分重要的意义。

2) 运输企业设备的分类

运输企业为满足客户不同的运输需求,完成各种运输活动,需要多种运输、装卸搬运及管理等设备。

按设备实现的运输功能分:

存储保管设备——包括货架、托盘、托盘搬运车、叉车、提升机等;

装卸搬运设备——包括各式装卸机具、叉车、吊车、单斗车、搬运车;

运输与配送设备——包括各式运输工具、单斗车、牵引车、平板车、自动化分拣设备、光电识读设备等;

运输信息管理设备——包括条码扫描器、电子数据交换设备、货物跟踪设备、运输监控设备等。

8.1.2 设备管理的任务

运输企业的设备管理是指为使运输设备在整个寿命周期的费用达到最经济的程度,对其从选择、使用、养护、修理直到报废为止所开展的一系列管理工作的总称。目的是使运输活动过程中的设备经常处于最佳状态,使其作业效率最高,支付的费用最低,把运输企业的运输作业活动建立在最佳的物质基础之上。

运输企业的基本任务,就是在提高经济效益的前提下,通过一系列技术、经济、组织措施,充分发挥设备的效能,不断改善和提高运输技术装备,减少设备闲置,避免资源浪费,降低运输损失,提高运输的效率和效益。具体任务主要包括以下几个方面:

(1) 根据技术先进、经济合理原则,正确合理地选择运输设备,为企业运输活动提供最优的技术装备。

(2) 要针对各种设施与设备的特点,合理使用、精心维护,并建立健全有关正确使用和维护运输设备的规章制度和管理制度。

(3) 在节省设施与设备管理费用和维修费用的条件下,保证运输企业的设备始终处于良好的技术状态。

(4) 做好现有设备的挖潜、革新、改造和更新工作,提高运输设备的现代化水平。

(5) 做好运输企业设备的日常管理和维护工作。

8.1.3 设备管理的内容

设备管理的内容是指对设备运行全过程的管理。运输设备在运输企业的经营活动过程中,表现为两种运动形态:一是设备的物质运动形态,即从设备的选购、安装调试、日常使用、维护保养到设备的改造、更新、报废等;二是设备的价值运动形态,包括设备最初投资费用、折旧费、维护修理费用及更新改造资金的提取与支出等。设备管理是对上述两种运动形态的全过程管理。我们把前者称为设备的技术管理,把后者称为设备的经济管理。其具体内容如下:

(1) 根据设备的生产效率、投资效果及配套性和可靠性,选择技术上先进、经济上合理、生产上适用的设备。

(2) 根据设备的性能、使用要求,并结合企业运输生产作业计划,合理使用设备,提高设备的利用率。

(3) 及时、经常地做好设备的维护保养工作,提高设施与设备的完好率,延长设施与设备的寿命。

(4) 制定并认真贯彻执行合理的设备保养修理制度。

(5) 做好设备的验收、登记、保管、调拨、报废等日常管理工作。

(6) 有计划、有步骤、有重点地进行设备的改造和更新工作。

8.2 运输设备的选择与评价

8.2.1 运输设备选择的一般要求

运输设备的选择,是运输设备管理的开始阶段,更是影响运输设备管理水平和经济效益的关键。运输设备选择的总原则是技术先进、经济合理、生产适用。采用先进设备的目的,是为了获得最大的经济效益,而不是片面地追求技术上的先进。只有技术先进和经济合理两者一致时,设备才能展示它的生命力。一般来说,技术先进和经济合理是统一的。这是因为,技术上先进的设备往往表现为生产效率高,能够保证运输作业质量。但是,有时两者的表现也是矛盾的。例如,某些先进的设备的自动化水平和生产效率都很高,适合大批量的运输作业,但是,如果企业的运输业务量不够大时,往往会使设备的工作负荷不足,而这类设备的价格又高,因此,从经济效果的角度看是不合算的,也是不可取的。另外,选择设备时还应该在满足实际生产需要的同时考虑企业长远发展需求,促使企业生产技术向专业化、现代化方向发展。因此,在选择设备时,必须考虑以下要求:

1) 生产性

生产性是指设备的生产效率,如载重、行程、速度等。运输企业设备的选择要与运输企业承担的业务量相吻合,即力求做到机械的作业能力与现场作业量之间形成最佳的配合状态。当机械作业能力达不到现场作业要求时,运输生产受阻;反之,则表现为生产能力过剩,机械能力得不到充分发挥,超过的越多,经济损失则越大。一般情况下,影响现场作业量的因素有吞吐作业量、搬运作业量、装卸作业高峰量。

2) 配套性

配套性是指运输设备性能、运输作业环节及运输生产能力等方面相互配套与衔接的程度。运输企业在选择设备时,必须结合运输业的发展趋势,合理配置设备,注意各运输生产活动作业之间的衔接和比例协调,消除"瓶颈"环节,提高运输技术与设备的整体效率。

3) 可靠性

可靠性是指设备正常运转的稳定性、准确性、安全性及使用寿命的长短等。

4) 维修性

维修性是指设备保养、维护、检查与修理的难易程度。选购时要选择维修性好的设备,即结构合理,便于检查和拆卸,零部件互换性强等。因为,它们会直接影响维护修理的作业量及费用的支出额,最终影响设备的经济效益。

5) 节能性

节能性是指机械设备能源消耗的性能。运输企业的能源消耗主要是设备的能源消耗,在能源紧缺的当今,关注设备的节能性是设备选择时应遵循的基本原则。节能性能好的设备,表现为效率高、能源利用率高。

6) 灵活性

灵活性是指设备在不同工作条件和环境下,操作、使用的适应程度。运输企业应选择对环境变化适应性强,具有通用、多功能、灵活等特点的设备。

7) 环保性

环保性是指设备的噪声和有害物质排放对环境的影响程度。运输企业在选择设备时,应承担起保护环境的社会职责与义务,不应忽视设备选择所带来的社会效益的影响。

8.2.2 设备选择的经济评价

在选择和评价设备时,除了要考虑上述因素外,还要考虑其经济效益,即对设备做出经济评价。因为设备的折旧费用和维修费用直接计入企业运输成本,所以,运输企业设备的经济性将直接影响运输企业的经济效益。目前,常用的经济评价方法有投资回收期法、费用换算法。

1) 投资回收期法

采用投资回收期法,首先应分别计算出各备选方案的投资总额,同时要考虑由于采用该方案而分别在提高劳动生产率、节约能源消耗、提高运输服务质量、增加资源回收和利用率、节省劳动力等方面带来的费用节约额,并依据投资费用与节约额分别计算各备选方案的投资回收期,然后进行方案比较。一般在其他条件相同的情况下,投资回收期最短的方案,就认为是经济上最优的方案。其计算公式为

$$T=\frac{K}{S} \tag{8.1}$$

式中：T——投资回收期；

  K——设备投资费用总额(元)；

  S——采用该方案后年节约额(元/年)。

例 8.1 某配送中心购进一台装卸设备，期初投资 30 万元，该设备投入使用后由于装卸效率的提高，每年可节约装卸费用 5 万元，试问该设备的投资回收期是多少？

解：投资回收期＝期初投资/每年费用的节约额＝300 000÷50 000＝6 年

2) 费用换算法

由于运输设备费用换算法是根据设备最初一次投资费用和设备每年支出的维持费用(操作费、维护费等)，按照设备的预期寿命和利率，换算为设备平均每年的总费用或设备预计寿命周期的总费用，然后对不同方案进行比较、分析与评价，并选择最优方案的方法。根据换算方法不同，又可分为年费用法和现值法。

(1) 年费用比较法

这种方法是把设备的原始投资费用，根据设备的预计寿命周期，并按一定的年复利利率换算成相当于每年的费用支出，然后再加上每年的运营维持费得出不同设备在寿命周期内平均每年支出的总费用，从中选择总费用最低的设备为最优方案。

每年总费用 C_{yt} 计算公式如下：

$$C_{yt}=K\frac{i\cdot(1+i)^n}{(1+i)^n-1}+C_a+r\cdot\frac{i}{(1+i)^n-1} \tag{8.2}$$

式中：K——车辆最初一次投资费用；

  C_a——车辆每年维持费用；

  r——设备残值；

  i——年利率；

  n——车辆寿命周期(年)。

其中 $\frac{i\cdot(1+i)^n}{(1+i)^n-1}$ 称为投资回收系数，可按车辆寿命周期 n 和年利率 i，直接查系数表求得；$\frac{i}{(1+i)^n-1}$ 称为等额现值系数，也可查系数表求得。

例 8.2 某运输公司欲购置一台装卸搬运设备，现有 A、B 两个型号可供选择，A 型号设备的购置价格为 70 万元，投产后平均每年的维持费用为 8 万元，预计期末残值为 3 万元；B 型号设备的购置价格为 100 万元，投产后平均每年的维持费用为 5 万元，预计残值为 7 万元；两种型号装卸设备的使用寿命预计为 10 年，设基准收益率为 5％。两种型号设备的其他情况均相同。试根据以上资料用年费用比较法对两种型号的装卸搬运设备进行经济评价。

解：根据资金时间价值的系数表可查出：投资回收系数为 0.129 5，即

$$\frac{5\%\cdot(1+5\%)^{10}}{(1+5\%)-1}=0.129\ 6$$

根据系数表又可查出：等额年金现值系数为 0.079 5，即

$$\frac{5\%}{(1+5\%)^{10}-1}=0.0795$$

A 型号设备的平均年度总费用 $=70\times 0.1295+8+3\times 0.0795$
$\qquad\qquad\qquad\qquad\quad =9.065+8+0.2385$
$\qquad\qquad\qquad\qquad\quad =17.3035$ 万元

B 型号设备的平均年度总费用 $=100\times 0.1295+5+7\times 0.0795$
$\qquad\qquad\qquad\qquad\quad =12.95+5+0.5565$
$\qquad\qquad\qquad\qquad\quad =18.5065$ 万元

根据以上计算的结果可以得出结论：应选择 A 设备，采用 A 设备后每年可以节约设备费用 1.203 万元。

(2) 现值法

这种方法是把设备在预计寿命周期内每年支付的维持费和残值，按现值系数换算成相当于设备的初期费用，然后再和设备的原始投资费用相加，进行总费用现值的比较。其寿命周期内设备费用现值 C_T 计算公式如下：

$$C_T=K+C_a\frac{(1+i)^n-1}{i\cdot(1+i)^n}+r\frac{1}{(1+i)^n} \qquad (8.3)$$

式中：K——车辆一次投资费用；

$\quad\quad C_a$——汽车每年维持费；

$\quad\quad r$——设备的残值；

$\quad\quad i$——年利率；

$\quad\quad n$——汽车寿命周期(年)；

$\quad\quad \frac{(1+i)^n-1}{i\cdot(1+i)^n}$——现值系数，可按汽车寿命周期 n 和年利率 i，直接查复利系数表求得。

$\quad\quad \frac{1}{(1+i)^n}$，称为一次付现值系数，也可查系数表求得。

例 8.3 根据例 8.2 资料，试用现值法对两种型号的装卸设备进行经济评价。

解：根据资金价值系数表可以查出：等额年金现值系数为 7.7217，即

$$\frac{(1+5\%)^{10}-1}{5\%(1+5\%)^{10}}=7.7217$$

根据系数表又可查出一次收付现值系数为 0.6139，即

$$\frac{1}{(1+5\%)^{10}}=0.6139$$

A 型号设备寿命周期的费用现值 $=70+8\times 7.7217+3\times 0.6139$
$\qquad\qquad\qquad\qquad\qquad =70+61.7736+1.8417$
$\qquad\qquad\qquad\qquad\qquad =133.6153$ 万元

B 型号设备寿命周期的费用现值 $=100+5\times 7.7217+7\times 0.6139$
$\qquad\qquad\qquad\qquad\qquad =100+38.6085+4.2973$

=142.905 8 万元

根据上面计算的结果比较可知:应选择 A 型号设备,采用 A 型号设备在设备整个寿命周期内可为该企业节约设备费用现值为 9.290 5 万元。

上述两种方法虽然计算过程不同,但计算后得出的结论是一致的。

8.2.3 设备选择的方法

现代运输业具有运输、保管、搬运等多种功能综合的特点,运输设备也种类繁多、规格型号各异。运输企业必须结合本企业经营业务范围和生产实际需要,并兼顾企业长远发展规划,合理地选择运输设备。

1) 投资回收期法

通过分析计算不同设备的投资回收期来综合考虑设备的选型,投资回收期的计算公式是:

$$T=\frac{K-r}{R-d} \tag{8.4}$$

式中:K——设备投资总额;

r——设备残值;

R——设备年净收益;

d——设备年折旧额。

在其他条件相同的情况下,可选用投资回收期最短的运输设备为最佳设备的选择方案。

2) 投资收益率法

投资收益率,又称投资效果系数,是方案(项目)实施后获得的净收入与方案(项目)总投资的比,它是投资回收期的倒数。一般投资收益率越大越好。

3) 年平均寿命费用法

根据各个不同设备提出的备选方案,计算出年平均费用,以最小年平均费用的选购方案作为优选运输设备的购置方案。它适用于各个设备在每年的维修费不同、使用费用不同时进行的经济评价。运输设备的平均寿命费用 C_y 的计算公式如下:

$$C_y = \frac{I + \sum_{i=1}^{T_a} C_i}{T_a} \tag{8.5}$$

式中:I——设备购置费用;

T_a——设备的经济使用寿命;

C_i——设备在第 i 年的使用费用总额。

在其他条件相同的情况下,可选用年平均寿命费用最低的运输设备为最佳设备的选择方案。

4) 设备综合效益分析法

计算各运输寿命周期输出和输入的综合经济效益,根据设备综合经济效益最大的

原则,选择和评价设备。设备综合效益 B_{max} 的计算公式如下:

$$B_{max} = \frac{P_{out}}{P_{in}} \qquad (8.6)$$

式中:P_{out}——设备寿命周期输出;
　　P_{in}——设备寿命周期输入。

设备寿命周期输出是指保证产量、质量、价格、交货期、安全、环保等条件下设备所创造的总收入;设备寿命周期输入是指设备本身的价值、运输费、安装费和维持费,其中的维持费包括驾驶员或操作者的工资、能源消耗费、维修费、保险费、固定资产税及设备损坏停产的损失费等内容。

8.3　设备的使用、维护与修理

8.3.1　运输设备的合理使用

设备使用寿命的长短、生产效率的高低,固然取决于设备本身的设计结构特性、制造水平和各种参数,但也在很大程度上受制于设备的使用是否合理、正确。正确使用,可以在节省费用的条件下减轻设备的磨损、保持其良好的性能和应用的精度,延长设备的使用寿命,充分发挥设备的效率和效益。

设备的正确使用,是设备管理中的一个重要环节。应抓好以下几项工作:

1) 做好设备的安装、调试工作

设备在正式投入使用前,应严格按质量标准和技术说明安装、调试设备,安装调试后要经试验运转验收合格后才能投入使用。它是正确使用设备的前提和基础。

2) 合理安排生产任务

使用设备时,必须根据工作对象的特点和设备的结构、性能特点来合理安排生产任务,防止和消除设备的无效运转。既要严禁设备超负荷工作,也要避免"大马拉小车"现象,造成设备和能源的浪费。

3) 切实做好机械操作人员的技术培训工作

操作人员在上机操作之前,需做好上岗前培训,认真学习有关设备的性能、结构和维护保养等知识,掌握操作技能和安全技术规程等知识和技能,经过考核合格后,方可上岗。必须严禁无证操作(或驾驶)现象的发生。

4) 建立健全一套科学的管理制度

现代运输企业要针对设备的不同特点和要求,建立各项管理制度、规章制度和责任制度等。如持证上岗制、安全操作规程、操作人员岗位责任制、定人定机制、定期检查维护制、交接班制度及设备档案制度等。

5) 创造使用设备良好的工作条件和环境

保持设备作业条件和环境的整齐、清洁,并根据设备本身的结构、性能等特点,安装必要的防护、防潮、防尘、防腐、防冻、防锈等装置。有条件的还应该配备必要的测量、检验、控制、分析以及保险用的仪器、仪表、安全保护装置。这对精密、复杂、贵重设备尤为重要。

8.3.2 设备的保养和维护

设备在使用过程中,会产生技术状态的不断变化,不可避免地出现磨损、零件松动、声响异常等不正常现象。这些都是设备故障隐患,如果不及时处理和解决,就会造成设备的过早磨损,甚至酿成严重事故。因此,只有做好设备的保养与维护工作,及时解除技术状态变化引起的事故隐患,随时改善设备的使用情况,才能保证设备的正常运转,延长其使用寿命。

设备的保养维护应遵循设备自身运动的客观要求。主要内容包括:清洁、润滑、紧固、调整、防腐等。目前,设备的维护保养比较普遍实行"三级保养制",即日常保养、一级保养和二级保养。

1) 日常保养

日常保养由操作人员每天对设备进行的保养。主要内容有:班前班后检查、擦拭、润滑设备的各个部位,使设备保持清洁润滑;操作过程中认真检查设备运转情况,及时排除细小故障,并认真做好交接班记录。

2) 一级保养

一级保养是以操作人员为主,维修人员为辅,对设备进行局部和重点拆卸、检查、清洗有关部位,疏通油路,调整各部位配合间隙,紧固各部位等。

3) 二级保养

二级保养是以维修人员为主,操作人员参加,对设备进行部分解体检查和修理,更换或修复磨损件,对润滑系统清洗、换油,对电气系统检查、修理,局部恢复精度,满足运输作业工艺要求。

此外,运输企业在实施设备保养制度过程中,应该对那些已运转到规定期限的重点和关键设备,不管其技术状态好坏,生产任务缓急,都必须按维护保养计划和要求进行检查和保养,以确保这类设备运转正常完好并具有足够的精确度和稳定性。

8.3.3 设备修理

设备的修理是指修复由于各种原因而损坏的设备,使其效能得到恢复。

1) 设备的磨损与补偿

设备在使用或闲置过程中,会逐渐发生磨损。这里的"磨损",是一种广义的磨损,是指设备原始价值的降低。造成设备原始价值降低的磨损有有形磨损和无形磨损两种。

(1) 设备的有形磨损

我们把运输企业的设备在使用(或闲置)过程中发生的实体磨损称为有形磨损,也称物质磨损。有形磨损又分为机械磨损(也称第一类磨损)和自然磨损(也称第二类磨损)。机械磨损是指设备在使用过程中,由于设备零部件的摩擦、振动、疲劳和腐蚀,致使设备发生磨损或损坏。通常表现为零部件原始尺寸和形状的改变,公差配合性质的改变,效率下降、障碍增多等,它主要与设备的使用时间和强度有关系。自然磨损是设备在闲置过程中,由于自然环境的作用及管理维护不善而造成的。通常表现为设备锈蚀、材料老化、功能下降等，它在一定程度上与设备闲置时间长短和设备的维护好坏有关。有形磨损会产生设备功能的下降，劳动生产率下降以及一系列操作费用的增高，如燃料、动力、台时消耗增加，维修费用上升，货损与货差及设备停工损失增加等。设备的有形磨损会降低其使用价值。

（2）设备的无形磨损

设备的无形磨损是由于技术进步引起的原有设备技术上的陈旧与贬值，也称精神磨损或经济磨损。它不是一般物理意义上的磨损，不表现为设备实体的变化，而表现为设备原始价值的降低。无形磨损按形成的原因也可分为两类：由于技术进步而使生产同种设备的社会必要劳动消耗减少，成本降低，价格下降，导致原有设备价值降低，是第一类无形磨损。这种无形磨损的后果，只是现有设备的原始价值贬值，设备本身的技术特性和功能即使用价值并未发生变化，故不会影响现有设备的使用；由于技术进步，市场上出现了性能更完善、效率更高、消耗原材料和能源更少的新型设备，而使原有设备在技术上相对陈旧落后，导致原有设备相对贬值，这是第Ⅱ类无形磨损。它不仅可以使原有设备相对贬值，而且由于生产出来的产品成本过高，会使原有设备局部或全部丧失其使用价值。第二类无形磨损虽然使设备贬值，但它是社会生产力发展的反映，这种磨损越大，表明社会技术进步越快。

（3）设备的综合磨损

设备在使用期内，既要遭受有形磨损，又要遭受无形磨损，所以设备所受的磨损是双重的、综合的。两种磨损都会引起设备原始价值的贬值，这一点两者是相同的。不同的是，遭受有形磨损的设备，当有形磨损严重时，在修理之前，往往不能正常工作；而遭受无形磨损的设备，即使无形磨损很严重，仍然可以使用，只不过继续使用它，在经济上是否有效益，需要分析研究。

一般情况下，当设备的有形磨损期小于无形磨损期时，仅需要对遭到有形磨损的设备进行大修或换一台相似的设备就可以了；若无形磨损期小于有形磨损期时，企业所面临的选择是：继续使用原有设备，还是选用先进的新设备来更换尚未折旧完的旧设备；若设备的有形磨损期与无形磨损期接近，则是一种理想的"无维修"设计，也就是说，当设备需要进行大修时，恰好到了更换的时刻。但这种情况在实际中是很少遇见的。

（4）设备磨损的补偿

要维持企业生产的正常进行，必须对设备的磨损及时进行补偿。由于设备遭受的磨损形式不同，补偿磨损的方式也不一样。补偿分局部补偿和完全补偿，修理是对有形磨损和无形磨损的局部补偿；其完全补偿的方式是更新，即用新设备更换旧设备。它也有两种形式：一种是原型更新，即用结构、性能完全相同的新设备更换旧设备，这是对原有设备有形磨损的完全补偿。另一种是新型更新，即用结构更先进、技术更完善、效率更高、性能更好的新型设备更换旧设备，这是对第二类无形磨损的完全补偿，也是技术进步的表现之一，是目前设备更新的主要方式。

2）设备磨损规律

机械设备的有形磨损规律大致可以分为三个阶段，见图8.1。

第一个阶段：初期磨损阶段，又称磨合磨损阶段，或走合期。在这个阶段中，由于相对运动的零件表面微观几何图形,如粗糙度、不平度等,在受力情况下迅速磨损,不同形状零件之间的相对运动也会发生磨损。这个阶段的主要特点是设备磨损快,时间短。

第二个阶段:正常磨损阶段。此阶段设备磨损的速度比较平稳、磨损增加缓慢。这时设备处于最佳的技术状态,设备的生产率、运转的稳定性、精确性最有保证。

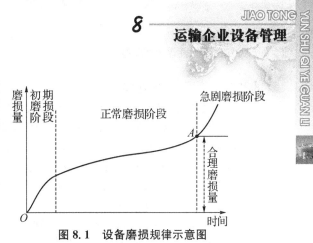

图 8.1 设备磨损规律示意图

第三个阶段:急剧磨损阶段。当零件磨损超过一定限度(见图 8.1 中 A 点为正常磨损阶段的终点),正常磨损关系被破坏,磨损率急剧上升,以至设备的工作性能明显下降。这就要求停止设备使用,及时进行修理。

设备的磨损有一定的规律,不同设备各个磨损阶段的时间不同,即使是同一型号、同一规格的设备,由于使用和维修不同,其损坏的时间也不尽相同。因此,掌握了设备的磨损规律,在磨损的不同阶段给予不同的养护和维修,就能使企业设备经常保持良好的技术状态。

8.3.4 设备的检查与修理

1) 设备的检查

运输企业的设备检查是指在掌握设备的磨损规律条件下,对设备的运行情况、技术状态和工作稳定性等方面进行检查和校验,它是设备维修中的一个重要环节。通过对设备的检查,可以全面掌握设备技术状态的变化和磨损情况,及时发现并消除设备的缺陷和隐患,找出设备管理中存在的问题,提出改进设备维护工作和管理工作的措施,便于有目的、有针对性地做好设备修理前的各项准备工作,以提高设备的修理质量、缩短修理时间,保证设备安全运转;并对设备是否需要进行技术改造或更新提供可靠的技术数据,为设备技术改造和更新的可行性研究奠定良好的基础。

设备检查的方法很多。具体分类如下:

(1) 按检查方式可分为人工检查和状态检查

①人工检查,是指用目视、耳听、嗅味、触摸等感官和使用简单工具进行的检查。

②状态检查,是指在设备的特定部位安装仪器仪表,对运转情况自动监测或诊断,以便能全面、准确地把握住设备的磨损、老化、劣化程度和其他情况。在此基础上进行的早期预报和跟踪,有利于把定期维修制度改为有针对性的、比较经济的有预防性的维修制度。它可以避免因不了解设备磨损情况而盲目拆卸带来的损伤和过剩维修,而且可以减少设备停机检查而造成的经济损失。对于大型、复杂、精密、贵重设备尤为有益。

(2) 按检查时间间隔可分为日常检查、定期检查和维修前检查

①日常检查,是由操作人员或维修人员每天执行的例行维护工作,检查中发现的简单问题可随时自行解决,疑难复杂问题应及时报告做维修处理。日常检查是预防维修

的基础工作之一，贵在坚持。

②定期检查，是指主要由专业维修人员负责、操作人员参与的检查。按规定的时间间隔，对设备性能及磨损程度进行全面的检查，以便合理地确定修理时间和修理种类。

③修前检查，是指对设备在临修理前进行检查。

(3) 按检查内容可分为功能检查和精度检查

①功能检查，是指对设备各项功能进行的检查与测定，以便确定设备的各种功能是否符合要求。如检查漏油、漏气等情况。

②精度检查，是指对设备的加工精度进行的检查和测定，以便确定设备精度低劣化情况，为设备的验收、修理和更新提供较为科学的依据。

2) 设备的修理与维修制度

设备在运转、使用过程中，往往由于磨损、断裂、老化或腐蚀，使设备的某一部位或某些零件损坏。设备的修理就是修复和更换损坏的部位或零件，使设备的效能得到恢复。设备的修理工作，尤其到了设备寿命周期的后期阶段尤为重要。

(1) 设备修理的种类

按照设备修理对设备性能恢复的程度和修理范围的大小、修理间隔期的长短及修理费用的多少等，可以分为大、中、小修理三类。

①小修，是指工作量最小的局部修理。它通常只需在设备所在地点更换和修复少量的磨损零件或调整设备、排除障碍，以保证设备能够正常运转。小修费用直接计入企业当期生产费用内。

②中修，是指更换与修理设备的主要零件和数量较多的各种磨损零件，并校正设备的基准，使设备恢复和达到规定的精度、功率和其他的技术要求的修理。中修需对设备进行部分解体，通常由专职维修人员在设备作业现场或机修车间内完成。中修费用也是直接计入企业的生产费用。

③大修，是指通过更换、修复重要部件，以消除有形磨损，恢复设备原有精度、性能和生产效率而进行的全面解体修复。设备大修后，质检部门和设备管理部门应组织有关单位和人员共同检查验收，合格后办理交接手续。大修一般是由专职机检修人员进行。因为大修的工作量大、修理时间长、修理费用较高，所以进行大修之前要精心计划好。大修发生的费用，从企业大修基金中支出。

(2) 设备维修制度

设备维修制度，是指在设备的维修保养、检查、修理中，为贯彻预防为主的方针而采取的一系列技术组织措施的总称。目前，我国实现的设备维修制度主要是计划预防维修制度和计划保养维修制度。

①计划预防维修制度。计划预防维修制度，是根据设备的一般磨损规律和技术状态，按预定修理周期及其结构，对设备进行维护、检查和修理，以保证设备经常处于良好的技术状态的设备维修制度。计划维修制度的内容主要包括：日常维护、定期检查和计划修理。

计划预防维修的方法有检查后修理法、定期修理法和故障修理法三种。

检查后修理法是事先只规定设备的检查计划，根据检查的结果和以前的修理资料，确定修理日期和修理内容的方法。这种方法的关键是必须建立严格的检查制度和检查计划，包括日常检查和定期检查。这种方法最大的优点是可根据设备的实际情况来确定是否进行修理，针对性强，可避免过度修理，降低修理费用。但如果检查制度不严格，会导致设备零件过度磨损或突然损坏，影响正常生产秩序。

定期检查法是指根据设备的实际使用情况，参考以前有关设备维修的资料，规定设备修理工作的计划日期和大修工作量的方法。这种方法的优点是：对修理日期和内容的规定，既有科学依据，又有允许根据设备实际磨损情况所作的适当调整。

强制修理法是指一种强制性的计划预修方法，主要根据设备零件的使用寿命，预先编制具体修理计划，明确规定修理日期和内容，不管设备的实际技术状态及零部件的磨损情况如何，都应严格按计划规定进行强制修理。这种方法的最大优点是计划性强，能严格保证设备的安全运行和正常运转。但容易产生过度修理，造成不必要的浪费。一般地说，对于安全性要求很高的设备，可采用此法。

运输企业应针对不同设备，根据不同的要求，正确选择不同的修理方法，提高设备修理的管理水平和经济效益。

②计划保修制度。计划保修制度是在总结计划预修制的经验和教训基础上建立起来的一种以预防为主、防修结合的设备维修制度。所谓计划保修制度，就是有计划地进行设备的三级保养和大修的体制和方法，即在搞好三级保养的同时有计划地进行大修。实行计划保修制度，对计划预修制中的修理周期结构，包括大、中、小修的界限和规定，进行了重大突破，使小修的全部内容和中修的部分内容在三级保养中得到解决，一部分中修并入大修。同时，又突破了大修与革新改造的界限，强调"修中有改、修中有创"，特别是对老设备，把大修的重点转移到改造上来，这是符合我国具体情况的重要经验。但是，要真正发挥计划保修制度的作用，必须做好以下几项工作：

ⓐ严格按规定的保养间隔进行计划保养；

ⓑ根据设备特点、操作人员的技术水平及生产情况，明确划分操作人员和维修人员应负责的保养内容；

ⓒ积极组织和开展群众性设备维保活动；

ⓓ建立设备保养记录和故障分析报告制度。

3）设备大修经济界限的确定

设备修理是为了保持设备在寿命周期内的完好使用状态而进行的局部更换或修复工作。其中，大修是维修工作中规模最大，花钱最多的一种设备维修方式，它是通过对设备的全部解体，修理耐用的部分，更换全部损坏的零件，修复所有不符合要求的零部件，全面消除缺陷，以使设备在大修之后，无论在生产效率、精确度、运转速度等方面达到或基本达到原设备的出厂标准。设备大修是在原有实物形态上的一种局部更新。

在设备寿命周期内，对设备进行适度的大修，一般在经济上是合理的。尽管大修过的设备，不论在生产效率、精确度、运转速度等方面，还是使用中的技术故障频率、有效运行时间等方面，都会比同类型的新设备逊色一些，但是，大修能够利用原有设备中保留下来的零部件，这一点，同购置新设备相比，具有很大的优越性，而且这部分比重越大，大修就越合理。但是，长期无休止的大修，却是不经济的。一方面，大修间隔期会随着修理次数的增加而缩小，另一方面，大修的费用越来越高，从而使大修的经济性逐渐降低，优越性不复存在，这时设备的整体更新将是必然的。

（1）设备大修的经济界限

设备寿命周期期满前所必需的维修费用总额可能是个相当可观的数字,有时可能超过设备原值的几倍。其中,设备大修所花费的费用,又占了很大一部分,而且随着设备使用时间的延长,大修费用越来越高。那么,在什么条件下,进行大修在经济上才是合理的呢?

首先,某次大修费用不能超过同种设备的重置价值,这样的大修在经济上才是合理的。通常把这一标准称为设备大修的最低经济界限。

其次,设备大修后,使用设备完成单位工作(单位运输量)的成本,在任何情况下,都不能超过使用新设备完成单位工作的成本,这时,设备大修在经济上才是合理的。

只有同时满足上面两个条件的大修,在经济上才是合理的。对技术进步较快、无形磨损期较短的设备来说,很可能用新设备完成单位工作任务的单位费用较低,这时,第二个条件作为经济界限,则更为重要。另外,在不同的大修周期间,每次大修后设备完成单位任务的计算费用的值是不相等的。因此,进行大修经济评价时,必须注意大修的周期数。

(2) 设备大修周期数的确定

大修可消除有形磨损,使设备得以正常使用。从经济角度讲,有一定的合理性。但设备并不能无休止地进行大修。那么,一台设备到底大修到第几个周期最为适宜?现分析如下:

设设备第 j 个大修间隔期内单位工作总费用为 G_{zj},不考虑资金时间价值则有

$$G_{zj}=(\triangle V_j+C_j)/Q_j \tag{8.7}$$
$$\triangle V_j=\triangle V_{j-1}-V_j+K_{rj-1}$$

式中:$\triangle V_j$——第 j 次大修间隔期内应分摊的设备价值损耗;

$\triangle V_{j-1}$、V_j——分别为第 $j-1$、j 个大修间隔期末的设备余值。两者之差,表示了第 j 个间隔期的设备价值损耗;

K_{rj-1}——第 $j-1$ 次大修费用,当 $j=1$ 时,则 K_{r0} 表示设备购入时的价值;

Q_j——第 j 个大修间隔期内完成工作总量;

C_j——第 j 个大修间隔期内设备运行成本。

由式(8.7)可知,在任何大修周期中 C_{zj} 是由两部分组成的。第一部分是分摊到单位工作量上的设备价值的损耗 $\triangle V_j/Q_j$,分子 $\triangle V_j$ 对每个大修周期来说,可视为常数,分母 Q_j 则是一个变量。因此,随着完成工作总量的增大(即修理周期的增大),分摊到单位工作量上的设备价值损耗逐渐减少。第二部分是分摊到单位工作量上的设备运行成本。图8.2表示了设备大修间隔周期及大修次数与设备运行费用之间的关系。

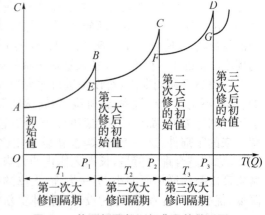

图 8.2 修理间隔与运行费用的关系图

设备投入使用以后,由于有形磨损,运行费用逐渐升高,临近大修时达到最大值,进行大修后,各项技术经济指标都会有不同程度的改善,运行费用显著下降,在图中,经过第一次大修,运行费用由 B 降至 E。进入下一个修理间隔期后,随着使用时间的延长,运行费用又会逐渐增加,再次大修后,又会有显著下降,在图 8.2 中,第二次大修使运行费用由 C 降至 F,第三次大修后,由 D 降至 G。尽管每次大修都会使运行费用下降,但后一次大修后与前一次大修后相比,运行费用总是有所升高,且修理间隔期要缩短,即 $P_3G > P_2F > P_1E > OA, T_3 < T_2 < T_1$。这就是说,随着大修次数的增加,修理费用和设备运行费用都会不断增加。设备使用时间越长,大修次数越多,运行费用越高。如果把同一大修间隔期内的这两部分费用 $\triangle V_j/Q_j$ 及 C_j/Q_j,加起来可表示各个大修期间内设备的单位工作费用,不同的大修周期,其费用是不同的。

第一个大修周期:$\triangle V_1/Q_1 + C_1/Q_1$;

第二个大修周期:$\triangle V_2/Q_2 + C_2/Q_2$。

在计算几个周期之后,就可以进行比较,看看哪一个大修周期内它们的这两项费用之和最小。这个最小费用对应的大修周期,就是设备大修的经济年限,超过这个周期进行大修,经济上是不合算的。

上述分析表明,将设备长期无止境地大修,在经济上是不合算的。要提高设备使用的经济性,必须找到设备大修的最佳周期数,超过这个经济界限,就应考虑用新设备代替旧设备了。

4) 设备维修与管理的评价指标

运输企业为评价和促进设备的经济效益和综合管理水平,必须建立健全设备维修和管理的考核指标体系。

(1) 反映设备技术状态的指标

主要包括设备完好率、设备故障率、设备待修率等。计算公式为

$$设备完好率 = \frac{完好设备总台数}{设备总台数}$$

$$设备故障率 = \frac{故障停机时间}{生产运转时间}$$

$$设备待修率 = \frac{平均待修设备台数}{平均实有设备台数}$$

(2) 表示设备维修与管理的经济性的指标

主要包括维修费用效率、单台设备费用效率、单位工作量(或产值)维修费用及维修人数等。计算公式为

$$维修费用效率 = \frac{运输作业总工作量}{维修费用总额}$$

$$单位运输工作量(产值)维修费用 = \frac{维修总费用额}{运输总工作量(产值)}$$

(3) 反映设备利用情况的指标

主要包括设备台数利用率、设备时间利用率和设备能力利用率等。计算公式为

$$设备台数利用率 = \frac{使用设备总台数}{在册设备总台数}$$

$$设备时间利用率 = \frac{设备实际工作台时数}{设备日历总台时数}$$

$$设备能力利用率 = \frac{单位台时的实际工作量}{单位台时额定工作量}$$

8.3.5 设备的日常管理工作

设备的日常管理是指对设备进行分类、编号、登录以及调拨、事故处理、报废和日常维护等工作。

设备购进后,要根据设备的类别进行归类。然后进行编号,逐项登录,即详细登录设备的名称、来源、生产单位、用途、技术参数及随主机附带的工具数量、安装地点等,并在使用过程中建立设备的技术档案。如果设备因故调出,则要在设备登录卡上详细记载设备的去向、所处状态、调出日期、交接地点及责任人等情况。

如果设备发生事故(或故障),操作人员和维修人员要分析事故(或故障)发生的原因,制定避免措施,并安排及时修复,使设备尽快恢复正常运转状态。

当设备已经在技术上和经济上认定不能或没有必要继续使用时,要请有关技术人员鉴定,经有关主管部门和领导批准,然后进行报废处理,使其退出生产过程。

8.4 运输企业的设备改造与更新

设备是现代运输业生产经营活动的重要物质基础和技术基础,也是衡量我国运输业发展的现代化、专业化水平的重要标志,还是影响运输企业及整个运输业各项技术经济指标的重要因素。

运输企业的设备从购置后投入使用一直到最后报废,通常要经历一段较长的时间,在这段时间内,设备会逐渐磨损,当设备因损坏或落后等原因而不能或不宜继续使用时,就需要进行设备改造或更新。由于技术进步的速度日益加快,设备更新的速度也相应加快。运输企业为了促进技术进步和提高经济效益,需要对设备整个运行期间的技术经济状况进行分析和研究,以做出正确的决策。

8.4.1 设备的寿命

在设备改造与更新分析过程中,存在着一个如何确定合理的设备寿命问题。设备的寿命有物质寿命、技术寿命、经济寿命和折旧寿命四种。

1) 物质寿命

由于有形磨损达到一定程度会使设备丧失技术性能和使用性能,且又无修复价值。我们把这种从设备投入使用领域开始到报废退出使用领域为止所经历的时间,称为设备的物质寿命,又称自然寿命。它是由有形磨损决定的,与维修的好坏有关,又通过恢复性的修理来延长其物理寿命,但不能从根本上避免设备的磨损。一般来说,设备的物质寿命较长。延长设备物质寿命的主要措施是修理,其报废界限是最后一次大修是否进行的经济界限。

2) 技术寿命

技术寿命是指从技术角度确定设备最合理的使用年限。由于科学技术的迅速发展,在设备使用过程中出现了技术上更先进、经济上更合理的新型设备,使原有设备发生无形磨损而产生效能和效率的低劣化,继续使用该设备在经济上不合算而且又没有改造价值。我们把这种从设备投入使用开始,直至因技术落后而淘汰为止所经历的时间,称为设备的技术寿命。设备的技术寿命是由无形磨损决定的,其长短与技术进步的速度有关,技术进步越快,设备技术寿命越短。通过现代化改装,可延长设备的技术寿命。技术寿命一般短于物理寿命,当更先进的设备出现或生产过程对原有设备技术性能提出更高的要求时,原有设备在其物理寿命尚未结束前就被淘汰。

3) 经济寿命

设备的经济寿命是指从设备的经济效益角度来确定设备最合理的使用年限。设备使用一定时间后,综合有形磨损和无形磨损造成其经济效益的低劣化,继续使用在经济上不合算,又无大修和改造的价值。我们把这种到年平均总费用最低所经历的时间,称为设备的经济寿命。经济寿命是从经济的角度看设备最合理的使用年限。一项设备可供使用的年限越长,则分摊到每年的设备购置费用(包括购价、运输费和安装调试费等)就越小,相反、设备的运行费用(操作费、维修费、材料费及能源耗费等)就越多。设备经济寿命是设备最佳更新时机的具体表现。研究设备的经济寿命为确定设备的更新及改造决策提供了科学依据。

4) 折旧寿命

设备的折旧寿命是指使用部门预计提取设备折旧费的时间年限。折旧寿命的终止并不意味着设备使用寿命的终结,折旧寿命一般介于技术寿命(或经济寿命)与物质寿命之间。设备的折旧寿命一般是国家统一规定的。

上述设备的四种寿命都考虑了经济效益因素。追求技术进步和提高经济效益是研究设备改造与更新决策的根本出发点,而讲究技术进步的目的最终还是为了提高经济效益。因此,确定设备更新最佳周期的总原则是:使设备一次性投资和各年费用的总和达到最小。

8.4.2　设备更新分析的比较原则

1) 设备更新的概念

运输企业的设备更新,就是用新设备代替原有旧设备完成相同工作(或服务)。一台运输设备随着使用时间不断增加,由于物质磨损,其效率逐渐降低,运营和维修费用不断增加,运输服务质量不断下降,越来越不能满足生产的要求,这时原有设备就需要更新。另外,随着科学技术的迅速发展,多功能、高效率的运输设备不断出现,使得继续使用原有设备不够经济,这时也需要设备更新。

设备更新有两种类型:一种是原型更新,这种更新只考虑有形磨损而不考虑无形磨损,在设备的整个使用期内没有更先进的设备出现,仍以原型设备更新。另一种是新型设备更新,在技术进步的条件下,由于无形磨损的作用,设备经营费用尚未上升到应该用原型设备代替现有设备之前,就出现了工作效率更高和经济上更好的设备,这时就要对继续使用旧设备还是购买新型设备进行比较。新型设备更新就是用新型设备更换掉在效率或经济上不宜继续使用的原设备,这种更新能真正解决设备的损坏和技术落后问题。

2) 设备更新分析的比较原则

在对设备更新进行经济分析时,应遵循以下几个原则:

(1) 只分析费用

不管是购置新设备,还是改造旧设备,在设备经济分析中一律只分析其费用。通常设备更新或改造,其生产能力不变,所产生的收益相同(若生产能力变化了,可经过等同化处理,将生产能力的不同转化为费用的不同)。这样,设备更新的评价,就是在相同收益情况下对费用进行评价,属于费用型方案的分析。可以使用的经济评价方法有年成本法、现值费用法及追加投资经济效果评价法。

(2) 不同的设备,其服务寿命不同

在对设备进行更新分析时,分析期必须一致,在实际工作中,通常采用年费用法来进行方案比较。

(3) 不考虑沉没成本

通常旧设备更新,往往未到其折旧寿命期末,账面价值和转售价值之间存在差额,故存在沉没成本,即未收回的设备价值。在购置新设备时,沉没成本是一种投资损失,但这一损失是过去的决策造成的,不应计入新设备的费用中,可以在企业盈利中予以扣除,但在进行设备购置决策中,不予考虑。

(4) 旧设备应以目前可实现的价格与新设备的购置价格相比

在进行设备更新分析时,应将新旧设备放在同一位置上进行考虑。即对旧设备,采用最新资料,看作是一个目前可以实现的价格购买,以剩余使用寿命为计算期的设备,以便于以现在价格购买以使用寿命为计算期的新设备相比,这样,在更新分析中,才不至于发生决策失误。

8.4.3 设备更新决策

对一台具体的运输设备来说,应不应该更新?应在什么时候更新?应该用什么样的设备来更新?这主要取决于更新的经济效果。适时更新设备,既能促进企业技术进步,加速经济增长,又能节约资源,提高经济效益。下面将分别介绍设备的两种不同更新类型的决策方法。

1) 设备原型更新的决策

有些设备,在整个服务期间,没有更先进的同类设备出现,即不存在无形磨损的影响,只有有形磨损使设备的维修费用,特别是大修费用以及运行费用不断增加。当继续使用旧设备还不如再购置一台原型新设备合算时,就应该及时更新,这就是原型更新问题。在这种情况下,可以通过分析设备的经济寿命进行更新决策,即在设备年平均费用最小时更新是最经济的。也就是说,设备原型更新问题也就是计算设备经济寿命问题。

计算设备经济寿命的方法有低劣化数值法、面值法等。

(1) 低劣化数值法

运输企业的运输设备的总费用包括两部分:即随着运输作业量(或使用时间)变化而变化的折旧费用和经营费用。经营费用又包括随着运输作业量(或使用时间)变化的变动经营费(燃料费、维修费和大修费等)和不随运输作业量(或使用时间)变化的固定费用(工资及职工福利基金、企业管理等),如图 8.3 所示。

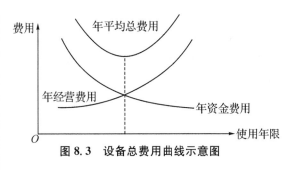

图 8.3 设备总费用曲线示意图

运输设备在使用过程中,随着它完成的运输作业量(或使用时间)的不断增加,它的技术性能也不断下降,这种现象叫做运输设备的低劣化。同时,随着运输设备完成的运输作业量(使用时间)的不断增加,设备的磨损不断加剧,设备的经营费用也不断增加。现假定运输设备的燃料费、维修费、大修费等经营费用以一个固定的值增加,并且残值是一次性的,这时,可以考虑用低劣化数值法计算运输设备的经济寿命,并把这个固定的值称为单位运输作业量低劣化增加值,用符号 q 表示。

设 K_0 代表设备原始价值,S 代表设备残值,n 代表设备使用年限,则设备每年平均分摊的资金费用为 $\frac{K_0-S}{n}$。随着设备使用年限 n 的增加,按年平均的设备费用不断减少,但设备的维护费用及燃料、动力消耗增加,即设备性能出现了低劣化。若设备第一年的经营费用为 Q,以后逐年增加一个固定的值 q,第 n 年增加 $(n-1)q$,则设备年经营费用的平均值为 $Q+\frac{n_0-1}{2}q$,所以,设备的年平均总费用为

$$C_{(n)}=\frac{K_0-S}{n}+Q+\frac{n-1}{2}q \tag{8.8}$$

若不计设备残值,则

$$C_{(n)} = \frac{K_0}{n} + Q + \frac{n-1}{2}q \tag{8.9}$$

为求 $C_{(n)}$ 值最小的经济寿命 n_0，可将上式的 $C_{(n)}$ 对 n 求导

$$\frac{dC_{(n)}}{dn} = -\frac{K_0}{n^2} + \frac{1}{2}q \tag{8.10}$$

$$n_0 = \sqrt{\frac{2K_0}{q}} \tag{8.11}$$

代入(8.9)式，可求得经济寿命期的年平均总费用

$$C_{n0} = Q + \sqrt{2K_0 q} - \frac{q}{2} \tag{8.12}$$

例 8.4 某运输企业购进一台新设备，初始投资为 80 000 元，不论何时，其残值均为零，设经营费用第一年为 30 000 元，以后每年增加 10 000 元，试计算该设备的经济寿命及最小平均总费用。

解：根据公式(8.11)求经济寿命为

$$n_0 = \sqrt{\frac{2K_0}{q}} = \sqrt{\frac{2 \times 8\,000}{1\,000}} = 4 \text{ 年}$$

又根据公式(8.12)求得设备最小年平均总费用为

$$C_{(n0)} = Q + \sqrt{2K_0 q} - \frac{q}{2} = 30\,000 + \sqrt{2 \times 80\,000 \times 10\,000} - \frac{10\,000}{2} = 65\,000 \text{ 元}$$

如果有的设备可靠性很好，运行及维修费用随着时间增加而增加的趋势不十分明显，也就是说低劣化数值很小，此时，按公式计算出的经济寿命将很长。低劣化数值法，主要考虑消耗指标，但需要掌握大量比较精确的原始统计数据，使计算变得复杂，但它还有一定的适用范围。

(2) 面值法

如果运输设备残值不能视为常数，即设备残值随着它完成的运输作业量（或使用时间）的变化而变化，设备运行成本不与运输作业量（或使用时间）呈线性关系，即无规律可循，这时，可根据运输企业的记录或者根据同类设备的统计资料或者通过对设备将来实际运行情况的预测，用列表法来判断设备的经济寿命。

面值法的计算公式为

$$C_j = \frac{K_0 - S_j + \sum_{i=1}^{j} C_{0i}}{j} \tag{8.13}$$

式中：C_j——设备使用 j 年的年平均费用；

C_{0i}——第 i 年的年运行成本；

K_0——设备原值；

S_j——设备第 j 年的实际残值。

例 8.5 某配送中心购置一辆小型货运卡车，其购价为 80 000 元，年使用费用及年末残值如表 8.1 所示，试确定其经济寿命。

表 8.1 小型运货卡车经营费用及残值 （单位：元）

年限	1	2	3	4	5	6	7
年经营费	10 000	12 000	14 000	18 000	23 000	28 000	34 000
年末残值	60 000	50 000	40 000	33 000	28 000	10 000	5 000

解：根据经济寿命定义，找出年平均成本最低时，所对应的使用年数，列表 8.2。

表 8.2 年总费用计算表 （单位：元）

使用年限(1)	年经营费(2)	累计经营费用(3)=∑(2)	年平均经营费用(4)=(3)÷(1)	年末残值(5)	年折旧费(6)=[80 000-(5)]÷(1)	年总费用(7)=(4)+(6)
1	10 000	10 000	10 000	60 000	20 000	30 000
2	12 000	22 000	11 000	50 000	15 000	26 000
3	14 000	36 000	12 000	40 000	13 333	25 333
4	18 000	54 000	13 500	33 000	11 750	25 250
5	23 000	77 000	15 400	28 000	10 400	25 800
6	28 000	105 000	17 500	10 000	11 667	29 167
7	34 000	139 000	19 857	5 000	10 714	30 571

事实上，如果将折旧寿命当做设备的自然寿命，静态计算的年平均购置费用，就是按直线折旧法计算出的折旧费。通过计算，使用小型货运卡车的年平均总费用在使用年限为 4 年时最低，其值为 25 250 元，故该小型卡车的经济寿命为 4 年，即第 4 年更新最经济。

(3) 考虑资金时间价值的分析方法

上述低劣化数值法和面值法对设备经济寿命的计算，忽略了资金的时间价值。如果考虑资金的时间价值，则使用设备的年平均总费用计算公式为

$$AC_j = [K_0 - S_j(1+i)^{-j}](A/P, i, j) + \sum C_{0t}(1+i)(A/P, i, j) \quad (8.14)$$

式中：AC_j——设备使用 j 年的年平均总费用；

K_0——设备原值；

S_j——设备第 j 年的实际残值；

C_{0t}——第 t 年的年运行成本；

j——设备使用年限。

若运行成本低劣化数值呈线性变化，则：

$$AC_j = [K_0 - S_j(1+i)^{-j}](A/P, i, j) + C_1 + q(A/P, i, j) \qquad (8.15)$$

式中：C_1——设备第 1 年的运行成本；

q——设备低劣化增加值。

在给定基准贴现率 i 时，令 AC 最小的使用年限 n，即为设备的经济寿命。仍以例 8.5 为例，假定基准贴现率 $i=10\%$ 时，例 8.5 的数据变化如表 8.3 所示。从表 8.3 中可以看出，货运卡车年平均总费用最低的使用年限是 5 年，即经济寿命为 5 年。上述面值法和动态 AC 法，都是通过列表来计算的，都是将设备的使用时间定为 1 年、2 年……N 年（N 为自然寿命期年数），得到几个方案，然后，计算每个方案的年费用，并选出年费用最小的方案，这个年费用最小方案的使用时间，就是该设备的经济寿命。

表 8.3　经济寿命计算表　（小型货车贴现率 $i=10\%$）

年限(1)	1	2	3	4	5	6	7
年经营费用(2)	10 000	12 000	14 000	18 000	23.000	28 000	34 000
现值系数(3)	0.909	0.826	0.751	0.683	0.621	0.565	0.513
年经营费用现值(4)=(2)×(3)	9 090	9 912	10.514	12 294	14 283	15.820	17.442
资金回收系数(5)	1.100	0.576	0.402	0.316	0.264	0.230	0.205
年末残值(6)	60 000	50 000	0.000	33 000	28 000	10 000	5 000
残值折现(7)=(6)×(3)	54 540	41 300	30 040	22 539	17 388	5 650	2 565
折旧总额(8)=k_0-(7)	25 460	38 700	49.960	57 461	62 613	74 350	77.435
年经营费(9)	9 999	10 945	11.865	13 212	14 809	16 540	18.318
年均折旧费(10)	28.006	22 291	20 084	18 158	16 530	17 101	15 874
年平均总费用(11)=(9)+(10)	38.005	33 236	31 949	31 370	31 339	33 641	34 192

2）设备更新的最佳时机选择

用经济寿命来决定设备的最佳更新时机，只考虑了运输设备的有形磨损，而未考虑运输设备的无形磨损这种情况多用于设备在使用期内不发生技术上的过时和陈旧，没有更好的新型设备出现，只是由于有形磨损的影响，造成运行成本的不断提高，这时使用原型设备替换往往要比继续使用旧设备更为经济。但在技术不断进步的条件下，多数运输设备不仅受第一类无形磨损的影响，而且还要受新型设备的挑战，即由于受第二类无形磨损的作用，很可能在设备运行成本尚未升高到该原型设备替代之前，即还未使用到经济寿命年限，市面上就出现了性能更好、效率更高、消耗费用更省、经济效果更佳的新设备，这时就存在一个是继续使用旧设备，还是购置新设备的问题。若更新，又存在应在什么时候更新最经济的问题。这也是一个最佳更新时机的选择问题。

当市场上出现同类功能的新型运输设备时,选择旧设备的合理使用年限的原则是:当旧设备再继续使用一年的年费用(即旧设备的年边际成本)超过新型设备的最小年费用时,就应该立即更新。

例 8.6 某货运中转站有旧叉车一台,若要现在出售,预计市场价格为 40 000 元,并估计还可以继续使用 4 年。目前市场上出现的新型叉车的价格为 100 000 元。两种叉车的年经营费用及残值如表 8.4 所示,计算 $i=10\%$ 时,旧叉车的合理使用年限。

表 8.4　旧叉车与新型叉车的年经营费用及残值　　　　　　　　　　(单位:元)

使用年限	旧叉车			新型叉车		
	年经营费	残值	年总费用	年经营费	残值	年总费用
1	30 000	30 000	44 000	20 000	75 000	55 000
2	35 000	20 000	45 905	22 500	56 200	52 050
3	40 000	10 000	47 744	26 000	43 000	49 862
4	45 000	0	49 528	29 600	33 000	48 583
5				34 000	21 000	48 697
6				38 500	10 000	46 159
7				50 000	1 000	46 458

旧叉车与新型叉车年费用的计算见表 8.4,从表中可以看出,旧叉车使用 3 年时年费用超过了新型叉车的最小年费用,即 47 744 元>46 159 元,因此,旧叉车的合理使用年限为两年,说明旧叉车再使用 2 年就应该更换为新型叉车。

案　例

科学安排航空运输生产　降低维修成本

中国民航在中国经济持续发展的同时也得以迅猛发展。2003 年,执飞国内航线的航空公司为 9 家,2007 年增至 32 家。国内维修单位数量从 2002 年的 320 家增长到 2007 年的 369 家。而在册运输航空器数量从 1997 年的 458 架增至 2007 年的 1 144 架。

随着国内民航市场的竞争加剧,越来越多的公司被迫加入了价格战,力争以较低的价格吸引有限的旅客资源。在这种情况下,航空公司必须采取精细管理挖潜增效、有效降低成本等各种措施达到扭亏为盈的目标。机务维修系统历来是航空公司的花销大户,飞机维修成本已经超过航空公司总成本的 15%。据统计,国内平均飞机维修费用比国外航空公司高出 2~3 倍,这说明国内机务维修成本还有很大的挖掘空间,而其中进行合理生产控制起着举足轻重的作用。

目前飞机的服役期一般都在 20 年以上,从飞机的整体情况来看,飞机结构腐蚀比机械疲劳问题更为严重。从波音公司采集的数据来看,世界航空公司机队发生在飞机结构二级以上腐蚀的报告率,从 1998 年以后呈上升趋势。这就迫使航空公司要充分重视腐蚀问题。腐蚀给航空公司带来了高昂的维护问题,而不当的维护和对腐蚀的忽视,会进一步导致腐蚀的产生和蔓延,其代价将是更加昂贵的。在航空史上,屡屡发生因腐蚀问题而造成飞行事故。如 1985 年 8 月 12 日,日本一架波音 747 客机因应力腐蚀断裂而坠机,死亡人数达500余人。案例而英国彗星式客机和美国FⅢ战斗机坠毁事件,则是国际上著名的应力腐蚀典型事故。

腐蚀不仅直接影响到飞行安全,还给机务维修工作带来很大负担,同时还带来高额的维修费用,以及降低了飞机的服役期限。一般来说,用于飞机结构维修的费用是昂贵的。据国际航空运输协会报告统计,由于腐蚀导致的飞机定期维修和结构件更换费用为每小时10~20美元。美国空军每年用于与腐蚀有关的检查及修理费用多达10多亿美元,约占其总维修费用的四分之一。而一家英国航空公司,老龄波音飞机防腐费用已占整个结构维修费用的一半。从维修的角度来看,飞机的机体结构与各系统的机载设备不同,它不能在使用中更换,因此,结构上出现的腐蚀无论损伤程度大小,均会影响到飞机的寿命,同时也影响机队的出勤率。

飞机可用率、延误率是直接影响航空公司运行能力的指标,通常情况下维修计划是维修单位根据飞行小时、飞行循环、日历时间等数据制订相应的停场计划。由于维修计划人员对航空公司市场需求情况并不了解,制订的停场计划很难针对市场及时做出调整,从而将一些可能增强运力的时机白白浪费。因此维修计划人员不仅要能熟练掌握航空维修生产相关规则,更要对运力市场的特点有一定程度的了解,按计划制订停场已经不能满足当前的市场运营了。借助目前先进的计算机网络技术,实现维修资源与市场资源最大限度的共享,建立市场部门与维修部门的良好沟通渠道,实现真正意义上"维修计划跟着市场计划走",提升飞机的可用率。

每年7~9月是民航业的旺季,以及每年各大城市举办的各种大型活动,期间各航空公司对飞机的运力要求大大增加。为了保障充足的运力,尽量减少飞机的停场维修时间,维修计划人员应提前对整个活动期间的飞机维修计划进行整体安排,将需要长时间停场的工作尽量分配在活动的前后进行,在大量需要运力的活动期间尽量将必须进行的维修工作进行合理的分解,灵活地安排在航后,进行航后定检、分段定检等,以保证充足的运力来调整飞机的维修安排,利用有利的时机提高效益。

复习与思考

8.1 简述运输企业设备、设备的有形磨损、设备的无形磨损、设备技术寿命、设备经济寿命。

8.2 运输企业设备管理的任务和内容是什么?

8.3 运输企业在选择运输设备时应考虑哪些基本要求?

8.4 运输企业在选择设备时常用哪些?

8.5 运输企业应如何做好运输设备的使用、维护和修理?

8.6 运输企业设备更新分析的比较原则是什么?

8.7 设备的日常管理工作都有哪些

8.8 某运输企业购进一台新设备,初始投资为100 000元,不论何时,其残值为零,设经营费用第一年为20 000元,以后每年增加15 000元,试计算该设备的经济寿命及最小平均总费用。

9 运输质量管理

【开篇案例】

国外铁路运输的质量管理

日本铁路的准点运营

日本铁路运输是全亚洲和全世界最有效率的铁路系统之一,它运量大、密度高,列车追踪间隔短。每隔 3~4 min,就能发出一列高速列车。而日本高速铁路在列车准点率方面也走在世界的前列,在多地震、多台风等国情和发车高密度的前提下,包括自然灾害引起的晚点在内,列车平均晚点只有 0.3 min。这要归功于日本高速铁路庞大的运营管理系统,它能够对所有的列车运行及相关信息,实行一元化管理,以保证列车的安全准点。日本高速铁路运营管理系统设有综合调度室,分为信息管理、信息处理、进路控制、运行显示四大系统,配有列车集中控制、通信信息监控、变电所集中控制等装置。诸多的关键技术进行统合,精巧地组合了具有现场调度、宏观整合力的巨大系统,使铁路整体实现了适应环境的高效率。这种调整性的工作做得扎实,贯彻始终,体现了日本铁路自始至终所奉行的精神。

最能彰显这种精神的是,车辆如钟表般的准点运行。从日本铁路的运行状况来看,新干线 95% 左右的车辆,普通线路 90% 的车辆,发车、到达时间能够确保与时刻表的时间相差在 1 分钟以内。世界大多数铁路晚点 10~15 分钟的话一般不会看作"晚点",而大可算作"正点"了。与此相比,日本列车的"准点"实在是超群。一辆车的平均误点时间,普通线路的车辆是在 50 秒左右,一般不超过 1 分钟。而新干线的发车和达到时间甚至能够精确到秒,晚点也只在 20 秒左右。

真正令人瞩目的是,像这样如钟表般的准点运行,日本的铁路日复一日,风雨无阻,几十年如一日。新干线开通了 45 年,普通线路自 1910 年后半期以来已经运行了近一百年。日本人参加重要的聚会都会提前查询各车次的准确到达时间,然后制定出一份精确的出行时间表。如果没有意外,按照这份出行时间表都能准时到达目的地。这也是日本人为什么出行总是首选轨道交通的主要原因。

法国铁路的晚点补偿

法国 TGV 高速列车至今已经运营 30 年,高速列车平均时速 260 km/h 左右。随着客流量的日益增大,同时路网老化,主干线和省际线路上必须进行维修或拓展工程,这一原因造成了列车晚点的高发。但是要全面更新路网设施却需要一笔天文数字般的资金,这是法国当前的财政所无法承担的。

为了平息旅客对晚点的不满,法国国营铁路公司推出了"时间保证承诺"。凡高速列车晚点 30 分钟以上的,乘客均可通过填表索取补偿。2011 年最新修订的补偿原则是:超过 30 分钟的,返还票价的 25％用于下次购票;晚点 1 至 2 小时的,返还票价的 25％或现金形式补偿;晚点 2 至 3 小时的,返还票价的 50％或现金形式补偿;超过 3 小时的晚点,返还票价的 75％或现金形式补偿。

思考题:如何衡量运输质量的好坏,有何标准?运输质量如何控制和管理?上述案例对国内运输企业有何启示?

9.1 质量管理及其发展

9.1.1 质量管理体系的主要术语和定义

运输的本质是服务,运输服务质量是运输企业的生命保证,它直接关系到运输企业在激烈竞争中的成败。

2009 年 5 月 1 日实施的 2008 版 GB/T 19000 族国家标准 GB/T 19000《质量管理体系基础和术语》(IDT ISO 9000:2005)旨在规范我国当前质量管理中的基本概念,具有很强的通用性,适用于各种类型、不同规模和提供不同产品的组织,尤其是对服务业适用性更强。GB/T 19000《质量管理体系基础和术语》共分为 10 部分,即有关质量的术语、有关管理的术语、有关组织的术语、有关过程和产品的术语、有关 特性的术语、有关合格(符合)的术语、有关文件的术语、有关检查的术语、有关审核的术语、有关测量过程质量保证的术语,共给出了 80 余条术语及其定义。质量管理体系的五个主要术语及其定义如下:

1)质量

质量是指一组固有特性满足要求的程度。

(1) 质量不仅是指产品质量,也可以是某项活动或过程的工作质量,还可以是质量管理体系运行的质量。

(2) 提出"固有特性"的概念(固有的反意是赋予)说明固有特性是产品、过程或体系的一部分(如车辆的载重量、仓库的库容量、配送、打电话的接通时间等技术特性),而人为赋予的特性(如产品的价格)不是固有特性,不反映在产品的质量范畴中,使质量的概念更为明确。

(3) 质量反映为"满足要求的程度",而不是反映为"特性总和",特性是固有的,与要求相比较,满足要求的程度才反映为质量的好坏。质量要求不是固定不变的,随着技术的发展、生活水平的提高,人们对产品、过程或体系会提出新的质量要求。因此,要定期评定质量要求,修订规范,不断开发新产品、改进老产品以满足已变化的质量要求。

(4) 质量的"相对性"。不同国家不同地区因自然环境条件不同,技术发达的程度不同、消费水平不同和风俗习惯等的不同,会对产品提出不同的要求,产品应具有这种环境的适应性,对不同地区要提供具有不同性能的产品,以满足该地区用户的"明示或隐含的需求"。例如,有的顾客要求运输配送到户,而有的顾客则认为配送到销售点即可。同时,还要注意在相对比较两个产品或体系质量的优劣时,应注意在同一"等级"的基础上进行比较。

运输企业是一个物质生产部门,其产品是无形产品。运输是劳动者借助于运输工具,作用于需要移动的人或物之上,使其产生空间位置的移动。因此,运输业的质量是指运输企业向旅客或货主服务时,其服务过程满足旅客或货主要求的特征和特性的总和。

2) 质量管理

质量管理是指在质量方面指挥和控制组织的协调活动。在质量方面的指挥和控制活动,通常包括制定质量方针和质量目标以及质量策划、质量控制、质量保证,利于质量改进。由上述定义可知,质量管理是企业围绕着使产品质量能满足不断更新的质量要求,而开展的策划、组织、计划、实施、检查和监督、审核等所有管理活动的总和。它是企业各级职能部门领导的职责,由企业最高领导负全责,同时调动与质量有关的所有人员的积极性,共同做好本职工作,才能完成质量管理的任务。

3) 质量管理体系

质量管理体系是指在质量方面指挥和控制组织的管理体系。这里的管理体系是指,建立方针和目标并实现这些目标的相互关联或相互作用的一组要素。我们从"体系"的角度加以规定,说明质量管理体系是建立质量方针和质量目标,并实现这些目标的一组相互关联的或相互作用的要素的集合。

由于"体系"是若干有关事物互相联系、互相制约而构成的一个有机整体,强调系统性、协调性。因而,质量管理体系把影响质量的技术、管理、人员和资源等因素都综合在一起,使之为一个共同目的——在质量方针的指引下,为达到质量目标而互相配合、努力工作。质量管理体系包括硬件和软件两大部分。企业在进行质量管理时,首先根据达到质量目标的需要,准备必要的条件(人员素质、试验、加工检测设备的能力等资源),然后,通过设置组织机构,分析确定需要开发的各项质量活动(过程)。分配、协调各项活动的职责和接口,通过程序的制定给出从事各项质量活动的工作方法,使各项质量活动(过程)能经济、有效、协调地进行,这样组成的有机整体就是组织的质量管理体系。

一个组织可以建立一个综合的管理体系,其内容可包含质量管理体系、环境管理体系和财务管理体系等。

4）质量控制

质量控制是指质量管理的一部分,致力于满足质量要求。从这个定义可明显看出,质量控制的目标就是确保产品的质量能满足顾客、法律法规等方面所提出的质量要求(如适用性、可靠性、安全性等)。质量控制的范围涉及产品质量形成全过程的各个环节。产品的质量受到质量环节各阶段质量活动的直接影响,任一环节的工作没有做好,都会使产品质量受到损害而不能满足质量要求。质量环的各阶段是由产品的性质决定,根据产品形成的工作流程,由掌握了必需的技术和技能的人员进行一系列有计划、有组织的活动,使质量要求转化为满足质量要求的产品并完好地交付给顾客,还要进行售后服务以进一步收集意见改进产品,完成一个质量循环。为了保证产品质量,这些技术活动必须在受控状态下进行。

运输企业的质量控制的工作内容包括了作业技术和活动,也就是包括专业技术和管理技术两个方面。由于运输作业是多环节作业,每一阶段的工作如何能保证做好,应对影响其工作质量的人、机、料、法、环因素进行控制,并对运输质量活动的成果进行分阶段验证,以便及时发现问题,查明原因,采取相应纠正措施,以减少经济损失。因此,运输质量控制应贯彻预防为主与事后把关相结合的原则。

另外,还需注意质量控制的动态性。由于质量要求随着时间的进展而在不断变化,为了满足新的质量要求,对质量控制又提出了新的任务。应不断提高设计技术的工艺水平、检测水平、快速反应水平,不断进行技术改进和技术改造,研究新的控制方法,以满足不断更新的质量要求。因此,质量控制不能停留在一个水平上,应不断发展、不断前进,这是永无止境的。

5）质量保证

质量保证是指质量管理的一部分,致力于提供质量要求会得到满足的信任。由"质量保证"的定义可知,它已是一个专用名词,具有特殊的涵义,与我们一般概念的"保证质量"出入较大。保证满足质量要求是"质量控制"的任务,对于一般市场销售,顾客不提"质量保证"的要求,企业仍应进行"质量控制",以保证产品的质量满足顾客的需要。顾客提质量保证要求与不提质量保证要求有什么差别？顾客不提质量保证要求,企业在生产过程中如何进行质量控制就不需要让顾客知道,顾客与企业之间只是提出质量要求与提供产品供验收,这样一种交往关系。如果产品较简单,其性能完全可由最终检验反映,则顾客只需把住"检验"关就能得到满意的产品,而不需知道企业是如何设计、制造的。但是,随着技术的发展,产品也越来越复杂,对其质量要求也越来越高,产品的不少性能已不能通过检验来鉴定,在使用一段时间以后就逐渐暴露出各种质量问题。这时,顾客为了确信企业提供的产品是达到了所规定的质量要求,就要求企业提供设计、生产各环节的主要质量活动,而且供方有能力提供合格产品的证据,这就是顾客提出的"质量保证要求"。针对顾客的质量保证要求,企业就要开展外部质量保证活动,就得对顾客提出的设计、生产全过程中的某些环节的活动提供必要的证据,以使顾客放心。

显然,"质量保证"的内涵已不是单纯地为了保证质量,保证质量是质量控制的任务,而"质量保证"则是以保证质量为基础,进一步引申到提供"信任"这一基本目的。要使顾客(或第二方)能"信任"企业,企业首先应加强质量管理完善质量体系,对合同产品有一整套完善的质量控制方案、办法,并认真贯彻执行,对实施过程及成果进行分阶段验证,以确保其有效性。在此基础上,企业应有计划、有步骤地采取各种活动,使顾客(或第二方)能了解企业的实力、管理水平、技术水平以及对合同产品在设计、生产各阶段主要质量控制活动利于内部质量保证活动的有效性,使对方建立信心,相信提供的产品能达到所规定的质量要求。因此,质量保证的主要工作是促使完善质量控制,以便准备好客观证据,并根据对方的要求有计划、有步骤地开展提供证据的活动。质量保证的作用可以分为内部质量保证的作用和外部质量保证的作用。

内部质量保证是为使企业领导"确信"本企业所生产的产品能满足质量要求所开展的一系列活动。企业领导是法人代表,他对产品的质量负全责,一旦出现质量事故,他要承担法律和经济责任。而产品的一系列质量活动是由各职能部门的有关人员去干的,虽然各职能部门明确了职责分工,也有了一套质量控制的办法、程序。但是,他们是否严格按程序办事,这些程序是否确实有效,企业领导需要组织一部分独立的人员(国外称质量保证人员)对直接影响产品质量的主要质量活动,实施监督、验证质量审核活动(即内部质量保证活动),以便及时发现质量控制中的薄弱环节,提出改进措施,促使质量控制能更有效地实施,从而使领导"放心"。因此,内部质量保证是企业领导的一种管理手段。

外部质量保证的作用是从外部向质量控制系统施加压力,促使其更有效地运行,并向对方提供信息,以便及时采取改进措施,把问题在早期加以解决,以避免更大的经济损失。

有一点值得注意,企业向顾客提供质量保证时有权提出加价的要求,加价的幅度取决于需方要求提供证据的范围、方式和程度,以及产品的性质,要考虑外部质量保证成本的风险费用。外部质量保证成本是为向顾客提供所要求的客观证据所支付的费用,包括特殊的和附加的质量保证措施、程序、数据、证实试验和评定的费用(如由认可的独立试验机构对特殊的安全性能进行试验的费用)。

9.1.2 运输质量管理

1) 运输质量管理的概念

运输质量的概念既包含运输对象质量,又包含运输手段、运输方法的质量,还包含运输工作质量,因而是一种全面的质量观。

运输企业质量管理就是依据运输系统运动的客观规律,为了满足顾客的服务需要,通过制定科学合理的基本标准,运用经济办法开展的策划、组织、计划、实施、检查和监督、审核等所有管理活动的过程。运输质量管理必须满足两个方面的要求:一方面是满足顾客的要求,必须保证按顾客的要求将顾客委托运输的商品(产品)运到目的地;另一方面是满足旅客的要求,按旅客的要求将其送达目的地。

运输质量管理主要包括两个方面的内容：质量保证和质量控制。质量保证是运输企业为了维护顾客的利益，使顾客满意，并取得顾客信誉的一系列有组织、有计划的活动。质量保证是运输企业质量管理的核心之一。质量控制是对运输企业内部来说的，是为保证某一工作、过程和服务的质量达到作业技术标准所采取的有关活动。质量控制的目标就是确保产品的质量能满足顾客、法律法规等方面所提出的质量要求，质量控制是测量实际的质量结果，与标准进行对比，对某些差异采取措施的调节管理过程。质量控制是质量保证的基础。

2) 运输企业质量管理的基本特点

运输活动具有内在的客观规律，在质量管理方面同样反映出相应的基本要求。归纳质量管理应该具有以下特点：

(1) 系统性

质量管理是一个系统过程，它渗透在全企业的每个环节，只有理解这一点后，才能实现全面质量管理。运输企业是一个完整统一的系统，加强运输企业质量管理就必须从系统的各个环节、各种资源以及整个运输活动的相互配合和相互协调做起，通过强化整个企业的基本质量素质来促进企业质量体系的发展。可以肯定地讲，只有质量管理体系的发展才能最终实现运输企业管理目标。

(2) 全员性

质量是运输企业里每一个人的责任，而全员性，正是由运输的综合性、运输质量问题的重要性和复杂性所决定的，它反映了企业质量管理的客观要求。要保证运输质量，就会涉及运输活动的相关环节、相关部门的相关人员，需要依靠各个环节、各个部门的广大员工共同努力，才能保证实现全面质量管理。

(3) 目的性

质量应以满足顾客需要而存在，不只是企业为了占领市场或提高生产效益的需要。

(4) 先进性

现代质量管理和改进，要求有新的技术手段，包括从设计到改进的计算机辅助手段。

(5) 广泛性

质量改进，必须有各阶层的人员参加，这些人员不仅包括本企业员工也包括社会各阶层人士，没有他们的参加和帮助，质量改进是有限的。

(6) 全面性

运输企业区别于其他行业。不仅是影响运输质量的因素是综合、复杂、多变的，而且运输企业质量管理的内容除了运输对象本身，而且还有相关的工作质量、工程质量和服务质量，如果企业没有合理的质量管理体系，质量将没有人负责。要加强运输质量管理就必须全面分析各种相关因素，把握内在规律，就必须建立健全合理的质量管理体系，才能真正实现全面质量管理。

3) 运输企业质量管理的主要内容

(1) 运输服务质量

运输活动具有服务的特性,既要为企业生产经营过程服务,也要为企业产品和顾客提供全面的运输服务。甚至可以说整个运输的质量目标就是运输的服务质量。服务质量因不同顾客而要求各异,要掌握和了解顾客要求;商品狭义质量的保持程度;交货期的保证程度;运输组织方式的满足程度;成本水平及运输费用的满足程度;相关服务(如信息提供、索赔及纠纷处理)的满足程度。因此,运输服务质量是变化发展的,将在社会发展进程中依顾客需要发展而提出绿色运输、柔性服务等新的服务概念,形成新的服务质量要求。同时,需要适应经济全球化发展,引进国际运输服务标准,不断提高运输服务质量,积极开展国际化联合运输经营活动。一些大公司,有健全的服务网络,如有需要,可在最短时间内,向国内外顾客提供产品和必要的零部件。运输质量是运输企业质量管理的重要内容。

(2) 商品的质量保证及改善

货物运输的对象是具有一定质量的实体,具有合乎要求的等级。尺寸、规格、性质、外观,这些质量是在生产过程中形成的,运输过程在于转移和保护这些质量,最后实现对顾客的质量保证。因此,对顾客的质量保证既依赖于生产,又依赖于流通。

应重视将包括统计方法在内的各种质量管理方法和科技新成果,用于产品的质量控制和质量保证。为了切实保证产品质量,很多企业又开始对产品实行100%的全数检验;为了提高检验的质量就需要不断改善检测手段。这样就促进了对检测技术的研究,促进了检测技术向自动化方向的发展。

(3) 运输工作质量

工作质量指的是运输各环节、各工种、各岗位的具体工作质量。工作质量和运输服务质量是两个有关联但又不大相同的概念,运输服务质量水平是各个工作质量的总和。所以,工作质量是运输服务质量的某种保证和基础。抓好工作质量,运输服务质量也就有了一定程度的保证。同时,需要强化企业生产管理,建立科学合理的管理制度,充分调动员工积极性,不断提高运输工作质量。

(4) 运输工程质量

运输质量不但取决于工作质量,而且取决于工程质量。在运输过程中,把对产品质量发生影响的各因素(人的因素、体制的因素、设备因素、工艺方法因素、计量与测试因素、环境因素等)统称为"工程"。很明显,提高工程质量是进行运输质量管理的基础工作,提高了工程质量,就能做到"预防为主"的质量管理。

9.1.3 质量管理的发展

关于质量管理的定义,各国学者有着不同的论述,但基本内容是一致的。美国质量管理专家费根堡姆(A. V. Feigenbaum)认为:"质量管理是把一个组织内部各个部门在质量发展、质量保持、质量改进的努力结合起来的一个有效体系,以便使生产和服务达到最经济水平,并使用户满意"。日本著名的质量管理学家石川馨教授对质量管理下的定义是:"用最经济的方法,生产适合买方要求质量的产品,是最经济、最起作用的,并且为研制买方满意的产品进行设计、生产、销售和服务"。综上所述,质量管理是指用最经济最有效的手段进行设计、生产和服务,以生产出用户满意的产品。

纵观质量管理的发展,有助于我们正确认识质量管理的产生、发展的必然性和实现全面质量管理的必要性。质量管理的发展大致经历了以下三个阶段:

1) 单纯质量检验(SQI)

20世纪前,由于产品相对简单,生产方式以手工操作为主。那时候的产品质量基本依靠操作者个人的技艺和经验来保证,称为"操作者的质量管理"。到20世纪初,由于生产的发展,生产中分工和协作关系越来越复杂,"操作者的质量管理"容易造成质量标准的不一致性和工作效率的低下,越来越不适应生产力的发展。科学管理的奠基人泰罗提出了在生产中应将计划和执行、生产和检验分开的主张。在随后开展的"科学管理运动"中,首先是强调工长在保证质量方面的作用,把执行质量检验的责任从操作者转移到工长,即所谓的"工长的质量管理"。后来,在一些工厂中开始设立专职的检验部门,对生产出来的产品进行质量检验,鉴别合格品或不合格品,从而形成所谓的"检验员(部门)的质量管理",现代意义上的质量管理从此诞生。

这一阶段的质量管理工作是单纯依靠检验,剔出不合格品,以保证产品质量。其方法是全数检验或抽样检验,其作用是事后把关,防止不合格品出厂或转到下道工序。但是,它对已产生的废次品只能起到"死后验尸",而不能预防不合格品的发生,而且对那些不便全数检验的产品,如炮弹、感光胶片等,也无法起到"把关"的作用。

2) 统计质量控制(SQC)

"事后检验"虽有"把关"作用,但不能预防不合格产品的发生,对于大批量生产和破坏性检验也难以使用。这种客观矛盾促使人们去探寻质量管理的新思路和新方法。

20世纪40年代至50年代,欧美一些国家开始运用概率论与数理统计方法。控制生产过程,预防不合格品的产生。数理统计方法是在生产过程中进行系统的抽样检查,而不是事后全检。它的具体做法是将测得的数据记录在管理图上,可及时观察和分析生产过程中的质量情况。当发现生产过程中质量不稳定时,能及时找出原因,采取措施,消除隐患,防止不合格品再发生,以达到保证产品质量的目的。第二次世界大战中,美国许多兵工厂将数理统计方法和质量控制图运用于生产,取得了显著的经济效益。但是,由于片面强调质量管理统计方法,忽视组织管理工作的积极作用,使人们误认为质量管理就是运用数理统计方法。同时,因为数理统计理论比较深奥。计算方法也较复杂,对它产生高不可攀的错觉,因此,在一定程度上限制了它的普及与推广。

统计质量管理理论把以前质量管理中的"事后把关"变成事先控制、预防为主、防检结合,并开创了把数理统计方法应用于质量管理的新局面。

3) 全面质量管理(TQM)

统计质量管理单纯强调数理统计方法的应用。只是关注生产过程及最终产品的质量控制,对于正在出现的新形势和新问题常常显得难以应付。其实,人们已逐渐认识到,产品质量的形成不仅与生产制造过程有关,还与涉及的其他许多过程、环节和因素有关。只有将影响质量的所有因素统统纳入质量管理的轨道,并保持系统、协调的运作,才能确保产品的质量。20世纪50年代末和60年代初,美国通用电器公司的费根堡姆和质量管理专家朱兰提出了全面质量管理的概念,简称TQM。经过50多年来的实践和运用、总结和提高,全面质量管理的内容和方法都有了新的充实、发展和提高。

9.2 运输质量评价指标

运输服务质量的发展也是永无止境的。运输质量标准应该是把顾客要求与当时的技术经济条件合理统一起来,对质量特性实现程度作出规定。但运输质量特性,有些是很难直接度量的,如方便性、舒适性、服务性等。这就需要运输企业应尽可能逐步建立和健全运输质量标准,使员工在运输服务过程中有个准则,进而努力实现。

质量指标:是要求企业在某个时期所要达到质量标准程度和减少无效劳动的数据,是衡量运输质量标准的尺子,也是考核企业生产经营好坏的主要指标。目前,运输业已建立的客、货运输质量指标主要有以下几方面:

1) 安全指标

(1) 行车事故频率

营运车辆在一定时期(年、季、月)内发生的运行事故次数与总行程之比。一般用"次/百万车公里"作为计算单位。计算公式如下:

$$行车事故频率 = \frac{报告期营运车行车事故次数}{同期营运车总行程 \div 百万车公里}$$

行车事故按造成的损失大小分为小事故、一般事故、大事故和重大事故四类。每类事故又按责任大小分为责任事故和非责任事故两种。行车责任的划分以公安交通管理部门裁定为准。上述计算公式中的事故次数,只包括"一般"及以上的责任事故次数。

(2) 行车肇事直接经济损失率

营运车辆在一定时期(年、季、月)内发生的行车肇事直接经济损失总额与总行程之比。一般用"元/百万车公里"作为计算单位。计算公式如下:

$$行车肇事直接经济损失率(元/百万车公里) = \frac{行车肇事直接经济损失(元)}{总行程公里} \times 10^6$$

2) 客运质量指标

(1) 客运正班率

报告期客运正班班次与计划班次之比。计算公式为

$$客运正班率(\%) = \frac{报告期计划班次 - 缺班班次}{报告期计划班次} \times 100\%$$

公式中计划班次按公布的客运班次时刻表计算。客车按计划班次时刻发车者为正班班次。因车辆待修、待料、待驾等原因造成停班者为缺班班次。国家二级企业标准规定客运正班率为 99.07%。

(2) 定站停靠率

实际停靠站点数与报告期计划停靠站点数之比。其计算公式为

$$定站停靠率(\%) = \frac{报告期计划停靠站数 - 报告期未停靠站数}{报告期计划停靠站数} \times 100\%$$

(3) 客运班车正点率

公路客运中按公布的客运班次时刻表正点始发班次与计划始发班次之比,用"%"表示。这一指标是客运工作组织各个方面工作质量的综合反映。计算公式为

$$客运班车正点率(\%) = \frac{报告期正点始发班次}{报告期计划始发班次} \times 100\%$$

公路客运班车的到达时刻,受多种因素的影响,难以准确考核。因而只考核始发正点率。有条件时应综合考核始发与到达正点率,即

$$客运班车正点率(\%) = \frac{正点始发班次 + 正点到达班次}{计划始发班次 + 计划到达班次} \times 100\%$$

(4) 旅客正运率

报告期正运人次与发送总人次之比。计算公式为

$$旅客正运率(\%) = \frac{报告期正运人次}{同期发送总人次} \times 100\%$$

旅客运输中,因运输企业责任造成的旅客误乘、漏乘人次称事故人次,其余为正运人次。

(5) 售票差错率

售票差错率,考核售票环节的工作质量。计算公式为

$$售票差错率(\%) = \frac{报告期售票差错张数}{报告期售票张数} \times 100\%$$

(6) 行包正运率

行包正运率,是指报告期实际安全送达行包件数与报告期发送行包件数之比。其计算公式为

$$行包正运率(\%) = \frac{报告期发送件数 - 报告期事故件数}{报告期发送件数} \times 100\%$$

(7) 行包赔偿率

行包赔偿率,是指报告期单位行包营运收入所承担的行包赔偿金额。其计算公式为

$$行包赔偿率(\%) = \frac{报告期行包赔偿金额(元)}{报告期行包营运总收入(元)} \times 100\%$$

(8) 旅客意见处理率

旅客意见处理率,是指实际收到的已处理的旅客意见条数与意见总条数的比值。其计算公式为

$$旅客意见处理率(\%) = \frac{意见已处理件(条)数}{意见总件(条)数} \times 100\%$$

(9) 原始记录完备率

原始记录完备率,反映了基础管理工作的完善程度。其计算公式为

$$原始记录完备率(\%) = \frac{规定记录表数 - 未记录表数}{规定记录表数} \times 100\%$$

(10) 客运营收报解率

客运营收报解率,是指报告期实际解款金额与报告期发送旅客营收总金额之比。该指标反映了企业营业收入管理水平。其计算公式为

$$客运营收报解率(\%) = \frac{报告期实际解款(元)}{报告期发送旅客营收(元)} \times 100\%$$

3) 货运质量指标

(1) 重大质量事故次数

重大质量事故次数,即货损金额在 3 000 元以上和经省级有关部门鉴证为珍贵、尖端、保密物品运输灭失、损坏的质量事故次数。

(2) 货运质量事故频率

货运质量事故频率,是指报告期质量事故次数与报告期完成的货物周转量之比。一般用"次/百万车公里"作为计算单位。计算公式如下:

$$货运质量事故频率(次/百万吨公里) = \frac{质量事故次数}{完成货物周转量(t \cdot km)} \times 10^6$$

(3) 货损率

货损率,是指报告期货损吨位与报告期完成的货运总吨数之比。该指标反映了企业货物运输的服务质量。其计算公式为

$$货损率(\%) = \frac{货损吨位}{货运总吨数} \times 100\%$$

(4) 货差率

货差率,是指报告期货差吨数与货运总吨数之比,其计算公式为

$$货差率(\%) = \frac{货差吨数}{货运总吨数} \times 100\%$$

(5) 货运质量事故赔偿率

货运质量事故赔偿率,是指报告期内单位货运收入的质量事故赔偿金额。其计算金额为

$$货运质量事故赔偿率(\%) = \frac{质量事故赔偿金额}{货运收入总金额} \times 100\%$$

(6) 货运及时率

货运及时率,是指按货运合同规定期限,实际运达的货物吨(件)数与应运达的货物吨(件)数之比,计算公式为

$$货运及时率(\%) = \frac{按规定期限运达的货物吨(件)数}{按规定期限应运达的货物吨(件)数} \times 100\%$$

(7) 货运合同履约率

货运合同履约率,是指报告期履约合同票次数与全部合同票次数之比,用"%"表示。计算公式为

$$货运合同履约率(\%) = \frac{报告期履约合同票次数}{同期执行合同总票次数} \times 100\%$$

每份运输合同不论其运量多少、所需运次多少,均为一个票次。执行某份运输合同时,如只有几个运次或最后一个运次未按合同要求完成,也算违约。

(8) 装卸标准合格率

装卸标准合格率,是指抽样检查合格车次数与抽样检查车次总数之比。其计算公式为

$$装卸标准合格率(\%) = \frac{抽样检查合格车次数}{抽样检查车次数} \times 100\%$$

(9) 售票差错率

售票差错率,是指报告期售票差错张数与报告期售票总张数之比。该指标反映了售票工作质量,其计算公式为

$$售票差错率(\%) = \frac{报告期售票差错张数}{报告期售票张数} \times 100\%$$

(10) 货运营收报解率

货运营收报解率,是指报告期实际解款金额与报告期发送货物营收总金额之比,其计算公式为

$$货运营收报解率(\%) = \frac{报告期实际解款(元)}{报告期发送货物营收(元)} \times 100\%$$

(11) 商务事故结案率

商务事故结案率,是指报告期结案数与报告期受理案件数之比,其计算公式为

$$商务事故结案率(\%)=\frac{报告期结案数}{报告期受理案数}\times100\%$$

9.3 全面质量管理

9.3.1 全面质量管理的特点和任务

1) 全面质量管理的定义

全面质量管理(Total Quality Control,简称 TQC)源于美国,自 1994 年以来,国际标准化组织(ISO)把全面质量管理定义为:"一个组织以质量为中心,以全员参与为基础,目的在于通过让顾客满意和本组织成员及社会受益而达到长期成功的管理途径。"现在国际标准化组织把全面质量管理统一称为 TQM,即 Total Quality Management。

2) 全面质量管理的特点

全面质量管理最基本的特点就是以系统的观点和方法,实施全面的、全过程的、全员的质量管理。

(1) 提高工作质量,保证产品质量

全面质量管理中的"质量"的含义很广泛,它既包括了产品质量,又包含了工作质量。所谓工作质量是指企业全面的组织管理工作和技术工作对达到产品技术标准和提高产品质量的保证程度。它包括产品的市场调查、研究、设计、试制、工艺、制造与设备、原材料供应、计划、生产、劳动、销售、财务以及顾客服务等各个环节的质量管理工作,成为一项综合性的管理工作。

因此,产品质量是企业全面工作质量的综合反映。工作质量是形成产品质量的原因;产品质量则是工作质量的结果。全面质量管理要求努力提高工作质量,借以保证产品质量。

(2) 全过程的质量管理

实现全面质量管理,不仅要搞好产品制造的质量管理工作,而且要做好生产产品的全过程的质量管理工作。一个产品从研究设计到使用的全过程,一般可以划分为四个具体过程:

①产品设计过程的质量管理。产品设计过程是指产品正式投产前的全部技术准备过程。它包括试验、研制、设计、新产品试制和鉴定等阶段。设计的质量是保证产品质量的前提,有了优质的设计,才有可能制造出优质的产品。因此,产品设计过程的质量管理是全面质量管理的起点。

②产品制造过程的质量管理。任何工业产品都要经过制造。产品质量的好坏,在很大的程度上决定于生产环节制造产品的工程能力(人、设备、材料、方法)和制造过程的质量管理工作水平。因此,制造产品的质量是保证产品质量的关键,产品制造过程的

质量管理是全面质量管理的中心。

③辅助生产过程的质量管理。在企业中,为生产第一线服务的辅助生产部门主要有物资供应、设备维修、动力、运输等,这些部门工作的好坏对产品质量有着直接的影响。辅助生产部门质量管理工作的优良是保证制造过程生产优质产品的必要条件,因此,它是企业全面质量管理的重要组成部分。

④使用过程的质量管理。制造产品的目的在于用自身的质量特性供顾客使用,以满足不同的需求;同时,使用过程也是考验产品的质量的过程。使用过程的质量管理包括对用户的技术服务和产品的使用效果与使用要求的调查,处理出厂产品的质量问题,以便为进一步改进产品设计,不断提高产品质量提供客观依据。因此,使用过程的质量管理既是企业全面质量管理的归宿点,又是全面质量管理的出发点。

(3) 全员质量管理

全面质量管理涉及企业各部门、各环节的工作,它们在企业中占有不同的地位,发挥不同的作用,相互联系,相互促进。因此,提高产品质量要依靠广大职工的共同努力,产品质量是企业职工文化素质、技术素质、管理素质、领导素质以及思想品德的综合反映。

(4) 以预防为主,防检结合。

产品质量的好坏,有一个逐步生产和形成的过程,实行以预防为主,防检结合,则可以把不合格的产品消除在它的形成过程中。这就要求事先采取有效措施控制影响产品质量的因素,以缩小产品质量的波动,使产品质量处于最佳的稳定状态。以预防为主,并不排斥事后的检验,而是把预防与检验结合起来。

(5) 数理统计方法作为全面质量管理的重要手段

现代化大工业生产的发展,要求企业在生产中更加自觉地应用高新技术,对工业产品的质量,也在不断提出新的更高的要求。与此相适应,对质量管理工作也提出了科学化、现代化的要求。全面质量管理运用数理统计方法,可以把质量问题数量化,用数据反映质量状况,可以做到"胸中有数";同时,还可以从数据的分析中,找出反映质量运动和变异特征的规律,掌握质量动态和发展趋势,以便采取有效的措施解决质量中存在的问题,提高产品质量。

3) 全面质量管理的基本任务

全面质量管理的任务是确定企业的质量目标、质量方针和质量策划,建立和健全质量管理体系,组织协调企业各个部门和全体职工运用先进技术和科学方法,贯彻执行产品(服务)质量标准,实施质量控制,根据使用要求不断改善产品(服务)质量,生产出满足顾客要求的物美价廉的产品,提高企业的经济效益。基本任务可概括为三方面:

(1) 确定企业的质量目标

在市场经济的条件下,企业要在竞争中求生存和发展,不仅要有企业近期的质量目标,而且要确定长远的战略目标。在确定质量战略目标时,要充分考虑企业内外条件,如国家建设规划和要求、国际、国内市场的需求及发展趋势、企业的经营方向、技术基础和生产条件等等。当质量目标确定以后,还要制定实现质量目标的具体措施。

(2) 制定企业质量规划

在规划中，围绕着所要达到的质量目标，落实可靠的技术、组织措施，其中包括资金来源、设备的改造和更新、人员的培训、研究开发计划，以及先进的质量管理的方法的推广和应用等。同时，还要把目标与任务通过指标分解的形式落实到各个部门、各个环节和各个工作岗位上，建立权责利统一的质量责任制度。

(3) 建立和健全企业的质量管理体系

质量管理体系的根本任务，就是通过对企业的质量控制，实现对顾客的质量保证。全面质量管理要求由被动的"三包"，即包修、包退、包换，发展为主动的"三保"，即保证提供优质的产品、保证提供优质配件、保证提供优质服务。由此可见，一个企业建立一个有效的质量管理体系是实现质量目标和落实质量规划的关键。

9.3.2 建立和健全质量管理体系

1）质量管理体系的概念

质量管理体系是指企业以提高产品质量为目标，用系统的观点和方法，把质量管理的各个过程、各个阶段、各个环节、各个岗位的质量管理活动合理地组织起来，形成一个有共同目标、责权利明确、互相协调、互相促进的有机整体。

2）建立和健全质量管理体系工作

质量管理体系的主要工作有以下几项：

(1) 制订质量计划

企业既要有提高产品质量的综合计划，又要有分项目、分时期、分部门的具体计划，并且有进度、有检查、有分析，以保证实现质量改进措施，达到预期目标。

(2) 建立质量信息反馈系统

质量信息反馈可分为内反馈和外反馈。内反馈来自工序测试、成品检验、现场动态、质量基础资料、技术革新与合理化建议等；外反馈来自国内、国际市场、同行企业、协作企业等。

(3) 建立质量检验工作体系

设置专司检验工作的机构，规定检验的范围，合理布置专职检验点，形成严密的检验工作体系；同时，要合理选择检验的方式和方法，不断提高检验人员的工作质量。

(4) 实行管理业务标准化、管理程序流程化

为企业各部门、各环节以及各工作岗位制订管理业务标准，明确其责任、权限和利益；并使管理程序规范化，通过绘制质量管理体系图把各单位之间的关系，在全企业范围内联结起来。

(5) 组织全面质量管理小组活动

全面质量管理小组简称 TQM 小组，是组织全体员工参加质量管理活动的有效形式。它是员工为实现本单位的质量计划，运用质量管理的科学方法和专业技术，主动从事质量管理活动，自由组合的三人以上的团体。组织全面质量管理小组把实现企业质量计划建立在可靠的群众基础之上，同时，也是提高员工技术素质和管理素质的途径。

(6) 建立综合质量管理机构

上述的建立各种质量管理体系工作,都需要一个综合质量管理机构进行管理。综合质量管理机构的职责在于统一组织、计划、协调、综合质量管理体系的活动,检查、督促各部门履行质量管理职责,开展质量管理教育和组织群众性质量管理活动。

9.3.3 全面质量管理的基本步骤

质量管理必须科学化、现代化,表现为质量管理工作中更加自觉地利用先进科学技术和管理方法。建立严密的质量管理体系的同时,还应采用一整套科学的质量管理的基本方法,即以 PDCA 循环为总框架,广泛运用建立在数理统计、价值分析、运筹学等数学原理基础上的科学管理方法。实质在于找出产品质量存在问题的关键,为解决质量问题指明方向和途径,达到保证和提高产品质量的目的。

管理是一个动态的概念。运输企业管理是一个过程,即企业在不同的时间内,应完成不同的工作任务。运输企业的每项活动,都有一个策划、实施、检查、处置的过程。建立和完善企业运输质量管理的计量、评估体系,切实消除企业运输过程中的差错。根据管理是个过程的理论,美国质量管理专家戴明博士将它运用到质量管理中,总结出策划(Plan)、实施(Do)、检查(Check)、处置(Action),四个阶段,称为 PDCA 循环,亦称"戴明环",如图 9.1 所示。

图 9.1 "戴明环"示意图

1) PDCA 循环的含义

PDCA 循环是质量管理的工作方法,也是做任何事情的一般规律。开展某项工作,事先必须有个设想或打算(策划);然后,实施计划,亦可称为执行计划;再将执行的过程及结果同计划相比较,找出问题,这就是核对检查;最后,根据检查结果,把成功的经验加以肯定并列入标准中,将遗留的问题作为下一个 PDCA 循环的 P(策划)阶段的目标。PDCA 循环就是按照这样的顺序进行质量管理,并且按顺时针方向转动,循环不止地进行下去的科学程序。

2) PDCA 循环的具体步骤

为了解决和改进产品质量问题,在质量管理中,根据现场实践经验,又把 PDCA 循环进一步具体分为八个步骤,即所谓"四个阶段、八个步骤"的循环方式,如图 9.2 所示。

(1) 策划阶段(P 阶段)

该阶段包括四个工作步骤:①分析现状,找出存在的主要问题;②寻找主要问题发生的原因;③找出主要原因;④制定措施计划。

图 9.2 PDCA 循环的四个阶段、八个步骤

(2) 实施阶段(D阶段),该阶段只包括一个工作步骤:⑤按计划实施。

(3) 检查阶段(C阶段),该阶段也只包括一个工作步骤:⑥调查效果。

(4) 处置阶段(A阶段),该阶段包括两个工作步骤:⑦总结经验,巩固成绩,将工作结果标准化;⑧提出遗留问题并处理。

在质量管理工作中,四个阶段、八个步骤必须是完整的,一个也不能少地顺序进行循环。

3) PDCA 循环的特点

PDCA 循环有如下特点:

(1) 大环套小环

互相促进 PDCA 循环作为质量管理的一种科学方法,可用于企业各个环节、各个方面的质量管理工作。整个企业的质量管理体系构成一个大的 PDCA 循环,而各部门、各级单位又都有各自的 PDCA 循环,依次又有更小的 PDCA 循环,从而形成一个大环套小环的综合管理体系,如图 9.3 所示。上一级 PDCA 循环是下一级 PDCA 循环的依据,下一级 PDCA 循环是上一级 PDCA 循环的保证。通过大小 PDCA 循环的不停转动,就把企业各个环节、各项工

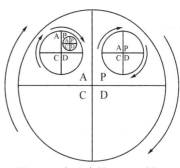

图 9.3 多层次的 PDCA 循环

作有机地组织成一个统一的质量体系,实现总的质量目标。因此,PDCA 管理循环的转动,不是哪个人的力量,而是组织的力量、集体的力量,是整个企业全员推动的结果。

(2) 螺旋上升

管理循环是螺旋式上升的,因此有人将其形象地称为"爬楼梯",如图 9.4 所示。PDCA 四个阶段周而复始的循环绝不是在原有的水平上原地打转,而是每循环一次,转动一圈,就前进一步,上升到一个新高度。这样循环往复,使得质量问题不断解决,工作质量、管理水平和产品质量不断提高。

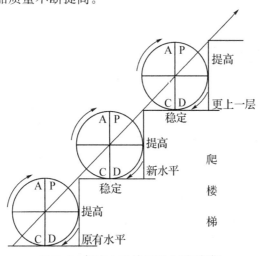

图 9.4 螺旋上升的 PDCA(爬楼梯)

(3) PDCA 循环是综合性循环

PDCA 循环的四个阶段是相对的,各个阶段之间不是截然分开的,而是紧密衔接成一体的,甚至有时是边计划边执行、边执行边检查总结、边总结边改进等交叉进行的。质量管理工作就是在这样的循环往复中,从实践到认识,再从认识到实践的两个飞跃中达到现实目标的。

(4) "处置"阶段是关键

在企业的质量管理中,往往是计划、布置多,实施、检查少,总结、处理更少。只有 PDC 阶段,而没有 A 阶段,或者有 A 阶段但没有起到应有的作用,使 PDCA 循环不能顺利进行,工作质量和产品质量难以提高。因此,PDCA 循环的运转,"处置"阶段十分关键,它具有承上启下的作用。只有很好地进行了 A 阶段的工作,才能切实把 PDCA 循环转完一圈,把成功的经验和失败的教训纳入标准(规则、制度)中去,就可以防止同类问题的再发生,质量管理水平就可以不断提高。

9.4 全面质量管理中常用的统计技术

分析和控制产品质量的常用统计技术有以下几种:

9.4.1 排列图法

排列图法又称为主次因素排列法或帕累托曲线法,目的是在影响质量的众多因素中寻找主要因素,具有直观、鲜明和简洁的特点。现举例说明其原理与作图步骤。

例 9.1 某运输企业对 143 辆汽车进行了调查,发现营运车辆技术状况下降的原因如表 9.1 所示排列。

表 9.1 质量事件分类表

事件	分项说明	频数(辆)	频率(%)	累计频率(%)
A	维护不当	45	31.4	31.4
B	操作不当	38	26.6	58.0
C	零配件质量	26	18.2	76.2
D	车辆制造质量	14	9.8	86.0
E	润滑油料、燃油质量	8	5.6	91.6
F	修理质量	6	4.2	95.8
G	其他	6	4.2	100
	合计	143	100	

这张表将各类原因按照频率依次排列,并计算出频率和累计频率。所谓频率,就是单项事件在总事件中所占的百分比;所谓累计频率就是事件因素由多至少排列到该因素为止之前各项频率之和。

完成上述步骤后,即可作图。作图时将各类事件按照频数依次作矩形图形,其高为该事件频数,宽可取相等间距,并以频数为左纵坐标,频率为右纵坐标,参见图 9.5。依次连接该图上的累计频率曲线,即为帕累托曲线。

依据帕累托曲线可将事件分为三类:累计频率从 0%~80% 的事件为主要因素事件,亦即所谓 A 类事件;累计频率在 80%~90% 之间为次要因素事件,亦即所谓 B 类事

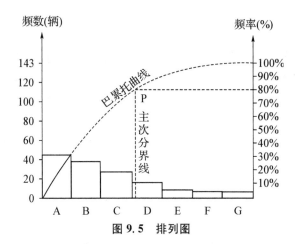

图 9.5 排列图

件;累计频率在 90%~100%之间是一般因素事件,称之为 C 类事件,在频率为 80%处作一平行线平行于横坐标,与巴累托曲线相交于 P 点。从 P 点引垂线与横坐标相交,该垂线即为主次分界线,其左侧为影响事件的主要因素。

排列图可以用来明确地表示出质量问题的关键所在。对每一个 PDCA 循环均作出排列图并进行比较,可以确认并检查工作效果与质量改进的程度,以及确定由于内外条件变化所产生的新的主要因素,提交下一循环加以解决。

9.4.2 因果分析图

因果分析图,又称特性因素图,由于其形状像树枝或鱼刺,因而又称树枝图或鱼刺图。在生产过程中出现的质量问题,往往是多种因素综合影响的结果。用此方法可以对有影响的一些较重要因素加以分析和分类,搞清因果关系。

例 9.2 产生交通事故的原因,为分析原因所做的因果分析图,如图 9.6 所示。

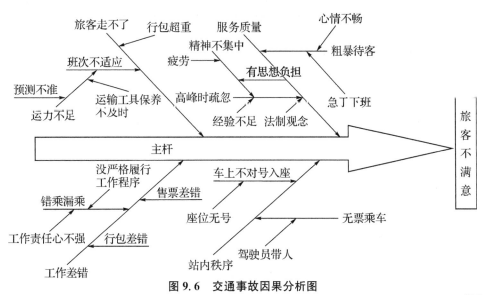

图 9.6 交通事故因果分析图

9.4.3 直方图

产品质量和工作质量是否符合要求,是指相应的质量数据是否落在规定的质量标准范围内。直方图就是据此检验质量实测数据,从中寻找质量数据的分析规律,进而对质量进行评定的一种常用方法。直方图法具有形象、直观和鲜明的特点。

直方图作图步骤通过下例来叙述。

例 9.3 某运输公司经过运行统计,得出 50 辆某同型汽车平均 1 000 km 运行费用数值如下(单位:元/1 000 km):

```
290  304  310  311  324  268  294  279  265  287
295  307  280  285  291  302  317  276  278  296
293  306  274  313  313  283  301  273  252  260
282  296  309  271  280  299  294  306  315  264
283  284  282  257  273  282  292  298  288  289
```

试作车辆运行费用直方图。

作图步骤:

①先寻找该组数据的最大值和最小值,并确定级差 R

$$R = X_{\min} - X = 324 - 252 = 72$$

②确定分组数目 μ,一般而言,组数应取 10 左右,且数据总数 N 越大,μ 取值亦越大。大致可参考表 9.2:

表 9.2 分组表

N	μ	N	μ	N	μ
50~100	6~10	101~250	7~12	>250	10~15

本例中 $N=50$,可将 μ 定为 $\mu=8$。

③定组间距 η 也就是决定分组后每一区间的长度,本例中

$$\eta = \frac{R}{m} = \frac{72}{8} = 9$$

一般说来,尽可能将间距取值定为整数,亦便于计算,亦便于作图,同时还要求

$$h \geqslant \frac{R}{m}$$

以便将 $v_{\max}$ 和 $v_{\min}$ 包括进去,故取 $\eta=10$。

④确定边界值。所谓边界值,即为每个区间的边界数值,以便于确定数据落于哪一个组内。为避免数据样本恰好落于边界线上,可取边界值位数较实测数据多 1/2 或小 1/2 个测定单位,本例中测定单位为 1,则边界值相应为:248.5,258.5,268.5……

⑤统计数据子样落在各个组内的个数。每个区间的间距是 10,其上下边界值已经

确定。设 f_t 个数据落在第 t 组中,则称 f_t 为第 t 组的频数,并相应定义 f_t/N 为频率,据此可得频率分布表如表 9.3 所示。

表 9.3 频率分布表

组别	区间上边界～下边界	中心值	频率(f_t)	频率 f_t/N(%)
1	248.5～258.5	253.5	2	4
2	258.5～268.5	263.5	4	8
3	268.5～278.5	273.5	6	12
4	278.5～288.5	283.5	12	24
5	288.5～298.5	293.5	11	22
6	298.5～308.5	303.5	7	14
7	308.5～318.5	313.5	7	14
8	318.5～328.5	323.5	1	2

表中每组范围为上一组边界值加上间距再加上半个计量单位(本例中为 0.5),区间中心值由

$$X_i = \frac{1}{2} X(\text{区间下界} + \text{区间上界})$$

得出。

完成上述步骤后,即可进行作图。取横坐标为 η,纵坐标为 f_t/N,本例直方图具体形式可见图 9.7。

数据子样的平均值

$$\overline{X} = \frac{\sum_{i=1}^{N}(X_i)}{N} = 289.50$$

标准偏差

$$S = \sqrt{\frac{\sum_{i=1}^{N}(X_i - \overline{X})^2}{N}} = 16.73$$

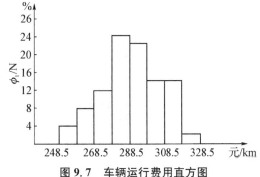

图 9.7 车辆运行费用直方图

$\overline{X}$ 和 S 为直方图的数字特征,$\overline{X}$ 表示子样中心位置,S 表示子样数据的离散程度。直方图是根据有限样本抽样作出的,若样本数 N 越大,则区间划分越小,纵坐标采用相对频数表示时,在正常情况下直方图的外包线最后将趋近于一条光滑的正态分布曲线,即所谓钟形曲线。其分布中心就是质量控制标准,分布范围则由质量控制界限来确定。

根据画出的直方图,观察其分布形状,可以分别判断质量事件的类型和原因。现就

常见直方图形状作如下分析,如图9.8所示。

(1) 正常分布

直方图都有一峰值,为质量控制标准或中心数据,左右两侧大体对称,且不超过质量数据允许范围,这种类似于正态分布的形状表明了质量过程正常时的标准数据分布,如图9.8(a)所示。

(2) 不正常分布

大致分以下7种常见形式:

①孤岛形。在距分布中心一定距离处出现另一小峰值,表明过程中有异常因素在短时间内起作用,如图9.8(b)所示。对于这种形式应查明原因,予以排除。

②瘦形。分布集中,分布范围大大小于规定范围,说明该过程质量较为均匀和稳定。虽然这种情况有利于质量控制,但过于严格的标准将增加质量控制的困难和成本,如图9.8(c)所示。

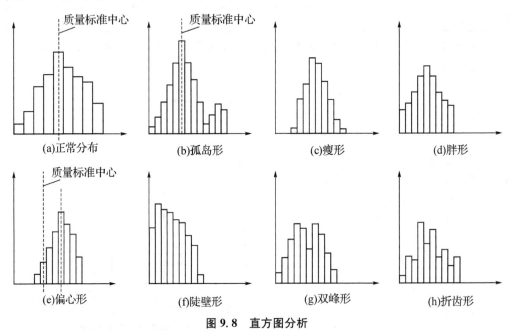

图9.8　直方图分析

③胖形。即分布的离散性较大,但仍在规定范围内,如图9.8(d)所示。该图形说明在过程中有异常因素在长期缓慢地起作用,如车辆技术状况下降引起的轮胎行驶里程变化等。

④偏心形。分布中心偏离规定范围中心,应采取有效措施改变其分布平均值,否则易出现较大的质量问题。该图形如图9.8(e)所示,一般表现为重大质量事故出现前的征兆,如采用不合格的配件导致车辆某一部分异常磨损等现象。

⑤陡壁形。亦称偏向形,一般是由某过程中某种操作习惯等原因造成,如某零件加工时尺寸偏小等,其形状见图9.8(f)所示。

⑥双峰形。一般是由两个不同因素分布混在一起,见图 9.8(g)所示。该图形往往表示过程中有两种不同类型的集合因素在起作用,如生产工人按不同的操作水平和操作方法生产出来的产品,其形位公差分布则可形成此种状态,应彻底查明原因予以纠正。

⑦折齿形。一般可能是由于作图过程中出现的某种误差形成,应从数据采集、抽样方法和作用过程开始进行全面检查,参见图 9.8(h)所示。

直方图数据是从"母体"中抽取"子样",通过对"子样"的调查分析和特性研究来判断"母体"的特性,从而为我们揭示质量管理过程中的规律性内在因素。

9.4.4 控制图法

控制图又叫管理图,它是工序质量控制的主要手段,是一种动态的质量分析与控制的方法。控制图不仅对判断质量稳定性,评定生产过程质量状态以及发现和消除生产过程的失控现象,预防事故发生有着重要作用,而且可以为质量评比提供依据。控制图的基本形式,见图 9.9。

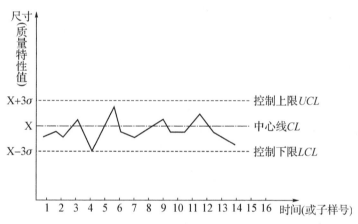

图 9.9 质量控制图

控制图以取样时间或子样号为横坐标,以质量特性值为纵坐标。在图上分别画出上、下控制界限和中心线。在生产过程进行中,按规定的时间抽取子样,测量其特性值,将测得的数据用点一一描在控制图上,就得到上面控制图。

在正常情况下,统计量相应点分布在中心线附近,在上下控制界限之内,表明生产过程处于稳定状况。如果点落在上下控制界限之外,就表明出现了异常现象,生产过程处于不稳定状态,需要及时查明原因,采取调整措施,确保生产过程达到稳定状态。

控制图的观察与分析,当生产处于控制状态时,图上点在控制界限范围内和在中心线两侧附近随机出现;当生产处于失控状态时,就会出现异常情况。判别异常情况,可根据实践中归纳的几点:①连续 7 个点落在中心线一侧;②连续 3 个点中有 2 个点接近控制线;③点发生倾向性变化,连续上升或下降;④点有周期变化,例如从上到下,再由下而上,周而复始。总之,凡出现上述情况,就应引起注意,查明原因。

9.4.5 相关图法

相关图又称散布网,如图 9.10 所示。相关图主要用于分析两种因素之间相关的关系。在质量管理的原因分析中,常常遇到一些关系,如某一质量特性与另一质量特性之间,某一特性与主要原因之间,同一个特性的两个因素之间等等,在一定的范围和条件下相互制约,存在一定的关系,但又不能由一变量精确地求出另一变量的数值,列出两种有关的数据,这就是变量之间存在相关的关系。如钢材的硬度与强度之间,化学成分与硬度之间,热处理温度与硬度之间的关系等等,都有相关关系。

绘制相关图,一般把因素标在横坐标上,把质量特性结果标在纵坐标上,将测得的数据点在坐标图上,从相关图上,可以直观地看出两个因素之间的关系,图 9.11 显示了六种不同的相关关系。

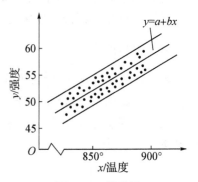

图 9.10 相关图

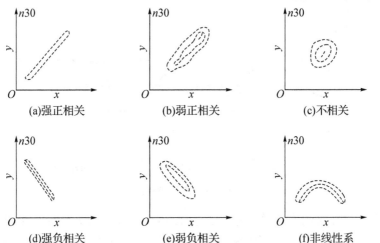

图 9.11 六种不同的相关图

为进一步掌握相关状况,还需求出相关系数 r,计算公式如下:

$$r = \frac{\sum_{i=1}^{n}(x_i - \bar{x})(y_i - \bar{y})}{\sqrt{\sum_{i=1}^{n}(x_i - \bar{x})^2 \sum_{i=1}^{n}(y_i - \bar{y})^2}}$$

计算的结果,按表 9.4 所列,判断相关程度。

表 9.4 相关程度表

相关系数 r	相关程度
$r=1$	完全正相关
$r=0$	不相关
$0>r>-1$	负相关。愈近于 -1,愈强;愈近于 0,愈弱
$r=-1$	完全正相关

案 例

江苏省道路运输企业质量信誉考核办法

2006 年,交通部下发了《道路运输企业质量信誉考核办法(试行)》(交公路发〔2006〕294 号)一文,为贯彻文件精神,做好江苏省道路客运企业质量信誉考核工作,江苏省交通厅运输管理局结合本省道路客运行业实际,研究制定了《江苏省道路客运行业贯彻〈道路运输企业质量信誉考核办法(试行)〉意见》,同时要求各市在每年的 5 月底前将评定结果上报省厅运管局。为公正客观地评定每一个客运企业的质量信誉等级,该局制定了考核范围、内容和相关表格。

1. 考核范围。凡在江苏省注册从事道路旅客班车、旅游、包车运输的企业,交通部门主管的出租汽车客运企业、城市公共交通客运企业(以上统称为道路客运企业,下同),以及二级以上汽车客运站,按照本意见实施质量信誉考核。

2. 考核内容。道路客运企业和汽车客运站质量信誉考核,实行计分制,总分为 1 100 分,其中:考核分为 1 000 分,加分为 100 分。

道路客运企业考核内容包括:运输安全、经营行为、服务质量、社会责任、企业管理等;加分内容包括:企业形象、科技设备应用、获得省部级以上荣誉称号、省级以上媒体褒扬、完成指令性运输任务等,读者可从表 9.5 了解到企业考核的详细指标情况。

汽车客运站考核内容包括:安全管理、经营行为、服务质量、车站管理等,加分内容包括:科技设备应用、获得省部级以上荣誉称号、省级以上媒体褒扬、完成指令性任务等。受篇幅所限,本书不提供客运站考核评分标准表。

表 9.5 江苏省道路客运(班车、旅游、包车)企业质量信誉考核评分标准表

序号	考评内容与分数		评分要求	自评分	初评分	终评分	备注
一	运输安全 300 分	安全管理 100 分	企业有健全的安全管理制度和安全管理机构,并配足安全管理人员,制定责任人的岗位职责,每缺一项扣 10 分,每一项不齐全、不符合要求扣 5 分				
			按规定制定有突发安全事件的道路运输应急预案,无预案的扣 10 分,预案不完备扣 5 分				
			对职工进行经常性的安全教育,并有记录,未经常进行安全教育的扣 15 分,记录不全扣 5 分				
		交通责任事故 200 分	交通责任事故率每增 0.01 次/车,扣 5 分				
			交通责任事故伤人率每增 0.01 人/车,扣 10 分				
			交通责任事故死亡率每增 0.01 人/车,扣 25 分				
			小计				
发生一次死亡 10 人以上的,或者发生二次以上死亡 3~9 人的重特大责任事故的,考核结果为不合格							
二	经营行为 200 分	经营违章率 200 分	违章经营率为 0 的,得 200 分;每增 0.01 次/车,扣 10 分				
			小计				
三	服务质量 200 分	社会投诉率 50 分	社会有责投诉率为 0 的,得 50 分;每增 0.01 次/车,扣 10 分				
		承诺服务情况 50 分	在其车厢内部公示的道路运输管理机构监督电话、票价和里程表规范清晰,每辆次一项不符合要求扣 5 分				
			客运车辆设备、设施齐全有效,保持车辆清洁、卫生,不符合要求的,每辆次扣 5 分				
		曝光处罚情况 100 分	发生服务质量事故,在新闻媒体曝光,且情况属实的,在辖区新闻媒体曝光一次扣 10 分,市级以上新闻媒体曝光一次扣 20 分				
			发生服务质量事故,被单位或者个人举报投诉,且情况属实的,发现一次扣 20 分				
			发生辱骂、殴打乘客行为或者其他服务纠纷,造成恶劣社会影响的,发现一次扣 100 分				
			小计				

续表

序号	考评内容与分数		评分要求	自评分	初评分	终评分	备注
四	社会责任 150分	规费缴纳80分	不按规定为营运车辆缴纳运管费、养路费、客货运附加费的,每辆次扣10分				
		投保承运人责任险70分	不按法律法规要求为营运车辆投保承运人责任险的,每辆次扣10分				
			小计				
五	企业管理 150分	相关政策执行情况50分	车辆的产权不是企业所有的,每辆扣5分				
			在公司化经营的客运班线车辆中有弄虚作假行为的,每起扣10分				
			未完成公司化改造任务的,每条班线扣10分				
			未依法与聘用人员签订劳动合同或办理社会保险的,每人次扣5分				
			未按规定及时向有关部门填报各类报表资料的,每次扣5分				
		质量信誉档案50分	质量信誉档案不健全的,每缺一项,扣10分;不按要求上报质量信誉情况但能及时纠正的,扣30分				
		企业稳定50分	由于企业管理原因,导致发生违反《信访条例》规定、出现过激行为、严重扰乱社会秩序、造成恶劣社会影响的群体性事件的,不得分;情节不严重,或经批评教育后及时改正的,每次扣50分				
			小计				
六	加分项目 100分	企业形象10分	营运车辆统一标识和外观的,加5分;服务人员统一服装的,加5分				
		科技设备应用20分	50%以上营运车辆安装GPS或行车记录仪并有效应用的,加10分;全部营运车辆安装并有效应用的,加20分				
		获得荣誉20分	获得省、部级以上荣誉称号的,加20分				
		媒体褒扬20分	在省级以上新闻媒体上报道好人好事或者其他先进事迹的,每次加2分,最多加20分				

续表

序号	考评内容与分数	评分要求	自评分	初评分	终评分	备注
	完成政府指令性运输任务 30 分	圆满完成县级以上人民政府、交通主管部门或道路运输管理机构指令性应急运输任务的,加 30 分;未按要求完成的,不加分,并发生一次从考核总分中扣 30 分				
		小计				
	总 分					

注:所有扣分项扣完为止,不计负分。

复习与思考

9.1　什么是质量?什么是运输质量管理?

9.2　质量管理的发展大体分为哪几个阶段?

9.3　运输质量管理的特点是什么?

9.4　运输质量管理的内容是什么?

9.5　什么是全面质量管理?

9.6　简述全面质量管理的特点。

9.7　什么是质量管理体系?它有什么作用?

9.8　什么是 PDCA 循环?试述其特点及作用。

9.9　什么是排列图和因果分析图?怎样运用这两种图进行质量管理?

9.10　什么是直方图?它的作用有哪些?

9.11　什么是控制图?怎样运用控制图控制产品质量?

9.12　什么是相关图?怎样运用相关图控制产品质量?

10 企业营销管理

【开篇案例】

春秋航空公司的特殊市场定位

春秋航空有限公司(Spring Airlines Co.,LTD)是首个中国民营资本独资经营的低成本航空公司(廉价航空公司)。春秋航空有限公司经中国民用航空总局批准成立于2004年5月26日,由春秋旅行社创办,注册资本8 000万元人民币,经营国内航空客货运输业务和旅游客运包机运输业务,2005年7月18日首航。春秋航空是中国首批民营航空公司之硕果仅存者,平均上座率达到95.4%,成为国内民航最高客座率的航空公司,也是世界上平均客座率最高的航空公司之一。2011年春秋航空营业收入超过43亿元,净利润突破4.7亿元,有员工5 000多人,成为当前国内最成功的廉价航空公司,总部在上海,主营基地有上海、沈阳和石家庄。春秋航空在十九家新航空公司中唯一获得民航总局"安全先进单位"表彰嘉奖。自2006年1月至今,连年居民航总局公布的全民航"政府性基金征缴"(指:民航基金、机场建设费)总评分第一名。

创立之初,春秋航空只有3架租赁的空客A320飞机。目前机队规模达到31架180座空客A320飞机(截止2012年5月)。开通了上海至日本茨城、日本香川、日本佐贺、中国香港、澳门及北京、广州、成都、深圳、昆明、重庆、珠海、汕头、厦门、三亚、沈阳、哈尔滨、长春、大连、青岛、石家庄、西安、兰州、乌鲁木齐、呼和浩特、杭州、南京、成都、宁波、常德、张家界、桂林、南宁、南京、洛阳等多个城市,共开飞了国内六十多条航线,提供"安全、低价、准点、便捷、温馨"的航空服务。

春秋航空将自己定位为"草根航空",倡导反奢华的低成本消费理念和生活方式,采取的措施包括单一机型(机队全部由空客A320构成)、单一舱位(不设头等舱、商务舱,只设经济舱)、高客座率(开航以来平均客座率95%左右,居全球低成本航空公司第一)、高飞机利用率(高于国内行业平均20%)、低销售费用(采用网上直销为主渠道、不开门市)等,大大节省了不必要的开支,仅2010年就节省了代理佣金至少4 000万元。

国内传统航空公司飞机的平均飞行时间在10小时左右,而春秋航空平均为12小时;传统航空公司空中客车A320飞机一般座位在154座左右,春秋航空同样机型采用单一经济舱布局,取消了商务舱、头等舱布局,全部改为经济舱,使座位数达到180座,充分提高了飞机的经济性。春秋航空是中国第一家独立自主开发销售和离港系统的航空公司,旅客可以在家或在办公室通过网站或手机预订、支付机票,还能在网上选择飞机客舱座位,自助办理Check-In登机手续。在春秋航空将着重发展机票的网上销售和电子客票的机场服务方面,欧美以及亚洲的低成本航空公司都颇有建树,电子客票可以为航空公司节约成本,为旅客带来实惠。

春秋航空以"让更多的普通大众坐得起飞机"为目标,打造了"三多"新市场:旅客第一次乘飞机的多,周边来乘飞机的多,自费掏腰包客人多。春秋航空定位廉价航空公司,与追求豪华消费和高票价的现有国内航空公司"异类",主要有如下差异:

1. 票价差异 春秋航空推出99元、199元、299元、399元等"99系列特价机票",通过降低运营成本使票价下降,以对价格比较敏感的商务客和旅游观光客为主要客源市场,让更多的乘坐火车和汽车等地面交通工具和从未坐过飞机的人,尤其是自费客人乘坐飞机旅行。以京沪航线为例,最低290元的机票相当于打2.5折,加上190元的机场建设费和燃油附加费,也低于京沪高铁二等座的票价,很受欢迎。

2. 销售方式差异 春秋航空的销售不进中国民航GDS预订系统,全部在春秋自己开发的座位控制销售系统销售。以网上ＢＣ电子客票直销为主。目前春秋航空超过80%的出票都是通过公司网站和手机客户端实现的,这为其节省了大量营销费用。

3. 创新服务 旅客可以在家或在办公室通过网上支付预订机票,还可以在网上选择飞机上的座位,并且用普通纸张打印电子客票行程单。

4. 机上服务差异 春秋航空减少非必要服务,不免费供应其他饮料和餐食,旅客如有需要均可有偿使用。飞机上采用蹲式、拎篮式等服务。春秋航空的免费行李额(包括托运行李、自理行李及随身携带物品)为15公斤(婴儿无免费行李额)。超重部分需支付逾重行李费,每公斤按国家公布的经济舱票价的1.5%计算。拉杆箱不得带上飞机。春秋航空不参照国际航协免费行李额规定。

思考题:春秋航空的市场定位与其他航空公司有何不同?对其他运输企业有何启示?

10.1 市场营销概述

10.1.1 市场及市场营销

1) 市场概念

合理、有效的市场对经营管理者具有重要意义,它是企业协调自身与社会的基本关系,以及协调企业整体工作的重要工具。对市场的认定,实际上是经营管理者对自己业务范围的判定,是经营管理者必须承诺的社会责任的基础。市场认定既是经营管理者经营理念的具体表现,又是经营管理者经营理念不断调整、发展的基本条件。

众所周知,市场是商品经济的产物。哪里有社会分工和商品生产,哪里就有市场。市场的概念随着商品经济的发展而变化。在交换尚不发达的时代,市场仅仅是指交换的具体场所,即买者和卖者于一定时间聚集在一起进行交换的场所,是一个地理上、空间上和时间上的概念。随着社会分工和商品生产的发展,商品交换日益频繁和广泛,成为社会经济生活中大量的、不可缺少的要素,市场也就无处不在了。在现代社会里,交换渗透到社会生活的各个方面,特别是金融信贷和通讯交通事业的发展,使商品交换打破了时间上和空间上的限制,交换关系日益复杂,交换范围日益扩大。交换不一定都需要固定的时间和地点。因此,市场就不仅是指具体的交易场所,而且是指所有卖者和买者实现商品交换关系的总和,是各种错综复杂的交换关系的总体。市场包括供给和需求两个相互联系、相互制约的方面,是二者的统一体。

2) 市场的功能

①产品交换功能:实现商品所有权与货币所有权的互相交换转移、使买卖双方都得到自己想要的东西。

②价值实现功能:商品只有到消费者手中消费,才能实现它的价值。

③调节功能:市场通过价值规律、供求规律来调节商品的供求和价格等。

④信息反馈功能:生产者只有生产顾客所需要的商品才能实现商品交换。而顾客需要什么,需要从市场去获取信息。

⑤服务功能:为了保证商品的价值实现,需要提供各种服务手段,如资金融通、市场情报收集和风险承担等。

3) 市场营销

市场营销(Marketing)一词在不同时期,不同学者从不同角度有多种解释。有一种解释是:为适应市场变化,扩大市场份额,应付竞争者的挑战,获得竞争优势,以及发现、引导和满足顾客需求,赢得顾客,企业内部有关部门(如营销、研究开发、生产制造、财务等)协同一致地对市场开展的整体活动。由此可见,市场营销不仅仅是"买卖"、"销售"和"推销",企业设置了一个强有力的营销部门并不等于就实施了营销管理。在市场竞争环境中必须以竞争为动力,推动企业发展,市场营销的实质是为参与竞争,赢得竞争优势。满足或超越顾客需求是必要的,其目的是为了争夺顾客,取得顾客的信任,与顾客建立起牢固的紧密关系。

市场营销的过程,也就是企业对市场营销活动进行管理的过程。营销管理指企业组织和运用拥有的资源和能力去发现、识别市场机会,应付竞争者的挑战,争夺顾客,扩大市场占有份额,满足或超越顾客需求,为此而不断进行自我调节、自我完善的全过程管理。其内容包括市场分析、营销战略、产品及其策略、产品定价策略、分销渠道策略、促销策略等。

10.1.2 市场营销的功能和作用

1) 市场营销的功能

企业市场营销作为一种活动,有如下四项基本功能:

①发现和了解顾客的需求：现代市场营销观念强调市场营销应以顾客为中心，企业也只有通过满足顾客的需求，才可能实现企业的目标，因此，发现和了解顾客的需求是市场营销的首要功能。

②指导企业决策：企业决策正确与否是企业成败的关键，企业要谋得生存和发展，很重要的一点是做好经营决策。企业通过市场营销活动，分析外部环境的动向，了解顾客的需求和欲望，了解竞争者的现状和发展趋势，结合自身的资源条件，指导企业在产品、定价、分销、促销和服务等方面作出相应的、科学的决策。

③开拓市场：企业市场营销活动的另一个功能就是通过对顾客现在需求和潜在需求的调查、了解与分析，充分把握和捕捉市场机会，积极开发产品，建立更多的渠道以及采用更多的促销形式，开拓市场，增加销售。

④满足顾客的需要：满足顾客的需求与欲望，是企业市场营销的出发点和中心，也是市场营销的基本功能。企业通过市场营销活动，从顾客的需求出发，并根据不同目标市场的顾客，采取不同的市场营销策略，合理地组织企业的人力、物力、财力等资源，为顾客提供适销对路的产品，搞好售后服务，让顾客满意。

2）市场营销的作用

①市场营销是实现企业产品使用价值并最终实现企业价值的惟一途径。美国著名管理学家彼得·德鲁克（Peter Drucker）曾指出：市场营销是企业的基础，不能把它看做是单独的职能。市场营销就是整个企业的职能。企业经营的成功不是取决于生产者，而是取决于顾客。

②市场营销是联结社会需要与企业反应的中间环节，是企业用来把顾客需要、市场机会变成企业机会的一种行之有效的方法。

③市场营销是社会文明进步的重要推动力。企业的市场营销工作在"创造与传送生活标准给社会"的同时，也推动了社会的文明进步。

10.1.3　市场营销组合：产品、价格、渠道与促销

市场营销组合是企业为满足目标市场、顾客的需要，对可控制的各种市场营销手段和可控变量的综合运用。市场营销组合中的可控变量很多，主要概括为四个基本变量，即产品（product）、价格（price）、地点（place）和促销（promotion），由于这四个名词的英文字头都是"P"，所以市场营销组合又称为4P组合。市场营销组合是企业市场营销战略的一个重要组成部分，与目标市场共同构成企业市场营销战略的重要内容。

1）市场营销组合的构成

①产品：企业提供给目标市场的物品和服务的组合，包括产品质量、外观、式样、品牌、名称、包装、尺码或型号、服务、保证、退货等。

②价格：顾客购买商品时的价格，包括价目表所列的价格、折扣、折让、支付期限、信用条件等。

③渠道：企业为产品进入和达到目标市场（或目标顾客）所进行的各种活动，包括渠

道选择、中间商管理、物流管理等。

④促销：企业宣传介绍其产品的优点和说服目标顾客来购买其产品所进行的种种活动，包括广告、销售促进、宣传、人员推销等。

2）市场营销组合的作用与特点

市场营销组合的作用表现为：市场营销组合是制定企业市场营销战略的基础，是企业对付竞争者的强有力的武器。它能保证企业从整体上满足顾客的需求。市场营销组合的特点有四个方面：

①市场营销组合因素是企业的"可控因素"。企业根据目标市场的需要，可以决定自己的产品结构、价格、营销渠道（地点）和促销方法等。企业对这些市场营销手段的运用和搭配有自主权。但这种自主权是相对的，要受企业资源和目标的制约和各种微观和宏观环境因素的影响和制约，这些制约是企业的"不可控因素"。因此，市场营销管理人员的任务就是适当安排市场营销组合，使之与不可控制的环境因素相适应。

②市场营销组合是一个复合结构。四个"P"中又各自包含若干小的因素，形成各个"P"的亚组合，因此，市场营销组合至少包括两个层次的复合结构。企业在确定市场营销组合时，不仅要求达到四个"P"之间的最佳搭配，而且要注意安排好每个"P"内部的搭配，使所有这些因素达到灵活运用和有效组合。

③市场营销组合又是一个动态组合。每一个组合因素都是不断变化的和互相影响的，每个因素都是其他因素的潜在替代者。每一个因素的变动，都会引起整个市场营销组合的变化，形成一个新的组合。

④市场营销组合要受企业市场定位战略的制约，即根据市场定位战略设计、安排相应的市场营销组合。

10.2 市场细分与定位

10.2.1 市场细分概述

在快速变化和竞争极为激烈的市场中，企业面对着市场和技术的高度不确定性，了解市场对经营成功是很关键的。然而很多公司不能了解他们的市场是因为：①在注重新顾客时忽略了核心顾客；②忽视了市场的变化；③没有明确的目标就推出新产品；④不能判断市场何时处于高峰。因此，公司只有认真地界定与细分市场，才能发现新的市场机会。

1）市场细分的概念

市场细分是指根据顾客购买行为的差异性，把顾客总体市场划分为许多类似性购买群体的细分市场。它是通过寻找顾客特征或购买行为的相似处，来划分市场的。各个细分市场之间，需求差别比较明显。

因此，市场细分不是从产品出发，而是从区别顾客的不同需求出发。它是以顾客的需求差异为出发点，根据顾客购买行为的差异性，把顾客总体市场划分为许多类似性购买群体的细分市场,目的是使企业能够准确和正确地选择和确定目标市场,实施有效的市场营销组合,从而以最少的营销费用取得最佳的经营成果。

2) 市场细分的产生

随着商品经济和社会化大生产的发展,社会生产力水平大大提高,产品由"卖方市场"进入"买方市场",产品销售变得困难了。从顾客的需求来看,随着顾客收入水平的提高,对丰富多样生活的向往欲增强,消费偏好呈现多元异质化,也即发达社会消费需求个性化日益明显。市场的离散化程度越来越高。例如饮料市场顾客口味趋于多样化,由解渴、提神发展为健美、保健等。

企业以大规模的机器生产代替了手工家庭作坊式的经营,规模效益显著,成本大大降低,产品的价格随之下降。大规模的生产、销售虽能降低成本,发挥规模效益,但在满足各类消费需求上存在一定的缺陷。是否能在大规模生产与满足顾客需求之间找到一种平衡?市场细分方法为企业改进大规模生产方式的不足之处,提供了解决的方法。社会的发展为市场细分提供了可能;顾客需求的差异性是市场细分的内在依据;竞争激烈的市场环境要求企业运用市场细分的方法去评价、选择有效的目标市场。

3) 市场细分的作用

企业只有通过细分市场,选择最有利的市场,才能取得良好的经济效益。市场细分的作用具体表现为:

(1) 发现市场机会

通过市场细分,可以分析每一细分市场、顾客的偏好及需求,分析市场各种品牌的产品满足顾客偏好的程度。凡是市场需求尚未满足,或者满足顾客偏好程度低的市场,都可能形成企业营销的有利机会。

(2) 采取适应性营销策略

市场细分化,有利企业研究和掌握某个特定市场的特点,有针对性地采取各种营销策略。如产品策略、价格策略、流通渠道策略、广告策略等,以达到占领市场的目的。

(3) 确定目标市场

在市场细分基础上,企业根据主客观条件,从中选择一个或几个市场,作为自己的目标市场,以便把人力、物力、财力、技术集中到最为有利的市场,从而占领市场,获取利润。

市场细分是企业发现良机,发展市场营销战略,提高市场占有率的基本手段。

4) 市场细分的方法

市场细分常见的几种方法有:

(1) 单一变量因素法

就是根据影响顾客需求的某一个重要因素进行市场细分。如运输市场,按货物细分市场,可分为普通货物运输市场、特种货物运输市场。

(2) 多变量因素组合法

就是根据影响顾客需求的两种或两种以上的因素进行市场细分。如运输企业,可根据企业规模的大小、运输的对象来细分市场。

(3) 系列变量因素法

根据企业经营的特点并按照影响顾客需求的诸因素，由粗到细地进行市场细分。这种方法可使目标市场更加明确而具体，有利于企业更好地制定相应的市场营销策略。

5) 市场细分应注意的问题

尽管市场细分是企业制定市场营销战略和策略的重要前提和依据，要使细分合理和有效还必须注意以下几个方面的问题。

(1) 要恰当地选择市场细分标准

细分市场的变量的个数取决于顾客需求差异的大小。对于消费者需求特征差异较小的产品或服务可采用单一变数进行细分，如果消费者需求特征差异较大，则应采取双重或多重变数细分，以保证细分的有效性。

(2) 市场细分要适度

细分市场的变量也不是越多越好。因为若对某市场采用了过多的变量进行细分，会导致各个子市场过小，既给企业选择目标市场带来了困难，又会使得企业的营销活动缺乏效率。

(3) 把握市场细分的动态性

市场上的消费者需求和竞争者状况每时每刻都在发生变化，企业应注意信息的搜集，在必要时进行市场细分的调整。

10.2.2 目标市场的选择

目标市场就是企业在市场细分的基础上选择的可以利用企业资源去满足并能为其带来收益的一个或若干个子市场。目标市场是在市场细分确定市场机会的基础上形成的。企业通过市场细分，会发现不同欲望的顾客群，发现市场上尚未得到满足的需求，从而抓住这个市场机会利用企业资源去满足这种需求。确定目标市场与进行市场细分是既有区别又有联系的两个概念。市场细分是发现市场上未满足的需求，并按不同的购买欲望和需求划分顾客群的过程；而确定目标市场则是企业根据自身条件和特点选择某一个或几个细分市场作为营销对象的过程。因此，市场细分是选择目标市场的前提和条件，而目标市场的选择则是进行市场细分的目的和归宿。

1) 确定目标市场的步骤

确定目标市场的两个基本步骤：

(1) 衡量各细分市场

一般而言，企业考虑进入的目标市场，也就是最后细分出来的子市场，应该符合以下标准或条件：

①可衡量性

可衡量性是指细分市场的销售潜量，即购买力的大小能被测量。如果不可衡量，企业就不能分配适量资源来开发这一子市场。企业可以通过各种市场调查手段和销售预测方法来测量目标市场现在的销售状况和未来的销售趋势。否则,企业不宜轻易地决定把这一市场作为其目标市场。

②可接近性

企业所选择的目标市场未被垄断,企业的资源条件、营销经验以及所提供的产品和服务在所选择的目标市场上具有较强的竞争能力。

③反应性

反应性是指企业选择的目标市场能使企业有效地制订营销计划、战略和策略,并能有效地付诸实施。同时,企业在目标市场上还要能便利地调整其营销战略和策略,可以针对各种可能的市场变化,做出有效的反应。

④稳定性

细分市场可能当时具备理想的规模和发展特征,然而从长远和赢利的观点来看,它未必有吸引力。波特的研究表明有五种因素决定整个市场或其中任何一个细分市场的长期的内在吸引力。这五种因素是:同行业竞争者、潜在的新参加的竞争者、替代产品、购买者和供应商。一个目标市场具有较长时间的吸引力,具有相对的稳定性,企业才值得把财力、物力投入。

⑤规模性

企业进入某一市场是期望能够有利可图,如果市场规模狭小或者趋于萎缩状态,企业进入后难以获得发展,就应审慎考虑,不宜轻易进入。所以选择的目标市场要有一定的规模和发展潜力。当然,过度竞争的细分市场也是需要认真考虑的。

⑥行动性

某些细分市场虽然有较大吸引力,但是不符合企业目标和能力,不能推动企业行动去实现发展的主要目标,造成企业精力的分散,这样的细分市场应考虑放弃。另外,企业的资源条件是否适合在某一细分市场经营也是重要的考虑因素,应选择企业有条件进入、能充分发挥其资源优势的细分市场作为目标市场,企业才会立于不败之地。

(2)选定最符合企业营销策略的一个(几个)细分市场为企业的目标市场。

2)选择目标市场的策略

经过市场细分并评价了细分市场的销售潜力、发展前景和市场吸引力后,要决定如何进入目标市场的策略。常见选择目标市场的策略有三种:无差异营销策略、差别营销策略、集中营销策略。

(1)无差异营销策略。它是企业以一种产品、一种市场营销组合,试图在整个市场上吸引尽可能多顾客的策略。这种策略以整个市场作为销售对象,着眼于顾客需求的同质性,对顾客需求的异质性忽略不计。其优点是:大批量的生产、储运和销售,生产成本低,还可以节约市场调研、促销、广告等费用,有利于在廉价上争取更多的顾客。其不足是:不能满足不同顾客之间的差异需求与爱好,难以适应市场需要的发展变化,而且极易造成市场竞争激烈和市场饱和。例如,美国汽车行业长期以来重视生产大型汽车,大型汽车市场的竞争异常激烈,对小型汽车的市场潜力估计不足,以至在70年代的能源危机中,日产小汽车乘虚而入,美国汽车行业的市场占有率大大受损。

（2）差别营销策略。它是企业推出多种产品、采用不同的市场营销组合,以满足各个细分市场不同需求的策略。差别市场营销策略的立论基础是:根据顾客需求的差异性,捕捉市场营销机遇。这个策略针对顾客的不同需求来组织生产,希望通过每个细分市场获得良好的销售成绩和市场定位,以树立企业的整体形象,带动所有产品的销售。如手表厂生产多种款式和型号的手表投放市场,以满足各种不同类型的顾客需求,这种就是差异性市场营销。

常见的差别营销策略有：

①产品差别：包括产品的基本功能、性能、承诺、耐用度、可靠性、维修性以及款式的差别。

②服务差别：在今天的竞争中,服务与顾客关系中的服务因素正成为创造企业竞争优势的主要因素。

③人员差别：企业的竞争就是人才的竞争。企业必须通过培训比竞争对手更优秀的员工,来取得更加强大的竞争优势。

④形象差别：不同的企业形象,顾客会作出不同的反应。企业树立良好的企业形象,可以扩大企业的无形资产。

（3）集中营销策略。它是企业集中力量推出一种或少数几种产品和市场营销组合手段,对一个或少数几个子市场给予满足其需要的策略。这个策略往往为小企业采用。它着眼于顾客需求的差异性,重点放在某一个或几个顾客群,他们不想在较大的市场上占有较小的份额,而宁愿在一个或少数几个细分市场上获得较大的市场占有率。该策略的优点是：经营对象集中,有利于深入了解目标市场的需求和爱好,有针对性地创造出产品特色,也较易在某个特定市场取得有利地位,获得较高的投资收益率。其不足为：风险大。采用这种策略的企业,不是追求在较大的市场上占有较小的份额,而是在较小的细分市场上占有较大的市场占有率。

由于目标市场策略选择的多样性和企业情况的复杂性,决定了企业在具体选择目标市场策略时,要通盘考虑,权衡利弊,才能作出最佳选择。一般来说,企业选择进入目标市场策略时,必须考虑以下因素：①企业资源；②产品特点；③市场特点；④产品生命周期；⑤竞争对手的营销策略。

3）影响目标市场选择的因素

三种目标市场策略各有利弊,各自适用于不同的情况,企业在选择目标市场策略时,必须全面考虑各种因素,权衡得失,慎重决策。需考虑的因素主要有：企业的实力、产品的自然属性、市场差异性的大小、产品所处的生命周期阶段、竞争对手状况。

（1）企业资源或实力。即使这个细分市场符合公司的长远目标,企业也必须考虑本公司是否具备在该细分市场获胜所必需的技术和资源,包括企业的设备、技术、资金等资源状况和营销能力等。一般来说,大型的企业实力比较雄厚,资金多,原材料比较充足,那么,它就有条件采用无选择性市场策略和选择性市场策略。反过来,如果没有这个实力,就适合把力量集中起来专攻一个或两个市场。一般地讲,我国的中小企业比较适用集中型市场策略。

(2) 产品的同质性。即在顾客眼里,不同企业生产的产品的相似程度,产品在性能、特点等方面差异性的大小以及产品特性变化的快慢。一些商品或服务,长期以来没有太大的变化,这类商品适宜采用无选择性营销策略。反之,适合采取选择性或集中性策略。

(3) 市场差异性的大小。即各细分市场顾客需求、购买行为等方面的相似程度,也即市场是否"同质"。如果市场上所有顾客在同一时期偏好相同,对营销刺激的反应也相近,则可视为"同质市场",宜实行无选择性营销策略;反之,如果市场需求的差异性较大,则为"异质市场",宜采用选择性或集中性策略。

(4) 产品所处生命周期的不同阶段。新产品在试销期和成长期较适合于采用集中型市场策略或是无选择性市场策略,到了成熟期,一般适合采用选择性市场策略和集中性策略。

(5) 竞争者的市场营销策略。一般来说,企业的目标营销策略应该与竞争对手有所区别。假如竞争对手采用的是无选择性市场策略,以一种产品来供应所有的顾客,在这种情况下,要想打进市场,仍采用同一种策略就很难成功,应当采用选择性或集中性市场策略。当然,这些只是一般原则,并没有固定模式,营销者在实践中应根据竞争双方的力量对比和市场具体情况灵活抉择。如果竞争对手采用差异性营销策略,企业应采用差异性或集中性营销策略与之抗衡。

10.2.3 目标市场的定位

1) 市场定位的概念

市场定位是 20 世纪 70 年代由美国学者阿尔·赖斯提出的。所谓市场定位就是企业根据目标市场上同类产品竞争状况,针对顾客对该类产品某些特征或属性的重视程度,为本企业产品塑造强有力的、与众不同的鲜明个性,并将这种个性生动地传递给顾客,求得顾客认同。市场定位的实质是使本企业与其他企业严格区分开来,使顾客明显感觉和认识到这种差别,从而使企业在顾客心目中占有特殊的位置。

市场定位对于一个企业建立其产品的市场特色有着十分重要的意义,在当前社会中,同一市场上会有许多企业生产同一品种的产品,企业为了使自己的生产或经营的产品获得稳定的销路,就必须从各个方面为生产的产品培养一定的特色。其次,市场定位是企业制定市场营销组合策略的基础。企业的市场营销组合要受到企业市场定位的制约。

2) 企业进行市场定位的步骤

企业的市场定位工作一般应包括三个步骤:

(1) 调查研究影响定位的因素

适当的市场定位必须建立在市场营销调研的基础上,必须先了解有关影响市场定

位的各种因素。这主要包括:

①竞争者的定位状况。

②目标顾客对产品的评价标准。

③目标市场潜在的竞争优势。

(2) 选择竞争优势和定位战略

企业通过与竞争者在产品、促销、成本、服务等方面的对比分析,了解自己的长处和短处,从而认定自己的竞争优势,进行恰当的市场定位。市场定位的方法一般包括七个方面:

①特色定位:从企业和产品的特色上定位。

②功效定位:从产品的功效上定位。

③质量定位:从产品的质量上定位。

④利益定位:从顾客获得的主要利益上定位。

⑤使用者定位:根据使用者的不同定位。

⑥竞争定位:根据企业所处的竞争位置和竞争态势定位。

⑦价格定位:从产品的价格上定位。

(3) 准确地传播企业的定位观念

企业在做出市场定位决策后,还必须大力开展广告宣传,把企业的定位观念准确地传播给潜在的顾客。

3) 市场定位的策略

市场定位策略主要有避强定位策略、迎强定位策略。企业使用上述两种基本策略时,应考虑企业自身资源,竞争对手的可能反应、市场的需求特征等因素。

(1) 避强定位

这是一种避开强有力的竞争对手进行市场定位的模式,企业不与对手直接对抗,将自己置于某个市场"空隙"。当企业对竞争者的位置、顾客的实际需求和自己的产品属性等进行评估分析后,发现现有市场存在缝隙或者空白,这一缝隙或者空白有足够的顾客而作为一个潜在的区域而存在;并且企业发现自身的产品难以正面匹敌,或者发现这一潜在区域比老区域更有潜力,在这种情况下可以发展目前市场上的特色产品,开拓新的市场领域。

这种定位的优点是:能够迅速在市场上站稳脚跟,并在顾客心中尽快树立起一定形象。由于这种定位方式市场风险较小,成功率较高,常常为多数企业所采用。

(2) 迎强定位

这是一种与在市场上居支配地位的竞争对手"对着干"的定位方式,即企业选择与竞争对手重合的市场位置,争取同样的目标顾客,彼此在产品、价格、分销、供给等方面少有差别。采用这一战略定位,企业必须比竞争对手具有明显的优势,应该了解自己是否拥有比竞争者更多的资源和能力,必须提供优于对方的产品,使大多数顾客乐于接受本企业的产品,而不愿意接受竞争对手的产品。

(3) 重新定位

重新定位通常是指对那些销路少、市场反应差的产品进行二次定位。初次定位后，随着时间的推移，新的竞争者进入市场，选择与本企业相近的市场位置，致使本企业原来的市场占有率下降；或者，由于顾客需求偏好发生转移，原来喜欢本企业产品的人转而喜欢其他企业的产品，因而市场对本企业产品的需求减少。在这些情况下，企业就需要对其产品进行重新定位。所以，重新定位是企业为了摆脱经营困境，寻求重新获得竞争力和增长的手段。不过，重新定位也可作为一种战术策略，并不一定是因为陷入了困境，也可能是由于发现新的产品市场范围引起的。

4) 市场定位中应注意的问题

作为企业来说定位时应该注意避免以下错误：

(1) 混淆了市场定位与产品差异化

传统的观念认为，市场定位就是在每一个细分市场上生产不同的产品，实行产品差异化。事实上，市场定位与产品差异化尽管关系密切，但有着本质的区别。市场定位是通过为自己的产品创立鲜明的个性，从而塑造出独特的市场形象来实现的。一项产品是多个因素的综合反映，包括性能、构造、成分、包装、形状、质量等，市场定位就是要强化或放大某些产品因素，从而形成与众不同的独特形象。产品差异化乃是实现市场定位的手段，但并不是市场定位的全部内容。市场定位不仅强调产品差异，而且要通过产品差异建立独特的市场形象，寻求建立某种产品特色，赢得顾客的认同。

(2) 定位不明显，甚至矛盾

有些企业定位不够明显，或者太狭隘，使得顾客心中只有模糊的形象，认为它与其他企业并无差异，购买者对企业的品牌形象相当混淆。而且在定位中有些企业没有注意品牌的整体形象，造成一些矛盾的定位宣传。

10.3 营销渠道管理

现代市场经济条件下，企业生产出来的产品只有通过市场营销渠道，才能在适当的时间、地点，以适当的价格供应给广大顾客，满足市场需求，实现企业的市场营销目标。

市场环境瞬息万变，企业在竞争日益激烈的情况下，一个高效运作的营销渠道，已成为企业获得强有力竞争优势的重要武器。

10.3.1 营销渠道的涵义及其构成

1) 营销渠道的涵义

营销渠道也称分销渠道或销售通路，是生产企业实现产品转移的通道。它关系到企业的生存和发展。

营销学家斯特恩和艾尔·安塞利对营销渠道所下的定义是："营销渠道是促使产品或服务顺利地被使用或消费的一整套相互依存的组织。"

美国市场营销协会(AMA)为营销渠道所下的定义是："营销渠道是指企业内部和外部的代理商和经销商（批发和零售）的组织机构，通过这些组织，商品（产品或劳务）才得以上市行销。"

上述定义的表达虽然各异，但其本质是一致的，即营销渠道就是产品从生产者传至顾客所经过的各中间商联结起来的通道。

营销渠道视具体企业和具体商品而进行建设。营销渠道形式多样，可长可短，可宽可窄，可直接可间接。它主要包括渠道的起点——生产者、中间商，以及渠道的终端——顾客。

2）营销渠道的构成

营销渠道由制造商、批发商、零售商和顾客组成。一般情况下，把批发商和零售商合称为中间商。

（1）制造商

制造商也称生产商，是产品的生产者。作为品牌产品的创造者，制造商广为人知并被认为是渠道的源头和中心。知名的制造商在各自的营销渠道中占据着举足轻重的位置。但事实上，许多服务于工业领域的制造商并不广为人知，并不是所有的制造商在各自的销售渠道中都占据着主导地位。制造商不仅要出售自己的产品，还要从其他生产者、经营者处购买从事商品生产所需的资源。因而，制造商在渠道成员中不仅起到生产者的作用，而且要参与商品交换乃至商品流通过程。生产企业在完成采购资源和销售产品等基本职能的同时，已越来越多地参与到商品流通的全过程，从而更多地了解、管理甚至控制营销网络中其他主体的行为，以保证自身能够获得稳定的资源和畅通的商品销售通道。

（2）批发商

批发商是指从事采购商品或服务，并转售给那些再出售或商业用途为目的的顾客的经营者。批发商拥有产品所有权，进销差额构成批发毛利。减少批发环节可以减少中间商分享的利润。批发商是一个难以替代的组织。有许多生产企业的自设销售机构，将产品卖给零售商或顾客，通过减少环节，淘汰批发商。但后来人们逐步认识到批发商在组织商品流通中起到了提高效率、降低费用、调节产销矛盾的积极作用。

（3）零售商

零售商是指专门从事零售活动的、独立的经营者。零售商直接与顾客或商品的最终顾客相联系，通过零售业务将商品输入消费领域。零售企业的形式有专业商店、百货公司、超级市场、综合商店、便利商店、仓储式大卖场和陈列式销售商店等。

（4）顾客

顾客是整个营销渠道的终点。顾客的类型、购买行为、购买特征都是关注的焦点。因为制造商、批发商、零售商的诸多努力都是为了满足顾客的需要，实现商品的销售，从而最终实现各自的赢利。

虽然从推动商品流通的角度来看，顾客在营销网络中没有发挥重大作用，但是，由于顾客是商品交换中的一级、商品流通的终点,因而顾客也是构成营销网络的一类网络节点,也可看做是网络的边界和终点。另外,这里所说的顾客包括个人顾客和组织顾客。个人顾客是指作为独立的自然人存在的顾客个人,组织顾客是指医院、学校、政府、企业等。顾客的需求偏好、地理分布、收入水平等,都会对营销网络的稳定运作造成较大的影响。制造商、批发商、零售商应对顾客的这些特点有充分的认识并采取积极的对策。

10.3.2 营销渠道的功能

一条快速而有效的营销渠道,将会极大地推动企业营销绩效。营销渠道的选择和决策是企业面临的一个重要问题,因为其正确与否将会给企业的生产和经营带来非常重要的影响。营销渠道的功能如下:

(1) 促进销售

当前的商品竞争已不仅仅是实体商品和形式商品的竞争,更多地表现为附加商品的竞争。企业应用营销渠道,可以最大限度地做好售前、售中、售后服务,满足顾客的需要,促进销售。一条好的营销渠道可以将售前市场调查和咨询工作做得更好,准时交付并使顾客得到安装、维修或技术支持等良好的售后服务,由此,企业可以赢得信誉,赢得顾客,从而扩大产品的销售。

(2) 调节生产和消费之间的矛盾

营销渠道可以在商品数量、花色、品种和等级上调节生产和消费之间的矛盾。生产者对于生产要求,一般是少品种、大批量、少批次集中生产和连续生产;而顾客对每种商品的需求量相对来讲要少得多,并且顾客的再购买行为是建立在上次消费完成之后的,具有间断性。这种商品产销数量上的矛盾,需要中间商把各个生产企业的产品集中,化零为整,以及把集中商品再化整为零,逐次分割,划小批量,分散供应,充分发挥集中功能和调节功能,以适应顾客购买的需要。商品营销渠道在数量上调节着生产和消费的矛盾,保证生产的发展和消费需求的满足。

(3) 实现渠道成员共赢

顺畅的营销渠道可以提高利润水平,实现生产者、中间商、顾客共赢的局面。扩大商品销量,降低营销成本,可以使企业获得更大的收益,提高企业的利润水平,从而实现生产者、中间商和顾客的共赢。

(4) 降低营销成本,减少营销风险

合理的营销渠道能极大地降低仓储运输费用,渠道成员会最大限度地发挥他们的专长与优势,以各种正确的市场对策减少营销支出,降低成本。专业化的分工协作也将极大地减少营销风险。

(5) 反馈消费需求信息

营销渠道可以反馈大量的消费需求信息,使得企业产品开发更加贴近市场和顾客。营销渠道与顾客越贴近,则对顾客的需求信息把握越正确,反馈越迅速,在正确的市场信息引导下,企业产品开发与市场的需求距离会越近,从而扩大市场占有率,获取更多的利益。

10.3.3 营销渠道的类型

(1) 直接渠道

直接营销渠道是指生产企业不通过中间环节,直接将产品销售给顾客。直接营销渠道主要用于销售产业用品。这是因为,一方面,许多产业用品要按照用户的特殊需要制造,有高度的技术性要求,需要指导顾客安装、操作、维护设备;另一方面,顾客数目较少,某些行业工厂往往集中在某一地区,这些产业用品的单价高,顾客零级渠道购买批量大。某些消费品有时也通过直接营销渠道分销。直接营销的主要方式是上门推销、展销会、邮购、电话营销、电视直销、网上销售和厂家直销。

(2) 间接渠道

间接渠道是生产企业通过中间商环节把产品传送到顾客手中。间接渠道是消费品分销的主要类型,工业品中有许多产品诸如化妆品等也采用间接渠道。

10.3.4 营销渠道的长度与层级

营销渠道的长度一般是按通过流通环节的多少来划分,具体包括以下四个层级:

①零级渠道(zero-level channel)通常叫做直接营销渠道,无中间商。即结构为制造商．顾客。直接营销有三种主要方式:上门推销、邮销及厂商自设的销售机构。

②一级渠道(one level channel)有一个销售中间商,即结构为制造商．零售商．顾客。在顾客市场,这个中间商通常是零售商;在产业市场,则可能是销售代理商或佣金商。

③二级渠道(two-level channel)含有两个销售中间商,即结构为制造商—批发商—零售商—顾客;或者结构为制造商—代理商—零售商—顾客。在顾客市场,通常是批发商和零售商;在产业市场,则通常是销售代理商和零售商。

④三级渠道(three-level channel)含有三个销售中间商,即结构为制造商—代理商—批发商—零售商—顾客;或者为制造商—批发商—专业经销商—零售商—顾客。肉类食品及包装类产品的制造商通常采用这种渠道分销其产品。

上述四级渠道中,零级渠道最短,三级渠道最长。直接渠道与间接渠道的区别在于有无中间商。所以,零级渠道属于直接营销渠道,其他三级渠道属于间接营销渠道。

10.3.5 营销渠道的宽度(中间商的数目)

营销渠道的宽度是指渠道的每个层次使用同种类型中间商的数目。它与企业的分销策略密切相关,而企业的分销策略通常分为三种:即密集分销、选择分销和独家分销。

密集分销(intensive distribution),是指制造商尽可能地通过许多负责任的、适当的批发商、零售商推销其产品。

选择分销(selective distribution),是指制造商在某一地区仅仅通过少数几个精选的、最合适的中间商来推销其产品。这有利于提高企业经营效益。

独家分销(exclusive distribution)又称专营性分销,是指企业在某一目标市场,在一定时间内,只选择一个中间商销售其产品,双方签订合同,规定中间商不得经营竞争者的产品,制造商则只对选定的经销商供货。这种形式有利于双方协作,以便更好地控制市场。

10.3.6 营销渠道管理

(1) 营销渠道管理

营销渠道管理是指制造商为实现企业分销的目标而对现有渠道进行管理,以确保渠道成员间、企业和渠道成员间相互协调与合作的一切活动。

营销渠道管理的好坏还可以影响到营销组合的产品策略、价格策略和促销策略。建立在有效的渠道管理基础上的稳定、高效的渠道结构可以影响产品生命周期的发展变化。通畅的渠道可以促进产品的顺利铺货和入市,而牢固的渠道结构可以延长产品的成熟期,延缓产品销售的衰退。

(2) 营销渠道管理的内容

①营销渠道调研:企业的营销渠道管理对象包括批发商、零售商及顾客等渠道成员。企业要对它们进行科学的管理,必须以掌握有关它们的信息为前提。营销渠道调研将帮助企业运用科学的方法和手段,系统地、有目的地收集、分析和研究与渠道成员有关的信息,为企业作出正确的渠道决策打下基础。

②营销渠道的设立

营销渠道的设计是渠道管理中的关键环节,它决定着渠道的基本构架和流通拓展能力。这不是对市场的简单分割,而是一个庞大复杂的系统工程。为了能够在实践中更好地进行渠道设计,必须先从理论上了解清楚渠道的结构类型,并结合企业实际情况进行设计。

③渠道成员的选择与管理

渠道成员是渠道管理的重要组成要素,合适的渠道成员可以为企业的渠道管理打下良好的基础。在进行实际的渠道成员选择之前,必须先了解渠道成员的构成,在此基础上确定渠道成员的选择标准、原则及管理策略。企业应根据渠道成员的情况,确定其信用额度,制定相应的应收账款政策,规避渠道运行带来的风险。

④营销渠道冲突管理

所有渠道活动都是基于生产商与渠道成员结成的关系而得以实施的。在这种渠道关系中,合作行为是普遍的。换言之,合作各方在大部分时候能遵循契约,用合同条款约束各自的行为,从而维护共同的利益。然而,任何关系都会在某些特定的时间出现不和谐之处,因此,对渠道冲突的充分认识和有效解决是对渠道管理者的挑战。

⑤营销渠道物流管理

在所有的营销中,产品必须在适当的时间以适当的数量转移到特定的地点,以便最有效率地送达最终顾客手中。执行产品实体转移的职能就是营销渠道物流。企业必须根据渠道成员的情况及自身的营销战略制定科学的渠道物流决策。

⑥营销渠道评估、改进及控制管理

合理的渠道结构只是达到预期目标的基础,只有不时地对渠道进行评估和控制,才能保证渠道流程的正常运行。渠道评估就是利用指标对渠道运行情况及渠道成员进行定期或不定期的定量或定性分析。渠道的控制就是通过相应的方法对渠道系统进行管理,从而使整体渠道系统的效益达到最优。也就是说,要达到良好的渠道控制,必须把渠道作为一个系统来管理,在这个系统中,渠道成员是企业的战略伙伴,大家共存共荣。

10.4　市场营销策略

10.4.1　产品组合策略

随着现代科技的发展,企业产品品种在迅速增加。无限增加的品种和有限企业(生产)的矛盾,产品生命周期缩短和企业长期发展的矛盾,以及单一产品经营的风险性,决定了企业必须同时进行多品种生产经营,于是,就必须解决企业多种产品如何组合以及如何运用产品组合策略来达到企业的经营目的等问题。

(1) 产品组合的概念

由一个企业生产或经营的全部产品项目的结构,就称为产品组合。产品组合是由产品系列构成的,产品系列是由使用功能相同但规格不同的一组产品项目所构成。产品项目,是指产品目录上列出的每一种产品,也就是企业生产的具有不同功能、不同尺寸规格和不同包装形式的各种产品。

一个企业产品系列的数目称为产品系列的宽度,产品系列越多,表明企业产品系列越宽,生产经营的范围越广。每条产品系列平均包含的产品项目的数目称为产品系列的深度,产品系列越深,表明企业满足细分化市场的能力越强。各种产品系列之间在生产技术、销售分配渠道、顾客、最终用途及其他方面可以存在某种联系,也可以是毫无联系的。产品系列之间在上述方面相一致的程度被称为产品系列的关联性。

(2) 产品组合策略

企业产品组合策略,就是企业根据其经营目标,对其产品系列的宽度、深度和关联程度进行确定所形成的经营谋略或者手段方式。

由于企业在加强产品系列的宽度、深度和关联性三方面的努力是有限的和相互制约的,所以,企业对产品系列的宽度、深度和关联性的确定会有多种选择,从而形成多种产品组合策略。通常产品组合策略有如下几种类型:

①全线全面型:这种产品组合策略着眼于向所有用户提供所需的一切产品。此策略的特点是,企业确定产品组合时,尽可能地增加产品系列的宽度和深度,重点考虑产

品的获利是否最大、竞争者是否最少、经营风险是否最小等问题。而不考虑产品系列的关联性。它能使企业有效地回避经营风险。

②市场专业型：它是向某种专业市场(或某类用户)提供所需的各种产品的产品组合策略。它的特点是：在确定产品组合时主要考虑尽量满足某一专业市场或某类顾客的各种需要，而不考虑产品系列之间在生产技术方面的关联性。采用这一策略，既能使企业有效地回避经营风险，又有利于企业在专业市场上建立商誉，提高地位。

③产品系列专业型：这是企业专注于某一类产品的生产，并将它的产品推销给各类顾客的产品策略。比如，某汽车制造厂它的产品都是汽车，但根据不同的市场需要，设立了小轿车、大客车和运货卡车等三种产品系列以适合家庭顾客、团体顾客及工业顾客的需要。这一策略的特点是注重产品系列的关联程度，与前两种策略相比，经营范围较窄。它适合于不宜采用前两种策略而产品技术含量较高、有发展前途并有稳定市场的企业。

④有限产品系列专业型：采用这种产品组合策略的企业必须根据自己的专长，集中经营有限的甚至单一的产品系列，通过加深产品系列的深度来提高在某个特定的细分市场上的占有率。比如，某汽车制造厂专门生产作为个人交通工具的小型汽车，而不生产其他用途的汽车。这种策略的特点是产品系列很窄，但很深，在同行中以某项产品型号全、花色多、质量好取胜。它适合于资金实力不很强，但在同行中技术有特长或产品有特色的企业。

⑤特殊产品专业型：这是企业根据自己的专长或专利技术来生产经营某种工艺特殊和复杂的畅销产品的策略。这一策略的特点是产品系列窄，深度也不一定大。但由于产品的独创性，使产品很畅销，更由于它使用专利技术或专有技术生产，有效地阻止或限制了可能的竞争对手的竞争，使企业获得了良好的发展环境。这一策略的适用条件是企业的产品必须具有独到之处，生产技术能够保密或受到法律保护，使竞争对手不能仿冒。

(3) 最佳产品组合

产品组合策略只能决定产品组合的基本形态，由于科技的发展、市场需求和竞争形势的变化，产品组合中的每个产品项目必然会发生分化：一部分产品获得较快的成长，一部分产品继续取得较高的利润，也有一部分产品趋于衰退。企业如果不重视新产品的开发和衰退产品的停产，必将出现不合理的、不平衡的产品组合。因此，企业需要经常分析产品组合中各个产品项目的销售增长率、利润率和市场占有率，根据企业内外形势的变化，判断各个产品项目销售增长的潜力和发展趋势，确定企业资金的运用方向，做出开发新产品、整顿老产品和淘汰衰退产品的决策，以调整产品组合。所谓最佳产品组合，是根据市场环境和资源的变动，适时地开发新产品和淘汰老产品，使企业能不断地变更产品组合，来获取最大的利润。

最佳产品组合，实际上是一个动态的优化组合过程，这个优化组合是以不断开发新产品、淘汰衰退产品来实现的。它要求综合地研究企业资源和市场环境可能发生的变化,各产品项目的成长率、利润率、占有率发生的变化,再根据这些变化组成一个适合企业资源的产品最佳组合。

10.4.2 品牌及商标策略

品牌是商品生产者或经营者在它生产经营的商品上所使用的,具有显示特征,能够与他人生产经营的同类商品相区别,由文字、图形、符号、颜色单独或组合构成的一种标志。可以用语言称呼的称为品牌名称,不能用语言称呼但可以被认知的称为品牌标志。

商标是经政府有关部门注册,受法律保护的品牌或品牌的一部分。它具有排他性,只有申请注册者才有专门的使用权,他人不得使用。商标是企业营销活动的重要因素,它不仅反映商品的品质和形象,并能对不同生产经营者生产经营的同一种商品加以区别,同时还反映一个企业的形象、规模、实力和声誉,激励企业积极创新,开发新产品。商标有利于保护名牌产品,监督商品质量,维护企业和顾客的正当权益;还可以成为顾客购买商品的信息源,"认牌购买",吸引更多的顾客,促进产品销售。

(1) 创名牌策略

名牌在顾客中间享有广泛的知名度,拥有同类产品所没有的"差别性"优势和较高的市场占有率,是企业技术、文化、管理、产品质量、服务水平等综合实力的反映。它象征财富,标志身价,证明品质,积淀文化。名牌的真谛是卓越,灵魂是创新,关键是人的素质。创名牌是市场经济发展的必然要求,也是企业长期奋斗的目标。

国家名牌产品应具备以下基本条件:

①产品质量在国内同类产品中处于领先地位,并达到国际同类产品的先进水平,已获得国家产品质量奖;

②产品适应市场需求,具有高知名度、高市场占有率,企业生产能力达到经济规模,年销售额、经济效益居本行业领先水平并连续保持5年以上;

③企业质量体系健全并有效运行;

④企业具有先进可靠的生产技术条件和技术装备,有很强的产品开发能力;

⑤市场评价好,售后服务体系健全,顾客满意;

⑥近三年国家、行业主管部门及省一级产品质量监督抽查中质量合格,出口产品无退货、索赔等质量事故。

创名牌是一项系统工程,需要付出艰辛劳动,锲而不舍,长期坚持,不是一蹴而就的。名牌是在市场竞争中顾客在众多品牌中用货币选票选出来的,不是一级一级评比出来的。创出名牌产品的企业,如果躺在名牌上吃老本,不思进取,只守不创,一劳永逸,就有可能被后来居上的同类产品挤出市场。所以名牌是动态的,无止境的,成名后仍要继续创新。

(2) 商标选择策略

生产经营企业如何使用商标,有以下六种可供选择的策略:

①个别商标策略,企业对各种不同的产品分别采用不同的商标;

②统一商标策略,企业生产经营的各种不同产品均采用统一的商标;

③分类商标策略,企业按经营的各大类产品(如妇女服装类、器具类、家庭设备类)分别统一使用不同的商标;

④企业名称与个别商标并用策略;

⑤企业名称与产品商标合一策略,如日本索尼公司生产索尼牌各种家用电器;

⑥多商标策略,一种商品使用多个不同的商标。

商标是由文字、图案、符号构成的。题材广泛,丰富多彩。为了充分发挥商标的作用,在设计产品商标时,应注意以下要求:

ⓐ必须符合商标法的规定。

ⓑ造型美观、构思新颖、富有时代特色。

ⓒ独具特色、有创造性。商标要能表达产品的特色和效用,使人产生某种联想,对该产品产生兴趣。

ⓓ简洁、强烈。商标要捕捉顾客的注意力,给顾客以深刻印象,就必须用强烈的色彩和构图来表达。

ⓔ要尊重产品销售市场的民族风俗、习惯和宗教信仰等。

10.4.3　包装及装潢策略

包装、装潢是整体产品概念的重要组成部分。产品出厂前要经过直接包装、中层包装、外层包装(运输包装)、标贴等包装工序。进入流通领域后,还要经打包、装箱,拆分装、拼装,以及零售环节的再包装。随着营销市场的扩大和自动售货方式的推行,对商品包装装潢的要求越来越高,其作用也越来越明显。

(1) 包装及装潢的作用

①保护商品,便于运输、携带和保存:包装使产品从出厂到顾客使用的整个过程中得到安全防护,使产品不受损、不变质、不散落或溢出。

②容器包装,方便顾客:根据商品正常使用时的数量,进行适当包装,特别对粉末状、液体状和微型状的工业用品,必须用适当的容器包装后,方能销售,以便顾客使用。

③传递信息,介绍商品:包装可使一个企业的产品与其他企业同类产品相区别,起着识别商品的作用。

④美化商品,促进销售和增加利润:独具特色的包装能吸引顾客的注意力,美观大方、具有时代特色的包装能激发人们的购买欲望,促进产品销售;豪华高档的包装能提高产品品位,增加产品的附加值,从而可以抬高产品售价,增加企业利润。

(2) 包装装潢策略

①类似包装策略:企业生产经营的各种商品均采用相同的包装图案、标志和色彩,使顾客很快想到这是同一家企业生产的产品。其优点是可以扩大企业影响,塑造企业形象,获得带动效应,促进商品销售和节省包装设计费用。采用这种策略,各种商品的质量应大致相近,否则,其中有一种产品的质量下降,会影响整个企业的产品形象。

②差异包装策略：企业生产经营的商品，按其不同的特点，采用不同的包装。优点是有利于塑造产品形象。

③配套包装策略：将多种相关的不同商品配套置于同一包装容器内，成套出售。如化妆盒、工具盒等，既便于顾客使用，又可以促进销售，增加盈利。

④等级包装策略：同一商品采用不同等级的包装，以适应不同顾客的不同购买力水平和购买目的。优质高档产品采用优质包装，一般产品采用普通包装。

⑤附赠包装策略：在产品包装内附赠奖品以刺激购买。如玩具包装附赠识字卡，酒瓶包装附赠有价奖券等。

⑥更新包装策略：为使顾客感受新意，扩大销路，必要时可变换花样，改变包装设计，采用新包装。

⑦双重用途包装策略：产品用完后，空的包装容器还可以作其他用途。采用这一策略，包装成本较高，但可以发挥广告宣传作用，吸引顾客重复购买。

10.4.4 服务策略

现代市场营销越来越重视产品服务，如果产品实体部分性能类似，但随同提供的服务的差别，在顾客看来就是两种不同的产品，其销售情况也不相同。因此，企业应该采取多种形式，为顾客提供多方面的服务，以增强产品的竞争力。

（1）产品服务的意义和作用

产品服务的意义和作用主要表现在以下几方面：

①企业通过服务，可直接面对顾客，了解顾客需求，并使顾客得到最大的心理满足，增加对企业的信任感。

②可以保证产品达到和保持最佳运转状态，延长产品使用寿命。

③是开展国际贸易的重要保证。在国际市场上，尤其在机电产品、成套设备、电子产品等行业中，技术服务已成为竞争的一个主要手段。没有技术服务的保证，就不可能打开销路。比如德国的"奔驰"、日本的"丰田"、法国的"雪铁龙"汽车之所以能充斥欧洲市场，就是因为他们在大小城市广设服务网点，为顾客提供完善、方便的服务。

④技术服务是企业经济收入的一部分。

（2）产品服务的内容

产品服务的内容包括产品服务的项目和水平，产品服务的项目与扩增产品的内涵是一致的，按提供服务的时间先后可分为如下三类：

①售前服务：它是指在产品销售前，为顾客提供的各种技术咨询、新产品知识介绍、协助顾客做好选型。根据顾客要求提供各种有用的信息等服务。

②售中服务：这是指在产品销售过程中，根据顾客的要求提供各种服务。主要包括送货上门、到现场为用户安装调试产品、信用服务、保证等服务项目。

③售后服务：它是指在产品销售后，根据购销合同的规定为顾客提供的各种服务。如，为顾客培训技术人员或操作人员，为顾客维护和检修设备，以及提供零配件等。

(3) 服务策略的运用

企业要为顾客提供良好的服务，促进产品销售，还必须正确运用服务策略。服务策略有以下几种：

①广设固定服务网点策略：现代市场营销中销售服务已成为促销的重要手段和购买条件，为此，企业要在产品销售比较集中的地区广设固定服务网点，开展技术服务，既能满足顾客对销售服务的要求，增强企业信誉，扩大企业影响，又能增加企业的营业收入。

②巡回流动技术服务策略：按现代市场营销的需要，企业根据销售档案记录，定期或不定期地派人到各顾客处走访、检查、修理本企业的产品，从而加强促销作用，扩大影响，又可听取顾客意见，反馈信息，及时改进工作，提高经济效益。

③企业不提供修理服务策略：在产品销售分散、维修技术简单的情况下，企业不设专门的维修点，而将此项工作让给独立的修理店去进行，顾客同样能方便地得到维修服务。

10.4.5 价格策略

价格是市场营销组合中重要的变量因素，它在很大程度上影响着市场需求，影响着购买者的购买行为和企业的盈利水平，价格还是竞争的重要手段。

(1) 影响产品定价的因素

企业作为独立的商品生产者和经营者，可以对自己生产经营的产品自主地进行定价。但这种定价不是随心所欲，任意妄为，而要受一系列因素的影响和制约。影响企业定价的因素有两类：一类是企业可控的因素，如成本费用、销售数量、资金周转速度、定价目标、资源条件、市场营销组合等；另一类是企业不可控的因素，如市场需求、需求价格弹性、市场竞争程度、行业结构、政策法规等，如运输价格的制定必须符合国家的物价管理规定。

(2) 定价目标

企业定价时，应根据产品特点、营销目标和市场状况，选择适合本企业特点的定价目标，作为定价策略的依据。定价目标很多，有的是利润导向，有的是竞争导向，有的是市场导向，有的是成本或销售额导向。具体的有以下几种：

①追求利润最大化；

②从速收回投资；

③实现预期收益率；

④追求各方面比较满意的利润；

⑤谋求价格稳定；

⑥提高市场占有率和占领新市场；

⑦谋求竞争优势；

⑧着眼于整个产品系列。

(3) 定价策略

定价既要有科学依据,还要研究顾客心理,采用多种定价策略。

①撇油定价策略:新产品初上市时,将价格定得很高,以获取高额利润(比喻油层厚),以后再逐步降低(比喻撇去厚油层),扩大销售。

②心理定价策略:在销售活动中,针对顾客的消费心理进行定价。如利用顾客对价格数字的不同心理反应,选择为顾客接受的数字,或奇数,或偶数和整数,让顾客从中有便宜的感觉。还可以利用顾客对名牌商品、名牌商店和名牌产地的仰慕心理,对这类商品的定价宜高些,以便拉开价格档次。

③差别定价策略:同一种商品在不同的市场(不同的销售地点和销售时间)或同一市场对不同的购买者制定不同的价格。市场需求旺盛,价格就高些,市场需求疲软,价格就低些。例如我国生产的运动衫,其价格在国内销售和在国外销售不一样;在国外,东欧市场销售和美国市场销售也不一样。

④折扣定价策略:企业根据不同的交易方式、交易的数量、时间和条件,在基本价格的基础上灵活地运用折扣价格,以扩大销售,鼓励顾客大量购买、淡季购买和及早付清货款。

⑤随行就市定价策略:企业根据市场的通行价格,或本行业传统习惯价格来确定自己产品的价格。这种策略适用于商品差别不大,市场竞争十分激烈的情况下。如果定价高于市场通行价格,则产品乏人问津,销售量减少,原有的市场份额也会被竞争对手夺去。如果定价低于市场通行价格,会导致价格大战,加剧同行业的竞争。

⑥渗透定价策略:亦称偏低定价策略,企业为占领市场,在产品投放市场初期,将价格定得较低,短期内减少一些利润,以便迅速打入市场,吸引顾客,抑制竞争者,待控制市场后再逐步提价,并在较长时期内获取大量利润。实质是"薄利多销,以量取胜"。

⑦边际成本定价策略:定价时只考虑变动成本,不计算固定成本,单位产品售价可以低于单位产品成本。这种策略主要是充分利用企业的生产能力,提高产品的市场竞争能力。当边际成本小于边际收益时,按变动成本计价是可行的。

⑧相关产品组合定价策略:企业生产经营多种产品,对其中相关的产品综合考虑定价。如吉列公司以较低的定价出售剃刀架,以求增加吉列刀片的需求,并从刀片上获取丰厚的利润。其他照相机与胶卷、圆珠笔与笔芯都是相关产品,降低一种产品的价格,不仅可以提高该产品的需求量,还会扩大相关产品的需求量。采用这种策略时还可以将两种相同的产品,一种产品定价不变,改变另一种产品的定价,以促使低价产品很快售完。

10.4.6 分销渠道策略

分销渠道是由参与商品流通过程,使商品所有权实现转移的各种组织机构和个人组成的。起点是制造商,中介机构有代理商、经销商、批发商、零售商,终点是顾客。企业生产的产品和提供的服务,只有通过分销渠道才能流通到达顾客手中,并实现企业的营销目标。产品从生产者流向顾客的过程中,每经过一个对产品拥有所有权或负有销售责任的机构,称为一个层次或环节。层次(或环节)越多,分销渠道就越长;反之就越短。所谓分销渠道的长度,就是指商品在流通过程中所经过的层次(或环节)多少。分销渠道的宽度,则指生产企业在某一市场(或某一层次上)并列地使用多少个中间商。使用的中间商多,分销渠道就宽,反之就窄。

(1) 分销渠道的类型

从企业销售机构看,有三种类型:①企业自己设立和控制的销售系统,如设门市部、营业部、销售公司等,它们均属于企业;②企业可以约束的销售系统,它们在法律上是独立的,在经济上则通过合同形式受生产企业的制约,如代理商;③不受企业约束的销售系统,它们在法律、经济上都是独立的经济组织,不受生产企业的约束,如批发商、零售商。

(2) 影响分销渠道选择的因素

企业在选择分销渠道时应全面考虑企业、产品、市场、中间商、竞争者和环境等因素。

①企业自身条件:如,企业规模大,财力雄厚,信誉好,容易得到经销商或代理商的合作,有较大的选择余地;必要时还可以直接控制分销渠道,运用企业自己的销售系统而不用中间商。

②产品特性:容易腐烂和损坏的产品(如蔬菜、鲜活水产品等)以及体积大、笨重的产品和时尚产品应选择最短的分销渠道,尽可能直接销售。季节性强的产品,由中间商组织销售比较有利。技术服务要求高的产品,初上市的新产品最好产需见面,组织直接销售。售价低、需要大量销售的产品,一般都选择间接分销渠道。

③市场因素:顾客人数很多,购买频繁,市场面积广,如一些日用品,在这种情况下,生产企业宜采用间接分销渠道,通过中间商将产品转卖给顾客。如果顾客数量不多,购买次数很少,每次购买的量却很大,在这种条件下生产企业可选择直接分销渠道。目标市场上如果零售商数量多,规模小,生产企业宜通过批发商,选择间接分销渠道;如果零售商规模大,进货批量大(如大百货公司、超级市场),生产企业就不必经批发商转手,可以直接销售给大型零售商。

④中间商:中间商的经营能力、服务水平、财务力量、市场范围、产品知识、合作诚意等都会影响生产企业的市场营销效果和分销渠道的选择。分销渠道的成功与否,生产企业除自身努力外,还需要依靠渠道成员的合作。

⑤竞争者:竞争会影响分销渠道的选择。竞争对手对企业分销渠道及其成员施加的经济压力,会使该渠道的成员面临失去市场的威胁。一般说来,生产企业要尽量避免采用与竞争者相同的分销渠道。

⑥环境因素:生产企业在选择分销渠道时,必须遵守国家的法律政策,符合社会价值观念,善于抓住时机,适应社会需求的变化。

(3) 分销渠道策略

分销渠道策略包括是否采用中间商,即选择间接分销渠道还是直接分销渠道;是选择长渠道还是短渠道;是宽渠道还是窄渠道以及怎样选择中间商。

(4) 选择中间商

中间商包括出口商、进口商、经销商、代理商、经纪人、批发商、零售商等。选择中间商首先要搜集有关中间商的经营业绩、资信、市场范围、服务水平、财务状况等方面的信息，同时考虑下列条件：

①中间商经营范围所包括的地区与产品，与预定要进入的目标市场是否一致；

②中间商经销的产品与本企业产品是否同类；

③中间商所在的地理位置是否具有区位优势；

④中间商的经营能力、商品知识和信息渠道是否满足企业的要求；

⑤中间商的财务状况和管理水平是否良好；

⑥中间商的综合服务能力是否能适应企业的要求；

⑦中间商的促销手段与促销能力是否有力；

⑧中间商的合作诚意如何。

10.4.7 广告策略

广告是传递各种经济信息的有力工具，有了广告，生产与销售配合更加默契，产品得以更多地销售，顾客得以更好地满足需要，生产也得以更大地发展。广告是消费信息的一种形式，是向人们传递产品信息与市场信息的一种最佳传播渠道。如果没有广告，产销信息不能沟通，经济就不可能繁荣。成功的广告能使产品迅速地家喻户晓，从而提高知名度。

(1) 广告制作的基本原则

广告制作必须遵循以下基本原则：

①真实性原则：真实性是广告的基本原则，它主要是指广告的经济信息和文字内容要准确真实，不要虚夸，更不得伪造，广告中的一切许诺都应落实兑现。

②思想性原则：思想性是广告的灵魂，它是指广告的宣传内容与表现形式要健康、积极。要有利于国家的经济政策的宣传和贯彻，不允许有损国家和民族尊严的、反动丑恶的、淫秽迷信等内容的广告出现。

③计划性原则：是指企业的广告活动，必须建立在市场调查的基础上，准确地掌握市场运行的规律，掌握与本企业有联系的产、供、销动向，摸准顾客的消费心理和消费需求，从而制定出适合的广告规划，确定做什么广告。向什么人广告，广告的时间，广告的次数，广告的诉求重点等。使有限的广告费取得尽可能好的收益。

④科学性原则：广告的科学性是广告现代化的重要标志，它主要表现在两个方面：第一，体现在科学的广告计划与广告策划。第二，体现在采用先进的研究手段与方法，先进的广告制作技术和现代化的信息传递手段。

⑤艺术性原则：广告的艺术性，是指广告作品的艺术魅力与审美作用，是广告吸引公众、感染公众、激发公众购买欲、获取公众赞同的有力手段。广告作品要新颖、形象、富有美感和个性化。

(2) 广告媒介

广告媒介,也称广告媒体,是指广告信息的载体,它是传播广告信息的工具和手段。广告媒体的种类很多,有单一的广告媒体如路牌、直邮等,也有混合型的广告媒体如大众传播媒介,广告信息与其他信息混合依存共同传播,等等。常用的广告媒体主要有如下几种:

①报纸:报纸是传播新闻的主要工具。我国报纸种类多、发行量大、宣传的覆盖率高,可保存,如果遗忘,还能查找。因此,报纸是一种很好的广告媒体。

②杂志:杂志以各种专门知识来满足各类特定阶层读者的需要,因此,它适合做各类专用产品的广告。利用杂志做广告,更能做到有的放矢。我国杂志种类多,发行量也较大,且印刷精美,阅读率高,保存期长,也是一种有效的广告媒体。

③广播:广播的传播速度最快,扩散面最广,在四大新闻媒体中,广播的收费最低,因此,广告客户乐意选择广播做广告,尤其是需要反复多次地向公众传递广告信息的时候,或者广告信息的受体是广大农村地区、山区的农民、牧民、渔民,或者是边远地区的居民时,广播是一个理想的媒体。

④电视:电视在四大新闻媒体中是后起之秀。自它出现以后,很快风靡世界,我国的电视已成为最大的广告媒体。电视传播面广,传播速度快,且具有其他媒体的综合特点,生动形象,给人的印象深,是一种效果最好的广告媒介,但费用高。

(3) 广告策略

①广告媒体组合策略:对不同媒体进行组合,使其相互配合,取长补短,交错运用广告媒体,使企业的各种产品、形象信息迅速地为顾客获知。

②广告产品生命周期策略:广告活动要依据产品的生命周期所处的不同阶段,采取相应的广告组合战略。根据产品生命周期的特点,广告在三个基本阶段起着不同的作用:

ⓐ导入期广告。由于进入市场不久,顾客对产品的品质、功效、特点、价格均不清楚或知之甚少,故以创造需要为主,向顾客灌输某种消费观念,介绍商品知识,提高对商品的认知度和信任度,在认知的基础上诱发人们的购买欲望。

ⓑ选择期广告。由于顾客已从"是否要买这种产品"转到考虑"要买哪个品牌的产品"。因此,广告宣传的重点就应放在创立名牌,提高声誉,加强选择性需求上来,务必使自己的产品品牌在众多的品牌中脱颖而出。

ⓒ记忆期广告。由于产品在市场需求上已呈饱和状态,原有产品已逐渐变成衰老产品,新产品也开始进入市场。因此,广告宣传的重点应放在维护产品市场、延缓产品生命周期变化趋势、保持产品销售量上。

③广告产品定位策略:在广告活动中,通过突出产品符合顾客心理需求的鲜明特点,确立产品和企业在竞争中的方位,加深顾客对选购该产品的良好印象,从而确定广告最有利的诉求位置的一种有效策略。

④广告差别策略:是指以发现差别,突出差别,从而充分显示广告产品特点的一种宣传策略。产品差别包括多方面的内容,主要有功能差别、品质差别、价格差别、花色品种差别、包装装潢差别和销售服务差别等。

⑤广告实施时间策略：是指广告发布的时间如何巧安排的问题。广告实施时间要为广告目标服务，不同的目标要求，有不同的时间安排。主要有：集中时间策略、均衡时间策略、季节时间策略、节假日时间策略。

⑥广告诉求策略：是指外界事物促使人们从认知到行动的心理活动。广告诉求，是指通过一定的广告内容与技巧，促使顾客对广告产品有所认知，如何去满足需要，从而鼓励其购买行动。

10.4.8 营业推广

营业推广，又称销售推广，是指能够正面刺激顾客的强烈需求，促成顾客立即采取购买行动的特殊促销方式。一般情况下，营业推广是用来配合广告或人员推销的、用于短期促销而不宜长期使用的促销手段。

（1）营业推广的作用

①营业推广能够刺激购买行为，使交易在短期内达成。特别是新产品刚上市，顾客对新产品没有足够的了解和做出积极反应时，通过营业推广的促销措施，如采用赠送或试用样品等方式，能够引起顾客的兴趣，刺激他们的购买行为，在短期内促成交易。

②营业推广可以有效地抵御和击败竞争者。当竞争者大规模地发起促销活动时，营业推广往往是在市场竞争中抵御和反击竞争者的有效武器，如折价销售、有奖销售等方式常常能增强企业经营的同类产品对顾客的吸引力，从而稳定和扩大自己的顾客队伍，抵御竞争者的介入。

③营业推广可以有效地影响中间商，促进并保持与中间商的中长期业务关系。生产企业可以通过参加展销会，为经销者提供广告津贴、陈列津贴、价格折扣等形式，吸引中间商同企业保持稳定的业务关系，以便更多地经销本企业产品。

④营业推广可以吸引和鼓励推销人员努力推销本企业产品，创造推销佳绩。

（2）营业推广的类型和形式

营业推广的形式虽然很多，但根据市场特点和营业推广的目的不同，大致可分为三种类型：

①针对顾客进行的营业推广。主要目的是吸引新的顾客，建立品牌形象，鼓励顾客对品牌的偏爱，促使其重复购买。具体形式有：ⓐ赠送或试用；ⓑ发放代价券或购货券；ⓒ折扣式减价销售；ⓓ展销；ⓔ消费信贷；ⓕ现场演示。

②针对中间商进行的营业推广。主要目的有：促使中间商经销本企业新推出的产品，增加经销本企业产品的数量，鼓励中间商非季节性进货，以减轻企业的资金压力。具体形式有：ⓐ举办展览会、展销会；ⓑ为经销商提供商品陈列设计资料；ⓒ给经销商价格优惠；ⓓ代销。

③针对推销人员进行的营业推广。主要目的有：鼓励推销新产品或新型号，刺激推销非季节性产品和促进推销数量的提高。具体形式有：ⓐ红利提成或超额提成；ⓑ开展推销竞赛，优胜重奖；ⓒ特别推销金。

(3) 企业进行营业推广时应注意的几个问题

①扬长避短,充分发挥营业推广的促销作用。营业推广有利有弊,其利是可以使中间商和顾客觉得自己似乎"额外地得到了一些东西",加深了顾客对产品的印象,吸引顾客购买,且促销方式灵活多样,适用面广,短期促销效果十分显著。其弊是可能会降低产品的身价,使人感到卖主急于出售,甚至会使顾客担心产品质量不好,或原来的定价不合理,以致影响长期需求。因此,营业推广不宜单独和连续不断地使用,而应该与其他促销手段结合起来,有针对性、阶段性地发挥其作用。

②根据营业推广的目标不同,有针对性地选用营业推广的具体形式和媒介。营业推广的形式和媒介都灵活多样,并且作用各不相同。比如,免费赠送小包装样品,既可以采取买一送一,又可以采取在特定时间、地点无条件赠送的方式。

③正确选择营业推广的对象。各种营业推广手段对于不同对象,其作用是有很大差异的。比如,营业推广对那些"随意型"的顾客和对价格敏感度高的顾客是很有作用的,对于已养成固定习惯的顾客,促销作用就不大。因此,企业要区分对象,灵活对待。

④科学确定营业推广的期限。营业推广的持续时间必须符合市场营销整体策略,如果时间太短,促销效果不显著;如果时间太长,会给顾客造成一种误解,以为这不过是一种变相减价,而失去吸引力。

⑤营业推广的费用确定要兼顾需要和可能。营业推广固然可以使销售增加,但同时也加大了费用,企业要权衡推销费用与经营效益的得失,确定营业推广的费用预算。常用的方法有三种:ⓐ参照上期费用来决定当期预算;ⓑ根据总促销费用的一定比例来确定营业推广的费用;ⓒ先确定营业推广项目,再计算所需费用,费用包括优惠成本(如样品成本)和实施成本(如邮寄费)两部分。

10.5 网络营销

10.5.1 网络营销的内涵及特点

(1) 网络营销的内涵

网络营销是借助电脑通信技术和数字交互媒体技术,以互联网络为操作平台的一种新的方式、方法和理念实施的营销活动,更有效地促成个人和组织交易活动实现的营销方式。

网络营销作为新的营销方式和营销手段实现企业营销目标,它的内容非常丰富。主要包括以下几个方面:①网上市场调查;②网上顾客行为分析;③网上产品和服务策略;④网上价格营销策略;⑤网上渠道选择与直销;⑥网上促销;⑦网络营销管理与控制。

(2) 网络营销的特点

与传统营销相比,网络营销具有以下特点:

①跨时空。互联网具有超越时空进行信息交换的特点。使得企业脱离时空限制达

成交易成为可能,企业可以有更多的时间和更大的空间进行营销,可每周7天,每天24小时随时随地提供全球性营销服务。

②互动式。顾客可以参与到公司的活动中来。因此,借助互联网络企业更能加强与顾客的沟通和联系,更能了解顾客需求,更易引起顾客的认同。

③个性化。顾客可以通过互联网在企业的引导下对产品或服务进行个性化选择或提出具体要求。企业则可以根据顾客的个性化要求及时进行生产并提供个性化服务。如美国的通用汽车公司允许顾客在互联网上通过公司的有关导引系统自己设计和组装满足自己需要的汽车,公司则按顾客的要求来组织生产,实现顾客个性化满足。

④整合性。互联网络上的营销是一种集产品信息、收款及售后服务于一体的全程营销。企业借助互联网络将不同的营销活动进行统一规划和协调实施,以统一的资料向顾客传达信息,避免不同传播渠道中的不一致性所产生的消极影响。

⑤经济性。通过互联网进行信息交流,代替以前的实物交流,可以减少印刷与邮递成本,可以无店面销售,免交租金,节约成本。

(3) 网络营销与传统营销

①网络营销对传统营销的冲击。在网络营销中,人员推销、市场调查、促销手段、分销渠道等传统的营销手法将与网络结合,并充分应用网络的各项资源,形成以最低成本投入、获得最大市场销售量的新型营销方式。这样,传统的营销手段和理念将受到前所未有的冲击。主要表现在:ⓐ对产品策略的影响;ⓑ对分销渠道的冲击;ⓒ对定价策略的冲击;ⓓ对传统广告的冲击;ⓔ对顾客管理的挑战;ⓕ对竞争形态的冲击;ⓖ企业组织的重整。

②网络营销与传统营销的整合。网络营销作为新的营销理念和策略,凭借互联网特性对传统经营方式产生了巨大的冲击。但并不能说网络营销能完全取代传统营销,网络营销与传统营销是一个整合的过程。两者互相补充和促进,企业在进行营销时应根据企业的经营目标和细分市场,整合网络营销和传统营销策略,以最低成本达到最佳的营销目标。两者的整合,就是利用整合营销策略实现以顾客为中心的传播的统一、双向沟通,实现企业的营销目标。

10.5.2 影响网络顾客购买的主要因素

(1) 产品的特性

具有以下特征的一些产品较适合于网上销售和开展网上营销:

①产品的新颖性。即产品是新产品或是时尚产品,比较能吸引人们的注意。

②产品的购买参与程度。有些产品要求顾客参与程度较高,顾客需要现场购物体验,而且需要很多人提供参考意见,这些产品如家电产品不太适合在网上进行销售。对这些产品,可以通过网站来宣传和展示,顾客在充分了解产品性能后,可以到相关的商场进行现场选择和购买。

③产品或服务的性质。知识产权通常比有形产品更适合在网络上进行营销。同

样,无形服务(能通过互联网提供服务)也比有形服务(公司必须派人员现场提供服务)更易于在网上销售。

④产品或服务是否属于高技术。高技术的产品更适合在网上开展营销活动。如互联网一直是移动电话等产品的理想销售渠道。

⑤产品或服务是否具有国际性。互联网是国际性媒体,具有同样性质的产品更容易成功。

一般来说,下面的产品更适合于在网上进行营销。

ⓐ知识含量高的产品。如电脑软件、书籍、音像制品等。

ⓑ创意独特的新产品(炒新)。利用网络沟通的广泛性、便利性,创意独特的新产品的别致之处,可以更生动地向更多的人展示。

ⓒ纪念物等有特殊收藏价值的商品(炒旧)。古董、纪念物或是其他具有收藏价值的商品,目标顾客群非常小也比较分散,由于信息不易传递,加上传统分销方式的局限性,使得这些商品的市场比较沉闷而保守。如果把这类产品放在网络上,可以使这类产品为大众所认识,无形中为这些产品的销售和推广增添了更多商机。

ⓓ服务等无形产品。包括车、船、机票的预订、旅馆预定、鲜花预订、文艺表演票的订购、旅游路线的挑选、储蓄业务和各类咨询业务服务等。借助网络,这类服务显得更加方便快捷有效,也更加人性化。

ⓔ一般产品。大多数产品都可以在网上进行销售前的营销活动,如可以利用网络扩大品牌宣传,增强品牌的认知,建立品牌忠诚度。

(2) 产品价格

价格是顾客购买商品时要考虑的一个重要因素。网上购物之所以具有生命力,原因之一就是网上销售的产品价格普遍低廉。如我国的 8848 网上超市利用网络技术发展的"中国酒店预订系统"预订房间的价格,比店堂登记房间的价格低 20%～40%。另一方面,顾客对网上销售的产品有一个预期:就是产品价格比传统渠道的价格要低。因为事实上也是这样,互联网作为新兴市场可以减少传统营销中的中间环节费用和信息费用,这就大大降低了产品的成本和销售费用。如果网上产品的价格比传统渠道获得的产品价格要高的话,势必影响其销路。

(3) 购物的便利性

购物方便是顾客选择购物渠道的首要考虑因素之一。顾客选择网上购物的便利,一是时间上的便捷,可以不受时间的限制,随时可以查询产品信息;二是可以足不出户,大范围地选择产品,不受空间的限制,在家里的电脑上就可以浏览产品目录。

(4) 安全可靠性

网络购物者必须考虑的另一因素是网上购买的安全性和可靠性。因为网上购物一般是先付款后收货,造成了时空的分离,让顾客产生风险和不信任。为此,如何保护顾客购物过程的信息传输安全和个人隐私,树立顾客对网站的信心,以及确保顾客在网上支付的安全性,是企业在开展网络营销活动时应该重点考虑的问题。

10.5.3 网络营销的成功要素

网络营销使得企业与顾客之间的交流变成了互动式的、双向的过程。但是,仅仅将广告和产品样品放置在网页上并不意味着你已经利用了网络的优势。要想在网上赢得优势,获得网上营销的成功,必须发挥网络的技术优势。网络营销应具备以下一些要素:

①适应定制化时代的要求,提供个性化的顾客服务。顾客个性化消费趋势与网络个性化营销方式的结合将营销带入了定制化时代。将网络作为目标受众的群体,而不是以群体受众为目标。理解这点是开展网络个性化营销的前提。利用网络为顾客提供个性化服务,可以从以下两方面入手:

ⓐ一次建立一个联系:为了与顾客建立联系,你必须亲自参与虚拟社区的活动,只有经过这个过程,才能理解网络上的运作规则,才能找准方位,向你的目标顾客推销你的产品。

ⓑ重视顾客的长期价值:传统营销中,公司很少重视顾客的长期关系,把与顾客的联系看成是一次性的行为。网络营销则应注重长期的顾客关系。营销人员可以创建个性化的销售信息,记住每个顾客的喜好、购买模式。针对他的最好的说服技巧,开展个性化的营销活动,与顾客保持长期的关系。

②充分发挥网络互动性优势,开展互动式营销。网络营销与传统营销相比的显著特点是网络的互动性。也就是说卖方可以随时随地与买方互动式地进行交易,而买方也可以以一种新的方式与卖方互动交流,这是一种双向交流。

③遵循网络礼仪,实施软营销。顾客光顾网络上的电子公告板、新闻组、邮件清单等地方是为了寻找或交换相关的信息,他们要求公司用事实和逻辑说话。传统的形象不能打动他们,他们的决策只建立在理性的分析基础上,他们将在网络世界内漫游,以寻找"完美信息",他们想寻找某一特定产品的最低价格,然后在那里订货。如果该产品可以很廉价地送到顾客手中,这个价格就作为"完美价格"被确定下来了,别的公司没有提出可以接受的加价理由前不能随意变动。这些就是网络特有的、有些或许还是不成文的礼仪,每一个网上营销者都应该遵守。这样就要求公司既要遵守网络礼仪,又要满足在线顾客的信息要求。要达到营销目标,只有一个方法——软营销:整合广告、公关、促销、产品目录和销售等,提供大量信息以代替说服。

④利用网络虚拟化特征,降低营销成本。虚拟化特征的直接影响是企业规模变得无关紧要,可以使"大企业变小,小企业变大"。互联网作为一种信息技术,可以从信息管理的各个程序与方面武装起一个企业,使得企业在现代瞬息万变的市场中立于不败之地,从而使企业不再受到规模大小的限制,可以随心所欲地进行信息交流和管理利用,这样使营销成本大大降低。

案　例

京沪高铁满月　最多七成空座

京沪高速铁路,作为京沪快速客运通道,是中国"四纵四横"客运专线网的其中"一纵",也是中国《中长期铁路网规划》中投资规模大、技术水平高的一项工程。是新中国成立以来一次建设里程长、投资大、标准高的高速铁路。线路由北京南站至上海虹桥站,全长1 318公里,总投资约2 209亿元,设24个车站。设计时速为350 km/h,初期最高运营时速250~300 km/h。京沪高铁由于建设投入大,设计等级高,在客运市场定位时也高开高走。时速300公里动车组列车从北京到上海全程票价二等座555元,一等座935元、商务座(包括观光座、一等包座)1 750元;时速250公里动车组列车全程票价二等座410元、一等座650元。票价与京沪航线的航空特价机票相比,并没有太大优势。

除以白天运行为主的高铁以为,该线还开行了动卧车辆。京沪动卧的车程近10小时,全程行车时间为9小时54分。上海虹桥到北京南站每天开行5趟动卧列车,21:25~21:45,每隔5分钟就有一趟列车出发。大部分京沪动卧列车都是16节车厢编组,每趟车共618个席位,其中高级软卧16个,普通软卧480个,二等座122个。票价分别为1 470元(高软下铺)、730元(普软下铺)和327元,而京沪之间经济舱全价机票的价格为1 130元。高级软卧下铺票价,已经超过了飞机经济舱全价机票。

据《东方早报》报道,2011年6月30日下午3时开通的京沪高铁到2011年7月31日,整整一个月中,相较开通初期"座票售罄现象",现在则"每趟都有大量余票",二等座、一等座都出现超过70%的剩票,商务座则基本都是空凳子。

京沪高铁开通初期,售票方面曾一度表现为上午满下午空,甚至出现了上午票"整点售罄"的现象,即12点前从上海整点出发车次车票热销,午后出发列车较空。这其中,二等座票最受市民欢迎。

早报记者曾在铁路客户服务中心网(以下简称"客服网"),查询2011年7月4日上海开往北京的列车余票情况。其中,上午8点始发的G12次、9点始发的G2次、10点始发的G14次、11点始发的G16次列车,二等座余票数量均显示为"0",即已经售罄,同时,观光座、一等包座和一等座票也所剩无几。

然而,当记者在2011年7月31日再次登录客服网查询余票情况时,已很难发现二等座票售罄的场景,唯一几趟出现余票"0"的高铁,也是杭州开往北京南的"G"字头。

记者查询8月2日数据显示,一度热门的G12次、G2次、G14次和G16次列车,二等座分别还剩余414张、372张、630张和624张。而下午从1点到4点区间段的二等座余票均在600张以上。

此外,备受关注的天价商务座,记者曾经体验时发现基本是在"运凳子",每趟列车的商务座余票几乎都在25张以上,一等座票也徘徊在150张上下。

火车票代售点售票窗口工作人员表示:"目前来这边买(京沪高铁)预售票的人很少。余票那么多,基本上都是可以随到随买的。"

此外,从2011年7月25日起,北京南至济南西G181次、济南西至北京南D238

次、济南西至天津西 D242 次、天津西至济南西 D241 次列车,这 4 趟京沪高铁列车临时停运,但铁路部门没有回应是否与上座率有关。

投资 2 200 多亿的京沪高铁原计划于 2013 年开通,却提前两年在 2011 年 6 月 30 日之前开通。曾几何时,在那些先进性的鼓吹之下,中国高铁成为时代的骄子。但事实证明,高铁不是骄子是体弱多病的"早产儿"。京沪高铁开通一个月,如此频繁的故障,以及动车追尾事件给中国百姓带来了极大的阴影。一时间动车、高铁变成了不安全的代名词,也透支了中国乘客对高铁的信任。

在京沪高铁开通前,航空公司风声鹤唳,准备丢失最多 30% 的市场。但是京沪高铁自开通后发生了一系列故障,迅速回升了航空公司的客流,至京沪高铁满月之际,航空公司已感觉轻松。据了解,往返京沪航线的客舱基本在九成以上,而且是全价机票。

此外,尽管高铁开通增加运力,但不少普通车次却"一票难求"。据悉,在"G"字头车票大量剩余的同时,上海开往北京夕发朝至的"独苗"——T110 次列车票却依旧抢手。尽管铁路部门对 T110 次实施了限购政策,每人每次限购 5 张。但该趟列车火车票依然销售火爆。记者在查询售票系统时发现显示 T110 次列车,无论是软卧、硬卧,还是硬座,显示都为"0",此后几天也显示同样的结果。

如何重新获得旅客的信任,让每个商务舱不仅仅是沙发专列,是铁道部需要面对的问题。高投入不一定代表高回报,没有准确的市场定位,消费者就只能用脚投票。

复习与思考

10.1 市场概念及其功能是什么?
10.2 市场营销及其功能是什么?
10.3 市场营销的作用是什么?
10.4 市场营销组合的构成是什么?
10.5 市场细分的概念是什么?
10.6 市场细分的作用是什么?
10.7 市场细分的方法有哪些?
10.8 市场细分应注意的问题有哪些?
10.9 如何选择目标市场的策略?
10.10 市场定位的概念是什么?
10.11 市场定位的策略是什么?
10.12 营销渠道的涵义及其构成是什么?
10.13 营销渠道的功能有哪些?
10.14 直接渠道、间接渠道营销、渠道的宽度(中间商的数目)、营销渠道管理是什么?
10.15 营销渠道管理的内容有哪些?
10.16 市场营销策略是什么?
10.17 网络营销的内涵是什么?
10.18 网络营销的特点有哪些?
10.19 影响网络顾客购买的主要因素有哪些?

11 运输企业人力资源管理

【开篇案例】

德邦物流的人才培养模式

德邦是国家"AAAAA"级物流企业,主营国内公路零担运输业务,创始于1996年。近年来,德邦以60%的速度稳健发展,截止2012年4月,德邦已在全国31个省级行政区开设直营网点2 000余家,服务网络遍及国内550多个城市和地区,自有营运车辆4 700余台,全国转运中心总面积超过75万平方米。

在一些人心目中,国内物流行业可能还处于缺乏"技术含量"的粗放式管理阶段,但是德邦物流却希望走网络化、标准化、信息化的道路。德邦物流使用物联网技术来提升公司信息化建设。德邦在上海、广州等地推广RFID技术,经过扫描枪进行电子配货,大大提升了装货效率。物流信息化更需要企业有大批高素质、专业性强、懂现代管理的人才。

随着中国物流进入行业发展的"黄金周期",德邦一直保持着每年60%的增长速度。在员工平均流动率高、总体从业人员教育程度不高的物流业中,德邦建立了自己一套独有的人才管理机制,积极培养大量高素质的管理型人才,以满足公司现代化发展中的成长需求,让不同特质的人才能够各司其职、各尽其力,使公司真正实现有品质的成长。

德邦物流董事长崔维星及其管理团队有时会和员工一起搬货。搬货以后,颇有感触。平时要求理货员不能坐在货物上,员工不能"摔",而是要"放"运货的板子。管理层也发现在劳动强度大、压力大的情况下,理货员的某些做法其实很能理解——董事长本人也累得想坐在货上。企业在仓库中也为员工安排了休息场地,但是距离搬货的位置有二三百米远,理货员在工作中也有可能是随时待命的状态,所以他们可能不一定会走过去休息。这也在督促公司高层思考,怎么改善这种情况?如何制定出既明确规范又人性化的标准?这要求德邦物流的管理队伍真正对一线的工作有很详细的了解、能够从一线员工的角度考虑。同时,他们还准备把公司高层定期搬货、跟车,作为一项制度固定下来,让公司高层领导每个月抽出半天时间参加一线劳动,让管理团队洗车、擦仪器,他们也许就会对"6S管理能不能搞,以及该怎么搞"有更深刻的了解。

德邦坚持人才自我培养。德邦坚持所有的操作文员均从应届毕业生中招聘,从2005年起,德邦就开始通过校园招聘挑选优秀人才。在非文职员工的管理方面,德邦除了通过改善福利和劳动强度来提升员工的满意度外,还将更多关注点放在了非文职人员的培训和晋升方面,以此来提升他们的个人能力和职业荣誉感。在德邦,99%以上的管理人员均由内部培养产生。

崔维星曾经作过这样一个比喻,应届大学生加入企业就跟初恋差不多,更容易接受企业的文化,如果员工在五六个企业工作过后再加入德邦,牢靠性方面可能就有点牵强,从大学里面直接招聘,员工会有更高的忠诚度。

在德邦的高层看来,在中国物流发展的快速阶段,企业更多的是要做改善型、创新型的工作。大学毕业生虽然缺乏经验,刚加入德邦物流也许只能做做开单之类的简单工作,真正成长起来需要3~5年培养时间和投入大量的培训费用,但是应届大学毕业生学习能力强、创造力强,服务意识也较强,他们会想着怎么去改善服务环节。

许多刚加入德邦物流的大学毕业生、大专毕业生,都会主动选择从理货员、司机等一线工作做起,德邦物流现在有近千人的大专司机、大专接送货员。有人会说这是大材小用,不少员工也想不通,觉得自己接受了高等教育,还是要做"蓝领"的工作。

其实,大专理货员、大专司机提供高质量的工作,是社会发展的必然,而无论是对文职还是非文职的员工,企业内部都有非常顺畅的上升通道。比如储备干部制度,通过竞聘,优秀的员工将得到优先提拔、优先使用,还有专业技术类通道和管理通道,并保证有不少于25%的管理岗位任命名额给非文职类员工。

德邦物流还有一个明显的优势就是发展速度快,有60%的年增长速度,这意味着大学毕业生在德邦能得到比同龄人更多的锻炼机会和晋升空间。普通员工可以很快成为营业网点或运作场地经理,2~4年之后成为区域经理,这时公司就会给他配价值12~13万元的车,3~5年后可能成为总监,接下来可能会成为大区总经理。德邦物流曾有2007届大学毕业生现在已经是公司的江苏运营大区总经理,管理着一个省的业务,而他完成从起初的统计员到大区总经理的四级跳,只花了20多个月的时间。

伴随着现代物流的标准化、信息化、智能化、网络化等要求,中国物流企业还需要相当大的努力,现阶段的物流发展具有很鲜明的"中国特色",这就需要大批有创新力的高素质人才,完善、整合供应链的每一个服务细节。德邦物流已经慢慢尝到了自行培养人才的甜头:这些大学生积淀越多,德邦物流的竞争力就越强,他成长的过程,也是企业竞争力提升的过程。这些招聘来的大学生,可以为公司三年、五年甚至十年之后的人才梯队建设做准备;培养大专生司机和接送货员,也是基于将来服务质量的提升考虑。

思考题:德邦物流的人才培养有何独到之处?大学生从基层做起是否大材小用?

11.1 人力资源管理概述

11.1.1 人力资源管理的含义与特征

1) 人力资源的概念与特征

（1）人力资源的概念

资源是指可以被人类所利用以创造财富或增加福利的要素或手段。美国著名管理学者托马斯·彼得斯认为："企业或事业惟一真正的资源是人，管理就是充分开发人力资源以做好工作。"人力资源是企业各类资源中最宝贵的资源，经济学家称之为第一资源。从宏观上讲，人力资源（human resources）是指一定范围内的人口中所具有劳动能力的人口总和，是能够推动社会和经济发展的具有智力和体力能力的人的总和。它是包含在人体内的一种生产能力，表现在劳动者身上并以劳动者的数量和质量来表现的资源。从微观上讲，人力资源就是各个组织或企业中所拥有的人力的数量和质量的规定性，体现为员工的数量、结构及其所拥有的体力、知识、技能及价值观等。

（2）人力资源的特征

①稀缺性。人力资源作为资源同物质资源、精神资源一样相对于社会或组织对其需求来讲具有稀缺性。

②能动性。人力资源不同于物质资源，它本身具有学习能力和创造能力，同时，也具有趋利避害的功利性。

③双重性。人力资源既是生产者又是消费者，它在创造财富和增加福利的同时也需要消费。

④时效性。人力资源具有其自身发展的规律性，要经过培养期、成长期、成熟期和老化期的整个生命周期过程。这决定了人力资源的时效性。

2) 人力资源管理的概念与特征

（1）人力资源管理的概念

管理思想来源于制度现实。随着企业制度和劳动方式的改变，人力资源要素在企业生产经营中的地位和作用也在逐渐变化。从 20 世纪 70 年代开始。适应现代企业生产经营活动的需要。"人本管理"开始成为企业管理的主旋律。在"人本管理"思想的指导下，系统的、战略性的现代人力资源管理理念逐步形成。现代人力资源管理是指根据企业发展战略的要求，有计划地对人力资源进行合理配置，通过企业对员工的招聘、培训、使用、考核、评价、激励、调整等一系列过程，调动员工的积极性，发挥员工的潜能，为企业创造价值。确保企业战略目标的实现。这包括了三层主要含义：

①现代人力资源管理的目的是为了满足企业发展战略的要求；

②现代人力资源管理不仅强调人力资源数量的配置，而且强调要通过组织、培训、评价、激励等过程管理手段，实现人力资源质量的提高；

③现代人力资源管理强调通过调动员工的积极性，充分发挥员工的潜能，进而为企业创造更大的价值。

（2）人力资源管理的特征

①系统性。人力资源管理是企业管理的主要职能之一，管理对象是有思想、有作为、处于一定组织环境中的"复杂人"。要想全面提升企业中所有员工的素质和能力，需要对涉及人力资源效能发挥的各个要素和整个过程进行全面系统的开发和管理。

②战略性。现代人力资源管理不同于传统意义上的人事管理，它以确保企业战略目标的实现为宗旨。因此，人力资源管理职能的实现也需要具有战略性。正如英国学者盖斯特强调的，人力资源管理就是将人力资源整合到战略管理中，以寻求员工对组织目标的忠诚。

③实践性。由于人力资源依附于具有主观能动性的人而存在，所以在不同的环境中同一人可以表现出不同的能力和贡献。不同的人在同一环境中也可以具有不同的表现。所以现代人力资源管理强调人力资源管理的实践性，强调针对员工特点创造适合人力资源充分发挥其潜能的氛围，在实践中提高人力资源管理水平。

④开放性。与传统的、封闭的人事管理相比，现代人力资源管理更强调利用系统的、科学的人力资源管理技术与方法，主动地适应外部环境的变化，迎接环境变化对企业的挑战。

⑤民族性。不同民族具有不同的文化传统。不同民族的人们具有不同的心理需求。一个民族的思想价值观念和文化必然会影响到组织中员工的价值观和行为方式。因此，人力资源管理必须强调民族性。

11.1.2 人力资源管理的基本内容

现代企业的人力资源管理是在企业发展战略的指导下，通过人力资源规划与配置。人才的招聘与选择，制定和实施适合企业自身情况的绩效管理制度、薪酬分配体系和有效的员工培训，再加上对员工的有效激励和员工关系的高效管理，以最大限度地实现企业的远景目标。具体包括六项基本内容，如图 11.1 所示。

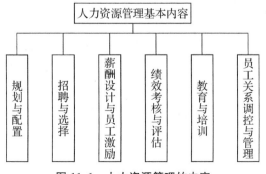

图 11.1　人力资源管理的内容

（1）人力资源规划与配置

人力资源规划是整个企业战略规划的主要组成部分之一。它是为了实现企业远景目标，获得市场竞争优势，由企业高层决策者组织领导的，由各职能经理人员参与制定并实施的企业人力资源管理活动的系统方案。通过制定和实施人力资源规划，一方面保证人力资源管理活动与企业的战略方向和目标相一致；另一方面，保证人力资源管理活动的各个环节互相协调。避免互相冲突，有效地满足企业目前和将来对人力资源的需求。

（2）人力资源招聘与选择

一方面是企业持续发展的需要，另一方面是市场竞争的挑战，企业在如何获取企业市场竞争的战略性资源——人才时，总是面临着持续不断的挑战。首先，企业要根据企业人力资源规划，结合目前企业人力资源需求所面临的内外部环境，就所需招聘的人员数量和质量做出分析与预测，并在此基础上制定招聘计划，进行人才招聘。招聘是为企业补充所缺员工而采取寻找和发现符合工作要求的申请者的主要途径。然后，企业从申请者中挑选合适的求职者，经过测试和判断，选择录用。

（3）工作绩效考核与评估

绩效考评在企业人力资源管理中扮演着非常重要的角色，它是企业人力资源管理的基础。通过绩效考评，可以判别不同员工的劳动支出、努力程度和贡献大小，有针对性地进行激励和约束，促使员工调整其努力方向和行为方式。有了公平、公正的绩效考评制度，并严格执行和有效地运行，才能发现人才，实现对员工的有效激励，实现人力资源的有效配置，创造企业积极向上的文化氛围。

（4）企业薪酬体系设计与员工激励

薪酬是企业员工主要工作动机之一，也是决定人力资源激励有效性的关键因素。企业应根据行业竞争环境和自身特点，建立良好的薪酬体系，保证员工所获薪酬与其贡献相适应，并配合有效合理的激励制度，实现对员工的正激励。当然，激励不仅仅只有薪酬激励一种形式，它包含三个方面的主要内容：目标激励、精神激励、物质激励。目标激励旨在激发企业员工的事业心，使其有所追求、不断创新；精神激励，即通过给予企业员工各种精神奖励。培养其荣誉感。为其工作提供精神动力；最后才是物质激励，即为企业员工提供与其付出相适应的薪酬与奖励。

（5）员工教育与培训

员工教育与培训是企业通过有计划的活动，使员工掌握旨在提高工作绩效的知识和技能，修正员工的态度与行为。通过培训，一方面可以使员工尽快掌握必要的知识、技能和应具备的态度，不断开发员工的潜能，培养员工与企业的互信；另一方面还可以提高整个组织的绩效，塑造企业文化。员工培训是现代企业人力资源管理的核心策略。

（6）员工关系调控与管理

员工关系是决定企业人力资源效率的重要因素，员工关系的调控与管理是企业人力资源管理的重要职责之一。通过员工与企业、员工与所有者、员工与管理者、员工之间关系的调整与改善,可以培养员工对企业的忠诚度,发挥员工的积极性与主动性。从而提高整个企业的绩效。

11.2 企业人力资源规划与配置

11.2.1 企业人力资源规划

企业人力资源规划是指根据企业发展战略和所处的内外部环境。在分析人力资源需求与供给状况的基础上,制定必要的政策、计划或方案,以确保在需要的时间和需要的岗位上获得各种所需要的人才,以满足企业的需求。

1) 企业人力资源规划的意义

人力资源是企业发展的决定性资源。特别是在我国专业人才相对匮乏的情况下,如何搞好企业人力资源规划是关系到企业经营成败的关键。

(1) 人力资源规划是运输企业长期发展战略规划的有机组成部分

企业发展战略规划是企业发展的蓝图,需要企业利用和整合各种资源,通过适宜的手段和方法加以实现,其中人力资源规划是企业发展战略规划的重要组成部分。人力资源规划是对企业未来人力资源管理活动的现阶段的决策,它的切实有效可以帮助企业在需要的时候获得相应的人力资源,满足企业战略发展的需要,促进企业战略目标的实现。

(2) 人力资源规划是企业人力资源管理活动规范化的基础

人力资源规划不仅是对企业未来供需的决策与判断。而且是企业人力资源管理的指南。它为企业人力资源管理的科学化、规范化指明了方向。在企业人力资源规划的指导下,企业人力资源管理各项活动,可以有计划地适时开展和进行。

(3) 人力资源规划有助于实现企业降低成本

人力资源管理的核心就是追求有效地配置人力资源,提高人力资源利用效率。人既是企业最宝贵的资源,同时,也是企业主要的成本源。人力资源的低效是企业资源的最大浪费。人力资源规划可以帮助企业认识企业人力资源的供求状况和企业发展中关键性资源的影响,并在适合的时间和情况下实现人力资源的有效配置,从而降低企业经营成本。

2) 运输企业人力资源规划的程序与内容

(1) 运输企业人力资源规划的程序

运输企业人力资源规划是在企业高层决策者的指导下,由人力资源职能部门协调企业所有成员共同参与并制定的企业人力资源管理活动的未来行动计划或方案。企业人力资源规划一般要经过以下主要程序,如图 11.2 所示。

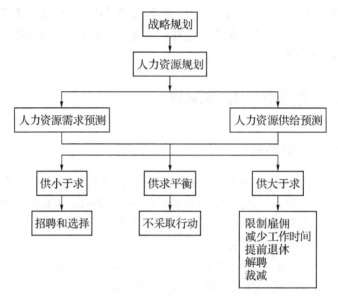

图 11.2 人力资源规划的程序图

①确定企业人力资源的主要目标和任务；
②分析企业人力资源管理的外部环境；
③确定影响人力资源状况的关键要素；
④制定企业人力资源管理的行动计划。

(2) 运输企业人力资源规划的内容

企业人力资源规划一般包括总规划、岗位职务规划、人员补充计划、人员接替与提升计划、教育培训计划、评估与激励计划、劳动关系计划、退休解聘计划，如表 11.1 所示。

表 11.1 企业人力资源计划的内容

计划类别	目 标	政 策	预 算
总规划	总目标：绩效、人力资源总量、素质、员工满意度	基本政策：如扩大、收缩、改革、稳定	总预算×××万元
岗位职务规划	企业定岗定编、岗位职务标准	部门职能、岗位需求、职务等级	
人员补充计划	类型、数量对人力资源结构及绩效的改善等	人员标准、人员来源、起点待遇等	招聘、选拔费用：××万元
人员使用计划	部门编制、人力资源结构优化、绩效改善、职务轮换	任职条件、职务轮换、范围及时间	按使用规模、类别及人员状况决定工资、福利

续表

计划类别	目标	政策	预算
接替与提升计划	后备人员数量保持、改善人员结构、提高绩效目标	选拔标准、资格、试用期、提升比例、未提升人员安置	职务变化引起的：工资变化
教育培训计划	素质与绩效改善、培训类型与数量、提供新人员、转变员工劳动态度	培训时间的保证、培训效果的考核	教育培训总投入、脱产损失
评估与激励计划	离职率低、士气提高、绩效改善	激励重点：工资政策、奖励政策、反馈	增加工资、奖金额
劳动关系计划	减少期望离职率、雇佣关系改善、减少职工投诉与不满	参与管理、加强沟通	法律诉讼费
退休解聘计划	编制、劳务成本降低、生产率提高	具体政策、解聘程序等	安置费、人员重置费

3）人力资源规划的方法

在制定人力资源规划时，需要确定完成组织目标所需的人员数量和类型。这就需要收集和分析各种信息。预测人力资源的有效供给和未来的需求。在确定了所需人员类型和数量以后，人力资源管理人员就可着手制定战略规划和采取各种措施以获得所需的人力资源。

（1）人力资源需求预测

①短期预测法

A. 维持现状法。这是预测人员需求的一种简单定量分析方法，它假定目前的供给和人员组合适用于整个预测期，即人员的比例在整个预测期保持不变。在这种情况下，仅仅意味着采取措施填补因某些人员提升或调离所造成的空缺。维持现状法的另一种形式是配置比例法。一是人员比例法。例如，如果企业过去的管理人员与生产人员的比例为1∶30，亦即1名管理人员管理30名生产人员，那么，如果预测企业生产扩大在未来需要增加300名生产人员，就需相应增加10名管理人员。二是生产单位与人员配置比例。譬如，如果每个生产工人每日可生产400单位产品，其比例是1∶400，在劳动生产率不变的条件下，假定企业每日要增加80 000单位产品，就要增加200个工人。

B. 单元预测法。单元预测法是一种定量加定性的"自下而上"方法。它要求下层管理人员对下一预测期内其管辖单位内的人员需求进行预测，然后将各单位的预测结果加以汇总，得出总需求。单元预测方法可以是规范化的和非规范化的。规范化的单元预测要求每个单位的经理或主管人员填写一张问卷。问卷涉及未来工作的性质、要求、岗位空缺以及这些空缺能否通过培训或调动来加以补充或必须进行外部招聘等内容。非规范化方法要求每个单位的经理或主管呈报完成所有工作所需的新增人员数量,这种方法简单但主观随意性较大,提供的数据可能不大准确。

②中长期预测法

A. 德尔菲法,又称专家预测法。在作中长期规划时,必须明确企业的中长期发展方向、企业发展规模和趋势。这就要求专家综合分析技术、经济、法律和社会环境的变化,并提出自己的结论。德尔菲法可以综合分析影响企业将来发展方向和人员需求的各种因素。通过问卷调查来获得各个专家对相关问题的独立判断意见。

B. 多方案法。是指综合分析各种影响因素以预测在每一特定环境下的人员需求。例如,某一企业的人员需求主要受经济环境、竞争对手强弱和技术变化的影响,则这三类因素的不同组合形成不同的环境条件。利用多方案法可以预测在每一对应环境下的人员要求,有利于企业根据不同环境条件下的人员需求制定相应的政策和措施。

(2) 人力资源供给预测

在进行了人力资源需求预测后,还应对人力资源供给进行预测,即估计在未来一段时间内企业可获得的人员数目和类型。在进行人力资源供给预测时,要仔细地评估企业内部现有人员的状态和他们的流动状况,即离职率、调动率和升迁率。

①预测企业内人力资源状态

在预测未来的人力资源供给时,首先要明确的是企业内部人员的特征:年龄、级别、素质、资历、经历和技能。必须收集和储存有关人员发展潜力、可晋升性、职业目标以及采用的培训方向等方面的信息。技能档案是预测人员供给的有效工具,它含有每个人员技能、能力、知识和经验方面的信息,这些信息的来源是工作分析、绩效评估、教育和培训记录等。技能档案不仅可以用于人力资源规划,而且也可以用来确定人员的调动、提升和解雇。

②人员流动的分析

预测未来的人力资源供给不仅要分析目前供给的状态,而且必须考虑人员在组织内部的运动模式,亦即人员流动状况。人员流动通常有以下几种形式:死亡和伤残、退休、离职、内部调动等。制定人力资源规划,需要知道人员流动模式和变动率,包括离职率、调动率和升迁率,可以采取随机模型计算出来。企业人员变动率,即某一段时间内离职人员占员工总数的比率,由下式得出:

$$人员变动率 = \frac{年内离职人员}{年内在职人员平均数} \times 100\%$$

(3) 供给与需求的平衡

在确知人员的供给与需求之后,将两者进行对比,决定预测期内某一时期企业对人员的净需求,即预测的需求值与供给值之差。

在对人员供给和需求进行平衡时,不仅要确定整个企业的净需求,而且要确定每一岗位的净需求。这是因为在总需求与总供给平衡的情况下,某些岗位的人员有可能短缺，而另一些岗位的人员却有剩余。同时，在人员供求进行平衡时，要对人员短缺岗位人员技能的需求与人员剩余岗位的剩余人员所拥有的技能进行比较，以便于在进一步的人力资源规划中采取相应的政策和措施来解决人员剩余与短缺问题。例如，如果两者的技能相似，就可以把剩余人员直接调整到人员短缺的岗位上去。

11.2.2　企业人力资源的配置

1) 企业工作分析

(1) 工作分析的概念

工作分析又称职务分析(job analysis)，是指对某项特定的职务做出明确规定，并确定完成这一职务需要什么样的行为的过程，是对该职务的工作内容和工作规范(任职资格)的描述和研究过程。即在分析特定职务要求的基础上，制定职务说明书和职务规范的系统过程。

(2) 工作分析的主要内容

①工作分析要素：什么职务？做什么？如何做？为什么做？何时完成(什么时候做)？为谁做？需要什么知识与什么样的知识、技能或经验？

②工作说明：就工作岗位有关的工作范围、目标(任务)、责任、权力、方法、工作联系、工作环境、人员组合及直接上级、直接下级等进行分析和研究。同时，必须明确任职条件，比如明确的学历、专业、经验与技能、品德等要求。

③工作规范：工作规范就是指完成一项工作所需的技能、知识以及职责、程序的具体说明。工作规范应列入工作手册中。

只有明确了某一职位的任职条件，才能招聘到相应的人才。

(3) 工作分析程序

企业工作程序分析，分为准备阶段、调查阶段、分析阶段和完成阶段四个阶段，如表11.2所示。

表11.2　工作分析程序

阶　段	内　容
准备阶段	明确意义、目的、方法、步骤
	宣传解释，使有关人员有心理准备
	建立组织机构——工作小组
	确定调查分析样本
	将工作分析分解为若干元素和环节

续表

阶　段	内　容
调查阶段	确定所需信息类型
	识别工作信息来源
	编制调查问卷和提纲
	确定调查方法
	广泛收集信息，注意必备信息的收集
分析阶段	审核信息
	分析发现关键信息
	归纳总结必需信息
完成阶段	编制工作描述和工作说明书

2）企业工作描述与岗位规范

（1）工作描述

工作描述是对企业中某一特定工作进行具体说明。明确某工作的物质特点和环境特点，对工作的范围、任务、责任、技能、工作环境及职业条件的详细规定。包括：

①职务名称。指企业对一定的工作活动所规定的职务名称或职务代号，以便于对各种工作进行识别、登记、分类以及确定企业内外的各种工作关系。

②工作内容和工作程序。包括所要完成的工作任务、工作职责、使用的设备与材料、工作流程、与其他岗位的工作关系、接受监督及进行监督的性质和内容。

③工作条件和工作环境。包括工作地点的温度、光线、湿度、噪音、通风及工作位置和地理环境。

④社会环境。包括工作群体的情况、同事的特征及相互关系、社会心理氛围、各部门之间的关系以及工作点内外的文化设施、社会习俗等。

⑤聘用条件。包括工作时间、工资结构、支付工资的方式、福利待遇、晋升机会、进修机会、该工作在企业中的正式位置与地位等。

（2）岗位规范

为了有利于员工工作的顺利进行，在实际工作中需要对工作描述进行更加详细和具体的说明，规定执行一项工作的各项任务、程序以及在工作中所需的特定技能、知识、能力和其他身体和个人特征的最低要求。为此，企业可在工作分析的基础上，单独设立岗位规范或将该内容编入员工工作手册中。

岗位规范是完成某项工作所需技能、知识、品格等生理要求和心理要求，以及对工作程序、任务的具体说明，是工作分析结果的重要组成部分。具体包括以下方面的内容：

①知识背景要求；

②工作技能要求；
③生理要求；
④心理要求；
⑤其他要求。

11.3　运输企业人力资源的招聘与培训

11.3.1　运输企业人力资源招聘

1) 人力资源招聘原则与程序

（1）人力资源招聘原则

招聘是人力资源管理的基础，在运输业务活动中，有一批高素质的运输从业人员是保证运输企业各项工作顺利开展并不断创新发展的重要保证。因此，运输企业人力资源管理部门招聘优秀人才加入员工队伍成为其重要的工作职责之一。为保证招聘工作的科学、高效，需要在人力资源招聘工作中遵循六项基本原则：

①公开公正原则；
②平等竞争原则；
③德才兼备原则；
④人尽其才原则；
⑤择优培养原则；
⑥尊重人才原则。

（2）人力资源招聘程序

员工招聘的过程是发现求职者并根据工作要求对他们进行筛选的过程，这个过程通过合理的渠道宣布哪些岗位出现空缺，并对求职者做出评估，以选择合适的人选。运输企业员工招聘工作是一项系统工程，由一系列活动构成，并需要遵循合理的工作程序，具体包括以下主要环节：

①制定招聘计划。在人力资源规划与工作分析的基础上，根据工作描述和岗位规范，确定具体的用人标准和任用人员种类与数量。

②确定招聘途径。确定是通过内部选拔还是外部招聘，以及以什么形式发布招聘信息，建立运输企业与求职者的沟通渠道。

③收集求职申请。求职申请是企业了解求职者情况的最基本方法。通过求职申请，运输企业可以大致了解应聘者的基本条件，并作为对应聘者面试和综合判断的依据。

④检查分析应聘者个人资料。为了进一步了解应聘者的情况，需对应聘者此前所从事职业的情况、工作的情况、学习的情况及工作成绩、同事关系等进行核实和分析。

⑤面试。通过与应聘者面对面的接触，可以帮助企业认识应聘者仪态仪表、沟通能力、表达能力以及其对工作待遇、工作环境、职业发展的要求，了解应聘者知识和技能水

平。面试可以分多次进行。每次了解和测试的重点不同,最后,综合判定应聘者与拟招聘职务要求的符合程度。

⑥审批。将应聘者的求职申请、背景资料、面谈记录等统一汇总,由运输企业高层管理者审批。

⑦录用。在完成以上各环节后,应给录用者正式书面的录用通知,对未录用者也要正式通知。并感谢其对企业的信任,表达美好的祝愿。

2) 人力资源招聘渠道

运输企业为空缺岗位招聘新员工,主要分为内部选拔和外部招聘两大类途径。

(1) 内部招聘渠道

当运输企业发生职位空缺时,首先就考虑内部招募,挖掘企业内部人力资源价值。内部招募又分为两种形式。

①内部提升。当运输企业中较高层次和较重要岗位需要人才时,让企业内部符合条件的员工从一个较低级的岗位晋升到较高级的岗位就是内部提升。内部提升是企业人力资源开发的重要途径,可以激励员工奋发向上的斗志,形成稳定的企业文化。

②内部调用。将员工从原来的岗位调往同一层次的空缺岗位的过程就是内部调用。内部调用也是企业人力资源配置的重要方式,它有利于管理者深入了解员工的能力,同时也可以给员工带来更大的挑战,使员工可以锻炼自己以胜任企业各岗位工作,为更大的发展奠定基础。

(2) 外部招聘渠道

外部招聘是企业经常采用的方式,运输企业可以选择不同的招聘渠道,实现外部人才招聘。

①人员推荐。人员推荐是由运输企业内部员工或关系单位推荐合适人选。该方式可以减少招聘环节,降低招聘费用,提前对应聘者进行了解,但处理不好也可能给企业带来麻烦,影响招聘的公正性。

②招聘会。招聘会是由专职介绍机构组织。在特定时间和地点,为招聘者和应聘者提供接触和沟通机会的活动。该方式的最主要优点是企业可以在短时间内一次性接触到众多的应聘者,提高招聘的效率。但招聘会只是为企业提供了一次机会,能否吸引人才和招到适合企业需要的员工,还需按招聘程序做大量细致的工作。

③学校招聘。每年毕业的大量各类学校的毕业生为社会和企业提供了备选人才。年轻的知识型人才加入企业,可为企业带来生机和活力。但对缺少工作经验的刚毕业的学生,企业需投入大量人力、物力对其进行培训,以使他们更快地适应工作岗位的要求。

④公开招聘。公开招聘是运输企业向企业内外人员公布招聘计划,为各类人才提供公平的竞争机会,择优录用合格人员到企业各类岗位工作的活动。公开招聘可通过各类媒介向社会宣布,其中报纸、电视、杂志、广播、网络是最常见的广告媒体。该方式的优点是信息发布迅速,传达的信息量大,受众广泛;但广告吸引的应聘者背景复杂、层

次多样,加大了企业人力资源招聘工作中人员筛选的工作量,提高了筛选适合人员的难度。

3）面试与录用

面试是运输企业的招聘者对应聘者进行面对面的测试和甄别,通过对应聘者素质、能力、个性、求职动机等情况的考察分析,判断求职者是否符合所招聘岗位要求的过程。面试可根据所提问形式区分为结构化面试和非结构化面试。结构化面试是就面试考察的要素、内容、标准、步骤等事先进行规范,形成一定的结构程式。结构化面试一般包括工作知识和技能、工作情景反应、工作条件等问题。非结构化面试是招聘者根据招聘要求和应聘者的不同情况提出考察性、情景性问题,从不同侧面了解应聘者情况的面试形式。

面试的程序一般包括：面试准备、面试过程、面试后整理总结三个步骤。面试准备包括对应聘者资格的审查,应聘材料的核实,面试内容、场景和拟问问题准备。面试过程包括三个阶段,一是开始阶段,以一般性了解情况为主；二是进正式面试过程,就求职动机、工作知识和技能、求职者个性特征等进行全面沟通；三是控制面试进程,适时将面试导向尾声。面试后要及时整理、总结面试情况,对应聘者情况进行登记,并提出决策建议。

11.3.2　运输企业人力资源培训

运输企业人力资源培训是企业为提高员工专业知识和技能,改善工作态度,培养企业优秀文化而进行的有计划、有组织的活动。它在知识成为竞争力的主要来源的今天显示出重要的作用。

1）人力资源培训的意义与原则

（1）员工培训的意义

现代企业的竞争是人才的竞争。加强人力资源培训是运输企业人力资源开发的重要途径,其有效运作对运输企业的经营活动与员工素质和工作能力的提高具有双重作用。其意义主要表现在：

①提高员工修养与素质。随着现代运输产业的发展,运输企业对员工素质的要求越来越高。无论是管理者还是具体操作人员,都应具备完成本岗位工作的基本知识和技能。同时,员工个人修养的完善和整体素质的提高,对企业适应现代运输业的技术要求和发展趋势都起重要的作用。现代运输企业面临的是知识更新日益加快,顾客需求日新月异的竞争状况,如果运输企业员工不能坚持学习,不断提高自身修养和素质,就很难适应运输业整体快速发展的现状。

②促进员工掌握运输专业技能。运输企业的许多工作对专业技能具有明确的要求,培训可以帮助员工适应技术的发展,掌握专业的技能,如计算机技术、GPS技术等。

③减少劳动损耗,降低成本。培训是运输企业减少损耗、降低成本的重要途径。有关专家研究显示,培训可以减少73%左右的浪费。对员工进行有计划的、有针对性的培训教育,可以提高员工工作效率,减少工作压力,增强服务意识。

④增强企业凝聚力和竞争力。培训工作不仅仅是员工工作技能的培养,它还可以增强企业的凝集力和竞争力。通过培训,员工素质得以提高,为员工进一步发展提供了基础,增强了员工职业安全感和企业的凝聚力。另一方面,员工培训还可以强化员工的团队意识,有利于员工之间良好工作关系的建立,创造积极和谐的工作环境,强化了企业的凝聚力。员工技能的提高和工作积极性、主动性的提高,是企业竞争力的主要原动力。

(2) 培训的原则

随着运输现代化和经营全球化时代的到来,过去传统的培训方式已不适应现实的要求,在把员工视为企业最重要资源的情况下,在全面尊重员工个性发展的前提下,员工培训必须遵循以下培训原则:

①明确培训目标原则;

②兴趣与激励原则;

③个体差异原则;

④实践原则;

⑤有利个人发展原则;

⑥效果反馈和结果强化原则;

⑦转移与效果延续性原则。

2) 培训的内容与方法

(1) 培训内容

目前企业中培训的内容很多,但企业界一致认为有三个层次的培训,第一层次是知识培训,第二层次是技能培训,第三层次是素质培训。

①知识培训。这是企业培训中的第一层次。员工只要听一次讲座,或者看一本书,就可能获得相应的知识。知识培训简单易行是其主要优点。运输企业知识培训包括运输业务知识、信息管理知识、安全知识等。

②技能培训。这是企业培训中的第二层次。所谓技能,就是指掌握和运用专门技术的能力。技能一旦学会,一般不容易忘记,例如:驾驶汽车、操作电脑、操作装卸设备等等,都是一种技能。企业中目前在这个层次上的培训很多,主要通过实际操作来学会某种技能,进而提高企业的效益。运输企业技能培训包括业务技能、管理技能和操作技能培训等。

③素质培训。是企业培训中的第三层次,素质有种种解释,这里素质的涵义是指:个体是否具有正确的价值观,有积极的态度,有良好的思维习惯,有较高的目标。素质高的员工,可能暂时缺乏知识和技能。但他会为实现目标有效地、主动地学习知识和技能;而素质低的员工,即使已经掌握了知识和技能,但他可能不用。通过培训,可以使员工的素质提高。这是一种投资少、见效快、作用持久的高层次的培训。运输企业员工素质培训包括企业精神、价值观的塑造、员工忠于职守、团结合作、积极进取等个人品质的培养等。

(2) 一般培训方法

企业员工培训方法多种多样,这里我们所称的一般培训方法是指在企业员工培训中最常用和有效的方法,主要包括四大类。

①课堂讲授法。课堂讲授指利用各种视听媒介,由培训者向受训者直接传授培训信息的方法。这是企业培训中最常应用,而且也是最有效的培训方法。其特点是知识传授直接,信息量较大,操作简单易行。

②案例讨论法。案例讨论法指在培训者的指导下,由受训者就一定案例进行分析、判断、研究、探讨的培训方法。该方法的特点是受训者的广泛参与和自主决策,针对性强。

③角色扮演法。角色扮演法是指受训者扮演一定的角色,参与实际情景的演练,以培养专业技能的方法。其特点是实战性强,直接以特定技能训练和行为模式的培养为目的,效果直接。

④职务轮换法。职务轮换法是指让企业员工在不同工作岗位上边工作边学,通过有经验的同事帮助和自学获得专业知识和技能的方法。

3) 培训过程控制

(1) 效用控制

效用控制是探讨培训项目可以给企业带来何种效用,并对不同效用进行选择和调整。其目的是提高培训的针对性和有效性,具体要注重四个基本问题:一是确认培训可以解决的问题范围。只有当培训是解决问题的首选办法时,培训才是最有效的。二是把握问题的轻重缓急,注重改进业绩。把注意力放到可以解决的问题上,不要奢求一次培训解决所有的问题。三是不要生搬硬套现成的培训方法。把培训需求分解为最小的因素,以利于操作。四是保证培训目的与员工需求的一致性,并保证每一个参训人员充分了解培训的目的和要求。

(2) 效益控制

效益控制的目的是准确衡量和控制培训的成本和收益。通过可衡量的项目,如培训前后运输量和营运额变化量、劳动生产率提高比率、顾客满意率提高情况等计算培训的收益,并通过收益与培训成本的比较,衡量和控制培训的有效性。

(3) 效率控制

效率控制主要是为提高培训过程与培训目标的符合程度,在培训工作的过程管理中,主要是对培训方式和培训媒体等各方面进行的选择。

培训方式的选择,要考虑的因素有:成本计算、调整程度、使用程度等。

为提高培训效率,可运用以下几种方式:

①集中的课堂培训方式是准备起来最快和最方便的方式;

②尽可能激发学习兴趣;

③训练技能时尽可能使用真实设备;

④采用多样性的培训方式与方法。

11.4 运输企业薪酬制度设计与员工激励

11.4.1 薪酬制度设计

薪酬指企业员工因工作关系而从企业获得的各种财务报酬,包括薪金、福利以及各种奖励。薪酬制度设计是根据企业所处市场环境和内部人力资源状况,制定相应的薪酬政策,在此政策指导下,进行组织结构调整和工作职位评价,并据此设置企业薪酬的总体水平和结构。薪酬制度包含了薪金制度、福利制度和奖励制度三个方面。

1) 薪酬制度设计的目标及其影响因素

(1) 薪酬制度的目标

从企业人力资源激励的角度分析,薪酬是员工个人行为导向的目标和工作动机产生的源泉,是激励有效性的关键变量。同时,薪酬也是企业人力资源稳定性的重要保障。为实现薪酬对员工的有效激励和企业人力资源的基本稳定,薪酬制度设计必须实现五大基本目标,即公平目标、激励目标、效益目标、竞争目标、保障目标。

(2) 影响薪酬制度的因素

①法律法规因素。运输企业作为服务型企业,人员素质参差不齐,涉及岗位、工种多样,法律法规是影响企业薪酬制度的首要因素。《劳动法》是我国保障员工合法权益的基本法律,其中的很多条款与企业薪酬制度有关,如同工同酬、员工最低工资、加班和福利报酬等。此外,法律法规还对企业员工的劳动时间、社会保险等进行了相应的规范。

②社会因素。运输企业作为社会大家庭的一员,其薪酬制度设计还受到社会环境不断变化发展的影响。如社会保险体系的建立改变了过去完全由企业提供员工退休、疾病,甚至住房等福利保障的情况。另一方面,社会薪酬总水平和同行业的薪酬水平也对运输企业薪酬制度的设计产生重要的影响。运输企业在制定本企业薪酬制度时,需要从社会的角度分析并确定本企业的薪酬水平。最后,人力资源供求状况也是影响企业薪酬设计的重要社会因素。在运输业快速发展的情况下,运输专业人才的严重匮乏,将使运输企业不得不以较高的薪酬来吸引和留住人才。

③组织因素。运输企业自身的报酬政策也是影响员工薪酬水平和薪酬结构的重要因素,它是企业薪酬制度设计的指南。如企业为严格控制人员成本并严格员工素质要求,就可以在法律规定的范围内,适当延长新员工的见习期限,严格控制加班次数和时间等。

④员工因素。员工的数量、工作量、职位高低、技能水平、工作条件都是影响薪酬的重要因素。如企业中职位较高的员工负有较大的责任,其管理和决策对企业的生存与发展具有较大的影响,其薪酬自然应该较高。再比如企业可以为员工提供较大的发展空间和各种类型的素质技能培训,可以适当弥补员工报酬上的不足,此时,较低的报酬也可以造就忠诚的员工。

2）薪酬制度的设计

薪酬制度包含了薪金制度、奖励制度和福利制度三个方面。

（1）薪金制度的设计

薪金制度包含了薪金水平和结构、支付方式及增减的相关政策。在此，主要讨论薪金水平和薪金结构的设计。

①薪金水平。薪金水平是指企业员工的平均薪金。运输企业在确定企业薪金水平时，需要分析社会和同行业的薪金水平，尤其是要考虑竞争对手的薪金水平，并结合企业自身的实际。在以下三种决策方案中做出选择：

ⓐ高于竞争对手的薪金水平；

ⓑ相当于竞争对手的薪金水平；

ⓒ低于竞争对手的薪金水平。

以上三种薪金水平决策各有利弊，第一种选择适应了运输企业作为服务型企业，对员工工作热情和工作技能依赖较强的特点，可以吸引和留住优秀员工。并通过员工积极主动的工作，创造更高的效率和更多的价值；第二种选择可以吸引和留住称职的员工，同时企业也可以采取各种形式的培训、福利和奖励来吸引优秀人才；第三种选择往往是企业的无奈之举，虽然企业可以降低劳动力成本，但同时也降低了企业在劳动力市场上的竞争力，如果企业不能同时提供更好的福利和奖励措施，以及更大的发展空间，将影响企业长期的发展能力。

②薪金结构。运输企业根据自身的特点和不同岗位的要求，可以选择不同的薪金结构，就运输企业而言，以下三种结构模式是最常见的模式。

ⓐ结构式薪酬模式：结构式薪酬模式把薪金分为基础工资、职务工资、工龄工资、效益工资、津贴等几个部分。基础工资是结构式薪金中相对固定不变的部分。具有维持和保障员工基本生活的职能。职务工资是运输企业根据岗位和工作需要而确定的工资，反映员工在企业中所负责任的大小。工龄工资是员工在企业工作年限的反映。效益工资则有奖励的性质，以浮动形式反映企业整体效益和员工对企业的实际贡献。结构式薪酬模式操作简单，适合中小运输企业应用。

ⓑ岗位等级薪酬模式：岗位等级薪酬模式是按照不同岗位和同一岗位上不同等级而确定薪酬标准的薪酬制度。运输企业在确定岗位等级标准时要充分考虑岗位规模、职责范围、工作复杂程度和人力资源市场价值四个方面的因素。

- 岗位规模是指该岗位在企业中的重要程度及影响范围；
- 职责范围则指完成工作独立性难度、沟通频率和方式等；
- 工作复杂程度是指任职资格、解决问题的难度、工作环境等；
- 人力资源市场价值则是指市场对该岗位人才的供求状况所决定的该类人才的市场价值。

企业人力资源部门通过对以上四个因素的分析。确定各个岗位和同一岗位不同等级之间的劳动差别和薪金差别。

ⓒ计件薪酬模式:计件薪酬模式是根据员工生产活动所产出的数量、质量及所规定的计价方式而支付劳动报酬的薪酬制度。它可以反映不同等级之间的劳动差异,也可以反映同一等级之间的实际劳动差异,比较适合较低等级可准确计量的工作岗位的一种薪酬形式,如运输企业运输、装卸、包装等操作性工作。

(2) 奖励制度的设计

奖励制度设计的目标是最大限度地激励员工的工作热情。促进员工工作效率的提高。奖励分为物质奖励和精神奖励两种形式。奖励制度的设计要注意以下几个方面:奖励的价值和数量、奖励的时间、奖励的公平性和对奖励的喜爱。奖励的公平性由公平的考核制度来解决。一般来说,公司应对员工上一年度的出色业绩予以及时的奖励。

运输企业员工奖励制度设计可考虑通过多项考核指标综合评定而确立的综合奖和针对员工完成某一项指标情况而确立的单项奖。综合奖的设立需要预先制定考核指标和员工完成指标的得分,并在此基础上确定各指标的权重进行汇总,以总分的多少确定奖励等级。综合奖随企业经济效益的变化而增减。单项奖则对员工某一特定方面的劳动贡献进行针对性奖励,考核简便易行,有利于促进特定工作的开展和改进企业管理中的薄弱环节。如技术改革能手奖、运输安全奖、节约奖等。

(3) 福利制度设计

员工福利泛指运输企业内所有间接报酬,多以实物或服务的形式支付。运输企业要重视设置适当的具有竞争性和激励力度的员工福利制度,因为它一方面能满足员工生活的部分需要(如各种加班、乘车、伙食、住房等津贴与补助),同时还可以满足他们的社交与休闲的需要(如各种有组织的集体活动、带薪休假等)及安全需要(如医药费报销或补助、公费疗养等)。另一方面,福利同薪资、奖金一样,也是企业激励员工的重要方式。

首先,有竞争性的福利制度可以吸引和留住人才。人们在选择职业时,越来越把优厚福利作为重要的选择标准;企业员工的满意度也越来越依赖于企业所提供的福利。

其次,福利制度对企业的生产率提高与运营成本的降低,都有着间接而巨大的积极作用。全面而完善的福利制度。使员工享受周到的体贴和照顾,从而体会到企业这个大家庭的温暖,产生出一种大家庭的认同感和归属感,从而增强责任心和工作热情。这是一种很宝贵的持久而自觉的激励力量,与某一次单项奖励的作用相比,更具根本性与内在性。

按常规划分方法,福利通常可分为强制性福利和自愿性福利。前者是根据政府的政策法规要求,所有在国内注册的企业都必须向员工提供的福利。如养老保险、医疗保险、失业保险、公积金(即"四金")、病假、产假、丧假、婚假、探亲假等政府明文规定的福利制度,还有安全保障福利、独生子女奖励等;后者则是企业根据自身特点有目的、有针对性地设置的一些符合企业实际情况的福利。

11.4.2 员工激励

激励是一种心理推动力。它激发人们产生向着期望目标前进的行为动机。对人的激励过程是：刺激变量（目标、诱因等）促使机体变量（需要、动机、情绪等）被激活并处于兴奋状态，引起个体的行为反应，从而实现目标。在此过程中，未满足的需要是激励的开端，需要的满足则是激励过程的终结。然后是新的需要引发新一轮激励过程。可见需要是人类一切行为的出发点。在实施激励时，无论采用何种激励模式都要考虑员工的各种需求，把组织目标和个人利益尽可能结合起来，从而激发人的工作动机。

1) 激励的原则

目前，并没有适用于一切人和一切环境的激励制度和激励方法。在管理中，激励是充分展示管理者管理艺术的管理活动。在管理过程中，激励必须因时因地而异。但这并不等于说激励就没有一定的规律可循，同其他管理职能一样，激励也必须遵循如下一些基本原则：

（1）理解人、尊重人

激励的根本目的是要调动人的积极性。与其他管理职能相比较，激励是做人的工作的艺术。激励得当，人们的工作热情高涨；反之，人们的情绪低落，组织的目标就难以实现。做好人的工作，其前提必须理解人、尊重人。

人的行为具有多变性、多样性、创造性，但也遵循一定规律。管理者必须认识这种规律。

首先，一个人的工作态度好、热情高，或者恰恰相反，工作积极性不高，效率低，都有一定的原因。了解人就是要认识人，找到这种原因。

其次，做好激励工作，还必须理解人。仅了解人，知道了事情为什么是这样还不够，还应该站在当事人的立场上考虑问题。由此才能找到解决问题最有效的办法来。

最后，激励还必须尊重人。无论是正激励的表扬，还是负激励的批评，都必须考虑受激励者所处的情境，采取合适的方式，只有真正地尊重他人，激励才会为人们所接受，奖励不被人们认为是恩赐，批评不被人们当做是打击。

（2）时效原则

时效原则是指奖励必须及时，不能拖延。一旦时过境迁，激励就会失去作用。实践一再证明，应该表扬的行为得不到及时的鼓励，会使人气馁，丧失积极性；错误的行为受不到及时的处罚，会使错误行为更加泛滥，造成积重难返的局面。

把握好激励的时效是一种艺术。一般来说，正激励多在行为一发生就给予表扬，给予支持。对错误的行为，先应及时制止，不让其延续下去或扩散开来，批评及其他的惩罚措施，就应根据不同的情形分别处理。因为在有些情况下，当场的严厉批评会使受批评者面子上过不去，进而产生对立情绪，甚至发生矛盾冲突。在这种情况下，适当的冷处理或许是十分必要的了。

（3）功过分开，一视同仁

我国传统文化在奖励问题上有一种将功抵过的主张,这是不符合现代管理的要求的。奖赏与惩罚应当分明。这不仅指对该奖的人给予奖赏,对该罚的人给予惩罚,而且还包含着对同一个人的功过应当严格区分,分别处理。有功当赏,有过当罚,不能将功抵过,扯平完事。

(4) 以奖为主,以罚为辅

奖励和惩罚都属于激励,最终目的是一样的,调动人的积极性,消除组织中存在的消极因素,根据个人不同情况,在偏重赏或者偏重罚之间适当地选择。但在激励时,应执行以奖为主、以罚为辅的原则。因为完成组织的目标,最终还要靠调动人的积极性和创造性,要激励员工努力工作。

(5) 物质奖励与精神奖励相结合的原则

物质利益是人们行为的基本动力,但不是惟一的动力。任何人都不可能仅为物质利益而活着。现实生活中,人们的需要是多方面的,既有物质方面的,也有精神方面的,只不过对于不同的人而言,两种需要的强度有所不同罢了。所以,奖励必须注意物质奖励与精神奖励相结合。无论片面地强调哪一方面都是不正确的。

物质奖励与精神奖励相结合也是针对激励制度而言的。对某一件事、某一个人来说,一次奖励,可能只是物质的,也可能只是精神的,或者是相结合的。

(6) 实事求是,奖惩合理

无论是正向激励,还是负向激励,都必须实事求是,掌握好分寸。这也是激励的艺术性所在。要做到实事求是,奖罚合理。首先,必须端正奖罚的思想。奖励不能惟奖励而奖励,不能借奖励来拉关系,培植山头势力;不能故意拔高成绩,树立虚假典型;也不能搞平均主义,人人有份。批评、惩罚,也应该从事实出发,对事不对人。不能无限上纲,更不能借机打击报复;也不能因为受罚者是与自己关系不错的人,文过饰非,大事化小,小事化了。其次,还要掌握应用激励工具的艺术,特别是语言艺术。无论是奖励还是批评、惩罚,都要运用一定的语言表达出来。不同的语言或同一语言在不同的情况下,会表达出不同的激励强度。学会运用语言的艺术,一是要学会准确用语,用语要得体;二是要学会因时因地用语。注意形式和地点。同样的语言,在大会上说出来与个别谈话时说出来,作用是大不一样的。掌握好奖惩的分寸,必须苦练语言运用艺术。

2) 激励的形式

激励的形式主要有以下两种:

(1) 外在的激励形式

包括福利、晋升、授衔、表扬、嘉奖、认可等。其中奖惩是一种最为常见的激励形式。奖惩就是运用奖励和惩罚的手段强化和改变人的行为。奖励往往与更高的需要有关。包括获得工作成就,达到高水平的目标等奖励活动,以获得尊重和自我实现的满足。当提供积极的奖励不起作用时,有时又需要采取适当的惩罚来激发、强化和控制人的行为,包括批评、调职和降级等。要注意的是,奖励不仅是指单纯的发放奖金,而是指从多方面进行正强化刺激。例如,对不同的人员采取不同的激励手段,对于低工资的员工,发放奖金十分重要;对于管理人员,尊重其人格,鼓励其创新则更为重要。同时,还要注意奖励的时机和频率。

(2) 内在的激励形式

包括学习新知识和新技能、责任感、胜任感、成就感等,工作和培训教育是两种常见的内在激励形式。

工作是指通过分配恰当的工作来激发员工内在的工作热情。主要包括两方面的内容:一是工作的分配要尽量考虑到职工的特长和爱好,人尽其才;二是要使工作既富有挑战性,又能为员工接受。

培训教育是通过思想、文化教育和技术知识培训,来提高员工的素质增强其进取精神,激发其工作热情。员工在参与运输企业活动中的工作热情和劳动积极性通常与他们的素质有极大关系。一般来说,自身素质好的人,进取精神较强,对高层次的追求较多,在工作中对自我实现的要求较高。因此,比较容易自我激励,能够表现出高昂的士气和工作热情。所以,通过教育和培训,以提高他们的素质,从而增强他们自我激励的能力,也是管理者在激励和引导下属行为时通常可以采用的一种重要手段。

3) 激励的方法

(1) 与情感相关的激励

①尊重激励。自尊心是一种高尚纯洁的心理品质,是人们潜在的精神能源、前进的内在动力。人人都有自我尊重、自我实现的需要。总是要竭力维护和努力争取自己的名誉、威信、尊严。一个人的自我尊重的需要得到满足,就会充满自信心,对他人满腔热情,感到生活充实、人生有价值。反之,一个人的自尊心受挫,就会消极颓废、自暴自弃、畏缩不前。值得注意的是,不同文化环境中成长起来的人,对尊重的理解是不一样的。东方文化认为尊重人主要是给面子,不能伤面子;而西方文化认为给面子不是真正的尊重。尊重是实事求是地承认个人的价值。类似这种差别在管理中应该值得注意。

②关怀激励。就是把他人的政治利益、物质利益和精神需要时刻放在心里。对他人的工作、学习、生活、成长和进步给予关心和支持。通过关心他人的冷暖和切身利益,帮助排忧解难,使其认识到自我的价值。从内心深处受到感动,打动心灵,从而产生精神动力,积极工作,多做奉献。

③表扬激励。表扬激励就是对好人好事给予公开赞扬,对人们身上存在的积极因素和积极表现及时肯定、鼓励和支持。从心理学来讲,人们喜欢接受表扬,不愿接受批评。从每个人的身上看,积极因素总的来说始终是占主要方面的,消极因素是占次要方面的。表扬激励有利于调动积极因素。把消极因素转化为积极因素,把大多数人的积极性调动起来,促进工作开展。

④荣誉奖励。正常人都有荣誉感。荣誉激励包括发给奖状、奖旗、奖牌、给予记功、授予称号等,以此来激发广大管理者、员工的工作热情,调动人们的积极性。

(2) 与制度相关的激励

①目标激励。目标是人们有意识活动所指向而要达到的目的,是人们活动所追求的预期效果。目标激励方法,就是通过设置一定的目标来调动和激发员工积极性的一种方法。采用目标激励方法,是因为人是有意识的,人的行为是有目的的,是为了达到某个目标而努力的。所以,目标本身就是一种刺激,通过这种刺激可以激发员工的积极性。

②组织激励。组织激励就是尽可能地明确每个组织成员的责任,并让员工多承担责任,同时享有相应的权力,做到责、权、利的统一。这种激励形式包括:组织在建立严格的责任制的同时,积极推进各种形式的民主管理;还可以运用组织的各种规章制度激励员工。

③考核激励。就是对员工的思想、业务水平、工作表现和完成任务方面考核,对业绩突出、表现优秀者给予奖励、晋升,对不胜任者要换职换岗,必要时还应降职处理。这种做法的目的是给员工造成一种压力,克服干好干坏一个样的状态,从而促使其振奋精神、积极进取。

④危机激励。危机就是潜在的危险。危机激励就是从反面激励,就是从关心人的立场出发,帮助分析问题和找出存在的问题的原因,给人指出坚持某种观点、主张、做法可能会产生的不良后果以及危害,使人产生危机感,从而转变自己的态度、观点和行为,焕发精神,树立信心,鼓起勇气,积极进取。

(3) 与物质相关的激励

物质型激励法是指通过满足人们对物质利益的需求,来激励人们的行为,调动人们的工作积极性的方法。物质利益是人们生存和发展的基础,是基本的利益。当然,不同的人对物质利益的要求是不同的,有的强烈,有的淡薄。但总的来说,它仍是现阶段最重要的个人利益之一。所以说,物质型激励方法也是管理中最重要的激励方法。

①晋升工资。晋升工资就是提高职工的工资水平。工资是人们工作报酬的主要形式。它与奖金的主要区别在于工资具有一定稳定性和长期性。工作有成效的职工如果获得晋升工资的奖励,毫无疑问是重大的物质利益。因此,晋升工资的激励方法一般是用于一贯表现好、长期以来工作成绩突出的职工。

②颁发奖金。奖金是针对某一件值得奖励的事情给予的奖赏。奖金与工资不同,它的灵活性大,不是一种例行收入。奖金是对人们工作成果的一种肯定,所以说颁发奖金也是一种重要的物质型激励手段。除了货币性的奖励之外,常用的还有住房、轿车、带薪休假等可为人们提供物质利益的激励手段。

③产权激励。产权激励实际上是一种最古老、最基础的奖励方法。运用产权激励主要是通过建立规范的内部员工持股制度,员工持有了本公司的股票,享有选举权,参与决策管理权、资产受益权等,使个人利益与公司兴衰紧密联系,重新确立主人翁的地位感和责任感,企业的凝聚力也就随之大大增强。

11.5 运输企业员工的绩效评估

11.5.1 员工绩效评估的意义与特点

1) 绩效评估的概念

员工的工作绩效,是指经过评估并被企业认可的工作行为、表现和结果。对组织而言,绩效就是任务在数量、质量和效率等方面完成的情况;而对员工而言,绩效则是上级和同事对自己工作状况的评价和认可。

员工绩效评估是指对员工现任职务职责的履行程度,以及担任更高一级职务的潜力,进行有组织的并且是尽可能客观的考核和评价的过程。绩效评估本身不是目的,而是一种手段。

从内涵上说,绩效评估有两层含义:一是考核员工在现任职位上的业绩;二是考核员工的素质和能力。

从外延上说,绩效就是有目的、有组织地对日常工作中的人员进行观察、记录、分析,作为以事实为基础的客观评价的依据。

绩效评估是按照一定的标准,采用科学的方法来检查和评定企业员工对职位所规定职责的履行程度,以确定其工作成绩的管理方法。企业之所以要进行绩效评估,首先是希望对员进行全面考核,判断他们是否称职,从而切实保证员工的报酬、调配、培训等工作的科学性,这就是绩效评估的考核性。其次,希望通过绩效评估,帮助员工找出自己绩效差的真正原因,激发员工的潜能,可称为绩效评估的发展性。

2) 绩效评估的目的与原则

(1) 绩效评估的目的

①通过正确的指导,强化员工已有的正确行为和克服在考核中发现的低效率行为,不断提高员工的工作执行能力和工作绩效。

②通过对员工能力和能力发挥、工作表现及工作绩效进行考核,为员工晋升、工资、奖金分配、人事调整等人力资源管理活动提供可靠的决策依据。

③通过考核过程和对考核结果的合理运用,促进管理者和被管理者的沟通,营造激励员工奋发向上的积极心理环境。

④强化管理者的责任意识,不断提高管理者的管理艺术和管理技巧,提高组织的管理绩效。

(2) 绩效评估的原则

①对企业的高、中、低层员工均应进行考核。当然,不同级别员工考核要求和重点不同。

②程序上一般自下而上,层层逐级考核,也可单项进行。

③制定的考核方案要有可操作性,是客观的、可靠的和公平的。

④考核要有一定的透明度,不能搞暗箱操作,甚至制造神秘感、紧张感。

⑤提倡考核结果用不同方式与被评者见面,使之心服口服、诚心接受,并允许其申诉或解释。

⑥大部分考核活动应属于日常工作,不要过于频繁地冲击正常工作秩序,更反对无实效地走过场、搞形式主义。

3) 绩效评估的特点

(1) 全面性

传统意义上的考核,仅表现为考核者对于被考核者的单向考核,也称之为90°考核。而当今人力资源体系平台所涉及的考核管理中,考核者要接受来自四个角度的不同侧重的考核:即考核者不仅要接受授权考核者的单向考核(称之为90°考核),而且被考核者也要对考核者的考核评估给予评估,实质上是对被考核者本人的自我考核(称之为180°考核),同时被考核者所在部门还要接受相关部门(称之为270°考核)和公司上级(称之为360°考核)的考核。综观上述考核过程,可以清晰地感受到,与传统意义上的考核比较而言,当今的考核管理突出的特点之一就是"合理与全面性"。

(2) 考核结果量化

以往考核评估结果的表现方式侧重于定性的评估,如:"很好、好、较好、一般、较差"、"A^+、A、B^+、B、B^-、C、D"等等。这种评估结果的表现方式只能将被考核者依次划分成几个具有相同评估水平的工作团队,但是在工作团队内部如何再进行细分,则缺乏任何客观参照标准,只有靠主观判断,一些问题由此产生。另外各部门的此种评估方法无任何标准而言,完全视考核者的个人情况而定,同时造成部门之间的考核成绩具有不可比性,这就给公司统一的配套政策的实施带来障碍。现代意义上的考核强调考核结果量化,即以绝对数值形式表现:"57、66、75、89"、"2.65、3.59、4.62"、"26%、67%、75%、92%"。如此这样,则完全可以避免上述问题的发生。

(3) 考核体系设计趋于科学、合理

与过去考核仅侧重于强调某个方面相比较,现今考核体系一般通过三个方面,即工作态度、工作能力、业务目标达成度,较为系统全面地对被考核者进行考核;同时结合被考核者的工作特点,对于三个方面进行彼此权重的调整,以更符合被考核者的实际工作情况。

(4) 考核结果与员工个人利益密切相关

考核结果与员工的利益紧密相关是新旧考核的又一区别。人力资源管理理论强调:员工的个人利益完全取决于其对公司的业绩贡献,而只有通过考核,才能真实反映员工的业绩和贡献。涉及员工利益的具体表现:薪资调整、晋升、奖励、岗位移动等变化的依据主要来自于考核结果。

关注"绩效考核",是企业管理逐步走向规范与成熟的具体表现;有效的考核不仅是员工个人利益与发展的需求,也是企业科学规范管理,不断提高内部运营质量,降低运营成本,提高运营效益的要求和实现手段。同时,不否认"绩效考核"也是一把双刃剑,但只要企业正确地确立工作指导原则，采取科学严谨的工作方法，相信"绩效考核"这一传统的管理方式必将焕发出新的活力。

11.5.2 绩效评估程序

一般而言，绩效评估工作大致要经历制定评估计划、确定评估标准和方法、收集数据、分析评估、结果运用五个阶段。

1) 制定绩效评估计划

为了保证绩效评估顺利进行，必须事先制订计划，在明确评估目的的前提下，有目的地选择评估的对象、内容、时间。

2) 确定评估标准和方法

(1) 绩效评估标准

绩效评估必须有标准，作为分析和考察员工的尺度，一般可分为绝对标准和相对标准。

①绝对标准。如出勤率、差错率、文化程度等以客观现实为依据。而不以考核者或被考核者的个人意志为转移的标准。

②相对标准。如在评选先进时，规定 10％的员工可选为各级先进，于是采取相互比较的方法，此时每个人既是被比较的对象，又是比较的尺度，因而标准在不同群体中往往就有差别，而且不能对每一个员工单独做出"行"与"不行"的评价。

一般而言，评估标准采用绝对标准。绝对标准又可分为业绩标准、行为标准和任职资格标准三大类。

ⓐ业绩标准：如对生产工人的定额要求，对独立核算单位的利税指标，均属于业绩标准。

ⓑ行为标准：如上班时间不准看报纸，不准闲聊，不准在工作场所喧哗、打闹等。

ⓒ任职资格标准：如要求企业财会主管必须有大学以上学历，具有高级会计师职称，有 5 年以上从事财会工作的经验等。

(2) 绩效评估方法

绩效评估方法直接影响运输企业绩效评估工作的开展和评估结果运用的有效性。绩效评估常用的有以下方法：

①业绩评定表。所谓业绩评定表就是将各种评估因素分优秀、良好、一般、合格、不合格（或其他相应等级）进行评定。其优点在于简便、快捷，易于量化。其缺点在容易出现主观偏差和趋中误差，等级宽泛，难以把握尺度。大多数人高度集中于某一等级。

②工作标准法（劳动定额法）。把员工的工作与企业制定的工作标准（劳动定额）相对照，以确定员工业绩。其优点在于参照标准明确，评估结果易于做出。缺点在于标准制定较困难，缺乏可量化衡量的指标，特别是针对管理层的工作标准制定难度较大。此外，工作标准法只考虑工作结果，对那些影响工作结果的因素无法反映，如领导决策失误，生产过程其他环节出错等。目前，此方法一般与其他方法一起使用。

③强迫选择法。评估者必须从 3～4 个描述员工在某一方面的工作表现的选项中

选择一个(有时两个)。优点在于用来描述员工工作表现的语句并不直接包含明显的积极或消极内容,评估者并不知评估结果的高低。缺点在于,评估者会试图猜想人力资源部门提供选项的倾向性。此外,由于难以把握每一选项的积极或消极成分,因而得出的数据难以在其他管理活动中应用。

④排序法。是把一定范围内的员工按照某一标准由高到低进行排列的一种绩效评估方法。其优点在于简便易行,完全避免趋中或严格/宽松的误差。缺点在于标准单一,不同部门或岗位之间难以比较。

⑤硬性分布。将限定范围内的员工按照某一概率分布划分到有限数量的几种类型上的一种方法。例如,假定员工工作表现大致服从正态分布,评价者按预先确定的概率(比如共分五个类型,优秀占5%,良好占15%,一般占60%,合格占15%,不合格占5%)把员工划分到不同类型中。这种方法有效地减少了趋中或严格/宽松的误差,但问题在于假设不符合实际,各部门中不同类型员工的概率不可能一致。

⑥关键事件法。那些对部门效益产生重大积极或消极影响的行为称为关键事件。在关键事件法中,管理者要将员工在考核期间内所有的关键事件都真实记录下来。其优点在于针对性强,结论不易受主观因素的影响。缺点在于基层工作量大,难于记录齐全,另外,要求管理者在记录中不能带有主观意愿,在实际操作中往往难以做到。

⑦叙述法。评估者以一篇简洁的记叙文的形式来描述员工的业绩。这种方法集中描述员工在工作中的突出行为,而不是日常每天的业绩。不少管理者认为,叙述法不仅简单,而且是最好的一种评估方法。然而,叙述法的缺点在于评估结果在很大程度上取决于评估者的主观意愿和文字水平。此外,由于没有统一的标准,不同员工之间的评估结果难以比较。

⑧目标管理法。目标管理法是当前比较流行的一种绩效评估方法。其基本程序为:

ⓐ监督者和员工联合制定评估期间要实现的工作目标。

ⓑ在评估期间,监督者与员工根据业务或环境变化修改或调整目标。

ⓒ监督者和员工共同决定目标是否实现,并讨论失败的原因。

ⓓ监督者和员工共同制定下一评估期的工作目标和绩效目标。

目标管理法的特点在于绩效评估人的作用从考核者转换为顾问和促进者,员工的作用也从消极的旁观者转换为积极的参与者。这使员工增强了满足感和工作的自觉性,能够以一种更积极、主动的态度投入工作,促进工作目标和绩效目标的实现。

3) 收集数据

绩效评估是一项长期、复杂的工作,对于作为评估基础的数据收集工作要求很高。在这方面,国外的经验是注重长期的跟踪、随时收集相关数据,使数据收集工作形成一种制度。以下这些方法都可以作为运输企业员工绩效评估过程中数据收集方法的借鉴。

生产记录法:生产、加工、销售、运输、服务的数量、质量、成本等,按规定填写原始记录和统计。

定期抽查法：定期抽查生产、加工、服务的数量、质量,用以评定期间内的工作情况。

考勤记录法：出勤、缺勤及原因,是否请假,一一记录在案。

项目评定法：采用问卷调查形式,指定专人对员工逐项评定。

减分搜查法：按职务(岗位)要求规定应遵守的项目,定出违反规定扣分方法,定期进行登记。

限度事例法：对优秀行为或不良行为进行记录。

指导记录法：不仅记录部下的业绩行为,而且将其主管的意见及部下的反应也记录下来,这样既可考察部下,又可考察主管的领导工作。

4) 分析评估

这一阶段的任务是根据评估的目的、标准和方法,对所收集的数据进行分析、处理、综合。具体又分为以下四个环节：

① 划分等级。把每一个评估项目,如出勤、责任心、工作业绩等,按一定的标准划分为不同等级。一般可分为3～5个等级,如：优、良、中、合格、不合格。

② 对单一评估项目进行量化。为了能把不同性质的项目综合在一起,就必须对每个评估项目进行量化,给不同等级赋予不同数值,用以反映实际特征。如：优为10分,良为8分,中为7分,合格为6分,不合格为3分。

③ 对同一项目不同评估结果的综合。在有多人参与的情况下,同一项目的评估结果会不相同。为综合这些意见,可采用算术平均法或加权平均法进行综合。

④ 对不同项目的评估结果的综合。有时为达到某一评估目标,要考察多个评估项目,只有把这些不同的评估项目综合在一起,才能得到较全面的客观结论。一般采用加权平均法。当然,具体权重要根据评估目的、被评估人的层次和具体职务来定。

5) 结果运用

得出评估结果并不意味着绩效评估工作的结束。在绩效评估过程中获得的大量有用信息可以运用到企业各项管理活动中去。

利用向员工反馈评估结果,帮助员工找到问题、明确方向,这对员工改进工作,提高绩效会有促进作用。为人事决策,如任用、晋级、加薪、奖励等提供依据。检查企业管理各项政策,如人员配置、员工培训等方面是否有失误,还存在哪些问题。

案 例

UPS 的人员管理

一个企业要实现快节奏而高效的工作效率,人的因素是最主要的。UPS 在企业管理中,关键的焦点是对生产一线员工进行管理。它的管理原则是既要严格又要充满人情味,把为员工服务、给员工公平的报酬和福利作为企业的重要目标。它的主要特色和措施有:

(1) 员工持股制

在员工分配上,UPS 从 50 年代起在公司内部实行员工持股制。即每年年底,公司拨出年利润的 15% 作为股份,按职级高低进行配股,其额度约是员工自己 2 个月的工资。这些股票并不上市,只说明员工已是公司的股东之一。股票随着公司的发展而增值,等到员工离职或退休时,公司用现金把员工持有的股票按增值后的数额进行回收。所以,一个为 UPS 工作一辈子的员工,退休后就可得到颇为可观的金额以保证晚年生活。

员工持股制在一定程度上提高了员工的工作热情。因为员工们知道,企业效益越好,所配股份的价值越高;自己工作越卖力,升迁的机会就多,分得的股份也就"水涨船高"。因此,到 UPS 求职的大学生、硕士生、博士生,他们宁愿从司机干起,因为他们感到在 UPS 有奔头。当然,持股的只是 34 万员工中真正的固定员工(约 3.5 万人),内部持股的主要是各级行政和业务管理人员,其余近 30 万员工都是钟点工,公司对他们计时付酬,不承担其他义务。但近年来,UPS 在员工持股问题上有所通融,即钟点工也可购买适当的股份,以增加员工对 UPS 的向心力。

(2) 员工考核制度

UPS 对员工的管理是很严格的,对每个员工的考核和晋升都有详尽严密的标准。内容有业务处理能力、工作责任心、工作态度、人际关系等 42 项,每半年总结考查一次,每个员工都对自己今后的工作提出设想、目标和改进意见。考评后,须有三位上级主管签名才算有效。为了鼓励员工竞争,UPS 的管理层各个职务的收入差距较大。究竟有多大,只有各级主管才知道。这在一定程度上起到了鼓励员工不断上进,为企业更好地服务的作用。

复习与思考

11.1 简述人力资源的概念与特征。
11.2 简述人力资源管理的概念与特征。
11.3 简述人力资源管理的基本内容。
11.4 简述运输企业人力资源规划。
11.5 简述运输企业人力资源规划的意义。
11.6 简述运输企业人力资源规划的一般程序。
11.7 简述运输企业人力资源规划的内容。
11.8 简述人力资源规划的方法。
11.9 简述人力资源招聘的主要原则。
11.10 简述人力资源招聘的主要程序。
11.11 简述人力资源招聘的一般渠道。
11.12 简述人力资源培训的意义。
11.13 简述人力资源培训的主要原则。
11.14 薪酬制度设计的目标有哪些？
11.15 薪酬制度设计的主要影响因素是什么？
11.16 激励应遵循的主要原则是什么？
11.17 激励的主要形式有哪些？
11.18 激励的主要方法有哪些？
11.19 简述绩效评估的概念。
11.20 绩效评估的目的是什么？
11.21 绩效评估的一般原则是什么？
11.22 绩效评估的一般程序是什么？

12 企业财务管理

【开篇案例】

京沪高铁暂缓上市 降速运营或拉长投资回报期式

2011年6月13日,铁道部召开新闻发布会公布了一系列关于京沪高铁的建设、运营和安全细节。在建设初期,铁道部曾计划将这条当时预期盈利性最好的高铁项目打包上市,其开通之际正是运作上市之时。然而,临近开通,上市一事似乎有变。

"公司上市的问题,不是我能回答的,要根据各个股东和公司情况来决定。"6月13日,铁道部总经济师余邦利在当天的发布会上说。京沪高铁起自北京南站,终到上海虹桥站,跨北京、天津、河北、山东、安徽、江苏、上海7省市,连接环渤海和长三角两大经济区,线路全长1 318公里,共设车站24个,设计时速350公里,初期运营最高时速300公里,是世界上一次建成线路里程最长、技术标准最高的高速铁路。

这条带着光环立项、修建的高速铁路,一直是铁道部最为期许的融资项目。按京沪高铁项目可行性报告,铁道部对京沪高铁客流预测是单线运能每年8 000万人次,总客运量每年1.4亿至1.5亿人次,列车最小发车间隔5分钟。由于南北线路的客流量通常较大,而且当时料想时速会超过350公里,铁路部门对京沪高铁未来收益率测算非常乐观。

早在动工之初,京沪高铁股份公司董事长蔡庆华就曾表示:"2 200亿元静态总投资,据原来计算的时间14年左右可还本付息完全解决,今后根据国民经济的发展,票价在老百姓可承受范围内浮动,回收期会减短,效果会更好。"

政策之变只是京沪高铁上市暂缓的原因之一,效益之变也是该项目被缓步上市融资的另一理由。据一位曾在中国平安工作过的金融人士透露,2007年京沪高铁募集资金之时,曾向多家保险资金、银行、甚至海外资金游说过,争取这些机构入股京沪高铁项目。这个项目当时的投资回报估算为6%~8%,是基于时速350公里,票价在七八百元所做的测算,因而普遍遭到质疑。在当时,七八百元的火车票价听上去像是天价。时过境迁,如今,七八百元的票价已并非最高,京沪高铁所制定的一等票价达到935元。但是京沪高铁的运营模式却有了很大改变,从原计划的单一时速运行改为双时速运行,并且,时速从350公里以上降至300公里以内。铁道部副部长胡亚东在6月13日的发布会上表示,京沪高铁在运营初期将考虑开行的时速300公里和250公里两个速度等级列车,包括京沪一站直达、省城之间直达和沿线车站交错停车三种模式,沿线省会车站都有始发列车开行。由于时速及运营模式有了变化,这条铁路的票价也有所调整。据胡亚东介绍,为了让广大旅客有更大的票价选择空间,京沪高铁开行的两种速度等级列车分别执行两种票价。

时速300公里动车组列车从北京南站到上海虹桥站全程票价二等座555元、一等座935元、商务座(包括观光座、一等包座)1 750元;时速250公里动车组列车全程票价二等座410元、一等座650元。胡亚东表示,开通运营后,京沪高铁公司将可以根据市场需求变化,在运价政策范围内,对动车组列车实行票价浮动政策,让旅客获得更多实惠。

运营模式的改变直接影响运营效益。车辆周转率越高,效益就越高,反之就越差。如果有三套运营模式进行比较,京沪高铁线上开行一种等级的列车,运营效益将会是最高的。因为这样不存在速度差,损耗、电量等较两种时速运行模式要好。而且原本计划开行350公里以上的列车,其时速更快,列车周转率可以更高,运载量也会比时速低的数量大。

运营初期,铁道部安排在京沪高铁线上运行的300公里以上的列车有63对,还有27对时速仅为250公里。胡亚东对于速度差对效益的影响并不否认。"现在这样一种开行的方案,势必就造成快一点的车和慢一点的车在同一条线路上、同一个区间里面用不同的速度在行驶,这就产生了速度差。说得通俗一点就是慢的要给快的让路。"胡亚东表示,如果这种避让过多的话,就会影响线路的能力和运行的速度。"速度差越大,避让越多,影响就越大。"胡亚东表示,经测算,时速350公里和250公里混合运行,效率明显低于300公里和250公里混合运行模式。"我们大体测算了一下,要降低20%左右。"

此外,铁道部还认为在目前运营管理的条件下,采用时速300公里的运营速度在电力消耗以及动车组、线路等主要设备设施的损耗和寿命周期上要明显优于350公里的运营速度。因此在胡亚东看来,目前京沪高铁的最佳商业运营时速就是300公里。但这却不是市场所期待的京沪高铁最佳运营效益。"这就更难挣钱了!"多位证券机构的分析师表示,在目前的票价水平及运营模式下,京沪高铁的运营效益恐怕比之前的预测要差,投资回报期可能会更长。

不过,余邦利坚持认为,调整开行方案以后,对于提高这条线路的整个竞争能力是有好处的。京沪高铁的投资回报期也不会太长。不过其未能给出具体数据。

思考题:运输企业建设运营过程中的资金有哪些来源?资金的获取受哪些条件的影响?

12.1 运输企业财务管理概述

12.1.1 运输企业财务管理的目标

运输企业财务管理是以运输企业资本金运动的客观规律为依据,以正确组织财务活动和处理财务关系为内容,以获取企业利润为目标,以货币形态为具体操作方式进行的活动。

任何企业在其生产经营活动中,都期望实现利润最大化、财富最大化这两个基本目标,并越来越重视第二个目标,由此决定了运输企业财务管理的目标。

运输企业财务管理应实现三个方面的目标:

(1) 资本维护目标,确保企业获利之前其净产值或业主权益完整无缺;

(2) 盈利性目标,通过对资金的合理筹措、配置与使用,使企业盈利额最大并不断增强其盈利能力;

(3) 流动性目标,确保企业资金循环顺畅、快速周转。

12.1.2 企业财务管理的内容

企业财务管理的对象是资金的运动与流转。资金运动过程是通过一系列财务活动来实现的,包括资金的筹集、投放、使用、回收及分配等一系列行为。运输企业处理财务活动的过程也称财务的有形管理,一般包括筹资管理、投资管理和利润分配管理三项主要内容。

1) 筹资管理

筹资是指企业通过各种筹资渠道,运用不同方式,从企业外部经济组织、个人或者从本企业内部筹措经营活动所需资金的财务活动。企业为了日常经营、扩大再生产、对外投资等目的,往往需要大量资金。这些资金可以通过企业内部积累来提供,但往往不够,还必须通过外部渠道筹集,如向银行贷款、发行公司债券、扩大发行普通股等。在筹资管理中企业主要应解决如下问题:需要筹集多少资金,什么时候取得资金,向谁取得资金。解决好这些问题的关键是确定好资本结构,使筹资风险和筹资成本相配合,从而使企业价值最大化。

2) 投资管理

投资是指企业以获得未来收益为目的,投放一定量的货币或实物,以经营某项事业的行为。企业为了正常运转和扩大再生产,一是会补充流动资金缺口而进行流动资产投资,二是要完成设备重置和扩张投资。另外,当企业有现金结余时,有时会投资于金融性资产,以便获得股利和利息收益。在投资管理中我们应该区分不同时限投资(短期投资和长期投资)和不同种类投资(直接投资和间接投资)以便作出相应的决策。对于短期投资主要应该遵从成本效益原则确定其合理的资金占用率并加速其周转速度,提高资金的运用效率。而长期投资由于其时间长,风险大,决策时更应该重视货币的时间价值和投资风险价值的计算,使投资项目的净现值大于零,即通过投资可以给企业增加价值。

3) 利润分配管理

分配是指对投资收入和利润进行分割和分派的过程。分配从广义来看包括对收入的分配和对利润的分配,从狭义而言仅指利润分配。利润分配过程实际上是利益在国家、企业、投资者之间的划分。这种划分既要遵守法律、章程。又要结合企业当时的外部环境和内部条件来决定留存比例。在利润分配决策过程中应该明确两点:一是利益分配过程绝不是一个孤立的过程,它与企业后续的投资和筹资紧密关联;二是分配的数额与方式会影响到股票价格和人们对公司的预期。

12.1.3　运输企业财务管理的观念

企业管理的目标决定了运输企业财务管理应树立以下观念:
(1) 树立经济效益观念,加速资金循环与周转,增收节支,提高效益;
(2) 树立资本维护观念,正确处理近期与长远的关系,科学合理地形成各期利润;
(3) 树立风险观念,妥善处理利益与风险的关系,力求降低风险、提高利润;
(4) 树立资金时间价值观念,对资金要减少占用并充分利用,通过周转实现增值。

12.1.4　企业财务管理的职责

企业财务管理主要有以下职责:
(1) 广拓筹资渠道,降低资金成本,以最小的代价筹集资金;
(2) 分析汽车运输生产经营活动的特点,掌握资金流转规律,有效安排资金的使用,优化资金配置结构;
(3) 有效控制资金使用,最大限度地降低费用成本;
(4) 正确处理企业、投资者和国家的利益关系,合理分配回收的资金;
(5) 认真负责地进行财务监督,维护财经纪律。

12.1.5　企业财务管理的基本原则

企业财务管理应遵循的基本原则是:建立健全企业内部财务管理制度,做好财务管理基础工作,如实反映企业财务状况,依法计算和缴纳国家税收,保证投资者权益不受侵犯。企业财务管理的基本任务和方法是:做好各项财务收支的计划、控制、核算、分析和考核工作,依法合理筹集资金,有效利用各项资产,努力提高经济效益。

12.2　筹资管理

每个运输企业的经营目标都不尽相同,大致上运输活动设置的目标有:扩大市场占有率、提高服务质量和降低成本。这就需要有充足的资金来保证其目标的实现。因此,加强筹资管理对运输企业有着重要意义。

12.2.1 筹资动机

运输企业筹集资金是指运输企业向外部经济组织或个人,以及从运输企业内部筹措和集中经营所需资金的财务活动。资金是运输企业进行生产经营活动的必要条件。筹集资金是运输企业的基本财务活动,是资金运动的起点,是决定资金运动规模和企业经营发展程度的重要环节。

运输企业筹集资金的动机,主要有以下几个方面:

1) 创建的需要

资金是运输企业从事生产经营活动的基本条件。运输企业的创建,是以充足的资金为基本前提的。创建运输企业,首先必须筹集足够的资本金,才能开展正常的经营活动。

2) 发展的需要

运输企业的发展集中表现为收入的增加。增加收入的根本途径是扩大市场占有率、提高服务的质量、开拓新的项目。这就要求运输企业不断扩大经营规模,不断更新设备和进行技术改造,合理调整运输企业的经营结构,不断提高员工的素质。然而不论是扩大经营规模还是进行技术改造,不论是调整经营结构还是按市场需求开发新项目,或者提高员工的素质,都是以资金的不断投入为保证的。因此,运输企业要想获得发展,需要不断地筹集资金。

3) 偿还债务的需要

运输企业为了获得杠杆收益或者为了满足资金周转的临时需要,便会举债。到期后债务必须偿还。如果运输企业现有的支付能力不足以偿还到期债务,或者虽然运输企业尚能偿还到期债务,但偿还到期债务将影响其资本结构的合理性时,便会产生筹集资金的需求。

4) 调整资金结构的需要

资金结构是指运输企业各种资金的构成及其比例关系,它是由运输企业采用不同的筹资方式或不同的筹资组合而形成的。从总体上看,资金结构具有相对的稳定性。但是,如果运输企业的资金结构不合理,就要通过采取不同的筹资方式筹集资金,积极、主动地调整资金结构,使资金结构趋于合理。

5) 适应外部环境变化的需要

运输企业的生存和发展是以一定的外部环境为条件的。外部环境对运输企业筹集资金有着重要的影响。外部环境的每一个变化,都会影响到运输企业的经营。因此运输企业必须筹集资金来满足这些由于外部环境的变化而引起的资金需求。

12.2.2 筹集渠道

运输企业筹集资金,需要通过一定的渠道,采取一定的方式。筹资渠道是指运输企业取得资金的来源或途径。运输企业应认真分析、研究各种筹资渠道的特点及适用性,建立最优的筹资结构。

筹资渠道由生产资料所有制以及国家资金管理体制和政策所决定，不同的生产资料所有制形式、不同的国家资金管理体制和政策，决定着不同的筹资渠道。在我国，运输企业的资金来源在向多元化发展。运输企业的资金来源主要有以下几种：

1) 国家财政资金

国家对运输企业的投资是我国全民所有制运输企业的主要资金来源。现有的国有运输企业，包括国有独资运输企业的资金来源大部分仍然是国家以各种方式进行的投资。所以国家财政资金是大中型运输企业重要的资金来源，在运输企业的各种筹资渠道中占有重要的地位。

2) 银行信贷资金

银行对运输企业的贷款也是运输企业重要的资金来源。我国银行分为商业性银行和政策性银行。商业性银行包括中国工商银行、中国农业银行、中国银行、中国建设银行以及交通银行等。它们为各类运输企业提供商业性贷款；政策性银行包括国家开发银行、中国进出口银行等，它们主要是为特定运输企业提供政策性贷款。银行的资金实力雄厚，贷款方式灵活，能满足运输企业的各种需要，因而银行信贷资金已成为运输企业重要的资金来源之一。

3) 非银行金融机构资金

非银行金融机构包括保险公司、信托投资公司、信用合作社、证券公司、租赁公司、运输企业集团的财务公司等。非银行金融机构的资金实力虽然比商业银行弱，但由于其资金供应比较灵活，并提供其他方面的服务，因而这种筹资渠道具有广阔的发展前景。

4) 其他法人单位投入的资金

运输企业和某些事业单位在生产经营的过程中往往会有部分暂时闲置的资金，这些资金可以在企业之间相互融通。随着横向经济联合的开展，运输企业与运输企业之间的资金融通得到了广泛的发展。

5) 民间资金

运输企业职工和城乡居民的投资，都属于个人资金来源。运输企业可以通过合理地调整资金使用上的经济关系，充分利用这一具有潜力的资金来源。

6) 运输企业内部形成的资金

运输企业内部形成的资金，主要是指运输企业计提的折旧、资本公积金、根据利润提取的盈余公积金以及未分配利润等。此外，一些经常性的延期支付的款项，如应付工资、应交税金、应付股利等也属于这种资金来源。

7) 境外资金

境外资金包括境外投资者投入资金和借用外资。

以上各种筹资渠道中，国家财政资金、其他法人单位资金、民间资金、运输企业内部形成资金、境外资金可以帮助运输企业筹集运输企业的自有资本金；银行信贷资金、非银行金融机构资金、其他法人单位资金、民间资金、运输企业内部形成资金、境外资金可以帮助运输企业进行负债经营。

12.2.3　筹资方式

各种筹资渠道的资金,运输企业可以采用不同的筹资方式来筹集。它体现了资金的属性。运输企业的资金筹集,可以分为自有资金的筹集和借入资金的筹集。

1) 运输企业自有资金的筹资方式

(1) 吸收直接投资

吸收直接投资是指运输企业按照"共同投资、共同经营、共担风险、共享利润"的原则吸收国家、其他法人单位、个人和外商投入资金的一种筹资方式。吸收直接投资,可以是现金,也可以是非现金的实物资产及无形资产,它们将直接形成生产能力。按所形成的资本金分类,吸收直接投资可以分为以下几种:

① 吸收国家的直接投资,主要为国家财政拨款,由此形成国家资本金;

② 吸收企业、事业单位等法人的直接投资,由此形成法人资本金;

③ 吸收运输企业内部职工和城乡居民的直接投资,由此形成个人资本金;

④ 吸收外国投资者和我国港澳台地区投资者的直接投资,由此形成外商资本金。

吸收直接投资是我国运输企业最早采用的一种筹资方式,也是我国国有运输企业、集体运输企业、合资或联营运输企业曾经普遍采用的筹资方式。

(2) 发行股票

股票是股份有限公司为筹集自有资金而发行的有价证券,是持有人拥有公司股份的入股凭证,用来证明持股人在股份公司中拥有的所有权。发行股票能使大量社会游资得到集中和运用,并能把一部分消费资金转化为生产资金,它是运输企业筹集长期资金的一个重要途径。

股票的种类很多。普通股股票与优先股股票是最基本的股票分类。它是以股东所承担的义务和所享有的权利作为标准而划分的。普通股最大的特点在于股利不固定,它随着股份有限公司赢利的多少以及股利政策的松紧而变化。普通股的持有者——股东拥有以下权利义务:投票选举权、收益分配权、优先认股权、剩余资产分配权。

优先股是介于普通股和债券之间的一种折中性证券。优先股的优先之处表现在:领取股息的优先权、分配剩余资产的优先权。优先股的不利之处表现在:股息率事先确定、优先股表决权受到限制、优先股的股东一般无优先认购新股的权力。

(3) 运输企业内部积累

运输企业内部积累主要指运输企业税后利润进行分配所形成的公积金。此项公积金可用以购建固定资产、增加流动资产储备等。因此税后利润的分配方案直接关系到运输企业筹资问题。

另外,在利润未分配前,随着运输企业经营发展而不断实现的利润,可作为公司资金的一项补充来源。

此外,运输企业计提折旧,从营业收入中转化来的货币资金,虽然不增加运输企业的资金总量,却能增加运输企业可以周转使用的资金。因而,也可以视为一种筹集资金的方式。

(4) 自有资金筹资的优点

①以自有资金筹资,筹集的是主权资金,因此可以提高运输企业的信誉。主权资金的增加,能为运输企业利用更多的借入资金创造条件。

②自有资金的筹资是永久性资金,不需偿还。能充分保证运输企业经营的资金需要。

③自有资金的筹资没有固定的利息负担,与借入资金相比风险较小,经营风险由投资人共同承担。

2) 借入资金的筹资方式

(1) 银行借款

银行借款是指运输企业根据合同向银行以及其他非银行金融机构借入的、定期还本付息的款项。利用银行的长、短期借款是运输企业筹集资金的一种重要方式。

长期借款是指运输企业向银行或其他非银行金融机构借入的,使用期限超过一年或一个营业周期的各项借款。短期借款是指运输企业向银行和其他非银行金融机构借入的期限在一年或一个营业周期以内的各项借款。

(2) 发行债券

运输企业债券又称公司债券,是运输企业依照法定程序发行的、约定在一定期限内还本付息的有价证券,是持券人拥有运输企业债权的债权证书。发行债券是运输企业筹集长期资金的一种重要方式。

公司债券的种类很多,按不同的标准有不同的分类。一般有以下几种:

①按是否记名,债券可以分为记名债券和无记名债券。

记名债券是在债券上载明债券持有人姓名的债券。发行公司对记名债券上的记名人偿还本金,支付利息。记名债券的转让,应根据法律、行政法规的规定方式转让。

无记名债券是在债券上不记载债权人姓名的债券。无记名债券的转让,由债券持有人在依法设立的证券交易所将该债券交付给受让人后即发生转让的效力。

②按有无特定的财产担保债券可以分为抵押债券和信用债券。

抵押债券又称担保债券,是指发行公司以特定财产作为担保品而发行的债券。按担保品的不同,抵押债券又可以分为:一般抵押债券、不动产抵押债券、动产抵押债券、证券信托抵押债券。

信用债券又称无担保债券,是指发行公司没有抵押品作担保,完全凭信用发行的债券。信用债券通常只有信誉卓著的大公司才能发行。由于信用债券没有财产担保,所以在债券契约中一般规定有负抵押条款,即不准公司把财产抵押给其他债权人,以保证公司财产的完整性。进而保障信用债券持有人债权的安全。

(3) 租赁

租赁是出租人以收取租金为条件,在契约或合同规定的期限内将资产租让给承租人使用的一种信用业务。现代租赁的种类很多,按租赁的性质或目的,租赁通常可以分为经营租赁和融资租赁两大类。

①经营租赁，也称营业租赁，是一种最典型的租赁形式，通常是指出租人为承租人提供租赁设备，同时提供租赁设备的维修保养、原料及配件的供应和技术人员的培训等服务的一种租赁，故又称为服务租赁。这种租赁的主要目的是在于提供或获取租赁资产的使用权以及出租人的专门技术服务。经营租赁通常是一种短期租赁。

②融资租赁是指出租人按照承租人的要求融资购买设备，并在契约或合同规定的较长期限内提供给承租人使用的一种信用性租赁业务。这种租赁的目的是融通资金，即通过获取资产的使用价值来达到融资的目的。

(4) 商业信用

商业信用是指一种在货物运送中以延期付款或预收劳务收入形式建立的借贷关系，是运输企业之间的一种直接信用行为。随着商业信用的广泛推行，商业信用已成为运输企业筹集短期资金的一种方式。

运输企业利用商业信用筹资的具体形式一般有应付账款、应付票据和预收账款。

应付账款是由赊购商品而形成的最典型、最常见的商业信用形式。当买卖双方发生商品交易，买方收到货物后，可以在双方允许的情况下，推迟一定时期再付款。在这种情况下，卖方就向买方提供了商业信用。

应付票据是运输企业进行延期付款商品交易时，以书面形式开具的载明债务人有义务接规定期限向债权人无条件支付一定金额的凭证。

预收账款是卖方在正式交付货物之前，向买方预先收取部分或全部货款的信用形式。它相当于卖方向买方预先借用资金，然后再用货物来抵偿。

此外，运输企业往往还有一部分由于结算原因而形成的"应付费用"，如应付工资、应交税金等。它并非运输企业主动筹资的结果，运输企业也无权扩大它的规模；但它确实能够为运输企业提供一定数额的、可以经常占用的资金来源。因此，在筹资中对其也应加以考虑。

(5) 借入资金筹资优点

①借入资金筹资的资金成本较低。借入资金筹资的资金成本较自有资金的资金成本而言要低得多。这是因为，借入资金筹资的利息在运输企业所得税前的利润中列支，这实际上能够使借入资金筹资的实际成本降低；而筹集自有资金支付的收益属于非免税费用，没有节税的效用。

②借入资金筹资不分散运输企业的控制权。借入资金筹资，其资金提供者是运输企业的债权人。作为债权人他们无权参与运输企业的经营管理，他们对运输企业的约束仅仅通过借款合同中的限制性契约条款来实现。因此借入资金筹资不会分散运输企业的控制权。

③借入资金筹资可以使所有者获得财务杠杆收益。借入资金筹资可以使所有者获得财务杠杆收益。这是因为借入资金筹资是按事先确定的利息率向资金持有人支付利息的，资金持有人不参加运输企业盈利的分配。这样，当运输企业的资本收益率高于借

款利息率时,采用借入资金筹资便可以提高主权资本收益率,使运输企业所有者获得资本收益率超过借款利息率部分的财务杠杆收益。

12.3 投资管理

12.3.1 投资的特征

在市场经济条件下,投资是指投资主体将其拥有或筹集的资金加以运用,以期获取未来收益的过程。一般具有如下特征:

(1) 投资是某个经济主体的活动。现代经济生活中,投资是最为重要的一个内容,运输企业、居民都已成为投资的主体。

(2) 投资总是以取得一定的收益为前提。政府投资侧重于社会效益;运输企业投资考虑的是资金的最佳运用,以获取最大限度的利润;居民投资立足于资金的保值和收益的获取,更多地侧重于金融市场,如储蓄和买卖国债、股票等。

(3) 投资的预期收益具有不确定性。由于投资和收益之间的时间差,投资存在诸多不确定因素,因而也就存在着造成投资损失的可能性,即投资风险。一般而言,投资收益与投资风险呈正比例关系。

(4) 投资具有垫付性。投资是对目前收入的使用,投资者为获取投资收益,必然要"牺牲"一定的目前消费。

12.3.2 投资的分类

科学、合理地对运输企业投资进行分类,有利于运输企业认清投资的性质,加强投资管理。提高经济效益。投资按不同标志可分为如下:

1) 按投资对象的形态,投资可以分为实体投资与金融投资

实体投资是指运输企业投资于具有物质形态的实物资产和不一定具有物质形态的无形资产的投资活动。运输企业进行实体投资,收益相对较为稳定,但总体收益率较低。进行实体投资,所存在的投资风险主要是所生产的产品是否有市场,是否适销对路,因此,投资风险相对较小。

金融投资是指运输企业投资于金融资产或金融工具的投资活动。金融资产仅仅是一种权益,它直接表现为金融工具,如银行活期存款、股票、期货合约等。进行金融投资,运输企业不仅可以获得投资利润,还可以获得资本利得收益;进行金融投资,所存在的投资风险要比实体投资的高,因为不仅存在实体投资中的商品市场风险,更为重要的是还存在金融市场风险。

2) 按投资与生产经营的关系,投资可以分为直接投资和间接投资

直接投资是指把资金投资于本运输企业或外单位的生产经营性资产,以便取得直接收益的投资。

间接投资又称证券投资,是指把资金投资于有价证券等金融资产,以取得投资利润和资本利得的投资。

3) 按资金投放的方向,投资可以分为对内投资和对外投资

对内投资是指把资金投放到运输企业自身的生产经营中,形成运输企业的固定资产、无形资产等的投资。

对外投资是指运输企业以现金、实物、无形资产购买股票、债券等有价证券的形式对其他单位的投资。对内投资都是直接投资,对外投资主要是间接投资,也可以是直接投资。

4) 按投资期限的长短,投资可以分为长期投资和短期投资

短期投资又称流动资产投资,是指能够并且准备在一年以内收回的投资,主要指对货币资金、应收款项、存货、短期有价证券等的投资。

长期投资如能随时变现,也可以作为短期投资。长期投资则是指一年以上才能收回的投资,主要指对厂房、机器设备等各类固定资产的投资,也包括对无形资产和长期有价证券的投资。由于长期投资中固定资产所占的比重最大,所以长期投资有时专指固定资产投资。

12.3.3 货币资金管理

货币资金是一种非营利资产,过多地保持货币资金势必会降低运输企业的赢利能力。然而货币资金过少也会给运输企业带来资金周转困难和增加财务风险。因此,运输企业必须确定其货币资金的最佳持有量。确定合理的货币资金持有量是货币资金管理的中心目的之一,也是货币资金日常管理的重要内容。

确定货币资金最佳持有量的方法很多,通常用的方法是利用存货经济订货批量的公式进行计算,即利用存货经济批量的基本原理,求货币总成本最低时的货币资金持有量。

货币资金持有量总成本的内容主要包括两个方面:

①持有成本,指持有货币资金而损失的利息收入或因借款而支付的利息。这种损失又称为机会成本,它与持有的货币资金数量成正比。

②转换成本,指用有价证券等资产转换成货币资金而发生的固定成本,一般它与转换的次数成正比。

运输企业持有的货币资金数量大,则损失或支付的利息多,即持有成本高,但转换的次数少,转换成本可以降低;反之,如果运输企业持有的货币资金数量小,持有成本可以降低,但转换的次数增加,转换成本就会上升。两种成本的变动此长彼消。

应计算出总成本最低时的货币资金最佳持有量,计算公式为

$$TC = \frac{QM}{2} \times HC + \frac{DM}{QM} \times FC$$

式中:TC ——总成本;

FC ——每次取得货币资金的转换成本;

HC ——货币资金的持有成本；
DM ——预计期间的货币资金需用量；
QM ——货币资金最佳持有量。

$$\frac{\mathrm{d}_{TC}}{\mathrm{d}_{QM}}=\frac{1}{2}HC-\frac{DM}{QM^2}\times FC$$

令 $\frac{\mathrm{d}_{TC}}{\mathrm{d}_{QM}}=0$，可求出货币资金最佳持有量为

$$QM=\sqrt{\frac{2\times FC\times DM}{HC}}$$

例 12.1 某运输企业每月货币资金需用量为 600 000 元，每天货币资金支出量基本稳定，每次转换成本为 50 元，有价证券月利率为 0.5%。该运输企业货币资金最佳持有量为

$$QM=\sqrt{\frac{2\times 50\times 600\,000}{0.005}}=109\,545(元)$$

该运输企业每月从有价证券转换为货币资金的次数 n 为

$$n=\frac{600\,000}{1\,095\,452}=5.5(次)$$

上述公式是以假设运输企业货币资金支出均衡、稳定为前提的。事实上，运输企业的货币资金收支有时可能收入大于支出，有时可能是支出大于收入，不同时期的收支差额也不一样。因此，运输企业按上述模式计算后，还应结合影响货币资金余额水平的各个因素加以调整。

12.3.4 应收款项管理

应收款项投资是运输企业为扩大销售和增加赢利而进行的投资，而投资肯定要发生成本（运输企业给予顾客商业信用的同时会增加占用在应收账款上的资金成本，增加管理费用和发生坏账损失的可能性），所以加强应收账款管理主要是在实施信用政策所增加的赢利和这种政策的成本之间做出权衡。只要增加的赢利超过应收账款增加的成本，运输企业就应当增加赊销量；反之则应减少赊销量。

1）应收款项

应收款项是运输企业应该收取而尚未收到的各种款项，包括应收账款、应收票据、其他应收款等。

应收账款是运输企业对外销售产品、提供劳务等所形成的尚未收回的被购货单位、接受劳务单位所占用的本运输企业的资金。在商品交易中，商品的发出与货款的收回往往不能同时进行，这样就会产生应收账款。应收账款在债务人由于各种原因无法偿还时，就会发生坏账损失。

应收票据是运输企业在进行商业结算时,收到的商业汇票。

其他应收款,是指除应收账款、应收票据之外的应收款项,包括应收的各种赔款、罚款、出租包装物租金等。

应收账款的产生,可以扩大运输企业销量,提高运输企业的竞争能力。但同时也增加了管理应收账款的直接成本和间接成本。因此,加强对应收账款的管理有利于企业以最小的成本求得最大的盈利。这对运输企业具有重要的现实意义。

2) 加强应收账款管理主要应做好以下工作首先做好应收账款计划。

应收账款计划的内容主要包括两个方面:一是核定应收账款的成本;二是利用账龄分析表,掌握应收账款的有关信息。

(1) 核定应收账款成本

应收账款成本主要包括以下三方面:

①资金占用成本。指运输企业由于将资金占用于应收款而放弃的投资于其他方面的收益。为了正确衡量这种应收账款的直接成本,必须正确计算应收账款的余额。在正常情况下,运输企业应收账款余额的多少取决于以下两个因素:一是信用销售的数量;一是自售出至收款之间的平均间隔时间。经营比较稳定的运输企业可采用下列公式计算:

$$应收账款余额 = 每日信用销售数额 \times 收款平均间隔时间$$

例 12.2 某公司年运输量 18 万吨公里,平均每万吨公里单价 2 000 万元,全部采用商业信用方式销售,在 10 天内付款折扣 2%,超过 10 天但在 30 天内按全价付款。客户中 60% 按 10 天付款,40% 按 30 天付款。则:

该运输企业收款平均间隔时间为

$$60\% \times 10 + 40\% \times 30 = 18(天)$$

每日信用销售额为

$$(18 \times 2\,000)/360 = 100(万元)$$

应收账款余额为

$$100 \times 18 = 1\,800(万元)$$

这时,如果同期有价证券年利息率为 15%,那么机会成本就是

$$1\,800 \times 15\% = 270(万元)$$

②管理成本。这是应收账款的间接成本,包括对顾客的信用状况进行调查所需的费用、收集各种信用的费用、催收账款的费用以及其他用于应收账款的管理费用。

③坏账成本。指由于应收账款不能及时收回发生坏账而给运输企业造成的损失。坏账损失的确认有三个条件:一是债务单位撤销,依法清偿后确实无法追回的款项;二是债务人死亡,既无遗产可供清偿,又无义务承担人,确实无法追回的款项;三是债务人

逾期未履行债务超过三年确实不能收回的应收款项。

(2) 编制账龄分析表

最佳应收账款水平取决于运输企业本身的营运条件。一个有过剩生产能力的运输企业会比那些满负荷运行的运输企业更有可能采取宽松的信用政策,并保持有较高数额的应收账款。为了确定最适合本运输企业的应收账款水平,必须掌握有关应收账款的足够信息,这就必须借助于账龄分析表的编制。

账龄分析表根据未付账款时间的长短来分析账款,是一张能显示应收账款已流通在外时间长短的报表。通过账龄分析表,财务人员可掌握下列信息:

①有多少用户在折扣期内付款;
②有多少用户在信用期内付款;
③有多少用户在信用期后付款;
④有多少应收账款已成为坏账、呆账。

(3) 选择合理的信用政策

运输企业应根据自身承受风险的能力,选择最有利的信用条件;衡量坏账损失和收账费用的大小,确定采取怎样的收账政策。在正确评估赊购单位的信用时,主要应该考虑三个方向的因素。首先,运输企业应该向赊购运输企业的开户银行了解赊购运输企业的信用状况,看赊购运输企业是否存在还款不及时的现象;其次,运输企业应该向税务机关询问赊购运输企业是否存在偷逃税的行为;最后,运输企业应该对赊购运输企业的经营状况进行分析,这里主要包括赊购运输企业的流动比率、速动比率、资产负债率、应收账款周转率等一些财务比率。

另外,运输企业应收账款的大小,通常取决于市场经济情况和运输企业的信用政策。市场经济情况是运输企业主观上无法加以控制的。例如当经济衰退或发生通货膨胀时,顾客往往会延迟支付货款,这种应收账款的增加就是运输企业无法控制的。但是,运输企业可以运用信用政策的变化来改变或调节应收账款的大小,这完全可以由运输企业自行决定。运输企业的信用政策包括信用期间、信用标准和现金折扣政策。

12.3.5 固定资产投资管理

1) 固定资产投资的特点

固定资产投资一般包括基本建设投资和更新改造投资两大部分。基本建设,主要指增建生产场所、新添机器设备。更新改造,主要指对现有运输企业的生产设施进行更新和技术改造。

固定资产投资具有以下特点:
①单项投资数额大。凡构成固定资产的投资项目,数额都比较大。
②施工期长。新建、改建、扩建工程,都需要经过较长的工程施工建设才能完成。
③投资回收期长。固定资产投资是一次、集中进行的,投资的收回是逐渐地、部分地进行,需要较长的时期才能全部完成。

④决策成败后果深远。西方企业将固定资产投资叫做沉淀投资,一旦决策付诸实行要改很难,故而决策成败后果深远。

固定资产投资的上述特点,决定了运输企业进行固定资产投资时,除了研究投资项目的必要性,还要分析它们技术上的可行性和经济上的效益性,以便做出科学的投资决策。

2) 预测固定资产投资效益

要进行固定资产投资,就需要对各种投资方案进行预测,分析它们在技术上的可行性和经济上的效益性。从经济上进行分析,就是要预测同一项目不同方案的经济效益。

固定资产投资效益,主要从两个方面来考察:一是研究能否用较少的投资取得较多的收益,其衡量指标为平均报酬率;二是研究投资于固定资产上的资金,能否在短期内收回,衡量指标为投资回收期。

(1) 平均报酬率

将固定资产投资项目交付使用后,预计可能达到的年均现金流量,与初始投资总额相比较,就可求得固定资产的平均报酬率指标,计算公式如下:

$$平均报酬率=(年均现金流量/初始投资)\times 100\%$$

或:

$$平均报酬率=(年均营业现金流量/平均投资额)\times 100\%$$

运用上述公式预测固定资产投资的经济效益,首先要预测固定资产交付使用后每年能增加的年均现金流量或年均营业现金流量。再将这个指标同运输企业历史上最好的水平或同行业已达到的最先进的水平相比较,就可以确定投资的经济效益如何。

(2) 投资回收期

决定固定资产投资回收期的因素有两个:一是投资额的大小,二是每年收回的净现金流量的多少。计算公式如下:

$$投资回收期=原始投资额/每年收回的净现金流量$$

式中每年收回净现金流量等于年税后净利润加固定资产年折旧额。现金流量的计算方法有两种:非贴现法和贴现法。

(3) 净现值

净现值是指投资报酬的总现值同投资额现值的差额。

$$净现值=未来报酬的总现值-投资额的现值$$

净现值如大于零,说明投资收益总和大于投资总额,该投资方案为有利;净现值如等于零或小于零,则该投资方案为无利或不利。对两个或两个以上不同方案的净现值进行比较,可以从中选择最有利的投资方案。

例 12.3 某公司有一新项目,有 A、B 两种投资方案可供选择,投资总额为 110 000 元。依靠借款进行,年利率为 10%。每年的现金流入和其现值如表 12.1 所示。

表 12.1 不同投资方案的净现值

次年	10%的现值系数	A 方案 金额	A 方案 现值	B 方案 金额	B 方案 现值
0	1.000		110 000		110 000
1	0.909	50 000	45 450	10 000	9 090
2	0.826	40 000	33 040	20 000	16 520
3	0.751	30 000	22 530	30 000	22 530
4	0.683	20 000	13 660	40 000	27 320
5	0.621	10 000	6 210	60 000	37 260
收入合计 净现值		150 000	120 890 10 890	160 000	112 720 2 720

从表 12.1 可以看出,如不考虑资金时间价值,则 B 方案的净收入金额比 A 方案多 10 000 元,但如考虑资金时间价值,则 B 方案的净收入现值只有 A 方案的 1/4,因而 A 方案是可取的。

(4) 现值指数

如果两个方案的投资总额不相等,则不宜用净现值进行比较,而要用现值指数比较。现值指数为未来报酬的总现值与投资额现值的比率。计算公式如下:

$$现值指数 = 未来报酬的总现值 / 投资额现值$$

某项投资方案如果现值指数大于 1 为有利,否则为无利或不利。

例 12.4 某公司有一新项目,有 A、B 两种投资方案可供选择。借款年利率为 10%。其现金流出和流入如表 12.2 所示。

表 12.2 不同投资方案的现金流出流入状况

项 目	A 方案	B 方案
投资总额(元)	100 000	80 000
五年内每年末投资报酬(元)	30 300	25 000

由于两方案每年的投资报酬额不等,故可先计算各方案投资报酬的年金现值,然后分别计算其现值指数。

$$A\ 方案投资报酬年金现值 = 30\ 300 \sum_{i=1}^{5} \frac{1}{(1+10\%)^5}$$
$$= 30\ 300 \times 3.791$$
$$= 114\ 867(元)$$

$$B\text{方案投资报酬年金现值} = 25\,000 \sum_{i=1}^{5} \frac{1}{(1+10\%)^5}$$
$$= 25\,000 \times 3.791$$
$$= 94\,775(元)$$

则两方案的现值指数可计算如下：

$$A\text{方案现值指数} = \frac{114\,867}{10\,000} = 1.15$$

$$B\text{方案现值指数} = \frac{94\,775}{80\,000} = 1.18$$

A 方案五年内投资报酬的现值比 B 方案高，A 方案的净现值(114 867)与 B 方案的净现值(94 775)相比亦稍高，但由于 A 方案投资额很大，故现值指数较低，应取 B 方案。

运输企业在进行投资决策时，如同一项目有两个或两个以上方案都可以采用，就需要进行综合分析对比，选择各项经济效益指标最优的方案进行决策。

12.3.6 证券投资

1) 债券投资

债券投资是指运输企业通过购买债券成为债券发行单位的债权人，并获取债券利息的投资行为。这种投资行为既可以进行长期投资，也可以进行短期投资。

(1) 债券投资有以下特点：

①从投资时间来看，不论长期债券投资，还是短期债券投资，都有到期日，债券必须按期归还本金和利息；

②从投资种类来看，按发行主体身份不同分为国家债券投资、金融债券投资、企业债券投资等；

③从投资收益来看，债券投资收益具有较强的稳定性，通常是事前预定的；

④从投资风险来看，债券要保证还本付息，收益稳定，投资风险较小；

⑤从投资权利来说，在各种投资方式中，债券投资者的权利最小，无权参与被投资运输企业经营管理，只有按约定取得利息、到期收回本金的权利。

(2) 债券面值代表发行单位在债券到期日承诺支付的金额。运输企业在计算债券投资收益率时，应该区别几种不同的收益率：

①票面收益率。表示按票面价格计算确定的收益率。这种收益率是预先确定、固定不变的，也称名义收益率。

②最终实际收益率是指债券发行日至最终到期偿还日止，投资者获得的实际收益率。计算公式为

$$\text{最终实际收益率} = \frac{(\text{到期收回的本利润} - \text{认购价格}) \div \text{偿还价格}}{\text{认购价格}} \times 100\%$$

$$= \frac{\text{年利息} + (\text{面额} - \text{认购价格}) \div \text{偿还年限}}{\text{认购价格}} \times 100\%$$

例 12.5 一张面值为 100 元的债券。票面收益率为 10%。期限 2 年。发行价格为 95 元,债券购买者在到期时可获利息 20 元。则实际收益率为

$$\frac{(120-95)\div 2}{95}\times 100\%=13.6\%$$

在折价发行的情况下,最终实际收益率大于票面收益率;而在溢价发行的情况下则相反。

③持有期间收益。如果购入债券后,持有一定时期,在偿还期满以前将债券卖出,就应计算持有期间收益率,即从债券购入日到卖出日为止这一段时间的年利率。其计算公式为

$$持有期间收益率=\frac{(卖出价-购入价)\div 持有年数}{购入价}\times 100\%$$

例 12.6 某公司于 2002 年 4 月 1 日以 10 000 元购得面额为 10 000 元的新发行债券,票面利率 12%,两年后一次还本付息。若到 2003 年 7 月 1 日,以 11 300 元的价格出售。运输企业的债券投资收益是售出价与购入价的差额。持有期则为 1 年又 3 个月,即 1.25 年。则该债券持有期间收益率为

$$\frac{(11\,300-1\,000)\div 1.25}{10\,000}\times 100\%=10.4\%$$

④到期收益率是指对已在市场上流通的旧债券,从购入日起到最终偿还期限止,这一段时间的年利率。计算公式如下:

$$到期收益率=\frac{(到期收入的本利润-购入价)\div 残存年限}{购入价}\times 100\%$$

到期收益既包括利息收入,又包括一部分资本收益。

例 12.7 甲运输企业以 11 300 元从乙运输企业购入上述面额为 10 000 元的债券,并持有到还本付息日止,残存 9 个月,即 0.75 年,则甲运输企业的到期收益率为

$$\frac{(12\,400-11\,300)\div 0.75}{11\,300}\times 100\%=12.98\%$$

2) 股票投资

股票投资是运输企业通过认购股票成为股份有限公司股东并获取股利收益的投资。

股票投资与债券投资的主要区别在于:

①从投资收益来看,股票投资收益不能事先确定,具有较强的波动性。

②从投资风险来看,债券投资按事先约定还本付息,收益较稳定,投资风险较小。股票投资因股票分红收益的不肯定性和股票价格起伏不定,成为风险最大的有价证券。

③从投资权利来看,在各种投资方式中,股票投资者的权利最大(优先股除外),可作为股东有权参与运输企业的经营管理。

股票收益分析主要是分析普通股的收益。股票投资收益是指运输企业从股票投资中所获得的收益或报酬。主要有三方面的内容:股利收益、资产增值收益和股票价格变动收益。具体分析如下:

(1) 股利收益

①每股赢利。指运输企业税后利润与普通股股数之比。计算公式为

$$每股赢利=\frac{企业税后利润}{普通股发行股数}$$

若运输企业同时还发行优先股票,就应从税后赢利中扣减优先股股息。计算公式为

$$每股赢利=\frac{企业税后利润-优先股股息}{普通股发行股数}$$

②每股赢利增长率。是衡量公司每股赢利增长速度的指标。计算公式为

$$每股赢利增长率=\frac{当年每股赢利-上年每股赢利}{上年每股赢利}\times100\%$$

③每股股利。是考核公司的每一普通股能获得的税后股利收益多少的指标。计算公式为

$$每股股利=\frac{企业税后利润-计提盈余公积金、公益金-优先股股利}{普通股发行股数}$$

(2) 资产增值收益

这是根据运输企业的赢利能力及运输企业资产价格变化形成运输企业实际资本升值收益。资产增值幅度的计算公式如下:

$$每股资本增值幅度=(\frac{企业净资产}{实发股数\times每股面值}-1)\times100\%$$

例 12.8 某股份公司去年年末净资产为 5 500 万元,实际发股数为 400 万股,每股面额 10 元,则该公司资本增值幅度为

$$(\frac{5\ 500}{400\times10}-1)\times100\%=37.5\%$$

(3) 股票价格变动收益

运输企业到证券市场从事股票买卖活动,可按债券收益中"持有期间收益率"的计算公式计算其收益率。

12.4 运输成本管理

12.4.1 成本及其分类

所谓成本,就是生产产品所消耗或转移的生产资料的价值和劳动力报酬的支出。成本在企业财务活动中占有十分重要的地位,它是补偿企业生产耗费的最低尺度,是衡量企业工作业绩与效率的基础,是制订和修订产品价格的主要参数,因此,企业必须加强成本管理。成本管理是涉及企业各部门的一项综合性工作,是企业管理的重要组成部分,加强成本管理不仅有利于增强企业的竞争能力,促进企业经营管理水平的提高,而且是运输企业提高经济效益的根本途径。

1) 成本的涵义

运输企业的成本即营运费用,是指企业在运输生产经营活动中发生的各种费用消耗,是企业在获取营运收入的过程中付出的经济代价。

成本亦即运输企业在营运生产过程中实际发生的,与运输、装卸和其他业务等生产活动有关的各项支出,包括在此过程中支出的人工费、材料费和其他费用。成本的支出具有明确的针对性,以特定的产品或劳务为基础和核算对象,能较好地体现企业在营运生产活动中所支出的物质消耗、劳动报酬及有关费用支出。成本的各项费用要素直接或按一定标准分配计入营运成本。

2) 成本的分类

运输企业的成本即营运费用,按照不同的分类目的及标准,可作如下各种分类。

(1) 按经济内容分

运输企业的营运生产过程也是物化劳动与活化劳动消耗的过程,故营运费用按其经济内容的不同,可以分为物化劳动费用和活化劳动费用两大类,在此基础上可进一步划分出若干费用要素。如此分类可以较明确地反映运输营运活动所耗资源的种类、数量,分析各个时期营运费用的支出水平。

(2) 按经济用途分

按各类营运费用在运输生产活动中的不同用途,可以分为营运成本和期间费用两大类,前者又可分为人工费、材料费及其他费用三部分;后者又可分为管理费用和财务费用两部分。营运成本按经济用途还可进一步划分出若干成本项目。如此分类有利于划清成本与费用的界限,便于计算营运成本。

(3) 按计入成本对象的方法分

营运费用依其计入成本的方法不同,可分为直接费用和间接费用两类。直接费用是指在运输、装卸或其他业务活动中发生的能直接计入其成本计算对象的费用;如燃料、轮胎费等;间接费用则是指无法根据其原始凭证确认成本计算对象的费用,如车队经费、车站经费等,只能通过分配计入成本。如此分类有利于正确、准确计算营运成本。

12.4.2 营运成本

1) 营运成本的内容

营运成本是指企业在运输生产过程中实际发生的直接有关的各项支出,包括人工费、材料费和其他费用。

①人工费。企业直接从事运输营运生产活动的人员工资、福利费、奖金、津贴和补贴等。

②材料费。企业在运输营运生产活动中实际消耗的各种燃料、材料、润料、备品备件、垫隔材料、专用工器具、动力照明、低值易耗品等支出。

③其他费用。除人工费和材料费以外的应直接或间接计入营运成本的各项费用。它主要包括企业在运输营运生产活动中发生的这样一系列费用:固定资产折旧费、修理费、租赁费、乘客紧急救护费、集装箱费用(含空箱保管费、清洁费、熏箱费)、行车杂费、保护费、季节性和修理期间的停工损失费、事故净损失等支出。

2) 构成营运成本的要素

运输企业营运费用在按其经济内容进行分类的基础上,可进一步划分出若干费用要素。

①工资。支付给职工的基本工资、工资性津贴。

②职工福利。按规定的工资总额和标准计提的职工福利费。

③燃料。运输生产活动需要的汽油、柴油等燃料。

④轮胎。运输生产活动需要的轮胎。

⑤其他材料。运输生产活动需要的各种材料,含轮胎内胎、垫带、各种消耗性材料、修理用备件等。

⑥低值易耗品。各种用具物品,如工具、包装容器等不属固定资产范围的有关劳动资料。

⑦折旧。按规定提取的营运车辆等固定资产折旧。

⑧修理费。企业修理固定资产而发生的修理费用。

⑨燃油税。以前规定向公路管理部门缴纳的养路费。

⑩其他费用。根据其使用特性不能明确地归类到上述各项费用要素之中的一系列费用。

3) 成本项目

将各种费用要素按其经济用途分别归入到特定的成本核算对象上去,便构成成本项目。运输企业的成本项目可分为运行费用和站队经费两类。

(1) 运行费用

企业营运设备在从事运输生产活动中所发生的各项费用。运行费用包括:

①工资:按规定支付给营运设备司助人员的标准工资、行车津贴等各工资性津贴;

②职工福利费:按规定的工资总额与计提标准,提取的职工福利费用;

③燃料:营运设备行车用汽油或柴油等燃料,自卸车含其卸车时所耗的燃料;
④轮胎:营运设备耗用的轮胎费用;
⑤材料:营运设备耗用的轮胎内胎、垫带及其他各种消耗性材料;
⑥修理费:营运设备进行各级维护、修理所发生的工料费、旧件修复费、引车用机油费等;
⑦折旧费;
⑧燃油税(原养路费);
⑨运管费:按规定向运输管理部门缴纳的运输管理费;
⑩行车事故损失:营运设备行车肇事所造成的事故损失,其中不含旅客伤亡事故损失、车站责任的货运商务事故损失以及其他不可抗力造成的非常损失;
⑪其他费用:营运设备行车过程中发生的其他支出等。

(2)站队经费

站队经费属营运间接费用,是作为基层管理部门的车队、车站为管理和组织运输生产活动而发生的各项管理费、业务费等。站队经费包括:

①车队经费:按规定的分配办法,应由运输成本负担的车队经费;
②车站经费:按规定的分配办法,应由运输成本负担的车站经费。

12.4.3 营运成本管理

1)成本预测

所谓成本预测,就是根据成本的特性及有关信息资料,运用科学的分析方法对未来的成本水平及变动趋势作出测算与推断的过程。进行成本预测,主要是为了掌握在计划期内运输市场变化趋势及各种成本影响因素,预测出计划期内成本降低率、成本影响因素变动对营运成本的影响以及目标成本等,以便编制成本计划与费用预算。成本预测,如其他预测一样,有多种定性、定量预测方法可采用。

2)成本计划

成本计划是企业生产经营活动计划的重要组成部分,是进行成本控制、考核及分析的依据。成本计划的内容一般包括如下几个方面。

(1)各成本项目的计划耗费额

在计划期内各种设备费用和站队经费的耗费目标,这是进行其他各方面成本计划工作及分析成本变化情况的基础。

(2)计划单位成本和计划总成本

计划总成本就是各成本项目计划耗费额之和,即计划期内营运成本应达到的水平。计划单位成本为

$$C'_t = \frac{C_t}{Q_t}$$

式中：C'_t——计划单位成本；

C_t——计划总成本；

Q_t——计划期运输周转量。

（3）成本降低额与成本降低率计划

成本降低额是由于计划单位成本比基期实际单位成本节约而导致的运输总成本的节约额；成本降低率则是这种单位成本节约数额与基期实际单位成本相比的百分比。即

$$\triangle C = (C'_0 - C'_t)Q_t$$
$$= C'_0 Q_t - C'_t Q_t = C'_0 Q_t - C_t$$
$$\gamma = \frac{C'_0 - C'_t}{C'_0} \times 100\%$$

式中：C'_0——基期（上年）实际单位成本；

γ——成本降低率；

C'_t——计划单位成本；

Q_t——计划期运输周转量；

$\triangle C$——成本降低额。

3）成本控制

成本控制是指企业在运输生产经营活动中，用规定的标准对成本的形成进行监测、调整，保证企业达到成本目标的过程。

成本控制的基本任务是通过建立健全成本控制系统，运用各种控制手段与方法，对成本的形成进行适时、全面、有效的控制，防止运输生产经营活动中的损失浪费，避免成本增加的发生，保证企业成本目标的实现。成本控制的一般程序是：确定成本费用控制标准；监督成本形成，检测、搜集成本信息，衡量成本绩效；寻找偏差，分析原因，采取措施，纠正偏差。成本控制是针对运输生产经营活动中成本形成的全过程展开的控制，其控制的主体、内容等都具有较强的系统性和广泛性。成本控制有以下几种控制方式。

（1）反馈控制

反馈控制是指以既定的成本目标（控制标准）为依据，与成本的实际结果进行对比分析，一方面肯定成绩，找出差距，严格奖惩；另一方面则从中总结经验供给下一次控制活动进行参考。反馈控制是一种事后控制。

（2）现场控制

现场控制是指在运输生产经营过程中，从营运班次的安排，到将旅客、货物送达目的地的现场作业过程中，对各成本的形成以及差异纠正等进行的控制。这种控制又叫日常控制、过程控制或事中控制。主要包括：对燃料、轮胎、材料等消耗的控制；对营运设备、装卸机械、集装箱等劳动资料使用的控制；对驾乘人员、站务人员、班组和车站基层管理人员工资、津贴等人工费的控制；以及对各种期间费用开支的控制等。

(3) 前馈控制

前馈控制是指在运输生产经营活动开始之前,通过对成本进行计划、预测等所进行的控制,又叫事前控制或超前控制。前馈控制就控制活动实施的具体情况而言,分成成本制定阶段和实施阶段这两个阶段的事前控制。制定阶段前馈控制的内容主要包括:预测成本趋势,确定目标成本,制订成本计划,编制费用预算,规定成本限额,制定各种成本控制制度,建立健全经济责任制,实行成本归口分级管理。实施阶段前馈控制的内容主要包括:预测运输成本的影响因素,如物价、燃料、轮胎供应单位的生产销售状况、企业内部生产组织等,可能发生的变化、变化趋势以及这些变化对运输生产成本的影响;根据上述预测结果,在运输生产活动开始之前寻求对策,采取措施,最大限度地清除或弱化各种因素变化对成本的不利影响。

12.5 营运收入与利润分配

12.5.1 营运收入

运输企业所取得的营运收入是向社会提供运输服务所得的报酬,或者是出售运输产品的收入。营运收入的取得是运输企业资金循环运动过程的一个环节,是一次循环的终点和下一次循环的起点。运输企业必须加强营运收入的各方面管理,才能保证运输企业再生产能畅通地进行下去,为企业各利益主体创造更多的财富。

1) 运输企业营运收入的构成

运输企业的经营业务包括基本业务和其他业务两部分。基本业务是指旅客运输业务、货物运输业务、货物装卸业务以及与运输业务相关的一些业务。企业经营基本业务取得的收入通常称为营运收入。其他业务收入是指企业对外营运自制产品、提供劳务作业和让售燃料、配件、固定资产出租、无形资产转让所取得的收入。

运输企业的营运收入通常按管理的需求分为以下三大类:

(1) 运输收入

指企业经营客、货运输业务向旅客和货物托运单位(个人)收取的费用,包括:

①客运收入:指经营旅客运输的客票收入、客运的计时包车收入和计程包车收入等。

②货运收入:指经营货物运输业务的收入,包括整车运输、零担运输收入。运输企业自卸车的卸费收入,自卸车运输成本包括卸货耗费,为与成本相吻合,也作为货运收入。

③其他运输收入:指行李包裹运输费用的收入、邮件运输费用的收入及代理业务费用的收入。

(2) 装卸收入

是企业经营人工装卸业务和机械装卸业务按照规定的费率向货主收取的装卸费收入。

(3) 其他业务收入

是指企业从事基本业务以外的其他经营活动的各种收入。包括：客运服务收入、联运及代理业务收入、堆存业务收入、集装箱服务收入、车辆修理收入、材料配件让售收入等。

2) 运输企业营运收入管理的基本原则

运输企业加强营运收入管理，及时足额取得营运收入，对于企业的生存和发展，保证运输再生产的正常进行，及时补偿生产耗费，正确地计算营业税、养路费和运输管理费，按时向国家上缴税利，加速流动资金周转，促使企业发展生产和改善职工生活福利等，都具有重要的意义。在营运收入管理中，应遵循以下几项基本原则：

①足额补偿原则。企业在制订收入管理政策或策略时，必须确保相应耗费的足额补偿，也就是要保证商品价值的完整实现。运输企业是相对独立的商品生产者和经营者，实行独立核算自负盈亏，必须用本企业的营运收入补偿营运支出，即补偿资金的消耗，补偿后的差额为企业的盈利。如果收不抵支，则企业发生亏损。营运收入是企业补偿生产消耗、向国家上缴各种税金和企业利润的主要来源，加强营运收入管理，对及时足额补偿资金耗费、保证运输再生产过程正常进行具有重要的意义。

②有效原则。运输企业的营运收入是通过发售客票、填写货票和结算运费取得的，在营运收入的计收过程中容易产生各种漏洞，如漏收、少收和计算错误等，有的贪污挪用票款，有的运费长时期拖欠收不回来，造成企业资金流失和资金周转不灵。这一原则是保证企业营运收入的有效性。凡是属于企业的收入，都必须及时加以控制和管理，使它真正成为企业有效的收入。同时还应及时组织有效收入的实现，为了使企业实现的营运收入能够如数按期回收，必须建立和完善营收管理的责任制度，形成一个责、权、利分明的循环系统，从而确保运输企业资金周转的正常进行。

③及时原则。运输企业的营运收入，尤其是货运收入，由于生产经营的特殊性，在确认收入时通常以应收账款的形式体现，而应收账款，实际上是应付方无偿占用本企业的资金，考虑到资金的时间价值因素，这部分应收账款应该想方设法地及时收回，减少企业的资金占用和潜在损失的产生。

12.5.2 利润

利润又可称为纯收入，是企业在一定时期内的经营成果或财务成果。利润反映了企业从事各种经营活动所取得的净收益，在数量上表现为企业全部收入抵消全部成本费用后的余额。运输企业的利润可用下式表示：

$$企业利润总额＝营业利润＋投资净收益＋营业外收入－营业外支出$$

(1) 企业营业利润

企业营业利润反映了企业从事内部生产经营活动所获得的成果，是企业利润的总额的主要组成部分。其计算公式如下：

营业利润＝主营业务利润＋其他业务利润－管理费用－财务费用

①主营业务利润。企业的主营业务利润是企业营业利润的主要组成部分。运输企业的主营业务利润是指从事运输业务、装卸业务、代理业务等主营业务活动所取得的利润，如运输利润、装卸利润、代理业务利润等。主营业务利润的计算公式如下：

主营业务利润＝主营业务收入－主营业务成本－营运税金及附加

运输企业的主营业务收入是指从事客货运输业务、货物装卸业务、代理业务等所取得的营业收入扣除现金折扣后的净额；主营业务成本是指为取得主营业收入所发生的实际客货运输成本、货物装卸成本、代理业务成本等；营运税金及附加包括营业税、城市维护建设税和教育费附加等内容。

②其他业务利润。企业的其他业务利润是企业从事基本生产经营业务以外的其他经营活动所取得的利润，是企业营业利润的重要组成部分。运输企业的其他业务一般有车辆维修、材料营运、固定资产出租、无形资产转让、外购商品营运等内容。其他业务利润由其他业务收入扣除其他业务成本和营业税金及附加后形成，计算公式如下：

其他业务利润＝其他业务收入－其他业务成本－其他业务费用－营业税金及附加

③管理费用和财务费用。管理费用是指企业行政管理部门为管理和组织营运生产活动而支出的各项费用，包括公司经费、工会经费、职工教育经费、劳动保险费、待业保险费、董事会费、咨询费、审计费、诉讼费、排污费、绿化费、税金、土地使用费、土地损失补偿费、技术转让费、技术开发费、无形资产摊销、开办费摊销、业务招待费、广告费、展览费、坏账损失、存货盘亏、毁损和报废以及其他管理费用。

财务费用是指企业为筹集资金而发生的各项费用，包括企业营运期间发生的利息支出、汇兑净损失、调剂外汇手续费、金融机构手续费以及筹资发生的其他财务费用等。

(2) 企业投资净收益

企业投资净收益是企业对外投资取得的收益减去对外投资损失后的余额，由企业的股票投资、债券投资、联营投资及其他投资的净收益组成。

(3) 营业外收入和营业外支出

营业外收入是指与企业生产经营无直接关系的各项收入。营业外收入是相对于营业收入而言的，它不是人们有目的地从事生产经营活动所取得的收入，根据我国《运输企业财务制度》的规定，营业外收入包括固定资产盘盈净收益，固定资产出售净收益，罚款收入，因债权人原因确实无法支付的应付款项，教育费附加返还款等。

营业外支出是指与企业经营无直接关系、不应当计入营业成本与费用的各项支出。营业外支出一般包括固定资产盘亏、报废、毁损和出售的净损失，职工子弟学校经费和技工学校经费，非常损失，公益救济性捐赠，赔偿金，被没收财产的损失，税后的滞纳金和罚款等。企业的营业外收入减去营业外支出后的余额为营业外收支净额。

由于营业利润可以表现为对内投资的收益，所以企业的利润总额又可以表现为企业全部投资收益与营业收支净额的代数和。企业利润总额减去所得税费用后的余额,为企业的净利润。

12.5.3 利润的分配

企业实现的净利润需要在所有者与企业法人之间进行分配,即形成分配给投资者的利润和企业留用利润(包括盈余公积金、公益金和分配利润)。

1) 利润分配的顺序

根据我国《企业财务通则》和《运输企业财务制度》的要求,企业净利润应按下列顺序分配:

(1) 弥补企业前年度亏损

运输企业营运收入不足抵偿经营支出时会出现亏损。企业发生亏损按其性质可划分为政策性亏损和经营性亏损两类。一般来说,政策性亏损由国家财政负责弥补,采取定额补贴或亏损包干等办法;经营性亏损由企业自行解决。一般来说,补亏有三种方法:

①税前利润弥补。根据我国《运输企业财务制度》的规定,企业发生年度亏损,可以用下一年的税前利润弥补;下一年度利润不足弥补的,可以在5年内延续弥补。用税前利润弥补亏损,企业可以获得免税的优惠,但国家会因此而减少财政收入,所以一般都有规定的期限。例如美国税法规定企业的经营亏损可以用前三年的税前利润和后五年的税前利润弥补。制定用税前利润补亏的政策是为了维护企业的利益,防止企业受到利润大幅度波动的不利影响。

②税后利润弥补或用盈余公积金弥补。根据我国《运输企业财务制度》的规定,5年内不足弥补的经营性亏损,应用税后利润弥补或用企业的盈余公积金弥补。用哪种方式弥补取决于企业的利润分配政策。一般来说,由于盈余公积金不能用于向投资者分配,所以主张多分配利润给投资者的企业更倾向于用盈余公积金补亏。我国《公司法》规定,企业应用法定盈余公积金弥补亏损,弥补不足部分,用当年税后利润弥补。

(2) 提取盈余公积金和公益金

①盈余公积金。盈余公积金是企业从税后利润中提取积累资金,是企业用于防范和抵御风险,补充资本的重要资金来源,也是维护企业稳定经营和长期发展的必要措施和手段。盈余公积金的实质是企业经营中形成的盈余,从产权归属上看,属于企业所有者权益的一个部分,为投资者所有。盈余公积金制度是在企业的长期实践中逐步创立和完善的,主要目的是为了保护投资者的利益。

利润分配中提取的盈余公积金,包括法定盈余公积金和任意盈余公积金。法定盈余公积金是指按国家法律规定的比例提取的公积金,任意盈余公积金是根据企业发展的需要由董事会决定提取比例后,企业自行提取的公积金。不论何种经济性质的或组织形式的企业,均应按税后利润的10%提留法定盈余公积金,当法定盈余公积金已达到注册资本的50%时,可不再提取。任意盈余公积金的提取,是企业为了满足经营管理的需要，控制向投资者分配利润的水平，以及调整各年度利润分配的波动。按公司章程或股东会议决议，对利润分配所采取的限制，提取比例由董事会决定，提取是在向投资者分配利润之前。其中股份有限公司提取任意盈余公积金必须在分配优先股股利之后(但在分配普通股股利之前)，这是股份有限公司利润分配顺序的一个主要特点。法定盈余公积金和任意盈余公积金可用于弥补亏损、转增资本金，又可用于分配股利。企业用盈余公积金转增资本金后，法定盈余公积金的余额不得低于注册资本的25%。

②公益金。公益金是企业从税后利润中提取用于企业职工集体福利的资金，提取比例按企业章程或董事会决定确定。公益金的提取在法定盈余公积金之后，但在任意盈余公积金之前，股份有限公司则在支付优先股股利之前。企业提取的公益金性质上属于所有者权益，但由企业安排用于职工集体福利的支出，如建造职工宿舍、食堂、托幼设施、医疗保健设施等，不能发给职工用于个人消费。职工对这些福利设施只有使用权，所有权属于企业的投资者。

提取公积金和公益金的计算公式如下：

$$法定公积金 = (税后利润 - 规定的扣除项目) \times 10\%$$

$$公益金 = (税后利润 - 规定的扣除项目) \times 规定的比例$$

我国《公司法》规定，公司分配当年税后利润时，应当提取利润的10%列入公司法定公积金，并提取利润的5%～10%列入公司法定公益金。

(3) 向投资者分配利润

分配给投资者的利润，是投资者从企业获得的投资回报。向投资者分配利润应遵循纳税优先、无盈余就不分利的原则，其分配是在利润分配的最终阶段。这体现了投资者对企业的权利、义务以及所承担的风险。向投资者分配利润时应注意，企业在提取盈余公积金和公益金之前，不得向投资者分配利润；如企业当年无利润，一般也不得向投资者分配利润。其中，股份有限公司当年无利润时，原则上不得分配股利，但在用盈余公积金弥补亏损后，经股东大会特别决议，可按不超过股票面值6%的比率用盈余公积金分配股利，在分配股利后，企业法定盈余公积金不得低于注册资本的25%。这样做的目的是为了维护企业的信誉，避免股票价格大幅度波动。分配给投资者利润的比例应遵守企业章程或董事会的决定，一般在年终，由董事会向股东分配时，先确认股东的股权，再凭股票分配股利。优先股的股利在分配普通股股利之前优先分配，股利应按约定的股利率支付，计算公式为

$$每股股利 = 股票面值 \times 约定的股利率$$

按我国股份有限公司规范意见，如果公司连续3年不支付优先股利，优先股股东就享有普通股股东的权利。此外，企业分配给股东的股利所应缴纳的个人所得税应由企业按税法规定代扣代缴。

2) 利润分配的原则

企业的利润分配，必须遵守国家的财政法规，兼顾国家、所有者和企业各方面的利

益,尊重企业的自主权,加强企业的经济责任,使企业利润分配机制发挥利益激励与约束功能以及对再生产的调节功能,充分调动各方面的积极性,促进企业生产的发展,从而实现提高企业经济效益的目标。为了协调好利益与经济发展的关系,企业的利润分配应遵循四项原则:首先要遵守国家财经法规,维护企业投资者、债权人和企业职工的合法权益;其次要兼顾企业所有者、经营者和职工的利益;再次是要有利于增强企业的发展能力;最后是利润分配要处理好企业内部积累与顾客的关系,充分调动职工的积极性。

12.6 财务分析

12.6.1 财务分析的定义和分析方法

1) 财务分析的定义

财务分析是运用财务报表,对运输企业过去的财务状况、经营成果及未来前景做出的一种评价。通过这种评价可以为财务决策、计划和控制提供广泛的帮助,并为投资者进行投资分析、投资决策提供重要的依据。

财务分析主要依据财务报表中的大量数据,根据需要,计算出很多有意义的数据。这些数据涉及运输企业经营管理的各个方面。

2) 财务分析的方法

对运输公司进行财务分析的方法,主要有对比分析法、比率分析法、因素分析法、趋势分析法。

对同一期财务报表的若干不同项目或类别的数据进行分析时,大多采用比率分析法,它是用相对数揭示数据之间相互关系,以分析和评价公司财务状况和经营成果,找出经营管理中现存问题的一种方法。

12.6.2 指标分析

1) 运输企业偿债能力分析

企业偿债能力是指公司偿还各种到期债务的能力。偿债能力分析是运输企业财务分析的一个重要方面,通过这种分析可以揭示运输企业的财务风险。运输企业财务管理人员、运输企业债权人及投资者都十分重视运输企业的偿债能力分析。偿债能力分析主要分为短期偿债能力分析和长期偿债能力分析。

(1) 短期偿债能力

短期偿债能力是指运输企业偿付流动负债的能力。流动负债是1年内或超过1年的一个营业周期内需要偿付的债务,这部分负债对运输企业的财务风险影响较大,如果不能及时偿还,就可能使运输企业面临倒闭的危险。在资产负债表中,流动负债与流动资产形成一种对应关系。一般来说,流动负债需以流动资产来偿付,特别是,一般需要以现金来直接偿还。因此,可以通过分析运输企业流动负债与流动资产之间的关系来判断运输企业短期偿债能力。评价运输企业短期偿债能力的财务比率主要有流动比率、速动比率、现金比率、现金流量比率和到期债务本息偿付比率等。

①流动比率。流动比率是运输企业流动资产与流动负债的比率。

$$流动比率＝流动资产/流动负债$$

流动比率是衡量运输企业短期偿债能力的一个重要财务指标,这个比率越高,说明运输企业偿还流动负债的能力越强,流动负债得到偿还的保障越大。但是,过高的流动比率也并非好现象,因为流动比率过高,可能是运输企业滞留在流动资产上的资金过多,未能有效地加以利用,可能会影响运输企业的获利能力。

根据国际标准,流动比率在 2 左右比较合适。实际上,对流动比率的分析应该结合不同的行业特点、运输企业流动资产结构及各项流动资产的实际变现能力等因素。

②速动比率。在流动资产中,短期有价证券、应收票据、应收账款的变现力均比存货强,存货需要经过销售才能转变为现金,如果存货滞销,它的变现就成问题。所以存货是流动资产中流动性相对较差的。一般来说,流动资产扣除存货后的资产称为速动资产,主要包括现金(即货币资金)、短期投资、应收票据、应收账款等。速动资产与流动负债的比率称为速动比率。

$$速动比率＝速动资产/流动负债＝(流动资产－存货)/流动负债$$

通过速动比率来判断企业短期偿债能力比用流动比率进了一步,因为它撇开了变现力较差的存货。速动比率越高,说明运输企业的短期偿债能力越强。

根据西方经验,一般认为速动比率为 1 时比较合适。通常影响速动比率可信度的重要因素是应收账款的变现能力。如果运输企业的应收账款中,有较大部分不易收回,可能会成为坏账的账款,那么速动比率就不能真实地反映运输企业的偿债能力。

③现金比率。现金比率是运输公司的现金类资产与流动负债的比率。现金比率能够准确地反映公司的直接偿付能力。因为现金是运输企业偿还债务的最终手段。

$$现金比率＝(现金＋现金等价物)/流动负债$$

一般认为,现金比率维持在 0.25 以上,说明公司有比较充裕的直接偿付能力。如果运输企业现金缺乏,就可能会发生支付困难,将面临财务危机,因而现金比率高,说明运输企业有较好的支付能力,对偿付债务是有保障的。当公司面临支付工资或分配股利时,或集中进货需要大量现金时,现金比率就显示其重要性。但是,如果这个比率过高,可能意味着运输企业拥有过多的获利能力较低的现金类资产,运输企业的资产未能得到有效的运用。

④现金流量比率。现金流量比率是运输企业经营活动现金净流量与流动负债的比率。

$$现金流量比率＝经营活动现金净流量/流动负债$$

经营活动所产生的现金流量是过去一个会计年度的经营结果。而流动负债则是未来一个会计年度需要偿还的债务,二者的会计期间不同。因此,这个指标是建立在以过去一年的现金流量来估计未来一年现金流量的假设基础之上的。使用这一财务比率时,需要考虑未来一个会计年度影响经营活动的现金流量变动的因素。

⑤到期债务本息偿付比率。到期债务本息偿付比率反映经营活动产生的现金净流量是本期到期债务本息的倍数,它主要用来衡量本年度内到期的债务本金以及相关的现金利息支出,可以由经营活动所产生的现金来偿付的程度。

到期债务本息偿付比率＝经营活动现金净流量/(本期到期债务本金＋现金利息支出)

该项比率越高,保障程度越高,运输企业的偿债能力也越强。如果该指标小于1,表明运输企业经营活动产生的现金不足以偿付本期到期的债务本息。

(2) 长期偿债能力。

长期偿债能力是指运输企业偿还长期负债的能力。反映运输企业长期偿债能力的财务数据主要有资产负债率、股东权益比率、权益乘数、负债股权比率、有形净值债务率、偿债保障比率、利息保障倍数和现金利息保障倍数等。

①资产负债率。资产负债率是运输企业负债总额与资产总额的比率,也称为负债比率或举债经营比率,它反映运输企业的资产总额中有多少是通过举债而得到的。

资产负债率＝(负债总额/资产总额)×100%

资产负债率反映运输企业偿还债务的综合能力,这个比率越高,运输企业偿还债务的能力越差;反之,偿还债务的能力越强。

②股东权益比率与权益乘数。股东权益比率是股东权益与资产总额的比率,该比率反映运输企业资产中有多少是所有者投入的。

股东权益比率＝(股东权益总额/资产总额)×100%

从上述结果可知,股东权益比率与资产负债率之和等于1。因此,这两个比率是从不同的侧面来反映运输企业长期财务状况的,股东权益比率越大,资产负债率就越小,运输企业的财务风险也越小。偿还长期债务的能力就越强。

股东权益比率的倒数称作权益乘数,即资产总额是股东权益的多少倍。该乘数越大,说明股东投入的资本在资产中所占比重越小。

权益乘数＝资产总额/股东权益总额

③负债权益比率与有形净值债务率。

负债权益比率＝负债总额/股东权益总额

它反映了债权人所提供资金与股东所提供资金的对比关系,该比率越低,说明运输企业长期财务状况越好,债权人贷款的安全越有保障,运输企业财务风险越小。

为了更进一步分析股东权益对负债的保障程度,可以保守地认为无形资产不宜用来偿还债务,所以出现了有形净值债务率。

$$有形净值债务率 = 负债总额/(股东权益 - 无形资产净值)$$

该比率越低,说明运输企业财务风险越小。

④偿债保障比率。

$$偿债保障比率 = 负债总额/经营活动现金净流量$$

一般认为,该比率越低,运输企业偿还债务的能力越强。

⑤利息保障倍数与现金利息保障倍数。

$$利息保障倍数 = (税前利润 + 利息费用)/利息费用$$

$$现金利息保障倍数 = (经营活动现金净流量 + 现金利息支出 + 付现所得税)/现金利息$$

一般来说,运输企业的利息保障倍数至少要大于1,以上两个财务指标究竟是多少时,才能说明运输企业偿付利息的能力强,这没有一个确定的标准,通常要根据历年的经验和行业特点来判断的。

2) 运输企业营运能力分析

运输企业的营运能力反映了运输企业资金周转状况。对此进行分析,可以了解运输企业的营业状况及经营管理水平。资金周转状况好,说明运输企业的经营管理水平高,资金利用效率高。评价运输企业营运能力,常用的财务数据有存货周转率、应收账款周转率、流动资产周转率、固定资产周转率、总资产周转率等。

(1) 存货周转率

$$平均存货 = (期初存货余额 + 期末存货余额)/2$$

$$存货周转率 = 销售成本/平均存货$$

$$存货周转天数 = 360/存货周转率 = 平均存货 \times 360/销售成本$$

存货周转率说明了一定时期内运输企业存货周转的次数,比率越高,存货周转越快,运输企业的销售能力越强,营运资金占用越少;存货周转率也不要过高,否则,说明运输企业在管理上存在问题。对存货周转率的分析,要深入调查运输企业库存的构成,结合实际情况做出判断。

(2) 应收账款周转率

$$应收账款平均余额 = (期初应收账款 + 期末应收账款)/2$$

$$应收账款周转率 = 赊销收入净额/应收账款平均余额$$

$$应收账款平均收账期 = 360/应收账款周转率$$

$$= (应收账款平均余额 \times 360)/赊销收入净额$$

这一比率越高,说明运输企业催收账款的速度越快,可以减少坏账损失,而且资产的流动性强,运输企业的短期偿债能力也会增强,一定程度上可以弥补流动比率的不利影响。

(3) 流动资产周转率

$$流动资产平均余额=(流动资产期初余额+流动资产期末余额)/2$$
$$流动资产周转率=销售收入/流动资产平均余额$$

这一比率越高,说明运输企业流动资产的利用率越好。

(4) 固定资产周转率

$$固定资产平均净值=(期初固定资产净值+期末固定资产净值)/2$$
$$固定资产周转率=销售收入/固定资产平均净值$$

这一比率越高,说明运输企业固定资产的利用率越好,管理水平越好。

(5) 资产周转率

$$资产平均总额=(期初资产总额+期末资产总额)/2$$
$$总资产周转率=销售收入/资产平均总额$$

如果这个比率较低,说明运输企业利用其资产进行经营的效率较差,会影响企业的获利能力,运输企业一般会采取提高销售收入或处置财产,来提高总资产周转率。

3) 运输企业获利能力分析

获利能力是指运输企业赚取利润的能力。评价运输企业获利能力的指标主要有资产报酬率、股东权益报酬率、销售毛利率、销售净利率、成本费用净利率、每股利润、每股现金流量、每股股利、股利发放率、每股净资产、市盈率等。

(1) 资产报酬率

$$资产报酬率=(净利润/资产平均总额)\times 100\%$$

这一比率越高,物流企业获利能力越强。

(2) 股东权益报酬率

股东权益报酬率是评价运输企业获利能力的一个重要财务比率,它反映了运输企业获取投资报酬的高低。

$$股东权益报酬率=\{净利润/[(期初股东权益+期末股东权益)/2]\}\times 100\%$$

这一比率高,说明运输企业的获利能力强。

(3) 销售毛利率与销售净利率

$$销售毛利率=[(销售收入净额-销售成本)/销售收入净额]\times 100\%$$
$$销售净利率=(净利润/销售收入净额)\times 100\%$$

(4) 成本费用净利率

$$成本费用净利率=(净利润/成本费用总额)\times 100\%$$

这一比率越高,说明运输企业为获取收益而付出的代价越小,运输企业的获利能力越强。因此，通过这个比率不仅可以评价运输企业获利能力的高低，也可以评价运输企业对成本费用的控制能力和经营管理水平。

（5）每股利润

每股利润＝（净利润－优先股股利）/发行在外的普通股平均股数

每股利润越高，说明股份公司的获利能力越强，但不足以完全说明运输企业获利能力。每股利润是一个绝对指标，分析时还应结合流通在外的股数。如果某一股份公司采用股本扩张的政策，大量配股或以股票股利的形式分配股利，这样必然摊薄每股股利，使每股利润减小。分析者在分析每股利润时还应考虑每股股价的高低，因此，投资者不能只片面地分析每股利润，最好结合股东权益报酬率来分析公司的获利能力。

（6）每股现金流量

注重股利分配的投资者应当注意，每股利润的高低虽然与股利分配有密切的关系，但它不是决定股利分配的惟一因素。如果某一公司的每股利润很高。但是因为缺乏现金，那么也无法分配现金股利。因此，还有必要分析公司的每股现金流量。每股现金流量越高，说明公司越有能力支付现金股利。

每股现金流量＝（经营活动现金净流量－优先股股利）/发行在外的普通股平均股数

（7）每股股利与股利发放率

每股股利＝（现金股利总额－优先股股利）/发行在外的普通股股数

股利发放率＝（每股股利/每股利润）×100％

（8）每股净资产

每股净资产＝股东权益总额/发行在外的股票股数

投资者应通过比较分析公司历年的这一比率的变动趋势，来了解公司的发展趋势和获利能力。

（9）市盈率

市盈率，也称价格盈余比率或价格与收益比率，是指普通股每股市价与每股利润的比率。一般来说，市盈率高，投资者就会看好公司的发展前景，愿以高价购买它的股票。它是反映股份公司获利能力的一项指标。

案 例

某运输企业港口拟建项目财务评价

某港位于我国北部沿海,每年有大量煤炭从该港运出,是北方产煤区把煤炭运出去的一条重要的出海大通道。港口根据预测运量,拟建3个3.5万吨级的煤炭专用泊位。

(1) 基本情况

根据预测运量,新港区设计吞吐能力为 2.5×10^6 吨,计划安排到2004年产量达 2.5×10^6 吨。为满足运量要求,经论证该项目拟建3个 35×10^6 吨级煤炭专用装船泊位,年设计通过能力2 500万吨。

本项目计算期为25年,其中,建设期5年,营运期20年,达产期3年,达产比例分别为吞吐量的60%、80%、100%。

总投资估算为178 530万元(含建设期利息)。其中,外币11 354.4万美元,当时美元与人民币比价为1美元=8.5元。工程项目分基础设施和营运设施两部分。投资估算情况详见表12.3。

表12.3 投资总估算表　　　　　　(人民币:万元;外币:万美元)

序号	工程或费用名称	合计		基础设施		营运设施		合计
		人民币	外币	人民币	外币	人民币	外币	人民币
	第一部分:工程费用	49 296	9 660	28 560		20 736	9 660	131 406
1	疏浚及陆域土方	13 560		13 560				13 560
2	水工和导助航设施	15 000		15 000				15 000
3	装卸机械和维修设施	2 976	7 440			2 976	7 440	66 216
4	港作车船	240	420			240	420	3 810
5	堆场和翻车机房	9 000				9 000		9 000
6	房建、大临、环保	4 800				4 800		4 800
7	供电、控制、给排水等	3 720	1 800			3 720	1 800	19 020
	第二部分:其他费用	7 500	96	2 904		4 596	96	72 780
	第三部分:预留费用	12 000	504	7 200		4 800	504	16 284
1	物价上涨费	7 200		4 200		3 000		7 200
2	基本预备费	4 800	504	3 000		1 800	504	9 084
	第四部分:独立费用	13 221.6	1 094.4			13 221.6	1 094.4	22 524
1	固定资产投资方向费	187.2				187.2		187.2
2	建设期贷款利息	13 034.4	1 094.4			13 034.4	1 094.4	22 340.4
	合计	82 017.6	11 354.4	38 664		163 353.6	11 354.4	178 530

建设期分年投资见表12.4。

表12.4 分年投资计划安排 （单位：万元）

项目	第一年	第二年	第三年	第四年	第五年	合计
全部设施投资	15 600	31 200	46 800	39 000	23 406	156 006
基础设施投资	9 660	11 592	7 728	5 796	3 888	3 8664
营运设施投资	5 940	19 608	39 072	33 204	19 518	117 342
其中：人民币	5 940	6 526.8	4 188	7 040.4	6 436.8	30 132
外币折人民币		13 081.2	34 884	26 163.6	13 081.2	87 210

（2）财务评价

①营业收入及营业税金估算

该项目的营业收入主要是装卸、堆存、其他业务及港务管理活动取得的收入，业务范围为出口煤炭，实行水陆联运换装包干，收费（不含上缴费）标准按交通部港口费规则处理计算结果如下：

ⓐ装卸收入。内贸：15元/吨×2 500万吨×0.75＝28 125万元

外贸：22元/吨×2 500万吨×0.25＝13 750万元

ⓑ堆存收入。0.12元/吨×2 500万吨×10天＝3 000万元

ⓒ其他业务收入。1.5元/吨×2 500万吨＝3 750万元

ⓓ港务费收入。1.0元/吨×2 500万吨×0.25＝625万元

营业收入合计49 250万元。营业税按营业收入的3.27%计算（不含港费收入）。具体的计算结果见表12.5。

表12.5 财务现金流量表（全部投资、所得税后） （单位：万元）

序号	现金流入量			现金流出量							净现金流量	累计净现金流量
	营运收入	回收固定资产余值	回收流动资金	合计	固定资产投资	更新费用	增加流动资金	经营成本	营业税金	所得税	合计		
1					15 600						15 600	−15 600	−15 600
2					31 200						31 200	−31 200	−46 800
3					46 800						46 800	−46 800	−93 600
4					39 000						39 000	−3 900	−97 500
5					23 406						23 406	−23 406	−120 906
6	29 550			29 550		1 487	6 541	954	772	9 655	19 895	−100 736
7	39 400			39 400		489	8 477	1 272	3 533	13 771	25 629	−74 782
8	49 250			49 250		489	10 502	1 590	6 529	19 110	30 140	−43 976
9	49 250			49 250			10 502	1 590	7 351	19 443	29 807	−13 501

续表

序号	现金流入量				现金流出量						净现金流量	累计净现金流量
	营运收入	回收固定资产余值	回收流动资金	合计	固定资产投资	更新费用	增加流动资金	经营成本	营业税金	所得税	合计		
10	49 250			49 250				10 502	1 590	7 948	20 040	29 210	16 376
11	49 250			49 250				10 502	1 590	8 244	20 336	28 914	45 957
12	49 250			49 250				10 502	1 590	8 306	20 398	28 852	75 476
13	49 250			49 250				10 502	1 590	8 370	20 462	28 788	104 931
14	49 250			49 250				10 502	1 590	8 438	20 530	28 720	134 317
15	49 250			49 250		6 324		10 502	1 590	8 509	26 925	22 825	157 308
16	49 250			49 250				10 502	1 590	8 689	20 781	28 469	186 442
17	49 250			49 250				10 502	1 590	8 767	20 859	28 397	215 449
18	49 250			49 250				10 502	1 590	8 850	20 942	28 308	244 474
19	49 250			49 250				10 502	1 590	8 936	21 028	28 222	273 362
20	49 250			49 250		18 972		10 502	1 590	9 027	40 091	5 199	283 188
21	49 250			49 250				10 502	1 590	9 122	21 214	28 036	311 890

注:1.财务净现值($i=8\%$):62 521;2.财务内部收益率:12.75%;3.静态投资回收期(年):9.53。

②营运成本估算

营运成本主要包括在营运生产过程中实际消耗的各种燃料、材料、润料、工资及福利费、固定资产折旧、修理费等支出,在财务评价中,成本项目由费用要素组成。

ⓐ工资及附加费:本项目定员950人,每人每月平均工资1 350元,福利附加费按平均工资的20%计入,工资总额为1 846.8万元。

ⓑ固定资产折旧及无形及递延资产摊销:固定资产总值17 1563万元,按港口固定资产构成,综合折旧率取4.4%,年折旧值7 549万元。其他费用中除土地征地费720万元转入固定资产外,其余3 180万元均按无形资产摊销,分10年摊销,递延资产3 600万元分5年摊销,每年720万元。

ⓒ修理费计算:修理费按年折旧额的45%计算,每年3 397万元。

ⓓ燃料、动力、照明:每年耗用1 500万元。

ⓔ材料和低值品:材料和低值品按每吨0.85元计,共2 125万元。

ⓕ其他费用:每年1 633.5万元。

ⓖ借款利息的计算:根据借款的偿还条件确定。

ⓗ达产年经营成本=1 846.5+3 397+1 500+2 125+1 633.5=10 502万元

具体的计算结果见表 12.5。

③财务赢利能力分析

本项目通过表 12.5 现金流量表的计算,全部投资所得税后内部收益率为 12.75%,财务净现值($i=8\%$)62521 万元。通过表 12.6 现金流量表的计算,资本金部分所得税后内部收益率为 11.07%,财务净现值($i=8\%$)68237 万元,该项目在财务上效益较好。

表 12.6 资本金财务现金流量表(所得税后) （单位:万元）

序号	现金流入量				现金流出量							净现金流量	累计净现金流量
	营运收入	回收固定资产余值	回收流动资金	合计	固定资产投资	更新费用	增加流动资金	经营成本	营业税金	所得税	偿还贷款本息	合计	
1					9 660							9 660	−9 660	−9 660
2					11 592							11 592	−11 592	−21 252
3					7 728							7 728	−7 728	−28 980
4					5 796							5 796	−5 796	−34 776
5					3 888							3 888	−3 888	−38 664
6	29 550			29 550			1 487	6 541	954	772	19 847	29 502	48	−38 616
7	39 400			39 400			489	8 477	1 272	3 533	23 812	37 583	1 817	−36 799
8	49 250			49 250			489	10 502	1 590	6 529	27 475	46 585	2 665	−34 134
9	49 250			49 250				10 502	1 590	7 351	20 525	39 968	9 282	−24 852
10	49 250			49 250				10 502	1 590	7 948	7 736	27 776	21 474	−3 378
11	49 250			49 250				10 502	1 590	8 244	7 739	28 075	21 175	17 797
12	49 250			49 250				10 502	1 590	8 306	7 753	28 151	21 099	38 896
13	49 250			49 250				10 502	1 590	8 370	7 737	28 199	21 051	59 947
14	49 250			49 250				10 502	1 590	8 438	7 752	28 282	20 968	80 915
15	49 250			49 250		6 324		10 502	1 590	8 509	7 736	34 661	14 589	95 504
16	49 250			49 250				10 502	1 590	8 689	7 730	28 481	20 769	116 273
17	49 250			49 250				10 502	1 590	8 767	7 753	28 612	20 638	137 042
18	49 250			49 250				10 502	1 590	8 850	7 763	28 705	20 545	157 587
19	49 250			49 250				10 502	1 590	8 936	7 720	28 748	20 502	178 089
20	49 250			49 250		18 972		10 502	1 590	9 027	7 766	47 857	1 393	179 482
21	49 250			49 250				10 502	1 590	9 122	7 736	28 950	20 300	199 782
22	49 250			49 250				10 502	1 590	9 223	7 733	29 048	20 202	219 984
23	49 250			49 250				10 502	1 590	9 327	7 755	29 174	20 076	240 060
24	49 250			49 250				10 502	1 590	9 438	7 760	29 290	19 960	260 020
25	49 250	45 895	2 396	97 541				10 502	1 590	9 554	7 728	29 374	68 167	328 187

注:1.财务净现值:68 237 万元;2.财务内部收益率:11.07%;3.静态投资回收期:10.16

④年借款偿还能力分析

借款偿还能力分析是通过对"借款还本付息计算表"的计算,考察项目计算期内偿债能力。借款偿还期分国外借款偿还期和国内借款偿还期两种情况,国外借款按本项目的借款条件,偿还期为25年(含建设期5年),以年近似平均等额本息的方式偿还。国内借款主要考虑运用开发银行贷款。外币借款年利率为5%,人民币借款年利息为14.76%。还款的资金来源由未分配利润、折旧、摊销三部分组成。本项目开发银行借款偿还期为9.8年,具体计算见表12.7。

表12.7 借款还款付息计算表　　　　　　　　　　　　（单位:万元）

序号	年初借款累计	年初外币借款	年初开行借款	本年借款	外币借款	开行借款	本年应计利息	其中外币利息	其中开行利息	本年偿还本金	其中外币部分	其中开行部分
1	0	0	0	5 940	0	5 940	438	0	438			
2	6 378	0	6 378	19 608	13 081.2	6 526.8	1 750	327	1 423			
3	27 736	13 408.2	14 327.8	39 072	34 884	4 188	3 967	1 543	2 424			
4	70 775	49 835.2	20 939.8	33 204	26 163.6	7 040.4	6 756	3 146	3 610			
5	110 735	79 144.8	31 590.2	19 518	13 081.2	6 436.8	9 422	4 284	5 138			
6	139 675	96 510	43 165				11 197	4 826	6 371	8 650	2 910	5 740
7	131 025	93 600	37 425				10 204	4 680	5 524	13 608	3 080	10 528
8	117 417	90 520	26 897				8 496	4 526	3 970	18 979	3 200	15 779
9	98 438	87 320	11 118				6 007	4 366	1 641	14 518	3 400	11 118
10	83 920	83 920					4 196	4 196		3 540	3 540	
11	80 380	80 380					4 019	4 019		3 720	3 720	
12	76 660	76 660					3 833	3 833		3 920	3 920	
13	72 740	72 740					3 637	3 637		4 100	4 100	
14	68 640	68 640					3 432	3 432		4 320	4 320	
15	64 320	64 320					3 216	3 216		4 520	4 520	
16	59 800	59 800					2 990	2 990		4 740	4 740	
17	55 060	55 060					2 753	2 753		5 000	5 000	
18	50 060	50 060					2 503	2 503		5 260	5 260	
19	44 800	44 800					2 240	2 240		5 480	5 480	
20	39 320	39 320					1 966	1 966		5 800	5 800	
21	33 520	33 520					1 676	1 676		6 060	6 060	
22	27 460	27 460					1 373	1 373		6 360	6 360	
23	21 100	21 100					1 055	1 055		6 700	6 700	
24	14 400	14 400					720	720		7 040	7 040	
25	7 360	7 360					368	368		7 360	7 360	

注:开行贷款利率:14.76%;外币贷款利率:5.00%。

复习与思考

12.1 运输企业财务管理是什么？
12.2 运输企业财务管理的目标是什么？
12.3 运输企业财务管理的内容是什么？
12.4 运输企业财务管理的主要职责是什么？
12.5 运输企业财务管理应遵循的基本原则是什么？
12.6 简述企业一般的筹资渠道。
12.7 投资的一般特征有哪些？
12.8 投资的分类有哪些？
12.9 固定资产投资的特点是什么？
12.10 某运输企业每月货币资金需用量为 800 000 元，每天货币资金支出量基本稳定，每次转换成本为 60 元，有价证券月利率为 0.55%。该运输企业货币资金最佳持有量为多少？该运输企业每月从有价证券转换为货币资金几次？
12.11 运输成本的涵义是什么？
12.12 构成营运成本的要素有哪些？
12.13 加强营运成本管理的方法有哪些？
12.14 简述营运收入。
12.15 运输企业营运收入的构成有哪些？
12.16 运输企业营运收入管理的基本原则是什么？
12.17 利润的涵义是什么？
12.18 简述企业利润分配的顺序。
12.19 利润分配的原则是什么？
12.20 简述财务分析的定义。
12.21 试述财务分析的主要指标。

13 企业创新管理

【开篇案例】

山东省交通运输集团的货运产品创新

山东省交通运输集团以山东省交通运输集团公司为核心,拥有山东交通济宇高速运业有限公司、山东远东国际货运有限公司、济南市联运总公司、山东远东国际船舶代理有限公司、省航运物资公司、省运通港航工程公司等多家企业,是山东省国资委重点管理的44户重点企业集团之一,是中国交通百强企业和物流百强企业。集团总资产11亿元,共有各类营运车辆2 000余辆,内河及远洋运输船舶8艘,内河浮桥3座,自营港口1个,在册员工4 500余人,经营范围涉及公路客货运输、客货运场站经营、大型货物起重运输、物流仓储、城市客货出租运输、内河航运、浮桥经营、远洋运输、船舶代理、货物代理、港口经营、船员外派、车辆维修、旅游、餐饮等多项业务。并成功推出了"中华第一站"、"济宇高速"、"山东交运物流"、"山东交运旅游"、"兔兔快运"等行业知名品牌。

2002年,山东交运集团的公路运输产业开始步入快速发展期,当年其下属的济南长途汽车总站凭借售票收入、旅客发送量和发送班次三项指标,经交通部推荐,被中国企业联合会、中国企业家协会评选认定为"中国企业新纪录",成为"中华第一站"。然而,与此形成鲜明对比的是,总站的货物托运业务却逐月下滑,月收入不足3万元,濒临停业。为维持该项业务的正常运营,集团总部每月还要投入10余万元,可以说该项业务已经成为制约集团发展的重要因素。该项业务到底是废止还是保留,成为集团领导层必须决策的头等大事。

在这个紧要关头,集团领导层决定抽调市场部和业务开发部的工作人员组成市场研究小组对货物托运的范围、方式等方面进行调研。在经过深入细致的市场调研后,该研究小组发现:目前在我国的整个物流产业中,小件货物的快运占据了相当大的位置。快速货运在我国仍处于起步阶段,是一项方兴未艾的产业。消费者对方便快捷的"门到门"服务需求日益增加,货物快运具有极其广阔的发展空间。另外,近几年来,客车携带货物出现了两个明显变化:一是旅客携带行李的数量和重量都明显减少。以往旅客出发和回家,由于城乡之间消费水平和导向的巨大差别,往往在携带随身必需物品的同时，还要携带大量的土特产品，当时客车的行李舱多安置在客车顶部，行李常常堆得像小山，多为货随人走，而现在旅客出行追求舒适、方便，携带行李是能少则少；二是旅客自身携带行李虽减少了，但是单独发送货物的需求却快速增长，尤其是对一些体积小、时效强、价值高的货物，客户为了节省时间，也不再采取人、货同行的方式。山东省的省会——济南市，属于全国45个重要的公路主枢纽城市，经济快速发展，市内分布着众多的市场，比如中恒商场、三孔桥灯具市场、汗口服装市场、山大路科技市场、后屯汽配城、八里桥茶叶市场、七贤镇医药市场等，这些市场的经营发展，非常需要强有力的快运服务支持。

根据上述调研的结果，研究小组向公司决策层递交了研究报告。在报告中指出：目前，在我国快速货运服务将是一个非常巨大的市场，潜力巨大，一旦放弃，失去的不仅仅是百万元的年收入，而是更多的客户、信息和发展空间。所以，改革公司原有的行包托运业务，发展快速货运服务，将对公司货运业务发展大有裨益，且前景广阔。研究小组建议：改革原有的行包托运体系，发展快速货运服务。根据研究小组的建议，集团领导层经过反复考察和多轮论证，最终决定立足企业"中华第一站"的客运网络优势，参考国外快速货运行业的先进经验，创新公司的货运服务业务。2003年4月，经集团领导层讨论批准推出新的货运服务项目：以卡通兔为标志的"兔兔快运"品牌服务，并提出了"珍惜所托，一如亲送"的服务理念。由于该快运项目立足于企业自身的客运网络优势，摒弃了原有的行包货物托运体系中的弊端，并吸取了国外快速货运业发展的先进经验，因而具有三大优势：首先，拓宽了货物托运范围，大到班车行李舱能够容纳的物品，小到一个零件一枚针，只要能够保证行车安全，都可以承运。其次是取消了货物必须跟车随人的限制，客户直接交给车站快运中心，由车站办理相关手续后即可。第三是配备了相应的软硬件服务设施，更新了相应的规章制度，提升了从业人员的素质和服务意识。

正是由于这三大优势，很快，兔兔快运就从3个网点发展到在山东省内建有营业网点27处，拥有各类配送、干线运输车辆80余部，具备了省内配送、班车捎载、干线运输、货物包装、仓储管理、中转运输等业务功能，业务覆盖省内外88个地区，年营业收入在1 000万元以上。2012年，山东交运兔兔快运有限公司营业部荣获"山东省工人先锋号"荣誉称号。

思考题：运输企业的创新除了产品以外，还有哪些创新内容？

13.1　企业创新体系

13.1.1　创新与企业创新管理的内涵

1）创新的内涵

"创新"概念是由美籍奥地利经济学家熊彼特于1912年在他的《经济发展理论》一书中首次提出。创新是指企业生产函数或供应函数的变化，或者是企业家把企业生产要素和生产条件的"新组合"引入生产系统,目的在于获取潜在的超额利润。一般地说,现代的创新含义包括五方面的内容,即产品创新(开发并生产新的产品或改进老产品)、工艺创新(采用新的生产方法或新的工艺过程)、市场创新(开辟新的市场或创造新的需求)、原料创新(获取原材料或半成品新的供给来源)和组织创新(实现新的企业组织形式和新的管理方法与制度)。它们都能使企业的生产函数或供应函数发生变化。

2) 企业创新管理

企业创新管理是指对企业创新活动进行计划、组织、指挥、协调和控制。企业是一个复杂而庞大的人造的开放系统。企业创新管理是一个系统工程,必须运用系统论的观点和方法对企业创新的各个方面和要素整体筹划,稳步实施。企业创新活动中,应统筹考虑企业创新的各个侧面和层次,注意各方面创新的联动,从企业职工到管理者、企业家都应积极参与到企业创新活动中去,以谋求最佳的系统组合效应,使企业管理水平有一个质的提高。

13.1.2 企业创新体系

企业要发展,就要不断地创新,"不创新,就意味着死亡"。企业创新要取得成功,必须深刻认识到企业创新的重要性和必要性,在分析企业创新的机会、条件和环境约束、可能出现的不利情况的基础上,确定企业创新的目标、步骤,组织各种资源和力量,从企业创新的各个方面整体推进。对于处于我国经济体制转轨时期的广大企业要全面创新,企业家必须用系统的方法全面领导、组织和协调企业创新。

企业创新体系包括很多方面,但从各自在企业创新中的作用和地位看,体制创新是企业创新的前提;组织创新是企业创新的保障;技术创新是企业创新的核心;市场创新是企业创新的源头和归属;文化创新是企业创新的灵魂,渗透至企业创新的各个环节;观念创新,尤其是企业家的观念创新和素质的提高是企业创新的先决条件。

13.1.3 企业创新的过程

企业管理面对的是不断变化的环境、时间、地点、人员和竞争对手等,需要管理者具备很强的创新意识和创新能力,把握创新的机会并控制创新的基本过程,合理组织和发挥创新资源,使企业创新能获得成功。企业创新一般要经历"识别创新机会、提出创新构想、迅速行动、创新坚持"几个阶段。

(1) 识别创新机会

"变化就是机会"。企业创新是企业内部原有秩序或企业与外部环境之间的关系存在着或出现了或预测到有明显的不协调情况时,为了抓住这种不协调情况所带来的机会或化解对企业的威胁而采取的有组织的活动。

(2) 提出创新构想

当敏锐地注意到有明显不协调时,要分析产生的原因,并把握变化趋势,估计它可能带来的后果,尽力利用机会或创造机会,采取多渠道、多方式、多层次地集中各有关人员的思想、意见和建议,提出克服和消除不协调情况使企业管理在更高水平的创新构想。

(3) 迅速行动

提出的构想可能不成熟,甚至很不完善,但迅速行动是创新活动的必然要求,等一切都考虑成熟了、完善了,创新的机会也就失去了,就会落后于竞争对手。企业创新必须得到管理者,特别是企业家的支持和组织领导,使瞬间即逝的创造火花付诸行动。

(4) 创新坚持

企业创新很难一帆风顺,在确定正确的方向后,是一个不断尝试、不断失败又不断改进的循环往复的实践过程,要坚定不移地继续下去,尤其是"最后三分钟"的坚持,直到创新达到预期的目标。

13.2 新产品开发

企业的生存与发展必须不断满足顾客经常变化的需求,这是企业新产品开发的动力所在。

13.2.1 新产品的概念和分类

1) 新产品的概念

按照现代市场营销学的观点,新产品就是指对企业而言的一切新开发的产品。这就是说,产品整体概念中任何一部分的创新或变革,都属于新产品之列。

具体来说,新产品是指在设计原理、生产工艺、产品功能、外形包装等某一方面或几方面同其他产品相比具有显著改进、提高盈利性或有推广价值的产品。新产品不一定是前所未有的全新产品,它是一个相对的概念,可以是相对于老产品,也可以是相对于地区而言。如首次出现在某地区的产品,就是新产品,而无论它是否在其他地区也是新产品。

可见,新产品的新意体现在整体产品概念的各个方面:产品技术是新的、销售市场是新的、新的顾客和消费概念等等。

2) 新产品的分类

(1) 按照新产品的变革程度、新颖度,新产品可分以下四类:

①原创型新产品。原创型新产品,指原创、首创产品,是新发明、创造的产品,指在原理、结构、性能、材质、技术特征等某一方面或几方面有重大的新突破、飞跃,构成科技史上的"革命"的产品,具有独创性、先进性和实用性。

②换代型新产品。换代型新产品,指对原有产品进行局部"革新",部分采用新结构或新材质,使功能、性能有显著改变、提高,实现升级换代的产品。

③改进型新产品。改进型新产品,指对原有产品进行"小改小革",在结构、性能、材质、规格、款式、包装等其中某一方面有一定改变或改进的产品,是基本型的变型或改良型。例如汽车外观造型的改变,坐椅靠背由固定式变为可调节式等。

④仿制型新产品。仿制型新产品,指对市场上已有的畅销产品在不侵犯他人知识

产权的条件下进行模仿,稍加改变或不做改变,打出本企业品牌第一次投产上市的产品。

（2）按照新产品的地域特征,新产品的分类有以下三类：

①国际新产品。在世界范围内第一次研制和销售的产品。

②国内新产品。在国外已有而在国内是第一次研制和销售的新产品,这种新产品可以填补国内某类产品的空白,如能从国外引进技术就具有较好的发展条件。

③地区性或企业新产品。虽然在国内已有,但在本地区或本企业是第一次研制和销售的新产品。这种新产品如果能够借鉴其他企业的技术或样本,具有很好的客观发展条件。

（3）按新产品技术开发的方式分,也可分为三类：

①独立研制的新产品。指企业依靠自己的力量,自行开发成功的新产品。

②联合开发的新产品。指企业与科研单位、大专院校等进行联合研制开发的新产品。

③技术引进的新产品。指采用技术引进的方式,通过吸收国外新的科技成果或购买专利而开发出来的新产品。

3）新产品的特点

从以上的分类可以看出,新产品一般有如下的特点：

①比原有产品在功能、结构等方面具有更先进的水平；

②都是新技术的产物,具有一定创新性；

③具有一定的经济性；

④投放市场都面临一定的风险性。

13.2.2　新产品的开发方式

1）独制方式

独制方式指企业通过自己的开发部门,对社会潜在的消费需求或现有产品存在的问题进行分析研究,从而设计出具有突破性的新产品或更新换代的新产品。这对企业的资金和技术方面要求较高。

2）契约方式

契约方式指企业委托社会上独立的研究机构或人员进行开发,并附以一定的研发费用。这可充分利用社会上的科技力量,减少企业的基础投资。

3）企业研制与技术引进相结合的方式

企业研制与技术引进相结合的方式指企业在新品的研制计划是利用现有的技术,并通过购买专利或专有技术等形式,引进关键的技术或设备,使之与现有的技术相结合。这种方式既使新产品在市场上具有一定的竞争力,又能使引进技术发挥较大的经济效果。这是目前国际上较为流行的一种方式。

4) 直接引进技术

直接引进技术指通过购买企业、专利、专有技术、特许权等方式来开发新产品。这种方式可以减少本企业的科研经费和科研力量的投入,加速企业的技术发展,短期内收效较大,但一般成本较高。这种方式在发展中国家的企业较为常用。

13.2.3 新产品开发的程序

企业新产品开发的程序,一般分为以下几个阶段:

1) 调查研究阶段

调查研究阶段的目的是根据企业的经营目标、产品开发策略和企业的资源条件确定新产品开发目标。调查分为技术调查与市场调查。

技术调查主要指调查有关产品的技术现状与发展趋势,预测未来可能出现的新技术,为制定新产品的技术方案提供依据;市场调查主要是了解国内外市场对产品的需求状况,从而根据市场需求状况来确定需开发的新产品。

2) 新产品创意阶段

根据技术调查与市场调查所得资料,提出开发新产品的初步设想和创意。企业新产品的构思创意,其主要来源:

①顾客。顾客的要求、爱好、不满足和抱怨是最重要的信息。

②本企业的职工。企业职工最了解企业的生产条件,尤其是销售人员和技术服务人员经常接触顾客,最了解老产品存在的问题和顾客想要什么产品。所以要鼓励企业职工大胆提建议、设想。

③专业科研人员。企业可以聘请一些科研技术人员作顾问,在新产品开发方面提供咨询,及时采用他们提供的科研成果。

3) 新产品开发创意的筛选

这一阶段的工作主要是从征集到的众多构思方案中,选择出具有开发条件的构思创意。筛选创意时,一要坚持新产品开发的正确方向;二要兼顾企业长远发展和当前市场的需要;三要有一定的技术储备。

4) 决定开发方案、编制设计任务书

通过对筛选的构思方案进行技术经济论证、比较,决定取舍,形成开发方案。待开发方案确定后,要组织力量编制设计任务书,内容包括开发新产品的结构、特征、技术规格、用途、使用范围,与国内外同类产品的分析比较、开发理由等,它是指导产品设计的基础。

5) 样品设计和试制阶段

设计任务书经审查批准后,便可进行产品设计和试制,并进行各种试验。然后,根据试验的结果,不断改进设计直至通过样品鉴定。这个阶段,主要是检验产品结构、性能和主要工艺,为正式投产作准备。

6) 小批试生产阶段

在样品鉴定合格后,就要组织小批试生产。这是因为在样品试制阶段,投入的人力、物力、财力比较集中,相对来说生产阻力较小,然而在投入批量生产之后,情况有很大变化,因此需通过小批试生产,发现问题,解决工艺、技术、设备等问题,以便顺利地进行正式生产。

7) 正式生产和销售阶段

新产品经过小批试生产和鉴定合格后,正式组织生产并投入市场。企业在新产品投入生产的同时,需要考虑如何把新产品引入市场,要进行市场分析、组织试销、最后大量投放市场,并在销售过程中,不断搜集顾客意见,以便改进和提高产品的质量。

13.2.4　新产品开发的策略

新产品开发策略的选择要根据产品的竞争领域、新产品开发的目标、企业的资源以及企业要实现的目标综合考虑得出。

1) 冒险策略

冒险策略是具有高风险性的新产品策略,通常是在企业面临巨大的市场压力时不得已而为之,企业常常会孤注一掷地调动其所有资源投入新产品开发,风险大,回报大。该策略的产品竞争领域是产品最终用途和技术的结合,企业希望在技术上有较大的发展,甚至是一种技术突破;新产品开发的目标是迅速提高市场占有率,成为该新产品市场的领先者;创新的技术来源于采用自主开发、联合开发或技术引进的方式。实施该新产品战略的企业须具备领先的技术、巨大的资金实力、强有力的营销运作能力。

2) 进取策略

进取策略是由以下要素组合而成:竞争领域在于产品的最终用途和技术方面,新产品开发的目标是通过新产品市场占有率的提高,来使企业获得较快的发展;创新程度较高;开发方式,通常是自主开发;以一定的企业资源进行新产品开发,不会因此而影响企业现有的生产状况。新产品创意可来源于对现有产品用途、功能、工艺、营销策略等的改进,可以选择改进型新产品、降低成本型新产品、形成系列型新产品、重新定位型新产品。也不排除具有较大技术创新的新产品开发。这种新产品策略的风险相对要小。

3) 跟随策略

跟随策略是指企业紧跟本行业实力强大的竞争者,迅速仿制竞争者已成功上市的新产品,来维持企业的生存和发展。许多中小企业在发展之初常采用这种策略。这种策略的特点是:产品的竞争领域是由竞争对手所选定的产品或产品的最终用途,本企业无法也无须选定;企业新产品开发的目标是维持或提高市场占有率;仿制新产品的创新程度不高;产品进入市场的时机选择具有灵活性;开发方式多为自主开发或委托开发;研究开发费用小,但市场营销风险相对要大。实施该新产品策略的关键是紧跟,要及时、全面、快速和准确地获得竞争者有关新产品开发的信息是仿制新产品开发战略成功的前提;其次,对竞争者的新产品进行模仿式改进会使其新产品更具竞争力;强有力的市场营销运作是这种战略的保障;最后,中小企业在引用该策略时要注意知识产权的问题。

4) 保持策略

保持或维持企业现有的市场地位,有这种目标的企业会选择这种策略。这种策略的产品竞争领域是市场上的新产品;新产品开发的目标是维持或适当扩大市场占有率,以维持企业的生存;多采用模仿型新产品开发模式;以自主开发为主,也可采用技术引进方式;产品进入市场的时机通常要滞后;新产品开发的频率不高。成熟产业或夕阳产业中的中小企业常采用此战略。

13.2.5　新产品开发的方向

新产品开发的方向,是指企业在一定时间内的产品发展趋势和发展方向,是科学技术的进步和社会对产品要求的综合反映。企业新产品的开发方向具体表现在:

1) 产品的高效化和多功能化

产品的高效化和多功能化,是指产品有向着高性能、高效率、功能多、用途广的方向发展的趋势。

2) 产品的小型化与微型化

产品的小型化与微型化,是指在功能保持一定的情况下,开发体积小、重量轻的产品,如小型货车、微型轿车等。

3) 产品的多样化与标准化

产品的多样化与标准化,是指在开发新产品时,既要注意开发多品种、多型号的产品,又要使产品符合标准化和系列化的要求。

4) 产品的节约化与无污染

产品的节约化与无污染,是指在开发新产品时,既要做到节约能源、原材料,又要减少产品对环境的污染,有利于保护环境和人民的身心健康。

13.3　技术创新

13.3.1　技术创新的内涵与有效创新

1) 技术创新与技术创新的内涵

技术创新是指将技术变为商品,在市场上得以销售并实现其价值,从而获得销售收益的过程和行为,它是技术进步的核心。技术创新是一个以新的技术思想产生为起点,以新的技术成果首次商业化为终点的过程。因此,技术创新可以分为研究开发阶段和商业化阶段两个阶段。技术创新又是一种能力,这种能力体现在市场机会与技术能力的结合上,是一种能够把握市场机会和技术机会,正确地做出创新决策,有效地实施决策并成功地引入市场的能力。

企业能否正确选择并贯彻实施良好的创新战略,是其能否顺利推进技术创新,赢得创新利益的先决条件。在当代激烈的市场竞争中不创新的企业必将衰亡,但创新战略选择失误所导致的不良创新反过来可能会加速企业衰亡的进程。因此,如何选择正确的创新战略是当代企业面临的重大问题,是涉及企业生存和发展的根本前提。

技术创新具有三个鲜明的特征:

①以市场实现程度和获得商业利益为检验成功与否的最终标准;

②强调从新技术的研究开发到首次商业化应用是一个系统工程;

③强调企业是技术创新的主体。

由此可见,技术创新的基本思路是以市场为导向,以企业为主体,以产品为龙头,以新技术开发应用为手段,以提高企业经济效益、增强企业竞争力和培育新的经济增长点为目标,重视市场机会与技术机会的结合,通过新技术的开发应用带动企业或整个行业资本要素的优化配置,以有限的增量带动存量资产的优化配置。

2) 有效技术创新

技术创新的目标是技术创新的有效性,即有市场价值、商业价值、社会价值。而实现"有效技术"创新的关键在哪呢? 在于瞄准市场需求,开发"适销对路"的产品和技术。

瞄准市场需求,开发适销对路的产品和技术,意味着我们要以市场为技术创新和产品开发的基点和动力,把技术创新和产品开发的理念建立在市场营销的概念基础之上,在确定产品或服务的创意时就要以市场需求为技术创新的出发点;意味着我们要把技术创新和产品开发作为一项系统工程,用一系列目标市场战略与技术创新战略相配套;意味着我们的技术创新和产品开发要重视应用价值、实用价值、经济价值,强调产品技术开发与技术有效应用的统一;意味着我们的技术创新和产品开发必须以市场为最终检验标准,以市场为最终归宿。

因此,企业,尤其是高科技企业,不但要善于捕捉所在领域的世界最新技术成就,还要捕捉本行业国内外市场对高技术产品的需求,从而在新的方向上不致发生偏差。

13.3.2 技术创新的主要类型

技术创新分类主要有以下几种:

1) 按创新的对象分类

按创新的对象划分,技术创新可以分为产品创新和工艺创新。

(1) 产品创新,即创新的目的是要得到新的或有某种改进、改善的产品。

(2) 工艺创新,即设计并采用某种新的加工方法,包括改进和革新原有工艺条件。

2) 按创新的规模分类

按创新的规模划分,有企业创新和产业创新。

(1) 企业创新主要是指以企业的产品开发、工艺革新、市场开拓、组织以及管理变革为内容的创新活动。

(2) 产业创新则是指某一类技术创新的产业化。这有两种情况:第一种是由高新技术创新的组合化、群体化、规模化,进而形成高新技术产业。第二种是以高新技术改造传统产业,使传统产业整体上高效化。这两类产业创新,前一类可称之为高新技术产业化,后一类则可称之为传统产业高效化。

3) 按创新技术变化的性质分类

此类创新有原理独创型、结构综合型、功能移植型和局部革新型创新。

(1) 原理独创型的技术创新,是指根据基础科学研究所发现的科学原理,经过应用科学研究的探索得到的技术原理,创造出全新的技术实体(装置和工艺)。

(2) 结构综合型的技术创新,是指把几种科学原理所规定的现有技术重新组合起来,创造出结构形式全新的技术装置、手段和工艺。

(3) 功能移植型的技术创新,是指根据自然规律在各种不同情况下的各种特殊表现,按现有成熟技术在不同条件下的不同功能作用,把它移植推广应用到其他领域中去,扩大技术的功能范围。

(4) 局部革新型的技术创新,是指在原有技术主体部分基本原理不变的情况下,对其缺陷、不足的部分加以改进,使之不断完善和成熟起来,更加适应人的需要。这类技术创新,人们通常也叫做技术革新,有时这种局部革新逐渐积累会造成技术上的重大突破和革命。

4) 按创新的效益分类

按创新的效果、效益来分,创新可带来生产要素的节约,这有三种情况,相应有三种创新。

(1) 资本节约型技术创新,是在创新完成之后,可使商品价值构成中活劳动凝结的价值比重增大,物化劳动转移价值的比重减小。在这种情况下,商品生产向劳动密集型靠拢。

(2) 劳动节约型技术创新,是在创新完成之后,可使商品价值构成中物化劳动转移价值比重增大,活劳动凝结的价值比重减小。在这种情况下,商品生产向资本密集型靠拢。

(3) 中性技术创新,是在创新完成之后,生产效率提高,商品内包含的价值减少,但在商品价值构成中,活劳动凝结的价值和物化劳动转移价值所占比重不变。

5) 按创新的程度分类

按创新的程度来分,有渐进性创新、根本性创新、技术系统的变革等三种类型。

(1) 渐进性创新,是一种渐进的、连续的小创新。

(2) 根本性创新,其特点是在观念上有根本的突破。

(3) 技术系统的变革,这种创新将产生具有深远意义的变革,影响经济的几个部门,通常伴随新兴产业的出现。例如集装箱运输系统的出现使全球运输成为可能。

13.3.3 技术创新的特征

(1) 新颖性。企业技术创新活动本身以及其所产生的结果应当具有一定的新颖性。

(2) 效益性。企业技术创新的目的主要是追求超额利润和经济效益，但同时又必须兼顾社会效益和生态效益。

(3) 过程性。企业技术创新是一个过程，是指新构想产生到获得实际应用的全部过程。

(4) 风险性。由于技术创新活动是一种创造性活动，同时又受到外部技术、经济和社会因素以及企业自身能力等影响，技术创新的每个阶段都具有不确定性。

13.3.4 技术创新管理的主要内容

技术创新管理不是局限于日常的技术开发与日常技术活动管理，而是一种战略性管理，这一点已被无数的企业实践所证实。技术创新管理的内容很多，选择主要内容介绍如下。

1) 技术创新战略管理

企业技术创新战略是指企业在一定的内外环境条件下对技术创新的指导思想、目标、方式及途径的总体谋划。它要解决：

①应选择的技术创新战略模式；

②应研究开发何种技术；

③技术创新合作的方式；

④技术创新转让的方式。

现在重点介绍前两个内容。

(1) 技术创新战略模式的选择

企业在选择技术创新战略模式时，主要从企业的目标和总体战略要求、技术和市场机会、竞争态势和压力、企业的技术创新能力和条件等方面进行全面、深入的动态分析和评价，然后再选择科学合理的技术创新模式。在现实工作中企业在不同的时间、不同的竞争环境和企业实力的不同阶段往往选择不同的技术创新战略或某几种战略的组合。

(2) 创新技术的选择

创新技术选择是企业在技术预测的基础上，按照一定的标准，从市场、技术、经济、人才等方面对创新技术进行分析、评价、选择的活动过程。

①技术选择的层次性。技术选择是一个决策过程，不仅对技术本身做出判断，而且要考虑经济、社会等因素，是一个多层次决策问题。它包括技术选择的战略决策和技术选择的战术决策。

②技术选择的战略决策。这是对技术选择涉及的企业总体和长远发展问题做出决策。关键的是技术选择进行行业定位、市场定位和技术定位。技术定位是对企业的产品技术和工艺技术的技术档次进行的基本选择。

③技术选择的战术决策。是从技术创新本身的功能、可行性、经济性和风险性进行权衡、综合评价和选择。主要考虑的因素有：技术先进性、可接受性与连续性；技术的供

给来源、价格(或成本)与配套资源条件;市场需求与竞争态势;经济效益与社会效益;技术风险与市场风险。一般而言,在技术选择时要同时注意以下几点:技术选择要与企业总体战略一致;有广大的技术市场发展前途;在产业发展的不同阶段应有不同的技术。

2) 技术创新源的管理

技术创新源是指技术创新的构想、信息从何而来,主要包括创新的信息源和知识源。

(1) 技术创新信息源管理

技术创新信息是指能够引发创新设想产生的以及促进技术创新过程中问题解决的信息。根据技术创新信息对技术创新决策和行为影响的侧重点不同,可以分为市场信息、技术信息、经济信息、人才信息、法律政策信息和社会文化信息。技术创新信息源是指创新信息的来源。

技术创新信息管理就是对技术创新信息的收集、处理、存储与利用等活动进行管理。技术创新信息是影响技术创新效率与成败的重要原因。从企业管理的角度看,管理系统一般由人、财、物、事、时间、信息六大要素构成,信息是管理的要素,又是管理的工具和介质。

(2) 创新知识源管理

知识是人们学习的道理、技能、技艺的总和,是以各种方式把一个或多个信息关联在一起形成的信息结构,是客观世界规律性的总结。创新在一定程度上就是企业运用知识的过程,创新所需的知识来自于企业内外。

①企业内部知识及其管理。由于技术创新是由一群拥有不同的知识、技能、个性、价值观以及文化背景的个体人员组成一个项目组,依靠团队成员间的相互交流与合作来完成的。这一特性就决定了技术创新中的知识不仅包括成员个体知识,也包括企业组织知识。成员个体知识分为隐性知识和显性知识。隐性知识是建立在个人经验基础之上并涉及各种无形因素如个人信念、价值观等的知识。显性知识是指那些能够以正式的语言,通过书面记录、数字描述、技术文件、手册和报告等明确表达和交流的知识,是对隐性知识一定程度的抽象和概括,表现为公式、规律、理论,并以文字形式记载下来,从而使其容易表达和交流。将隐性知识尽可能转化为显性知识,将企业内部隐性知识和显性知识最大限度地可视化,有利于知识的传播、共享、吸收和再创造,促进技术创新。知识显性化和可视化的具体办法有建立学习型组织并使组织结构扁平化,搭建企业知识管理的计算机网络,成立知识管理部门和设立知识主管,创造隐性知识共享的企业文化环境与激励机制。

②外部知识及其管理。企业外部知识主要是指存在于企业外部的、与企业经营有关的知识。大部分的知识采用信息网络的形式表现出来,如:供应商网络、消费者网络、专家网络、信息网络和政府网络等。外部资源中的知识具有公共产品的性质,但并不会因为它的存在会自然地增加企业的知识和创新能力。对企业外部知识的学习、掌握并转化为内部知识,即外部知识内部化才能有利于企业知识积累,才能促进技术创新。

3）企业技术能力

企业技术能力是企业具有创造新技术和运用新技术到经济现实中的能力,包括技术监测能力、技术学习能力和技术创造能力。

①技术监测能力是指了解、掌握技术发展动态,并将其反映到企业总体战略中去的能力。

②技术学习能力是指理解和利用技术,尽快掌握与获得创新所需技术,并将其转化为良好实际创新结果的能力。

③技术创造能力是指从技术上创造性地解决问题的能力,以及提出技术新构想的能力。

技术能力是过去技术积累的结果,技术能力的提高一般是一个漫长的渐进过程。技术能力对于不同企业和技术创新的不同阶段具有差别性。技术能力,尤其核心技术能力的发展是一个学习过程。内部技术积累是核心技术能力形成的基础。技术积累必须从核心人才的积累、培养和激励以及技术文档的制度化规范化管理着手。

4）技术创新组织

技术创新需要一定的组织结构模式来实现,企业的组织结构模式决定创新的效率与成败。随着技术创新活动的开展,近年来提出了一些技术创新组织的方式,主要有"内企业"、创新小组、风险事业部、企业技术中心和技术创新联盟。

(1)"内企业与内企业家"。为了鼓励技术创新,有些职工在许可的前提下,在一定时间范围内离开本岗位工作,利用企业现有的设备、场所等从事自己感兴趣的创新活动。这些职工的创新行为颇具企业家的特征,但创新的风险和收益都归所在企业。这些从事创新活动的职工被称为"内企业家",由内企业家创建的企业是"内企业"。

内企业家可由一人或几人组成;内部基本上没有分工,其运作方式大部分是非正式的;很少受部门或企业总体战略的影响,但受到所在企业提供的条件制约。内企业是一种结构最简单、行动最灵活的创新组织形式。

(2)创新小组。创新小组是指为了完成特定创新项目而成立的一种创新组织。创新小组有明确的创新目标和任务,企业高层管理者对创新小组充分授权,完全由创新小组自主决定工作方式;创新小组人员除重大项目外一般是自愿参加的,可以是专职的也可以是临时的;小组内人员参与创新活动的决策,有良好的沟通氛围和协调机制,极大地发挥每一个人员的积极性;创新小组可以是常设的也可以是临时的;创新小组的职能一般比较完备,有较高的创新效率。

(3)风险事业部。风险事业部是大企业为了开展全新事业而单独成立的创新组织。它一般涉及对于企业生存发展具有重大意义和影响的技术创新,投入的资金、人员等较多,创新活动的规模和业务复杂性是创新小组远不能胜任的,往往伴随着很大的风险;独立于现行运行体系之外,拥有很大的决策权。

(4)企业技术中心。技术中心是大企业集团中从事重大关键、共性技术和新一代产品研究开发活动的专门机构,是技术创新体系的重要组成部分。

技术中心是为企业长期发展战略服务的，是企业进行技术储备、增强发展后劲和形成新经济增长点的重要依托；一般有较完备、先进的研究开发条件，有知识结构合理、素质较高的技术力量；其研究开发的项目一般有较高的技术水平和市场前景，有一定的超前性和综合性。技术中心常采用矩阵式组织结构，采取项目经理负责制。

（5）技术创新联盟。技术创新联盟是指两个或两个以上的企业（高校、科研机构）为了达到某种共同的技术创新战略目标而建立和发展的一种联盟。联盟企业间相互合作，共担风险，但仍保持各自的经营自主权，彼此间通过某种协议而结成一个松散的或紧密的联合体。联盟各方可以达成某种功能性合作协议，只在某一个或几个具体创新项目中进行合作，合作各方没有资产上的合并，合作企业间仍保持着各自的独立性和协议之外的竞争；也可以互相持股投资，结成更为紧密的联盟，通过股份交换来建立一种巩固的和长期的合作关系。一般而言，只有通过松散的技术联盟为进一步的合作打下很好的基础，才可能有紧密的资产联合。例如，在 DVD 市场上，由菲利普、日立、东芝等九家厂商分别建立了 6C、3C 联盟，建立生产标准，而中国企业必须向他们交纳费用。

5）技术创新风险管理

技术创新风险管理，是指企业在充分分析外部环境和内部条件的基础上，通过加强信息获取功能、改善组织体系、建立风险监控机制，采用风险回避、风险分摊、风险转移和风险控制等手段来降低技术创新风险。提高技术创新活动的成功率，以及减少技术创新的风险损失。

（1）技术创新风险管理的主要内容

①建立有利于促进技术创新成功、有利于技术创新风险防范的企业组织体系、企业运行机制和企业决策体制。

②建立高效、可靠的信息系统。信息不足会增加技术创新的不确定性，产生风险，因而企业信息系统的完善有利于降低技术创新的风险，提高其成功率，同时也有利于技术创新风险管理。

③对技术创新风险进行战略管理。

④建立对技术创新风险的监控体系，对不利事件和风险因素进行辨识和预测，采取措施对风险因素进行预先控制。

⑤运用科学合理的风险防范方法对技术创新整体风险和项目风险进行综合防范。

（2）技术创新风险管理的方法

①技术创新的风险回避是指企业在技术创新决策中对高风险的技术创新领域、项目和方案进行回避，进行风险选择。使用的基本原则是：回避不必要冒的风险；回避那些远远超过企业承受能力、会对企业造成致命打击的风险；回避那些不可控性、不可转移性、不可分散性强的风险；在主观风险和客观风险并存情况下，以回避客观风险为主；技术创新风险有技术风险、生产风险和市场风险，一般以回避市场风险为主。

②技术创新的风险转移是指技术创新的部分风险或全部风险由一个承担主体向另一个承担主体转移。

技术创新的风险转移有两种形式。第一种形式是技术创新的财务转移,即技术创新的承担主体不变,只是风险损失的承担主体发生了变化。另一种是在技术创新项目中吸收风险投资,此时项目的承担主体还是企业,但风险投资公司要参与风险损失的分摊和风险收益的分配。

③技术创新的风险分散是指企业通过合适的技术创新组合,进行组合开发创新,使整体风险降低。利用项目间的独立性或负相关性,可以进行风险分散,但独立性强的项目组合不利于企业资源的利用和创新集成,一般不宜采用。风险分散可以通过高风险项目与低风险项目的组合和选择合适的项目组合来达到。

④技术创新的风险控制是指在对技术创新的风险因素进行充分辨识和分析的情况下,事前对技术创新的风险进行预测和预控,降低风险发生的可能性或降低风险发生后的损失程度。

13.4 组织创新

13.4.1 组织创新的背景

在电子商务时代,企业面对的是更加多变的环境、更加激烈的竞争和更加挑剔的顾客,这一切对传统的多层式组织结构形成了强烈的冲击。

传统多层式组织是建立在亚当·斯密分工理论基础之上的一种组织结构形式,其部门之间分工明确,形状呈金字塔形。这种建立在专业化分工基础上的金字塔组织结构在工业革命时期的专业化、标准化生产或重复性工作中发挥了巨大的作用。但这一结构的弊端也是显而易见的,如各职能部门之间缺乏快速统一的沟通协调机制,森严的等级制度极大地压抑了员工的创新精神;信息沟通渠道过长,容易造成信息失真以及由不相容目标所导致的代理成本的增加,决策者也无法对顾客的需求和市场的变化作出快速反应。多层式组织导致了企业里严重的官僚主义,企业服务的顾客却被抛在一边,这些都严重制约了企业进一步发展。而在电子商务环境下,企业的经营管理具有全球性、平等性、共享性、知识性、虚拟性、创造性、自主性等特征,企业间的"竞争已进入无边界的竞争时代"。在这种环境下,企业的竞争焦点集中于创新能力、反应速度、定制化产品、顾客化服务。组织的管理"速度"成为决定胜负的一个关键砝码。

显然,传统的刚性组织模式与电子商务环境下的企业发展间的矛盾不可调和,传统的多层式组织是在稳定的、可预测的环境下,以及在收益递减法则作用下建立起来的。面对电子商务环境,传统的多层式组织结构不能够适应急剧变化的环境、激烈的市场竞争和多变的顾客要求,而信息技术的发展为新模式的诞生提供了极为有利的软硬件环境,新的组织模式将在这种背景下孕育而生。信息技术促进着组织创新的进行,而组织又不断进行着自身的改造与创新,去适应电子商务的经营环境,在这种良性的双向互动中企业的发展被推向新的高度。

13.4.2 组织创新目标与方式

创建面向市场的组织,使组织创造市场价值最大化是网络时代的组织创新的最终目标。网络经济中企业竞争的中心已向服务竞争转移,优质的、个性化的服务成为企业的竞争优势。因此,现代企业应树立"企业营销"观念,创建面向市场的组织。彼得·杜拉克曾指出:"市场营销是企业的基础,不能把它看做是单独的职能。从营销的最终成果,也从顾客的观点看,市场营销就是整个企业"。信息技术为创建面向市场的组织提供了条件,把连接企业内外活动作为主要功能之一的企业电子商务系统使企业的各子系统活动都紧紧围绕市场,以市场的需求与企业的目标来协调与规范组织的各项活动。

同时,信息技术和网络技术的应用为企业的组织创新提供了广阔的空间和灵活的方式。组织创新可以是职能部门间的重新分工,也可以是企业流程再造;可以是部分调整,也可以是全面改革;可以是企业内部的调整,也可以是企业整个供应链和经营方式的重塑。

13.4.3 组织创新的内容

在快速变化的环境里,企业的组织形式不是一成不变的,必须根据企业发展和市场竞争的需要调整和创新。当前国内外企业组织创新的主要趋势有如下几方面:

(1) 企业组织结构扁平化、柔性化、网络化

其目的是提高企业信息传输速度和传输能力、对市场的应变能力以及技术、产品、市场的动态开发能力。知识经济的形成与发展,信息网络的进一步推广,增强了民主和个人能力的发挥,扩大了企业开放度,这些都将淡化等级森严的"宝塔式"组织结构制度。许多职能机构和管理人员并不一定固定常设,可以根据中心任务组成新的群体,提高工作效率。

(2) 企业组织的功能结构虚拟化、扩大化

按网络形式组织职能机构和工作流程,可以克服空间和时间的局限性,充分利用内部和外部资源。为此,一种高柔性的系统合理的虚拟企业也就应运而生。虚拟企业是由各个独立公司组成,为了一定目的联合起来的,其商业目的达到后即自行解体,因此,虚拟企业是从能力和可能性上来定的。传统企业的产权、经营范围、生产功能、地区和组织、员工的归属等规定界限已经淡化了。这些可以使企业以较小的组织功能达到较大的规模效益,运用分散的组织和离散分布的知识,缩短了开发与生产过程。

(3) 企业组织规模结构向两极化发展

在日趋激烈的市场竞争环境下,企业购并、兼并频频发生,大型企业集团不断增多,但中小企业在竞争中也在不断发展。这是因为虽然大企业在资金、科技、人才、市场等方面具有发展优势,但小企业所具有的经营灵活、转向成本较低、技术创新跟进快等优势,这些是大企业无法比拟的。因此,大企业应克服因规模大而带来的经营情况复杂、经营难度大等弊端,改革管理机制,发挥优势互补的效应,减少摩擦和内耗,形成规模效

益。小企业则应加强对市场的调研与分析,注重新产品的开发,做到精心生产和经营,以适应市场形势的变化,从而稳步发展。

(4) 建立学习型组织,不断增强创新能力

据1983年有关部门的一项调查表明,在1979年被美国《幸福》杂志列入"全球500家大企业"排行榜的公司,到1983年,有1/3的公司已销声匿迹。这些大企业失败的原因也许有很多,但其组织内部存在的种种弊端妨碍企业的发展,导致在市场竞争中被打垮是主要的原因。为此,圣吉、奥伯莱和科恩等管理学家提出,必须用一种全新的思想和观念去培育健全的组织机体,建立一种新型的组织模式,使企业向更高的层次和境界发展,这就是学习型组织。学习型组织是指通过培养整个组织的学习气氛,充分发挥员工的创造性思维能力而建立起来的一种有机的、高度弹性的、扁平的、符合人性的、能持续发展的组织。这种组织具有持续学习的能力,具有高于个人绩效总和的综合绩效。近年来西方众多企业的实践表明,这种管理理念使企业组织在现代竞争、创新和高速发展的经济社会中,有着更强的生命力。它充满活力和创造精神,管理者胸怀远大,高瞻远瞩,企业员工勤奋工作,积极主动,而且精神愉快健康,使企业获得持续发展的能力。

13.5 企业再造

13.5.1 企业再造的内涵

在《再造企业》一书中,哈默和钱辟将"企业再造"或企业流程再造(Business Process Reengineering,即BPR)定义为:为了在衡量绩效的关键指标上取得显著改善,从根本上重新思考、彻底改造业务流程。我们可以把它理解为企业再造的第一层概念。其中,衡量绩效的关键指标包括产品和服务质量、顾客满意度、成本、员工工作效率等。哈默在他的另一本著作《超越变革》中,更进一步把企业再造的概念扩大到不仅对企业业务流程进行再造,而且要将以职能为核心的传统企业改造为以流程为核心的新型企业,这就是企业再造的第二层概念。

我们可以从以下四个方面来把握企业再造的内涵。

(1) 企业再造需要从根本上重新思考业已形成的基本信念

即对长期以来企业在经营中所遵循的基本理念——分工思想、等级制度、规模经营、标准化生产和官僚体制等进行重新思考。这就需要打破原有的思维定式进行创造性思维。企业在准备进行再造时,必须自问一些最根本性的问题。例如"我们为什么要这样做?""我们为什么要做现在做的事?"通过重新思考这些问题,可以迫使企业对经营的策略和手段加以审视,找出其中过时、不当和缺乏生命力的因素。一般来说,向传统的经营理念挑战,必须跳出传统的思维框架。例如,企业不能这样来自问:有一个预设立场,即必须审核顾客信用。试问,有谁规定非审核顾客的信用不可?实际上,在大多数情况下,审核顾客信用所耗去的成本远比顾客呆账所损失的金额还要多。企业进行

再造的第一步,就是要先决定自己应该做什么以及怎样做,而不能在既定的框框中实施再造。

(2) 企业再造是一次彻底的变革

企业再造不是对组织进行肤浅的调整修补,而是要进行脱胎换骨式的彻底改造,抛弃现有的业务流程和组织结构以及陈规陋习,另起炉灶。只在管理制度和组织形式方面进行小改小革,对根除企业的顽疾无济于事。

(3) 企业通过再造工程可望取得显著的进步

企业再造是根治企业顽疾的一剂"猛药",可望取得"大跃进"式的进步。哈默和钱辟为"显著改善"制订了一个目标,即"周期缩短70%,成本降低40%,顾客满意度和企业收益提高40%,市场份额增长25%"。通过抽样统计表明,在最早进行再造的企业中,有70%达到了这个目标,取得了企业再造的初步成功。

(4) 企业再造从重新设计业务流程着手

流程是企业以输入各种原料和顾客需求为起点到企业创造出对顾客有价值的产品(或服务)为终点的一系列活动。对企业而言,有生产流程、财务流程、新产品开发的流程、企业发展战略的研究制定流程等。从总的方面说,就是企业完成其业务获得利润的全过程。在一个企业中,业务流程决定了组织的运行效率,是企业的生命线。在传统的企业组织中,分工理论决定着业务流程的构造方式,但同时带来了一系列弊端。企业再造要从重新设计业务流程着手,是因为原有的业务流程是组织低效率的根源所在。

从上面的分析中,我们可以看出,企业再造与以前的渐进式变革理论有本质的区别。企业再造是组织的再生策略,它需要全面检查和彻底翻新原有的工作方式,把被分割得支离破碎的业务流程合理地"组装"回去。通过重新设计业务流程,建立一个扁平化的、富有弹性的新型组织。

13.5.2　企业再造的一般性方法

鉴于许多的再造方法大同小异,为了提出一种具有普遍指导意义的再造方法,威廉姆·J·凯丁革等人调查了33家咨询公司的实际运用情况,仔细分析了25种常见方法中"阶段与任务"的共性和差异,找出每一阶段的核心任务,经过综合以后得出了6个阶段21个任务的流程创新方法。

第一阶段:构思设想,为企业再造项目立项做准备。这个阶段的主要任务是:①得到管理者的承诺和管理愿望;②发现再造的机会;③认识信息技术、信息系统的潜力;④选择流程。

第二阶段:项目启动,主要任务是:①建立再造小组;②通知股东;③制定项目实施计划和预算;④外部顾客的需求分析以及成本效益分析;⑤设置流程创新的绩效目标。

第三阶段:分析诊断,主要任务是:①对现有流程及其子流程建模,描述各个流程的属性;②确定流程的需求和顾客价值的实现情况,分析现有流程存在的问题及产生原因。

第四阶段:流程设计,主要任务是:①定义并分析新流程的初步方案;②建立新流程的原型和设计方案;③设计人力资源结构;④信息系统的分析和设计。

第五阶段:流程重建,主要任务是:①重组组织结构及其运行机制;②实施信息系统;③培训员工;④新旧流程切换。

第六阶段:监测评估,主要任务是:①评估新流程的绩效;②转向连续改善活动。

必须注意,上述阶段——任务中的一些关键任务和企业的流程体系中各个子系统的关系是非常密切的,体现了企业再造项目的本质,它为我们更好地理解企业再造的核心内容奠定了基础。同时,各个阶段的任务框架可以指导我们更加有效地实施企业再造。

13.5.3 企业再造理论的适用对象

(1) 第一类是问题丛生的企业

这类企业问题丛生,除了进行再造之外,别无选择。如,有的企业生产成本过高,无法与同行业的其他企业竞争;或是入不敷出,连年超支。又如,有的企业服务质量毫无水准可言,导致顾客怨声载道,甚至群起而攻之。再如,有的企业产品开发失败率是同业的2倍、3倍,甚至高达5倍。

(2) 第二类是目前业绩不坏,但却潜伏着危机的企业

这类企业,就当前的财务状况来看,还算令人满意,但是,展望前景,却有"风雨欲来"之势。如:新的竞争者纷纷出现、顾客的需求正在变化、政府即将修改产业政策等,这一切环境因素都可能在转眼之间使企业辛辛苦苦创下的业绩化为乌有,这类企业应当高瞻远瞩,当机立断,及早进行改造。

(3) 第三类是正处于发展高峰的企业

这类企业虽然事业处于发展高峰,但是雄心勃勃的管理阶层并不安于现状,决心大幅度超越竞争对手。这类企业将再造企业看成是大幅度超越竞争对手的重要途径。他们精益求精、追求卓越、超越"巅峰",不断提高竞争标准,构筑竞争壁垒。

企业再造理论不仅适用于改造企业,其基本思想也适用于行政事业单位的改革。如政府部门的工作程序、学校的学生入学管理办法、医院里的患者就医程序等,都可以用重整流程的方法进行改革,这也显示了企业再造理论的发展前景。

13.5.4 再造、重构与重组

这三者究竟是什么关系呢?初看起来,再造(Reengineering)、重构(Restructuring)和重组(Reorganization)是三个差不多的概念,都有改组、置新组织的意思,其实它们是相互联系而又有重大差异的。具体表现在以下几个方面:

(1) 重塑对象不同

重构的重塑对象是企业的组织结构和法人治理结构。在我国,重构主要是指对企业法人治理结构(股东大会、董事会、监事会)的重组,而西方意义上的重构一般是指组

织结构的调整,即调整企业内部各职能部门之间的关系。重组的重塑对象是企业现有各种资源的组合形式,典型的有对资产、债务、业务和人员的重新组合,即资产重组、债务重组、业务重组和人员重组。再造的重塑对象,正如我们前面介绍的,是企业经营的流程,即企业形成价值增加的过程和方式。

(2) 重塑涉及的范围不同

企业重构涉及的范围是企业的各级组织,企业重组的范围是企业的各种资源,一般不涉及组织结构。企业再造的范围比前二者大得多,对流程的改造必然要通过资源的重新组合和组织的撤并、建立,以及企业文化的改造来实现,所以再造涵盖了重构、重组的部分内容。而且,再造在企业中涉及的范围也较其他二者大,企业的重构和重组往往只涉及企业的某些层次的组织结构、人员和资源,而企业再造经常是整个企业范围大调整、大变革,而且连企业文化也要随之改观。

(3) 重塑的速度不同

一般说来,企业重构较为和缓,重组较为快速而剧烈,最为狂飙突进的重塑就是企业再造。

(4) 重塑设计的观察视角不同

重构和重组都是站在企业内部观察企业的问题,立足现实,通过强化现有组织资源的运营效率达到变革的目标;而企业再造却着眼于未来,站在企业外部审视企业现有流程的问题,通过重塑流程达到提升企业竞争能力的目的。

另外,再造的最终目的是实现企业形态由传统的以职能为中心的职能导向型向新型的以流程为中心的流程导向型的根本转变,这也是单纯的重构和重组无力完成的。

案 例

淮安邮政速递公司创新营销服务保障韩泰公司生产

江苏省邮政速递物流公司淮安分公司(淮安邮政速递公司)下辖涟水、洪泽、金湖、盱眙、楚州、淮阴6个县(区)邮政营业部,市区下设6个支公司。公司现有员工近300人,有各类运输投递车辆118余辆,专网邮路2条,物流专线1条,区间及市内转趟邮路8条。由于淮安地处苏北腹地,是苏北中心城市,自古即是南北交通要道,也是交通部命名的全国公路运输枢纽。因此,江苏省邮政速递物流辅助集散中心也设在淮安。淮安分公司为社会提供邮政国内国际特快专递、邮政礼仪、电子商务、代收货款、物流配送、百货销售等多种服务。公司秉承百年邮政的深厚底蕴和良好信誉,依托中国邮政实物网、信息网和物流、信息流、资金流"两网三流"的资源优势,积极拓展市场,致力于提高自身的通信能力和服务水平。2010年实现业务收入近5 000万元,经营发展保持稳步增长,连续多年收入增幅位列全省前位。

20世纪末,韩国轮胎制造株式会社同中国江苏清江橡胶厂在淮安共同投资成立了合资企业——江苏韩泰轮胎有限公司,投资总额9 188万美元,注册资本5 488万美元。

为赢得这一外资客户,淮安邮政速递公司在国家速递局和江苏省速递局的支持下,与韩国 Valex 快递公司达成合作事项,解决了韩国海关通关难题。经多方努力,真诚合作,打开了对韩通道。同时,贴近市场,以价格为先,用经济杠杆抢占市场先机。

2007 年 11 月 5 日韩泰轮胎在淮安邮政速递公司发运了第一票,寄递了 16 条轮胎,重量达 240 公斤,江苏省速递局自始至终跟踪过问淮安对韩这一票的运行状况,并将轮胎签收情况及时地告诉寄件人,令客户很满意。

韩泰公司在生产过程中经常要把样品轮胎送到浙江嘉兴公司进行试验,有时对寄递时间要求非常紧,通常晚上八九点才能将邮件交给淮安邮政速递公司,但是要求第二天上午 9 点前就要把样品送到浙江嘉兴公司。而如果按照正常的寄递程序,轮胎要等到次日下午才能抵达嘉兴。对此,淮安邮政速递公司组织专人专车连夜起运,准时将邮件送到浙江嘉兴公司,从未发生过半点差错,确保了试验的正常进行,保障了韩泰公司的生产。

2008 年 8 月初,一批轮胎运到韩国以后,被韩国海关扣留了,而韩泰轮胎有限公司韩国总部此时正急需这批轮胎做试验。韩泰公司非常着急,打电话责问淮安邮政速递公司为何发生这类情况。接到电话后,淮安邮政速递公司立即派人上门道歉,并承诺尽快解决。公司请求江苏省邮政速递局协调解决此事,并与国家邮政局取得了联系。最后经国家邮政局出面协调,韩国海关很快对邮件予以放行。第二天上午,轮胎就被送到了韩国总部。事后,韩国总部专门打来电话,对淮安市邮政速递公司表示感谢。时任淮安市邮政速递公司副总经理的张明通说:"虽然韩国海关扣货与我们公司无直接关系,但是面对韩泰公司的责问,我们没有先去争辩、推诿,而是努力通过上级主管部门帮助客户解决问题。我想,正是这种工作态度使韩泰公司对我们的服务刮目相看,愿意将更多的业务交给邮政。"

为维护韩泰轮胎这一国际业务的最大客户,保证提供高标准的服务,淮安邮政速递公司对韩泰轮胎实行了派驻制,指定专人 24 小时服务。公司注重与韩泰沟通、联系,每逢节日,尤其是韩国、中国的传统节日,就举办联谊会,增进友谊。特别是对韩国员工子女需要在中国学习的,公司也竭尽所能协调各种关系给予帮助,令韩泰员工非常感动。实行派驻,金牌服务赢得了客户的信任,韩方工作人员表示:"邮政是我们唯一的忠诚合作伙伴,我们信赖它。"

随着中速—Valex 快递通道的打通,公司抓住这一契机,大力宣传,不断发展新客户,成功开发了韩国工业园区中韩国橡塑等其他客户,增加了对韩国际业务量。同时,利用广交会开展之际,参加广交会的现场服务工作,现场沟通发展国际客户,由于有好的通韩通道,公司共联系了 3 家在淮的对韩有业务企业。2008 年 1~8 月份该公司累计实现国际业务收入 276 万元,累计增幅 38.69%。其中对韩国际业务收入 37.76 万元,占速递国际业务总收入的 13.68%,而上年度同期收入为 21.63 万元,同比增长 74.57%。

复习与思考

13.1　简述创新的内涵。
13.2　企业创新管理是什么？
13.3　企业创新体系是什么？
13.4　简述企业创新的过程。
13.5　简述新产品的概念。
13.6　新产品的分类有哪些？
13.7　新产品的特点是什么？
13.8　新产品的开发方式有哪些？
13.9　新产品开发的程序有哪些？
13.10　简述新产品开发的策略。
13.11　新产品开发的方向有哪些？
13.12　技术创新与技术创新的内涵是什么？
13.13　技术创新的主要类型有哪些？
13.14　简述技术创新的特征。
13.15　技术创新管理的主要内容有哪些？
13.16　简述组织创新的目标与方式。
13.17　组织创新的内容有哪些？
13.18　企业再造的内涵是什么？
13.19　企业再造的一般性方法有哪些？

14 企业文化建设

【开篇案例】

日本铁路运输企业文化——安全根植于心

2005年4月25日上午9点18分,日本兵库县尼崎市的一辆快速电车(中国叫轻轨)在转弯时发生事故,7节车厢中前5节出轨,其中最前面两节撞上铁路旁边的住宅大楼,107人死亡,轻重伤549人,被称为"JR福知山线脱线事故",也是日本近40年来最大的铁路交通事故。在历经两年多的反复调查取证后,日本运输安全委员会(该机构隶属于日本国土交通省半独立存在)在2007年6月拿出了最后的报告书。在这份报告书中,日本的调查机构把每一个死亡者和负伤者当时乘坐在车厢内的位置都作了明确标注。

日本运输安全委员会官员森茂博说:"事故发生后,首先由运营公司在最短时间内通知国土交通省铁道局,这大概只需几分钟的时间。之后,铁道局会立即通知运输安全委员会。一般在一小时内,委员会调查人员将同医护人员、消防人员以及警察一同出现在事故现场。"森茂博指出,在调查取证过程中,现场保存是极其重要的一个环节。"在JR福知山线脱线事故中,我们在现场进行了大概一个月的调查。虽然在这过程中,运营公司希望能够及早开通线路以减少经济上的损失,但没有我们安全委员会和警察局的许可,他们是办不到的。"

"航空、铁道以及船舶的运行对安全性能的要求非常高,国民对其安全性的期待非常大。因此,为了彻查每一次事故发生的原因、防止再次发生并减轻受害者的痛苦,我们对每一次事故都会总结出一份事故调查报告,将其交给国土交通大臣并予以公开。同时,在有必要的情况下,我们将会对国土交通大臣以及事故责任人进行劝告,告诉他们应当如何减轻受害者的痛苦以及将来应该实行怎样的举措。"日本运输安全委员会网站主页上的这段文字明确了该委员会的职责:找出事故真正的原因,从而掌握方法杜绝重蹈覆辙,而不是仅处罚几个肇事人或责任人。如果类似事故接二连三发生,无论怎样严肃处理责任人也是没有意义的。

现场取证仅仅是一个开始。但凡大的事故,接下来将是极其缜密、严肃并且繁冗的归纳和总结过程。森茂博说，JR福知山线脱线事故于2005年4月25日发生，但他们制作出完整的事故报告的时候，已经是2007年6月22日，整整花了两年多时间。现在，在安全委员会的主页上依然能够看到这起事故详细而完整的调查报告书。

这份报告书包含七部分，分别是"铁道事故调查的经过"、"认定的事实"、"认定这些事实的理由"、"原因"、"建议"、"判断和见解"、"参考事项"。最令人惊讶的地方在于，该调查报告书包含了77张各种图片和图表，详细总结了在这起事故中伤亡旅客的年龄和性别分布、每一名死者的死亡原因、事故发生时乘坐乘客的负伤情况和站立乘客的负伤情况、每节车厢的伤亡状况等等，并且通过无数事故现场的照片或者制图再现了事故发生时的各个细节，包括车辆附着物的成分分析以及事故发生时所有乘客的分布状况以及发生后的移动状况……

这个事故调查委员会的人员都是有关专家，调查的所有证据和结论也都要公布于众，同时有关行业要根据这个报告的结论采取对策，调整工作方法，有时甚至还要修改法律。对"JR福知山线脱线事故"的调查，令事故列车运营商JR西日本公司董事长和社长双双辞职。正是在一个个这样翔实的报告书的基础上，安全委员会总是能够很有底气地对责任方甚至行政机构进行劝告和建议，责任方和相关的机构每次也都会认真地吸取教训，在各方相互合作的基础上，拿出许多改进和防范措施。

2004年10月23日，新干线历史上第一次列车脱轨。日本新潟县7级地震，上越新干线"朱鹭325"号以200 km/h的时速运行，脱轨后行驶1.6公里。有八节车厢脱轨，车轴40根脱落22根，车窗损坏，车体拧的像麻花。虽然没有乘客死亡。但是日本铁路企业认识到了地震检测系统的不足。就此，日本铁道部门进行了深入的安全调查和责任反省。这是日本的铁路安全文化：一旦发生事故，就必须彻底查清事故原因，并提出相应的解决措施，绝对不允许同样的事故再次发生。这种事后纠错的体制使得包括新干线在内的日本铁路的安全性能得到一次又一次的提升。在安全委员会的调查和建议以及各方的合作下，JR东日本公司投巨资开发地震预警系统，一些科研部门立即着手研究解决方案。此后，新干线的地震预警系统逐步得到加强。

在2011年3月11日发生日本东部九级大地震中，尽管日本的铁路遭遇重创，但行驶中的新干线列车并未出现脱轨情况，保住了日本新干线的"安全神话"。在3·11大地震中，东北新干线全部实现安全停车，全线9个地震初期微动检测设备。变电所得到地震微动信号后，就马上停止向新干线送电，紧急刹车装置自动启动。在最初的摇晃发生的9秒前，最大的震动来临前的1分10秒，新干线列车就已经开始减速了。

2011年5月27日晚9时55分，一列从钏路开往札幌的特快列车在经过北海道占冠村的一处隧道时起火冒烟，有15名乘客因为吸入浓烟而被送往医院抢救。主管安全的中岛社长便频频出现在媒体上向公众鞠躬道歉。中岛曾宣布自扣3个月的薪水。同年9月13日，中岛投海自杀。他在遗书中写道："我对在反省脱轨火灾事故、全公司共同改善企业作风的时候，离开这个战线深表歉意。我认识到乘客是把宝贵的生命托付给我们，希望员工们能够时刻考虑到乘客的安全是最重要的。感谢大家长期以来的支持和协助。"

当然,并不是所有的努力都在事故发生之后。日本新干线在"未雨绸缪"方面做得同样出色。比如,为了以后的行车安全,新干线的车辆开发绝不是在完成了一辆新车后就宣告结束,在新车交付使用后,要经过长年的检查回馈,经过验证认定车辆数据没有问题之后,开发才算最终完成。对行驶 10 年的车体还要进行彻底的解体分析检查,连金属的疲劳程度都要进行验证。

思考题:日本铁路运输的安全文化给我们带来哪些启示?

14.1 企业文化的概念与特点

14.1.1 企业文化的概念

企业文化的概念产生于美国,却源于日本成功的管理经验,真正兴起于 20 世纪 80 年代。然而,关于企业文化的概念,至今仍众说纷纭,莫衷一是。

美国学者彼得斯·沃特曼把企业文化概括为:"汲取传统文化精华。结合当代先进的管理思想与策略,为企业员工构建一套明确的价值观念和行为规范。创造一个优良的环境气氛,以帮助企业整体地、静悄悄地进行经营管理活动。"

约翰·P. 科特和詹姆斯·L. 赫斯克特认为,企业文化"是指一个企业中各个部门,至少是企业高层管理者们所共同拥有的那些企业价值观念和经营实践……是指企业中一个分部的各个职能部门或地处不同地理环境的部门所拥有的那种共通的文化现象。"

根据国内外学者的研究结果,结合企业实践,企业文化的定义归纳为:企业文化是指在一定的历史条件下,企业及员工在生产经营和变革的实践中逐渐形成的共同思想、作风、道德观念和行为准则的总称。它包括价值观念、行为规范、伦理道德、风俗习性、规章制度、精神风貌等主要内容。

企业文化是一个有层次结构的理论体系,通常是由如下三个不同层次组成:

(1) 物质文化层次

所谓物质文化是指企业在生产经营活动中创造出来的适应社会物质需要的那部分产品,包括生产经营的场地、机器设备、原材料和运输工具、产品以及文化体育设施等。它是企业文化的最表层,称之为外层文化。

(2) 制度文化层次

所谓制度文化是指企业处理个体与群体、群体与组织、个体与个体之间关系所形成的一套规章制度,以及实行这些制度的各种具有物质载体的机构设施等,包括厂歌、厂徽、厂服、组织制度、规章条例、奖惩措施、管理方式、人际关系形式等等。它是企业文化的中介层,称之为中层文化。

(3) 精神文化层次

所谓精神文化是指企业的文化心态以及在观念形态上的对象化,即企业职工各种意识形态的总和,包括企业的生产经营哲学、企业的观念、员工的道德规范、文化素质等等。它是企业文化的最深层,是企业文化的源泉,又称为核心文化。

企业的物质文化、制度文化和精神文化,既相互有差别又紧密相连,它们互为影响,相互作用,共同构成企业文化的完整体系。

14.1.2　企业文化的特点

企业文化既是一种独特的文化,又是一种管理理论,因而,企业文化既具有一切文化都存在的共性,但又不同于一般社会文化,它有着严格的内涵和外延,有着自身的规律性。归纳起来企业文化的特点主要表现如下:

(1) 人本性

企业文化最本质的内容就是强调人的价值观、道德、行为规范等"本位素质"在企业管理中的核心作用。强调和突出人的地位、人的作用,以人为本,以人本素质开发为本。一般而言,人的素质包括身体素质、智力素质和人本素质。作为企业,重视职工身体素质的提高、智力素质的开发是其工作的重要内容,但最重要、最关键的工作还在于对员工道德情操、价值观、行为准则、敬业精神、责任心、纪律性等人本素质的开发、培育和塑造。从某种程度上来说,离开了人,一切机器、设备等,都只是可能性的生产要素,甚至还可能成为一堆废铁。离开了人本素质,一切操作技术、专业知识、业务能力等,或许也只能成为可能性生产要素,甚至还可能比不具备这些素质更糟。所以,有人把企业文化的实质概括为:以人为中心,以文化引导为根本手段,以激发企业员工自觉行为为目的的独特的文化现象和管理思想。

(2) 独特性

每个企业都有自己的历史、类型、性质、规模、人员素质等。因此,在企业的发展过程中,必然会形成具有本企业特色的价值观、经营准则、经营作风、道德规范等,也就是说,每个企业的企业文化都应具有鲜明的个体性和独特性。在一定条件下,这种独特性越明显,其内聚力越强。

(3) 客观性

企业义化是一种文化的积淀,它是所外社会物质环境——包括文化传统、社会组织方式、社会交往方式、社会心理素质等的合力作用下,在具有一定生产工艺、运行机制以及传统、习俗、观念、意识等的企业生产经营实践中形成的。尽管不排除人的主观努力,但从总体上说,它主要是客观、独立形成的。成功的企业有优秀的企业文化,失败的企业有不良的企业文化。不管人们是否意识到,企业文化总是客观存在的,并不断地发挥着或正或负、或大或小的作用。

(4) 和谐性

企业的生存与发展离不开它所处的社会环境,企业文化是一个开放的系统。优秀的企业文化都追求社会环境的和谐,其经营目标、经营作风、经营特色都以满足社会的需求,以促进社会的进步和发展为己任。当企业文化的作用得以充分发挥时,企业成员就会自觉地、积极地按企业的精神、价值目标去完成自己的工作。具有优秀企业文化的企业通过它优质的产品、良好的服务、对公益事业的热心，带动和优化社会风尚，与社会各界保持良好的公共关系，以尽企业的社会责任。

（5）民族性

每个民族都有自己独特的进化途径与文化个性，在不同的经济环境和社会环境中形成了特定的民族心理、风俗、习惯、宗教信仰、道德风尚、伦理意识、价值观念、行为准则和生活方式等。它们的总和就表现为企业文化的民族特性。在企业行为上，形成了企业行为的特定模式。在同一民族的企业中，企业文化往往表现出极大的相似性。由于属于各个民族的企业文化都有自己的本源，有自己的独特性和稳定性，所以尽管它们有时会交叉、融合，但本源却极少出现合并的现象，从而使各民族的企业文化呈现出丰富多彩的文化景观。

（6）时代性

任何企业都要置身于一定的时空环境之中，受时代精神感染，而又服务于社会环境。企业的时空环境是影响企业生存和发展的重要因素，企业文化是时代的产物。因此，它的形成与发展、内容与形式，都必然要受到一定时代的经济、政治、社会结构、文化、风尚等因素的制约。例如，20世纪50年代的"鞍钢文化"和60年代的"大庆文化"都反映了当时的特点和风貌，反映了它们产生的经济和政治背景。

（7）地域性

企业文化不仅在不同国家中表现出极大的差异，即使在同一国家内部，但在不同地区的企业也会显示出文化的区别。例如，沿海地区的企业文化与内陆地区的企业文化、经济发达地区的企业文化与经济不发达地区的企业文化都会有明显的差异。这是由于生活在不同地域或不同社区的人们，往往会表现出不同的文化特质、不同的文化习俗，以及由此而形成的人们价值取向上的某些差异。而这一切，作为区域文化或社区文化对企业文化的影响和制约，在企业行为中表现出来时，便成为企业文化的地域性特征。

（8）可塑性

企业文化的形成，虽然受企业传统文化因素的影响，但也受现实的管理环境和管理过程制约。由于市场在变化，社会在发展，必然要求企业的经营思想、管理行为以及生活观念等要适应这种变化，面对新的环境，企业必须积极倡导新的准则、精神、道德和风尚，对旧的传统进行扬弃，从而塑造和形成新的企业文化，才能紧跟时代潮流，立于不败之地。

14.2 企业文化的内容与功能

14.2.1 企业文化的内容

企业文化的内容十分丰富，几乎渗透到企业的各个方面，但其基本内容主要包括以下六个方面：

(1) 企业哲学

企业哲学是企业理论化和系统化的世界观和方法论。它是一个企业全体员工所共有的对世界事物的最一般的看法。它是指导企业的生产、经营、管理等活动,处理人际关系等全面工作、行为的方法论原则。它是企业人格化的基础,是企业的灵魂和中枢,也是企业一切行为的逻辑起点。一个企业制定什么样的目标,培养什么样的精神,弘扬什么样的道德规范,坚持什么样的价值标准,这些都必须以企业哲学为理论基础和方法论准则。

(2) 价值观念

价值观念是人们对生活、工作和社会实践的一种评价标准,即区分事物的好与坏、对与错、美与丑、可行与不可行的观念,又叫价值准则。对企业而言,价值观为企业生存和发展提供了基本方向和行动指南,它是企业领导者和员工追求的最大目标及据以判断事物的标准,也是企业进行生产、经营、管理等一切活动的总原则。只要一个企业的领导能坚持正确的价值观,并使广大员工们认可这种价值观,在价值取向上保持一致,这样的企业在竞争中就能处于优势地位。反之,若企业的价值观模糊不清,就难以在市场竞争中生存下去。

(3) 道德规范

道德是指人的品质和行为准则,而规范是指人们行为的依据或标准。道德规范是一种特殊的行为规范,是企业法规的必要补充。它是评价善良与邪恶、正义与非正义、公正与私偏、诚实与虚伪的准则,是评价和调节企业及员工行为关系的依据。它一方面通过舆论和教育的方式,影响员工的心理和意识,形成员工的善恶观念;另一方面,又通过习惯、规章制度等形式成为约束企业和员工行为的原则。企业道德规范,既表现为一种善恶评价,又是一种行为标准。通过企业道德规范,可调整以下三方面的关系:

①调整企业与企业之间的关系。企业行为是一种道德行为,企业行为必须合乎道德规范。企业销售行为必须讲信用,保护消费者利益;企业之间的竞争必须是友好的,不能采取卑鄙的手段,更不能损人利己。

②调整企业与职工之间的关系。企业必须改善生产条件,搞好环境保护,关心员工生活;员工必须忠于职守,维护国家和企业利益。

③调整企业内部职工之间的关系和行为。形成团结互助、互相尊重、互相学习、共同提高的良好氛围。

(4) 企业精神

企业精神是指企业全体人员的共同心理定势和价值取向,它是企业的企业哲学、价值观念、道德规范的综合体现和概括,反映了全体员工的共同追求和共同认识。企业精神是企业员工在长期的生产经营活动中,在企业哲学、价值观念和道德规范的影响下形成的。由于这些影响因素的不同,便会形成各具特色的企业精神。比如,创业精神、敬业精神、奉献精神、创新精神、竞争精神、民主精神、服务精神、集体精神、主人翁精神等等。它代表着全体员工的心愿,并能激发出强大的凝聚力量。一方面,它使员工更加明确企业的追求,建立起与企业一致的目标;另一方面,它又成为员工的精神支柱,激发和鼓舞员工的工作热情。因此,许多企业都注意把本企业的企业文化加以总结和概括,挖掘出其中最有代表性的内核,并把它升华为一种精神,从而激励全体员工为之奋斗。

(5) 企业制度

企业制度是企业在生产经营和管理实践中所形成的带有强制性的并能保障一定权利的规定,如企业的厂规、厂纪、操作规程、工作标准等。企业制度是企业文化的基本要素之一,也是企业价值观具体化的外在表现。即无论是企业的各种管理制度、操作规程、工作标准,还是员工的行为规范,都是价值观的外化。正是企业创造并运用这一系列制度与规范,来调节员工之间的关系,规范员工行为,才使企业不仅能维持正常的生产经营,而且也可促进制度文化自身的完善,避免企业各种力量的内耗,从而提高管理效益。在企业制度建立过程中,一方面,制度的形成、确立、强化都要贯彻"治事"、"以人为本"的原则,也就是说,要从尊重人、理解人、关心人、爱护人出发,淡化企业成员的等级意识,处处以员工的需要、利益和愿望为依据,将个人利益与企业整体利益紧密地联系在一起;另一方面,要在"人本"文化的基础上,使企业制度科学化、规范化、系统化,通过制度来优化人们相互之间的关系,真正破除平均主义、攀比心理,破除以人定规、以言定法的陋习,保证制度的先进性、科学性和合理性。

(6) 企业标识和环境

企业标识是以标志性的外化形态来表示本企业的文化特色,并与其他企业明显地区别开来的内容,包括厂牌、厂服、厂徽、厂旗、厂歌、商标等。这些标识能明而形象地概括企业的特色,有助于企业形象的塑造。有助于激发职工的自觉感和责任感,使全体职工自觉地维护本企业的形象。因此,企业标识成为企业文化最表层,但又不可缺少的组成部分。

企业环境,主要是指工作环境,如办公楼、厂房、俱乐部、图书馆,以及生活设施和绿化,等等。企业环境也是企业文化建设的重要内容。一方面,优美的环境,良好的工作条件能激发职工热爱企业、积极工作的自觉性;另一方面,企业环境也是企业形象与经营实力的一种外在表现。所以,它对扩大企业的社会影响,拓展经营业务,都会产生积极的影响。

14.2.2 企业文化的功能

所谓功能,是指具有某种层次结构的事物在内部和外部的联系和关系中所表现出的特定能力。事物的功能,与其特点密切相连,与企业文化的多种特征相关,企业文化在企业管理方面也具有多种功能。

(1) 导向功能

企业文化是引导企业前进的旗帜。能把企业员工引导到企业所确定的目标上来,为企业生产经营决策提供正确的指导思想和健康的精神气氛。企业文化的导向功能贯穿于企业生活的各个方面,表现在企业经营上,树立以顾客为中心的目标导向,确定企业经营战略和策略,开展一系列经营活动。

(2) 凝聚功能

企业文化可以增强企业的凝聚力。这是由于企业文化所包含的物质文化、制度文化和精神文化等,是一种无形的"黏合剂",能使企业全体员工统一思想,达成共识,团结一致,同舟共济,形成利益共同体、命运共同体。在这种共同的文化氛围中,企业文化注重人的价值,特别重视培养人的感情,通过人的感情把企业的每一分子联结起来,形成一种强大的企业合力。同时,通过企业文化的培养和教育,可以优化企业内部的人际关系,增强员工之间的相互信任和亲密性,使员工产生认同感和归属感,形成"以企业为家"的"家庭"观念,使每一个人都感到自己是企业大家庭的一员,自觉地将自己的思想和行为同企业整体联系起来。

(3) 激励功能

企业文化能产生一种激励机制。通过奋发向上的价值观的熏陶和良好的文化氛围的引导,企业的宗旨和目标在员工中被确立起来并加以具体化。有了共同的目标,在先进人物示范作用下,全体员工的使命感和责任心进一步增强。这绝不是金钱和物质刺激所能得到的效果。积极向上的企业精神及文化传统本身,就是一把员工自我激励的标尺。他们通过对照自己的行为,找出差距,可以产生改进工作的驱动力。同时,企业或团体的共同的价值观念及行为准则又是一种强大的精神支柱,它能使人们产生认同感、归属感及安全感,起到相互激励作用。只有通过激励,才能发挥员工的潜力,推动企业的发展。

(4) 约束功能

企业文化中的共同价值观念,一旦发育成长到习俗化的程度,就既能产生激励和凝聚力,也会产生强制性的约束作用。它可以把价值观念深入到每个员工心中,使他产生正确的思想意识,自觉地按照这种价值观念来约束自己,以便与企业的文化圈保持一致和融合。同时,在企业共同价值观念的基础上,必然形成相应的道德规范和行为准则,也可以形成约束力。例如,企业约定俗成的厂规厂法以及厂风厂貌、制度、条例等,对每个员工的思想和行为都起着约束作用。员工只有遵循制度,不违背制度就会得到奖励,如果谁违背了它,谁就要受到惩罚。当然,企业文化的核心是企业精神文化,所以,更主要的、更多的是以"看不见的手"的形式出现,是在亚文化层次上的价值观念的韧性约束。这既弥补了制度的不足和遗漏,又使企业成员形成完美的精神风貌。每个员工依照企业文化规范自我约束的结果,将大大提高企业行为的一致性和整体的协调性。

(5) 融合功能

企业文化的融合功能,主要是通过企业本身的特有的管理机制,即运用企业卓越的文化意识去影响、感染和同化企业成员。一般来说,企业的员工队伍来自各个方面,由具有不同技能和不同知识的人所构成的,员工们从事许多不同种类的工作,带有各种各样的个人动机和需求。企业文化能在员工中间起到沟通和融合作用,使他接受企业的共同目标和价值观念,特别是刚刚进入企业的新员工。在企业这个文化圈中,可找到自己的模仿对象,这样不仅能改变人们的旧的观念、心理、行为方式,而且能使人们协调地融合于集体之中,融合到企业文化中。

(6) 辐射功能

企业文化的辐射功能是指企业文化对社会的影响。由于任何企业都是社会经济的细胞,与外界有着千丝万缕的密切联系,因此企业文化作为社会文化系统的子系统,不仅在本企业内发挥着作用,而且还会通过各种渠道对社会发生辐射作用。例如,假若一个企业的优秀文化在社会上引起轰动效应,就可以成为其他企业效仿的榜样,对社会文化产生一种示范导向的积极影响;相反,落后的陈旧的企业文化也会对社会产生一种消极的负面影响。因此,作为社会主义的企业文化,应该积极奋发向上,通过自己的辐射功能,为社会精神文明作出贡献。

14.3 企业文化的建设

14.3.1 企业文化建设的原则

企业文化作为社会文化在企业中的体现,对它的建设必须遵循社会文化形成和发展的固有规律。企业文化历来是各民族国家在继承传统文化的基础上,在内外文化交流中,通过理论与实践的结合逐步形成和发展起来的,因此,在建设企业文化时,必须以"三个结合"作为指导原则。

(1) 继承与发展相结合

继承与发展是企业文化建设不可分割,又互相促进的两个方面。继承是发展的基础,没有继承的发展就等于无源之水;而发展又是继承的继续,离开了发展的继承就意味着停滞不前。继承也包括两个层次:①继承民族文化中的精华。中国是一个具有五千多年历史的文明古国,其文化传统是一个博大精深的体系。甚至可以说,没有东方文化的影响,就不会有企业文化理论的产生。②继承本企业已有的好的传统、作风和文化氛围。同时,在改革开放、社会主义市场经济体制不断完善发展的今天,必须解放思想、革新观念,体现时代精神使企业文化的内容不断丰富、充实和发展,只有这样,企业文化才能适合国情,独具特色,又具有强大的生命力。

(2) 借鉴与创新相结合

企业文化理论的最初实践者是日本企业家,但作为一种完善的理论体系又是美国人总结和建立的。无论是日本企业文化的实践,还是美国企业文化的理论,都有许多值得我们学习和借鉴的东西。不同国家有不同的企业文化,不同企业也有不同的企业文化。一个企业能够生存下来,其文化就必定有可取之处。应该说,每个国家的企业文化都有长有短,有利有弊。真正优秀的企业文化并不是非此即彼,要么是理性主义,要么是非理性主义,而是亦此亦彼,把理性原则同人的情感紧密结合起来的。对我们来说,人家的长处可以学习,人家的弊端可作为前车之鉴。事实上,优秀的企业文化都是各国企业在长期的实践中,经过去粗取精,汰劣保优,互相学习,互相借鉴发展起来的。他山之石,可以攻玉。美国向日本学习,日本也向美国学习。与此同时,我们又必须认识到,学习是为了借鉴,借鉴是为了创新。没有创新,就没有发展;没有发展,最终只能被时代所淘汰。

(3) 理论与实践相结合

企业文化作为一种强调企业个性的新的管理理论,具有很强的应用性和实践性。因此,在建设企业文化时,必须强调理论与实践的结合。一方面,我们要认真学习国内外好的经验和值得借鉴的理论,加强基本理论的研究;另一方面,又要坚持从实际出发,立足于国情、厂情,面对企业,服务于企业,深入到企业中去,从企业文化现状的调查研究做起,扎扎实实地总结已有的经验,创造性地进行新的探索,把理论研究和企业文化建设的实践紧密结合起来。只有这样,才能走出建设独具特色的企业文化的成功之路。

14.3.2　企业文化建设的程序

要建设好具有中国特色的社会主义企业文化,这并非一日之功,也不是一两句口号所能代替的,而必须经过一个长期艰巨的培育过程,必须有规划、有步骤地进行。根据中外实践经验,我们认为,企业文化建设的程序一般需要经历分析评估、规划设计、培植塑造、调整完善等几个主要阶段。

(1) 分析评估

在规划企业文化建设时,要通过调查了解,对企业的历史与现状以及所面临的社会环境等进行认真的分析研究,作出实事求是的评估。分析评估的内容主要包括如下几点:

①企业的历史状况;

②企业的现状与特点;

③企业的社会环境;

④横向对比情况等。

通过分析评估,能清楚地认识本企业的长处与不足,从而为企业文化建设的总体布局提供可靠的依据,做到心中有数。

(2) 规划设计

在对企业进行了分析评估以后,即可着手企业文化建设方案的规划设计。规划设计的项目主要包括如下几方面:

①企业目标;

②企业精神;

③企业价值观;

④企业道德;

⑤企业制度;

⑥企业风貌等。

其内容既可以是综合的,包括企业文化的方方面面,也可以是几项或单项的。在方案设计上,要尽量把抽象的原则要求分解为具体的独立要素,这样才更易于操作和进行定性、定量分析。

(3) 培植塑造

企业文化同其他任何文化一样,不是自发产生和自动起作用的,只有经过有目的的培植塑造,才有可能向着有利于企业前进的方向发展。在企业文化建设的框架方案确定后,最重要的是要在指导与实施上下工夫,使方案尽快付诸实践。在这一阶段企业要做好以下几个方面的工作:

①需要领导者的发动。建设企业文化,离不开企业领导者的强有力的指挥和鞭策。

②需要企业成员的参与。只有发动企业全体成员参加,才能成功地建设优秀的企业文化。

③需要宣传教育。通过广泛、深入的宣传,形成舆论,进行全员培训,才能为全体员工所掌握。

④需要培养骨干。通过企业骨干力量去传播去影响和带动全体员工。

⑤需要采取强化手段。新的行为总是要经过强化之后才能变成习惯,成为文化积淀。现有的文化因为以往的强化而维持,新的文化则需要新的强化来建立。

(4) 调整完善

企业的外部环境是在不断变化的,每个企业在实践中也要不断突破自己,要有新的发现,新的发明和新的创造,这样在开拓进取中前进,使企业具有强大生命力。因此,任何企业文化建设都不可能是一劳永逸的,这就要求在建设企业文化的实践中,要根据新情况对现有方案进行不断地充实、修正,使之臻于完善,最后经过总结概括,形成简练明快、方便实践、利于检验的文字内容,正式成为能体现出企业特色的企业文化。

14.4 企业形象策略

随着世界经济不断地发展,现代企业的竞争已越来越由传统的产品竞争向人才竞争、品牌竞争和企业形象竞争转变。企业形象作为企业经营的重要资源,已成为企业越来越重要的无形资产。大力开发企业形象资源,精心塑造良好的企业形象,已成为现代企业在日益激烈的市场竞争中求得生存和发展的有效途径。

14.4.1 企业形象的含义与构成要素

1) 企业形象的含义

企业形象是指社会公众及企业成员对企业总体的印象和客观评价。企业形象是企业"形神合一"的载体。其中,企业之"形"是一种物质的表现形态,是构成企业各种经济活动形态的总称。如厂房厂貌、员工构成、技术装备、商标品牌标志等。所谓企业之"神",则是由企业客观物质运动所造成的一种心理定势和精神力量。如厂房厂貌体现的风格,员工素质和精神风貌,企业的信誉度、企业的竞争力、凝聚力、企业的经营思想和经营目标等等。而企业形象就是公众对企业在运作过程中表现出来的行为特征和精神风貌的总体性客观评价和综合性反映,是企业的外观形象和内在本质、企业的物质文明和精神文明的有机统一。

企业形象包括内外两个方面的层次:

(1) 从企业外部看

企业的信誉、风格、产品质量、商标图案及售后服务、广告宣传等,这些都是从外部考察和了解一个企业形象的重要指标和要素。通俗地说属于企业形象的"门面"。它对提高企业在外界的知名度,扩大在公众中的影响是至关重要的。有口皆碑的企业信誉,与众不同的企业风格,颇具个性的企业精神往往给塑造企业形象带来意想不到的效果。

(2) 从企业内部看

企业形象是企业内部成员在工作中产生的与企业经营理念和经营目标统一的共识观念、认同意识、激励机制,以及回报社会、受益公众的服务态度等的总和。员工的行为也是从内部反映企业形象的重要内容。另外,从企业形象内容组合角度看,企业形象包含的范围相当广泛,具体包括产品形象、服务形象、品牌形象、员工形象、企业文化形象、企业经营策略和方式等。

2) 企业形象的构成要素

任何事物都有其自身的构成要素,企业形象亦然。企业形象的构成要素主要包括以下三个方面:

(1) 企业的个性特征与风格

当代社会是多样化和个性化的时代,是企业凭借个性取胜的时代。受利益的驱动和竞争市场的需要,任何企业都要按照自身的经营战略目标进行有效的管理,形成具有鲜明个性的特色和风格。企业经营缺乏鲜明的特色和风格,就无法吸引顾客的注意,从而难以拓展市场,也难以与竞争对手抗衡,内部就不会有强大的凝聚力和吸引力,对外部也不可能有巨大的号召力和影响力,也就无法树立自身的企业形象。

企业的个性特征与风格主要包括内外两个方面。企业内在的个性特征与风格包括企业实力和经营业绩、企业精神和服务风格、企业管理水平等;企业外部个性特征与风格主要包括企业建筑风格、员工服饰、仪表.言行举止的文明程度、企业办公用品及设施中独特的色彩与标志、产品的品牌、商标、企业标志、厂旗、厂徽、厂歌等。

(2) 企业的知名度与美誉度

企业的知名度与美誉度是从量和质的两个方面来评价企业形象的最基本的客观指标。两者既有联系又有区别。知名度是指一个企业被公众知晓了解的程度,主要衡量公众对企业舆论评价的量的大小。美誉度是指一个企业被公众信任、赞许和肯定的程度。要使企业有一个良好的形象,必须双管齐下,既注重企业的知名度,又注重企业的美誉度。要扩大美誉度,企业必须注重自身综合素质的提高,必须脚踏实地,干出良好经营业绩,以此来影响公众;要提高知名度,企业就应该在埋头苦干的同时,进行适当的宣传,将自己的美德和业绩通过各种传播媒介扩散出去,以此来打动公众。

(3) 企业形象定位

企业形象是指企业在公众心目中确定的自身形象的特定位置。企业形象定位并不是对一个企业自身做些什么,而是企业在公众的心目中做些什么。即指企业确认自己在社会分工体系中所扮演的角色。因此,企业必须确定其独特的经营领域,从而标明、显示企业的个性化特征。企业必须找到对社会独到的贡献点和事业成长点,从而明确企业经营宗旨和目标。这样,企业在公众心目中所占的位置以及在市场环境中的角色地位就清晰而明确,就可以避免企业发展的盲目性、低效率和短期行为。

企业形象定位具体表现为:经营理念定位、产品(服务)形象定位、品牌形象定位、市场形象定位以及企业综合形象定位等。

企业形象的构成三要素是一个紧密联系、不可分割的有机体系。企业的个性特征与风格直接影响到企业的知名度和美誉度,而知名度和美誉度又直接决定企业形象定位。因此,在企业形象塑造中,应注意整体性和系统性,防止单打一和片面性的倾向。

14.4.2 企业形象的功能

良好的企业形象是企业的无形资产和无价之宝。具体而言,良好的企业形象具有以下六个方面的主要功能:

(1) 识别功能

企业识别系统 CIS(Corporate Identity System)的开发和导入,能够促使企业产品与其他同类产品区别开来。如今,各企业的产品品质、性能、外观、促销手段都已趋同类,唯有导入 CIS,树立起特有的、良好的企业形象,从而提高企业产品的非品质的竞争力,才能在消费者心目中取得认同,建立起形象的偏好和信心。

(2) 管理功能

制定 CIS 推进手册,作为企业内部法规让企业全体职工认真学习并共同遵守执行。这样,才能保证企业的统一性和权威性。通过法规的学习和实施,总结和提升企业的历史、信仰、所有权、技术、人员素质和战略规划,从而确定企业与众不同的身份,保证企业自觉朝着正确的发展方向进行有效的管理,从而增强企业的实力,提高企业的经济效益和社会效益。

(3) 传播功能

CIS 能够保证信息传播的同一性和一致性,并使传播更经济有效。一方面可以收到统一的视觉识别效果;另一方面可以节约制作成本,减少设计时无谓的浪费。

(4) 应变功能

在瞬息万变的市场环境中,企业要随机应变。变是绝对的,不变(稳定性)是相对的。企业导入 CIS 能促使企业商标具有足够的应变能力,同一商标可以随市场变化和产品更新应用于各种不同的产品,从而提高企业的应变能力。

(5) 协调功能

集团企业有了良好的 CIS 可以加强各子公司的归属感和向心力,齐心协力为企业的美好未来效力。也就是说它可以将地域分散,独立的分支业务机构组织统合在一起,形成一股实力强大的竞争群体,发挥群体的效应。

(6) 文化教育功能

CIS 具有很强的文化教育功能,因为导入 CIS 的企业能够逐步建立起卓越而先进的企业文化和共享价值观。而一个拥有强大的精神文化和共享价值观的企业对其员工的影响是极其深远的。员工不仅会体会到工作的价值,而且会因属于企业的一分子而倍感自豪,从而更加主动地认知企业的价值观,并将它转变为个体价值观的一部分,从而提高员工士气,增强企业的凝聚力。

14.4.3 现代运输企业形象塑造的战略地位

企业形象战略计划,也可以理解为企业的综合识别系统,即通过企业的理念识别、行为识别和视觉识别"三组"识别要素,来展示和凸现企业的整体形象,即国际惯例通称的"CIS"。CIS 企业识别系统(Corporate Identity System)是由三个识别子系统组合而成的。它们分别是理念识别系统,简称"MIS"(Mind Identity System);活动识别系统,简称"BIS"(Behavior Identity System);视觉识别系统,简称"VIS"(Visual Identity System)。三者之间各有其特定的内容,并互相联系、逐级制约、共同作用、有机配合。

企业要在激烈的市场竞争中站稳脚,必须树立良好的企业形象。把 CIS 运用在现代运输企业经营活动中的战略地位就显得尤为突出和重要。首先,CIS 是现代运输企业的一种战略竞争。CIS 通过 MIS 在观念上开拓创新,通过 BIS 展示企业风格,通过 VIS 凸现企业现象。其次,CIS 是一种文化竞争。在企业 CIS 的整个导入和实施过程中,文化的冲击力和影响,无疑会对企业形象设计和塑造产生不可估量的作用。再次,CIS 是现代运输企业的一种机会竞争。时机的选择与把握,对于 CIS 战略计划的导入和发展是相当关键的。

14.4.4 CIS 策略实施程序

CIS 是现代运输企业对自身经营理念、行为方式和视觉识别做出统一的设计,统一的传播,从而塑造有独特个性的现代运输企业形象,以获得社会公众和企业成员的认同和支持。目前,随着运输市场的完善和发展,运输服务产品的标准化、规范化和市场化的发展必将对参差不齐的运输行业进行大浪淘沙般的洗礼。现代运输企业欲在竞争中出奇制胜,捷足先登,这正是导入 CIS 的良好机会。

CIS 的导入,是企业实施 CIS 的具体操作过程。对于运输企业来说,准确地、正确地导入和实施 CIS 战略计划,全方位、广角度、多层次地塑造企业形象意义重大。作为一项战略计划,CIS 的导入和实施,应符合规范,有序运作。具体地说,要经历四个阶段。

1) 引入 CIS 的启动阶段

CIS 作为一项经营战略计划和企业文化战略,在现代运输企业市场化和国际化进程中所起的重要作用,已逐渐被企业家所看重和接受。越来越多的国内运输企业已开始纷纷选择自身形象塑造的"突破口"、"切入点"、全方位、广角度、多层次地开展企业形象塑造工作。为确保 CIS 的成功导入和顺利实施,运输企业需要做深入细致、切实有效的导入前期准备工作,其中包括沟通决策层的意见且达成共识,强化企业员工的参与意识,营造导入 CIS 的宣传氛围,进行 CIS 意识灌输和"启蒙",对本企业导入 CIS 计划的现状及可行性进行诊断,拟订 CIS 导入计划等。

在导入 CIS 计划的各项前期工作中,最主要的是两个方面:

(1) 营造 CIS "时不我待"的企业氛围

目前,我国运输企业,特别是道路运输企业经营普遍存在质量差、信誉低的问题。另外,我国加入 WTO 之后,必将直接促使国外运输企业从资本到管理全面进入中国。这些无疑是对国内运输企业的一个严峻的考验和挑战。如何塑造良好的企业形象,提高企业素质和竞争力,应该成为企业全体员工的历史责任和使命。

企业形象是企业各要素形象的综合,企业形象塑造的动力来自于全体员工协同奋进的合力。CIS 的导入和实施过程,实质上是全体员工共同参与和投入的过程。因此,加快 CIS 基础知识和理论的普及与培训,营造"时不我待"的企业氛围,是 CIS 引入前期工作的关键。这期间,企业必须在全体员工中首先树立起四个观念:转变树立企业形象是花钱的观念,确定导入 CIS 同样是投资行为的观念;转变树立企业形象是领导行为的观念,确立塑造企业形象是群体行为的观念;防止塑造企业形象一阵风,确立塑造企业形象需要长期坚持的观念;转变塑造企业形象是装点门面的错误观念,确立塑造企业形象是系统工程的观念。

(2) 组建 CIS 委员会,强化引入实施功能

CIS 委员会是企业导入、实施和推进 CIS 计划的权威协调机构,也是企业成功导入和实施 CIS 计划的核心机构。CIS 委员会主要功能是协调企业在 CIS 推导和实施过程中的各项具体问题,其中包括普及 CIS 基础知识,实施企业外部的调研,确定 CIS 推进过程中的运行程序,协调 CIS 各系统的设计开发,预算或落实 CIS 计划的费用投入,负责对 CIS 推进过程中各阶段工作的监督控制等。此外,还包括在 CIS 推导过程中对企业内部的协调沟通,以促进相互间的协力合作。

2) 企业实态调查阶段

导入 CIS 的企业,必须对自己有明确的认识,对企业的历史、现状和未来有清晰的了解,对市场、竞争对手了如指掌。企业只有通过实态调查,才能明晰企业形象,摸清企业实态与内外部期望的差异,确定导入 CIS 的准确坐标,找到与竞争对手的形象差别。

企业实态调查可分为内部调查和外部调查两部分内容:

(1) 企业内部实态调查

企业内部实态调查是针对企业内部实际情况而做的调查分析,主要包括以下几个方面内容:

①与企业高层决策者沟通。与企业高层决策者沟通,主要是要了解运输企业的宗

旨、发展规划、价值取向和经营理念等,因为,把企业办成什么模式,塑造什么样的形象,最终取决于企业决策者的决策思路。另外,通过沟通还可以了解企业导入CIS计划的整体思路和目标指向。

②与企业内部员工的交流。与企业内部员工进行访谈调查,是企业实态调查的重要组成部分。因为,员工是企业的一员,是企业导入和实施CIS的主体。全体员工对CIS导入的关心程度将直接影响CIS实施的效果。通过与员工的交流,可以了解到企业的发展历史和文化传统,掌握企业的现状,并可以征集到员工对有关塑造企业形象的合理化建议。由此可见,注重与内部员工的交流是十分重要和完全必要的。

(2) 企业外部实态调查

运输企业的外部环境是一个复杂的概念,是企业赖以生存和发展的外部空间。运输企业外部环境调查涵盖面较广,主要包括以下几个方面:

①市场调查。市场是企业生存的基础,市场环境的好坏直接影响企业的发展。相对于发达国家,我国的运输行业发展尚处在起步阶段,但随着世界经济贸易的一体化趋势的加速发展,尤其在我国加入WTO以后,为我国的运输业的发展带来前所未有的巨大机遇和广阔的市场发展空间。因此,准确地了解和把握现代运输企业所面对的新兴市场,依托自身的专长和优势,积极开拓本企业的运输服务领域,是企业进行外部环境调查的首要任务。运输企业的市场环境调查的主要内容有目标市场调查、差异市场调查和潜在市场调查。

②竞争对手调查。"知己知彼,百战不殆"。企业的发展,很大程度上是因为有了竞争对手的促进而造成。一个企业的发展,不可能没有竞争对手,关键是如何看待竞争对手并采取适宜的竞争策略。

目前,由于我国运输服务的技术含量不高,行业壁垒较低,运输业内模仿行为相对容易,存在大量潜在的进入者;另外,各类运输企业间因经营模式的相近而难争高低。因此,企业在CIS的导入过程中,必须在了解竞争对手的同时,凭借自己独特的经营理念和"先动优势"策略以获取较大的市场份额,稳固本企业的竞争地位。

(3) 企业知名度与美誉度的调查

外界要了解、考察、衡量和评价一个企业,有许多渠道和方式,其中社会公众对企业形象的认识和感知,即企业的知名度和美誉度是一组重要的指标之一。企业知名度与美誉度的好坏,会直接影响CIS计划的目标、工作重点切入点的选择。扩大知名度、提高美誉度是现代物流企业导入和实施CIS的宗旨。

3) CIS的设计阶段

CIS设计开发阶段,是现代运输企业导入和实施CIS战略计划的重点,它主要分两个步骤进行:

(1) 企业形象塑造的理论定位

运输企业开展企业实态调查的目的,就是为了明确企业形象的现状,进而为构筑企业形象的准确定位,提供决策依据。现代运输企业经营理念定位:时刻掌握环境的变化,创造顾客(运输需求者)所需要的价值并让其满意,以使企业得以生存和发展。即通过创造商品的附加值方法,既使顾客满意,又保证运输企业的合理收入,形成双赢的局面。因此,未来的经营战略应定位在"价值的创造"而不是"利润的创造"。

企业形象塑造理念定位的确认,取决于三个方面的内容:一是培育颇具个性的企业精神;二是确立与众不同的经营理念;三是设计体现企业价值追求的形象口号。此外,企业形象塑造的理念定位还涉及企业的经营方针、企业风格、员工的行为规范等方面的内容。

(2) CIS 识别系统的设计

所谓 CIS 识别系统设计,实质上是通过视觉识别系统的设计,充分展示企业经营理念、企业宗旨的一种标志。按照国际惯例,CIS 的设计开发包括几个方面内容。

①企业基本要素的设计。企业基本素质的设计,是 CIS 识别系统设计的重要组成部分。主要包括:企业标志、企业名称、品牌、企业标准色、标准字及企业标语等。

②企业应用识别系统的设计。企业应用识别系统设计要求有鲜明的识别性和直观的象征意义。如台湾地区新竹货运股份有限公司设计以孙悟空的造型象征新竹货运的高知名度,充分表达该公司迅速、可靠、安全的企业精神,以简洁的设计,将企业独特的经营理念与精神文化具体地塑造出来。

企业的应用识别系统的设计开发,涉及的面较广,主要包括以下几项内容:

ⓐ企业的标准类应用设计系统。主要包括公司旗章、办公用品、车辆设备和员工服饰等。

ⓑ品牌设计要素与企业识别。主要包括品牌名称、品牌标志、品牌标准色、品牌标语和品牌的模型塑造等。

ⓒ企业主体的识别系统。主要包括企业的法定识别、企业的媒体识别和品牌代表的识别。

4) CIS 的实施管理阶段

CIS 的实施管理是整个 CIS 计划进程的重要阶段,在此过程中,实施管理是否得体,推进运作是否规范,员工培训是否到位,企业上下的行动是否协调一致,都关系到 CIS 计划导入的成败。此阶段的主要工作包括以下内容:

(1) CIS 的发表

CIS 设计完成之后,企业就应及时对外、对内发布和演示 CIS 成果,即通过发表 CIS 成果,真正让企业外部公众和企业内部员工,都认识和感知企业的新形象和企业经营的新理念。对内发布 CIS 成果,有利于激发企业员工的热情,强化员工的参与意识,使员工自觉地执行各项 CIS 计划。对外发布 CIS 成果,可以通过社会公众和媒体的宣传扩大影响,得到社会的理解和支持。

(2) 对企业内部员工的教育与培训

为加速有效地推广 CIS 成果,必须在对内发布 CIS 成果的基础上,加紧对企业内部员工进行 CIS 导入内容的教育和培训。开展对员工进行教育培训的方法主要有编印员工手册、编制 CIS 指南手册、组织视听教育和多途径宣传等。

(3) CIS 各系统的实施管理

①识别系统的实施管理。这一过程主要包括运输企业经营理念的确立,运输服务的品牌识别系统的实施管理、应用识别系统的实施管理;企业内部标准化、规范化管理等。

②CIS 导入计划的完善管理。CIS 导入计划在完成预期规定的程序之后,可视为 CIS 的第一循环企划作业结束,但并不意味着 CIS 计划终结,在日后对 CIS 导入计划的完善和管理方面,还有大量的工作要做。其中包括建立发展 CIS 的部门或机构,CIS 设计系统的管理和修正,企业理念效应的定期观测等。

③CIS 效果评估。现代运输企业在导入 CIS 以后,必须进行 CIS 效果的评估,通过评估,来检测、衡量导入 CIS 的最终效果,总结经验,收集反馈信息,为塑造良好的企业形象,完成 CIS 的终极目标提供有价值的参考依据。CIS 效果的评估主要有三个方面的内容:企业内部评估、外部公众评估和根据企业经营业绩上升情况评估。

案 例

以人为本,构建和谐,促进企业可持续发展
——广州市白云出租汽车集团有限公司品牌创建事迹

1) 企业品牌情况

广州市白云出租汽车集团有限公司正式成立于 2002 年 8 月 26 日,这是由原广州市白云小汽车出租公司、广州市金轮集团有限公司两家优质品牌企业进行重组合并,结合成一个紧密型的经济共同体和命运共同体,以更大的规模、更丰富的资源、更雄厚的资金、更强的经营管理实力、更优质的品牌、更广泛的业务网络和信息网络打造华南地区出租汽车行业的"航空母舰"。公司拥有营运车辆 2 600 多辆,员工 7 000 多名,29 个下属企业,经营范围包括:出租汽车、汽车租赁、穗港直通客运班车、小型货运、汽车维修、多元化的汽车服务、驾驶员培训、大型停车场泊车服务、汽车物资、配件销售、油站、气站、GPS 全球卫星定位系统全方位和多功能服务、广告、旅游、物业、制衣、老人托养等业务。

近年来,白云集团先后获得"全国精神文明建设创建活动示范点"、"全国创建文明行业工作先进单位"、"全国交通行业文明示范窗口"、"全国企业文化建设优秀单位"、"全国出租租赁行业先进出租汽车企业"、广东省"文明示范窗口单位"、"广东省著名商标"、"广州市著名商标"、广州市精神文明建设"十面红旗"单位、广州市"文明单位标兵"、"广州市先进集体"、广州市"爱国、诚信、守法、知礼"现代公民教育示范点等荣誉称号。

2) 企业创品牌建设过程

白云集团认为,企业是社会的一个组成部分,必须肩负起应有的社会责任,在追求经济效益的同时做好为人民群众服务。白云集团坚持诚信经营,履行服务承诺,教育员

工争做"爱国、守法、诚信、知礼"的现代公民,以诚信文明服务创"白云"优质品牌,树"白云"良好形象。

为提高出租汽车行业形象,创建诚信文明优质服务品牌,公司持续开展了"白云放心车"、"共产党员车"活动,并在近年来得到进一步的升华和延伸。白云集团的出租车除了坚持向社会承诺所有的营运车辆都要成为"安全、服务、收费、卫生、环保"五放心的车辆之外,还印制精美的司机名片发放到每一辆出租车上,方便群众电话约车和服务监督。所有"共产党员车"挂牌上路,司机佩戴党徽服务市民。

为了创建广州出租汽车文明行业,打造现代化大交通,在广州市交委的领导下,白云集团不断加快出租车的更新换代,加大力度整治车容车貌,两年来更新并投产的出租汽车共1 808辆,用较短的时间实现了营运车辆大规模的更新换代,企业竞争力大大增强。2005年6月,白云集团率先完成了所有在用出租车的LPG安装工作,获市交委颁发"广州市出租车企业环保第一家"的牌匾。

白云集团成功组建并大力推广"绿色分公司"管理模式,积极推广使用出租汽车综合管理服务系统,司机刷卡登录率和羊城通IC卡使用率在同行业中名列榜首。并率先规范司机着装,以崭新的仪容仪表服务社会,出现了市民专挑白云"靓车"的现象。白云集团还率先与出租车司机签订劳动合同,截至2011年6月底,已经基本完成与全部在职出租车司机签订劳动合同的工作。

一分耕耘一分收获。2007年和2008年,在以"企业综合素质和服务质量"为核心要件的市区出租车新运力投放招投标工作中,白云集团获得评标委员会的最高评审得分,分别取得400辆和450辆新运力的无偿使用权。

白云集团认为,出租汽车行业作为服务性行业,从业人员的素质是树立优质品牌的关键因素。公司坚持以人为本,对出租车司机的职业道德建设常抓不懈,员工的综合素质得到增强,服务水平不断提升。2008年以来,白云集团服务遵纪合格率达99.7%,好人好事(含拾金不昧、见义勇为、救死扶伤、助人为乐)共1 463宗,拾获现金和物品价值共约817万元。

(1) 注重岗前和在岗司机培训。针对新进入白云集团参加营运的司机不熟悉服务规范、公司制度的情况,实行两级岗前培训机制。并充分利用回场检查的"三言两语"、安全学习的机会对在岗司机进行培训,组织全体驾驶员全面深入地学习《广东省道路交通安全条例》和营运服务规范、《迎亚运常用英语100句》,在培训的基础上组织司机进行考核、评比。

(2) 全面提升服务安全、服务管理水平,认真落实三级安全服务稽查制度,确保服务到位。为有效降低客运违章率、服务投诉率,集团公司坚持了部室、事业部、分公司三级安全服务检查,每月都组织发生有责交通事故、交通违法、客运违章、服务投诉的司机进行强化培训。

(3) 加大处罚力度。各营运单位严格贯彻集团公司的规章制度,严格按《管理细则》的规定对发生有责交通事故、交通违法、客运违章或服务投诉的司机进行停场教育。

辞退严重违章行为的司机,通过采取一系列的措施,使违章司机受到深刻教育,有效地提高了广大驾驶员的综合服务素质。

3) 坚持以人为本,打造富有特色的企业文化

白云集团致力塑造良好的企业文化,同时更精心培育有白云特色的英模文化。建立了深入持久开展"白云之星"和"白云放心车标兵"评选活动的激励机制,通过评选活动,不断表彰先进,树立典型,充分调动广大员工的积极性、创造性,有力促进了企业两个文明建设跃上新的水平。以弘扬社会正气、维护社会治安人人有责为出发点,白云集团还建立了广州市首家"见义勇为、救死扶伤好员工奖励基金",2009—2011 年,共奖励了见义勇为、救死扶伤好员工 57 人次,发放奖励金 57 800 元。一大批爱岗敬业、诚信守法、乐于奉献、见义勇为、热心助人的先进人物不断涌现,形成了"群星璀璨耀白云"的可喜局面。

公司坚持以人为本,打造富有特色的企业文化。白云集团建立起文艺协会、体育协会、书画摄影协会,开展了形式多样、内容丰富的文化艺术、体育活动,提高了广大员工的文明素质和身体素质,激发了广大员工积极向上、争创一流的精神风貌。

公司关心爱护广大企业员工,注重企业的和谐发展,支持、指导企业工会持续开展"送温暖工程",开展了"一帮一"、"多帮一"活动和"扶贫助学送温暖"暨优秀员工子弟表彰活动。在全体职工参与了社会医疗保险的同时,还为职工投保了广州市女职工安康互助保障计划、职工住院医疗互助保障计划及商业医疗险,在企业经济承受能力的范围内,对符合条件的职工发放住房补贴。

白云集团紧密围绕构建"世界先进、全国一流水平"的现代化城市公交体系的总体目标,通过全体员工的共同努力,不断推进经营生产、企业管理、党政工团、创模创建等各项工作,服务大众,奉献社会,为实现交通信息化、环保化,创建广州市出租汽车文明行业发挥龙头作用。

复习与思考

14.1 何为企业文化?企业文化的基本特征和功能是什么?
14.2 简述企业文化的主要内容。
14.3 企业文化建设应遵循的原则是什么?
14.4 什么是企业形象?
14.5 企业形象的功能和作用有哪些?
14.6 CIS 的涵义是什么?其核心内容是什么?
14.7 企业形象策略的战略实施过程有哪几个步骤?

参 考 文 献

1. 迈克尔·波特. 竞争战略. 北京:华夏出版社,1997
2. 邵一明,蔡启明,刘松先. 企业战略管理. 上海:立信会计出版社,2002
3. 杨锡怀. 企业战略管理理论与案例. 北京:高等教育出版社,2001
4. 张仁霞. 现代企业生产管理. 北京:经济管理出版社,1997
5. [美]亨利·艾伯斯. 现代管理原理. 北京:中国商务出版社,1986
6. 邹一峰,蒋俊,周三多. 生产管理. 南京:南京大学出版社,1998
7. 单大明. 企业管理基础. 北京:中国工人出版社,1998
8. 沈志云. 交通运输工程学. 北京:人民交通出版社,1999
9. 谢加鹤. 交通运输导论. 北京:中国铁道出版社,1999
10. 胡思继. 交通运输学. 北京:中国经济出版社,2001
11. 李作敏. 现代汽车运输企业管理. 北京:人民交通出版社,2003
12. 陈唐民. 汽车运输学. 北京:人民交通出版社,1998
13. 郁君平. 设备管理. 北京:机械工业出版社,2001
14. 李德源,杨华龙. 现代设备经济管理. 北京:人民交通出版社,2000
15. 隽志才. 运输技术经济学. 北京:人民交通出版社,2003
16. 黄家城. 交通综合管理. 北京:人民交通出版社,2003
17. 刘锐. 汽车使用与技术管理. 北京:人民交通出版社,2001
18. 赵涛,潘心鹏. 项目成本管理. 北京:中国纺织出版社,2004
19. 罗泽涛. 交通运输投融资管理. 北京:经济科学出版社,2000
20. 吴群琪. 汽车运输企业财务管理学. 北京:人民交通出版社,1996
21. 袁声莉,杨耀峰. 现代企业管理. 武汉:华中科技大学出版社,2002
22. 谢明荣. 现代工业企业管理. 南京:东南大学出版社,2000
23. 李大军. 现代物流管理与实务. 北京:清华大学出版社,2004
24. 胡宇辰. 企业管理学. 北京:经济管理出版社,2003
25. 王槐林. 物流管理学. 武汉:武汉大学出版社,2002
26. 叶守礼. 企业管理. 北京:高等教育出版社,2000
27. 牛鱼龙. 世界物流经典案例. 深圳:海天出版社,2003
28. 张理. 现代物流案例分析. 北京:中国水利水电出版社,2005
29. 宿春礼. 营销渠道管理方法. 北京:机械工业出版社,2004
30. 秦远建,胡继灵,林根祥. 企业战略管理. 武汉:武汉理工大学出版社,2002
31. 丁波. 交通运输企业管理. 北京:机械工业出版社,2005
32. 戴昌钧. 人力资源管理. 天津:南开大学出版社,2001
33. 李家龙. 中小企业市场营销. 北京:清华大学出版社,2006